VERWALTUNGSRECHT AT 2

mit Staatshaftungsrecht

2017

Horst Wüstenbecker
Rechtsanwalt

ALPMANN UND SCHMIDT Juristische Lehrgänge Verlagsges. mbH & Co. KG
48143 Münster, Alter Fischmarkt 8, 48001 Postfach 1169, Telefon (0251) 98109-0
AS-Online: www.alpmann-schmidt.de

Zitiervorschlag: Wüstenbecker, Verwaltungsrecht AT 2, Rn.

Wüstenbecker, Horst
Verwaltungsrecht AT 2
mit Staatshaftungsrecht
15. neu bearbeitete Auflage 2017
ISBN: 978-3-86752-551-0

Verlag Alpmann und Schmidt Juristische Lehrgänge
Verlagsgesellschaft mbH & Co. KG, Münster

INHALTSVERZEICHNIS

1. Abschnitt: Aufhebung von Verwaltungsakten 1
A. Einleitung 1
I. Wirksamkeit eines Verwaltungsaktes 1
II. Aufhebung von Verwaltungsakten 2
1. Formen der Aufhebung 2
2. Rechtsgrundlagen für die Aufhebung 3
a) Spezialgesetzliche Vorschriften 3
b) Struktur der §§ 48, 49 VwVfG 3
B. Der Widerruf des Verwaltungsaktes gemäß § 49 VwVfG 5
I. Der Widerruf eines rechtmäßigen belastenden VA, § 49 Abs. 1 VwVfG 5
II. Der Widerruf eines rechtmäßigen begünstigenden VA 5
1. Der Widerruf mit Wirkung für die Zukunft, § 49 Abs. 2 VwVfG 6
a) Voraussetzungen 6
Fall 1: Schlechte Arbeit als Widerrufsgrund 8
b) Rechtsfolge 12
2. Der Widerruf mit Wirkung für die Vergangenheit, § 49 Abs. 3 VwVfG 12
Fall 2: Rückwirkender Widerruf 12
C. Die Rückforderung gemäß § 49 a VwVfG 19
I. Anwendbarkeit 19
II. Voraussetzungen 19
1. Unwirksamwerden des VA 19
2. Leistung aufgrund eines VA 19
III. Rechtsfolgen 20
1. Gebundener VA 20
2. Umfang des Anspruchs 21
D. Die Rücknahme des Verwaltungsaktes gemäß § 48 VwVfG 22
I. Die Rücknahme eines rechtswidrigen belastenden VA 22
1. Voraussetzungen des § 48 Abs. 1 VwVfG 22
2. Rechtsfolge 22
II. Die Rücknahme eines rechtswidrigen begünstigenden VA 23
1. Begriff des begünstigenden VA 23
2. Rücknahmevoraussetzungen für begünstigende Verwaltungsakte 23
3. Die Rücknahme eines rechtswidrigen Geld- oder Sachleistungs-VA 25
a) Die Rücknahmevoraussetzungen des § 48 Abs. 2 VwVfG 25
Fall 3: Berichtigung der Witwenpension 25
b) Verhältnis des § 48 VwVfG zum Europarecht 35
Fall 4: Europarechtswidrige Subventionen 39
4. Die Rücknahme nach § 48 Abs. 3 VwVfG 44
Fall 5: Rücknahme einer Baugenehmigung 45
E. Das Wiederaufgreifen des Verwaltungsverfahrens, § 51 VwVfG 51
I. Unterschied Aufhebung und Wiederaufgreifen 51
1. Die Bestandskraft des VA 51
2. Überwindung der Bestandskraft 51
II. Das Wiederaufgreifen im engeren Sinne 52

1. Entscheidung über das Wiederaufgreifen (1. Stufe) ... 53
a) Zulässigkeit des Antrags auf Wiederaufgreifen ... 53
b) Begründetheit des Antrags auf Wiederaufgreifen ... 54
2. Erneute Entscheidung in der Sache (2. Stufe) ... 55
III. Wiederaufgreifen im weiteren Sinne ... 56
1. Entscheidung über das Wiederaufgreifen (1. Stufe) ... 56
2. Erneute Entscheidung in der Sache (2. Stufe) ... 58

■ Übersicht: Aufhebung des VA durch die Behörde ... 59

2. Abschnitt: Durchsetzung von Verwaltungsakten ... 60
A. Begriff und Arten der Verwaltungsvollstreckung ... 60
I. Ausgangslage ... 60
II. Arten der Verwaltungsvollstreckung ... 60
B. Der Verwaltungszwang ... 61
I. Ermächtigungsgrundlage für den Verwaltungszwang ... 62
1. Vollstreckung durch eine Bundesbehörde ... 62
2. Vollstreckung durch Landesbehörden ... 62
II. Formelle Rechtmäßigkeit des Verwaltungszwangs ... 63
1. Zuständigkeit ... 63
2. Verfahren und Form ... 63
III. Materielle Rechtmäßigkeit des Verwaltungszwangs ... 64
1. Vollstreckungsvoraussetzungen ... 64
a) Gestrecktes Verfahren gemäß § 6 Abs. 1 VwVG ... 64
b) Sofortvollzug gemäß § 6 Abs. 2 VwVG ... 67
Fall 6: Friedenscamp ... 69
2. Das Vollstreckungsverfahren ... 75
a) Richtiges Zwangsmittel ... 75
aa) Ersatzvornahme ... 76
bb) Zwangsgeld ... 76
cc) Unmittelbarer Zwang ... 77
b) Vollstreckungsakte ... 77
aa) Androhung ... 78
bb) Festsetzung ... 79
cc) Anwendung ... 80
Fall 7: Umstürzende Bäume ... 82
3. Vollstreckungshindernisse ... 88
Fall 8: Bestandskraft ... 90

■ Übersicht: Verwaltungszwang ... 95

3. Abschnitt: Der öffentlich-rechtliche Vertrag ... 96
A. Begriffsmerkmale des öffentlich-rechtlichen Vertrages ... 96
I. Regelung ... 96
II. Auf dem Gebiet des öffentlichen Rechts ... 96
III. Vertragliche Regelung ... 98
B. Die Arten des öffentlich-rechtlichen Vertrages ... 98
C. Zustandekommen eines öffentlich-rechtlichen Vertrages ... 99

I. Die Rechtmäßigkeit eines öffentlich-rechtlichen Vertrages ... 99
1. Ermächtigungsgrundlage ... 99
2. Formelle Anforderungen an öffentlich-rechtliche Verträge ... 100
3. Materielle Anforderungen an öffentlich-rechtliche Verträge ... 100
II. Die Wirksamkeit des öffentlich-rechtlichen Vertrages ... 101
1. Einigung ... 102
2. Schriftform (§ 57 VwVfG) ... 102
3. Beteiligung Dritter oder anderer Behörden (§ 58 VwVfG) ... 102
4. Nichtigkeitsgründe (§ 59 VwVfG) ... 103
a) Rechtswidrige, aber nicht nichtige Verträge ... 103
b) Nichtigkeitsgründe nach § 59 Abs. 2 VwVfG ... 104
c) Nichtigkeitsgründe nach § 59 Abs. 1 VwVfG ... 105
III. Die Nichtigkeit öffentlich-rechtlicher Verträge ... 106
1. Spezielle Nichtigkeitsgründe gemäß § 59 Abs. 2 VwVfG ... 106
Fall 9: Folgenloser Verzicht ... 106
2. Nichtigkeit nach den Vorschriften des BGB (§ 59 Abs. 1 VwVfG) ... 110
Fall 10: Abgabenverzicht ... 110
3. Rechtsfolgen der Nichtigkeit ... 113
D. Leistungsstörungen beim öffentlich-rechtlichen Vertrag ... 114
E. Die Durchsetzung von Ansprüchen aus einem ör Vertrag ... 114
■ Übersicht: Ansprüche aus öffentlich-rechtlichem Vertrag ... 116

4. Abschnitt: Verwaltungsrechtliche Ansprüche ... 117
A. Anspruchsgrundlagen ... 117
I. Unterscheidung zwischen Primär- und Sekundärebene ... 117
II. Regelungsbereiche des Staatshaftungsrechts ... 117
1. Ansprüche auf Geldersatz ... 117
2. Beseitigungs- und Unterlassungsansprüche ... 118
B. Der Folgenbeseitigungsanspruch (FBA) ... 118
I. Das Rechtsinstitut des FBA ... 118
II. Begründung des FBA ... 119
1. Vollzugsfolgenbeseitigungsanspruch ... 119
2. Allgemeiner Folgenbeseitigungsanspruch ... 119
III. Dogmatische Herleitung ... 119
IV. Voraussetzungen des FBA ... 120
1. Hoheitlicher Eingriff in ein subjektives Recht ... 121
a) Hoheitliches Handeln ... 121
b) Eingriff in ein subjektives Recht ... 121
2. Rechtswidriger andauernder Zustand ... 121
a) Rechtswidrigkeit des Zustands ... 122
b) Haftungsbegründende Kausalität ... 122
c) Fortdauer der Beeinträchtigung ... 123
V. Rechtsfolge des FBA ... 123
1. Wiederherstellung des früheren Zustandes ... 123
2. Kein Schadensersatz ... 123
3. Haftungsausfüllende Kausalität ... 124
a) Unmittelbare Folgen ... 124

b) Mittelbare Folgen ... 124
VI. Ausschlussgründe ... 125
1. Rechtliche und tatsächliche Unmöglichkeit ... 125
2. Unzumutbarkeit der Folgenbeseitigung ... 125
3. Unzulässige Rechtsausübung ... 126
VII. Verjährung ... 126
Fall 11: Totenruhe ... 126
Fall 12: Obdachlos ... 131
C. Der sozialrechtliche Herstellungsanspruch ... 141
I. Unterschied zum FBA ... 141
II. Dogmatische Grundlage des Anspruchs ... 141
III. Voraussetzungen des sozialrechtlichen Herstellungsanspruchs ... 141
IV. Rechtsfolgen des sozialrechtlichen Herstellungsanspruchs ... 142
V. Übertragbarkeit auf das allgemeine Verwaltungsrecht ... 143
D. Öffentlich-rechtlicher Abwehr- und Unterlassungsanspruch ... 143
I. Begründung des Abwehr- und Unterlassungsanspruchs ... 143
1. Abwehr des Eingriffs, nicht der Folgen ... 143
2. Anwendungsfälle ... 144
3. Dogmatische Herleitung ... 144
4. Unterschied zum Folgenbeseitigungsanspruch ... 145
a) Abwehr des Eingriffs ... 145
b) Abgrenzung Eingriff und Folgen ... 145
II. Voraussetzungen und Rechtsfolgen des ör Abwehr- und Unterlassungsanspruchs ... 147
1. Anspruchsvoraussetzungen ... 147
a) Hoheitlicher Eingriff in ein subjektives Recht ... 147
b) Rechtswidrigkeit des Eingriffs ... 147
c) Keine Ausschlussgründe ... 148
2. Rechtsfolge ... 148
III. Fallgruppen ... 149
1. Staatliches Informationshandeln ... 149
Fall 13: Hygiene-Ampel ... 149
2. Ehrschutz gegen Hoheitsträger ... 158
a) Anspruchsgrundlagen ... 158
b) Voraussetzungen ... 159
aa) Hoheitlicher Eingriff in ein subjektives Recht ... 159
bb) Rechtswidrigkeit des Eingriffs ... 160
cc) Wiederholungsgefahr ... 163
c) Rechtsfolgen ... 163
3. Öffentlich-rechtlicher Immissionsabwehranspruch ... 164
Fall 14: Kinderspielplatz ... 164
■ Übersicht: Grundrechtlicher Abwehr- und Beseitigungsanspruch ... 170
E. Geschäftsführung ohne Auftrag (GoA) ... 171
I. Das Rechtsinstitut der öffentlich-rechtlichen GoA ... 171
1. Rechtsgrundlage ... 171
2. Abgrenzung ... 171
II. Die analoge Anwendung der §§ 677 ff. BGB ... 172

1. Regelungslücke 172
2. Vergleichbare Interessenlage 172
a) Hoheitsträger für einen anderen Hoheitsträger 172
b) Bürger für einen anderen Bürger 173
c) Hoheitsträger für den Bürger 173
d) Bürger für einen Hoheitsträger 174
Fall 15: Katzentot 175
F. Der öffentlich-rechtliche Erstattungsanspruch 181
I. Rechtsgrundlagen 181
1. Spezialgesetzliche Erstattungsansprüche 181
2. Der allgemeine öffentlich-rechtliche Erstattungsanspruch 181
3. Fallgruppen 182
II. Voraussetzungen und Rechtsfolgen 182
1. Anwendbarkeit 182
2. Anspruchsvoraussetzungen 183
a) Etwas erlangt 183
b) Ohne Rechtsgrund 184
Fall 16: Rechtsgrundlose Bereicherung 184
III. Die Durchsetzung des ör Erstattungsanspruchs 189

5. Abschnitt: Öffentliche Ersatzleistungen 190
A. Das System der öffentlichen Ersatzleistungen 190
I. Haftung wegen Pflichtverletzung (sog. Unrechtshaftung) 190
1. Historische Entwicklung der Amtshaftung 191
2. Ordnungsrechtliche Unrechtshaftung 192
3. Vertragliche Haftung 192
4. Gefährdungshaftung 192
II. Ersatzansprüche bei Eingriffen in das Eigentum 192
1. Historische Entwicklung 192
2. Enteignung, Art. 14 Abs. 3 GG 193
3. Inhalts- und Schrankenbestimmungen, Art. 14 Abs. 1 S. 2 GG 193
4. Enteignender und enteignungsgleicher Eingriff 193
III. Ersatzansprüche bei Eingriffen in nichtvermögenswerte Rechte 194
B. Schadensersatzansprüche, insbes. die Amtshaftung 195
I. Haftungsgrundlagen 195
1. Amtshaftung gemäß § 839 Abs. 1 BGB i.V.m. Art. 34 S. 1 GG 195
2. Verhältnis zu anderen Haftungsregeln 196
II. Die Voraussetzungen der Amtshaftung 197
1. Handeln in Ausübung eines öffentlichen Amtes 198
a) Wahrnehmung einer öffentlichen Aufgabe 198
b) Abgrenzung zum privatrechtlichen Handeln 199
c) Handeln „in Ausübung des Amtes" 201
2. Amtspflichtverletzung 201
a) Begründung von Amtspflichten 201
b) Drittbezogenheit der Amtspflicht 203
aa) Drittwirkung 203
bb) Persönlicher Schutzbereich 204

cc) Sachlicher Schutzbereich ... 204
c) Verletzung der Amtspflicht ... 205
3. Verschulden ... 206
4. Haftungsausschlüsse ... 207
a) Subsidiaritätsklausel, § 839 Abs. 1 S. 2 BGB ... 207
b) Richterprivileg § 839 Abs. 2 BGB ... 208
c) Vorrang des Primärrechtsschutzes, § 839 Abs. 3 BGB ... 208
5. Schaden ... 209
a) Haftungsausfüllende Kausalität ... 209
b) Ersatzfähiger Schaden ... 209
6. Anspruchsgegner ... 210
7. Verjährung ... 211
8. Rechtsweg ... 211
Fall 17: Baugenehmigung mit Hindernissen ... 211

■ Übersicht: Amtshaftung gemäß § 839 Abs. 1 S. 1 BGB i.V.m. Art. 34 S. 1 GG ... 216

III. Haftung bei Verstößen gegen das Europarecht ... 217
IV. Ansprüche aus verwaltungsrechtlichen Schuldverhältnissen ... 218
1. Vertragliche Schadensersatzansprüche ... 218
2. Fallgruppen ... 219
a) Öffentlich-rechtliche Verwahrung ... 219
b) Öffentlich-rechtliche Leistungs- und Benutzungsverhältnisse ... 219
c) Beamtenverhältnis ... 219
d) Sonstige vertragsähnliche Sonderbeziehungen ... 220
3. Unterschiede zur deliktischen Haftung ... 220
4. Rechtsweg ... 220
C. Entschädigung bei Eingriffen in das Eigentum (Art. 14 GG) ... 221
I. Ersatzansprüche wegen Enteignung (Art. 14 Abs. 3 GG) ... 221
1. Anspruchsgrundlage für die Enteignungsentschädigung ... 223
2. Anspruchsvoraussetzungen für die Enteignungsentschädigung ... 223
a) Vorliegen einer Enteignung ... 224
b) Rechtmäßigkeit der Enteignung ... 224
3. Rechtsfolge ... 224
II. Die ausgleichspflichtige Inhaltsbestimmung ... 225
III. Der enteignungsgleiche Eingriff ... 226
Fall 18: Späte Reaktion ... 226
IV. Der enteignende Eingriff ... 230
Fall 19: Abfallkrähen ... 230
D. Der allgemeine Aufopferungsanspruch ... 236
I. Rechtsgrundlage ... 236
II. Voraussetzungen ... 236
1. Eingriff in ein nichtvermögenswertes Recht ... 236
2. Unmittelbarer hoheitlicher Eingriff ... 237
3. Sonderopfer ... 237
III. Rechtsfolge ... 237

Stichwortverzeichnis ... 239

LITERATURVERZEICHNIS

Bader/Ronellenfitsch (Hrsg.)	Beck-OK VwVfG Online-Kommentar, Stand: 01.07.2017
Detterbeck	Allgemeines Verwaltungsrecht mit Verwaltungsprozessrecht 15. Aufl. 2017
Ehlers/Pünder (Hrsg.)	Allgemeines Verwaltungsrecht 15. Aufl. 2015
Engelhardt/App/Schlatmann	Verwaltungs-Vollstreckungsgesetz (VwVG) Verwaltungszustellungsgesetz (VwZG) 11. Aufl. 2017
Erbguth	Allgemeines Verwaltungsrecht mit Verwaltungsprozessrecht und Staatshaftungsrecht 8. Aufl. 2016
Eyermann	Verwaltungsgerichtsordnung 14. Aufl. 2014
Fehling/Kastner/Störmer	Verwaltungsrecht VwVfG – VwGO 4. Aufl. 2016
Gärditz (Hrsg.)	VwGO – Verwaltungsgerichtsordnung 1. Aufl. 2013
Huck/Müller	Verwaltungsverfahrensgesetz 2. Aufl. 2016
Hufen	Verwaltungsprozessrecht 10. Aufl. 2016
Knack/Henneke	Verwaltungsverfahrensgesetz (VwVfG) 10. Aufl. 2014
Kopp/Ramsauer	Verwaltungsverfahrensgesetz 18. Aufl. 2017
Kopp/Schenke	Verwaltungsgerichtsordnung 23. Aufl. 2017
Kugele	VwVfG 1. Aufl. 2014

Mann/Sennekamp/Uechtritz	Verwaltungsverfahrensgesetz 1. Aufl. 2014
Maurer/Waldhoff	Allgemeines Verwaltungsrecht 19. Aufl. 2017
Ossenbühl/Cornils	Staatshaftungsrecht 6. Aufl. 2013
Pautsch/Hoffmann (Hrsg.)	VwVfG 1. Aufl. 2016
Posser/Wolff	Beck-OK VwGO Online-Kommentar, Stand: 01.07.2017
Redeker/v.Oertzen	Verwaltungsgerichtsordnung 16. Aufl. 2014
Sadler	Verwaltungsvollstreckungsgesetz (VwVG) Verwaltungszustellungsgesetz (VwZG) 9. Aufl. 2014
Schenke	Verwaltungsprozessrecht 15. Aufl. 2017
Schoch/Schneider/Bier	Verwaltungsgerichtsordnung Loseblatt, Stand: Oktober 2016
Sodan/Ziekow	Verwaltungsgerichtsordnung 4. Aufl. 2014
Stelkens/Bonk/Sachs	Verwaltungsverfahrensgesetz 8. Aufl. 2014
Wolff/Bachof/Stober	Verwaltungsrecht I 12. Aufl. 2007
Wolff/Decker	Verwaltungsgerichtsordnung (VwGO) Verwaltungsverfahrensgesetz (VwVfG) 3. Aufl. 2012
Wysk	Verwaltungsgerichtsordnung 2. Aufl. 2016
Ziekow	Verwaltungsverfahrensgesetz 3. Aufl. 2013

1. Abschnitt: Aufhebung von Verwaltungsakten

A. Einleitung

I. Wirksamkeit eines Verwaltungsaktes

Wirksamkeit eines Verwaltungsaktes

- **Verwaltungsakte** (auch rechtswidrige) werden **wirksam** durch Bekanntgabe (§§ 41, 43 Abs. 1 VwVfG)
- **Ausnahme:** Nichtige Verwaltungsakte sind **unwirksam** (§ 43 Abs. 3 VwVfG)
  - absolute Nichtigkeitsgründe nach § 44 Abs. 2 VwVfG
  - Negativkatalog des § 44 Abs. 3 VwVfG
  - Generalklausel des § 44 Abs. 1 VwVfG: schwerwiegender, offensichtlicher Fehler
- **Ausnahme:** Verwaltungsakt wird **unwirksam** (§ 43 Abs. 2 VwVfG)
  - Rücknahme, Widerruf, sonstige Aufhebung
  - Zeitablauf
  - anderweitige Erledigung

Ein Verwaltungsakt (VA) wird mit dem Inhalt **wirksam**, mit dem er bekannt gegeben wird (§ 43 Abs. 1 VwVfG), d.h. mit der Bekanntgabe (§ 41 VwVfG) löst er die Rechtsfolge aus, auf deren Herbeiführung er gerichtet ist. Der VA hat **Tatbestandswirkung**. 1

Beispiele: Die Entziehung der Fahrerlaubnis bringt die Fahrerlaubnis zum Erlöschen und begründet die Pflicht, den Führerschein abzuliefern (§ 47 Abs. 1 FeV). Die Abrissverfügung verpflichtet den Bauherrn, die bauliche Anlage zu beseitigen.

Aufgrund der Tatbestandswirkung des VA gilt dessen Rechtsfolge unabhängig davon, ob der VA rechtmäßig oder rechtswidrig ist. Auch der **rechtswidrige VA** ist grundsätzlich wirksam und damit rechtsverbindlich. Er muss vom Bürger und von allen Staatsorganen als feststehende Tatsache beachtet werden.[1] 2

Beispiele: Das Abschleppen eines PKW wegen Verstoßes gegen ein Halteverbotszeichen (§ 41 Abs. 1 StVO) ist rechtmäßig, auch wenn das Aufstellen des Verkehrszeichens gegen § 45 StVO verstößt.[2] Auch eine rechtswidrige Baugenehmigung legalisiert die genehmigte bauliche Anlage mit der Folge, dass die Behörde deren Beseitigung selbst dann nicht verlangen kann, wenn sie materiell gegen Baurechtsvorschriften verstößt.[3]

Etwas anderes gilt dann, wenn der VA (ausnahmsweise) **nichtig** ist. Nichtig ist ein VA nur, wenn 3

- ein **absoluter Nichtigkeitsgrund** gemäß § 44 Abs. 2 VwVfG vorliegt oder
- er an einem **schwerwiegenden Fehler** leidet und dies bei verständiger Würdigung aller in Betracht kommenden Umstände **offensichtlich** ist (§ 44 Abs. 1 VwVfG).[4]

1 Vgl. z.B. BayVGH, Beschl. v. 26.01.2017 – 6 ZB 16.1519.
2 OLG Hamm, Beschl. v. 27.05.2014 – 5 RBs 13/14, RÜ 2015, 192, 193; BayVGH NJOZ 2010, 2145, 2147.
3 VGH BW, Urt. v. 29.09.2015 – 3 S 741/15, RÜ2, 2015, 215, 216.
4 Vgl. dazu im Einzelnen AS-Skript Verwaltungsrecht AT 1 (2017), Rn. 666 ff.

Beispiel: Verkehrszeichen sind nach § 44 Abs. 1 VwVfG nichtig, wenn sie jeder gesetzlichen Grundlage entbehren. Das ist z.B. der Fall, wenn das Verkehrszeichen von einem unbefugten Privaten aufgestellt wurde.[5] Keine Nichtigkeit liegt dagegen in den Fällen des § 44 Abs. 3 VwVfG vor (sog. Negativkatalog).

4 Ist der VA (ausnahmsweise) **nichtig**, entfaltet er **keine Rechtsfolgen**. Er ist kraft Gesetzes **unwirksam** (§ 43 Abs. 3 VwVfG), ohne dass es einer Aufhebung durch die Behörde oder durch das Gericht bedarf.

Beispiel: G ist eine Erlaubnis für den Betrieb einer sog. Peep-Show erteilt worden. Diese verstößt gegen die guten Sitten und ist deshalb nicht nur rechtswidrig (§ 33a Abs. 2 Nr. 2 GewO), sondern zugleich nichtig (§ 44 Abs. 2 Nr. 6 VwVfG). Da die Erlaubnis wirkungslos ist, braucht sie von der Behörde nicht gesondert aufgehoben zu werden. Vielmehr kann die Behörde die Fortsetzung des Betriebes nach § 15 Abs. 2 GewO untersagen, weil die Peep-Show ohne die nach § 33a GewO erforderliche (wirksame) Erlaubnis betrieben wird.[6]

5 Der (nur) **rechtswidrige, aber nicht nichtige VA** ist und bleibt dagegen **wirksam**, solange und soweit er nicht zurückgenommen, widerrufen oder anderweitig aufgehoben wird oder sich durch Zeitablauf oder auf andere Weise erledigt (§ 43 Abs. 2 VwVfG).

II. Aufhebung von Verwaltungsakten

1. Formen der Aufhebung

6 Ein VA kann insbesondere aufgehoben werden

- im **behördlichen Verfahren** durch die Ausgangsbehörde nach §§ 48, 49 VwVfG,
- im **Widerspruchsverfahren** durch **Abhilfe- oder Widerspruchsbescheid** (§§ 72, 73 VwGO) und
- im **gerichtlichen Verfahren** durch **Urteil** (§ 113 Abs. 1 S. 1 VwGO).

7 Infolge der Aufhebung wird der VA **unwirksam** (§ 43 Abs. 2 VwVfG), seine Rechtsfolgen entfallen.

Beispiel: Die Behörde hat dem K mit Bescheid vom 12.10.2016 eine Subvention i.H.v. 30.000 EUR bewilligt. Nachdem sie festgestellt hat, dass K die Auflagen des Bewilligungsbescheides nicht erfüllt, hat sie den Bewilligungsbescheid mit Aufhebungsbescheid vom 05.06.2017 mit Wirkung für die Vergangenheit widerrufen (§ 49 Abs. 3 S. 1 Nr. 2 VwVfG). Damit entfallen die Rechtswirkungen der Bewilligung. K ist gemäß § 49 a Abs. 1 VwVfG zur Rückzahlung der Subvention verpflichtet.

8 Eine Aufhebung des VA liegt vor, wenn die Behörde zu erkennen gibt, dass sie die durch den ursprünglichen VA (den aufzuhebenden VA) herbeigeführte **Rechtsfolge nicht mehr gelten lassen will**. Die Aufhebung kann auch **konkludent** erfolgen, z.B. dadurch, dass der ursprüngliche VA ganz oder teilweise durch einen neuen VA ersetzt wird.

Beispiel: In der Rückforderung einer Subvention liegt i.d.R. zugleich konkludent die Aufhebung des Bewilligungsbescheides.[7] Etwas anderes gilt allerdings dann, wenn die Behörde meint, aufgrund einer auflösenden Bedingung sei gar keine Aufhebung erforderlich.[8]

---

5 VGH BW, Urt. v. 16.12.2009 – 1 S 3263/08, RÜ 2010, 258, 260.

6 Vgl. BVerwGE 64, 274, 278; BVerwG NJW 1996, 1423, 1424; Kempen NVwZ 2000, 1115, 1119.

7 HessVGH NVwZ 1990, 879, 881; Stelkens/Bonk/Sachs VwVfG § 49 a Rn. 38.

8 BVerwG, Urt. v. 16.06.2015 – BVerwG 10 C 15.14, RÜ 2015, 739, 742.

2. Rechtsgrundlagen für die Aufhebung

a) Spezialgesetzliche Vorschriften

Die Aufhebung richtet sich vor allem nach den §§ 48, 49 VwVfG. Allerdings gibt es teilweise **Spezialvorschriften** im besonderen Verwaltungsrecht, die den §§ 48, 49 VwVfG aufgrund der Subsidiaritätsregelung in § 1 Abs. 1 VwVfG vorgehen. 9

Beispiel: Die Entziehung des Doktorgrades (z.B. wegen Plagiats) richtet sich nur dann nach § 48 VwVfG, wenn im Landeshochschulgesetz oder in der Promotionsordnung keine Spezialregelung enthalten ist.

Rechtsgrundlagen für die Aufhebung von Verwaltungsakten
■ **Spezialvorschriften,** z.B. § 14 BBG, § 12 BeamtStG
■ **§ 48 VwVfG:** Rücknahme eines rechtswidrigen VA
■ **§ 49 VwVfG:** Widerruf eines rechtmäßigen VA

Teilweise verdrängen Spezialvorschriften die allgemeinen Regelungen in den §§ 48, 49 VwVfG **vollständig**. Die Aufhebung richtet sich dann ausschließlich nach den Spezialvorschriften. 10

Beispiele: § 14 BBG und § 12 BeamtStG regeln die Aufhebung einer Beamtenernennung abschließend, § 45 WaffG die Aufhebung einer waffenrechtlichen Erlaubnis. Abschließende Sonderregelungen finden sich auch in der AO und im SGB X, die dem VwVfG nach § 2 Abs. 2 Nr. 1 bzw. Nr. 4 VwVfG vorgehen (§§ 130–132 sowie §§ 172–177 AO und §§ 44–50 SGB X).

Zum Teil enthalten die Spezialgesetze vorrangige Regelungen **nur für den Widerruf rechtmäßiger Verwaltungsakte**. 11

Beispiele: § 21 Abs. 1 BImSchG verdrängt nur § 49 VwVfG („rechtmäßige Genehmigung"), § 48 VwVfG bleibt damit bei rechtswidrigen Genehmigungen anwendbar. § 52 AufenthG regelt nur den Widerruf eines rechtmäßigen Aufenthaltstitels, § 48 VwVfG bleibt für die Rücknahme eines rechtswidrigen Aufenthaltstitels anwendbar (vgl. auch § 51 Abs. 1 Nr. 3 u. 4 AufenthG).[9]

Schließlich gibt es Regelungen, die die §§ 48, 49 VwVfG nicht verdrängen, sondern nur **ergänzen**, z.B. durch Einschränkung des Ermessens. 12

Beispiel: Die Sondernutzungerlaubnis (z.B. zum Aufstellen eines Altkleidercontainers im öffentlichen Straßenraum) kann unter dem Vorbehalt des Widerrufs erteilt werden (§ 8 Abs. 2 S. 1 FStrG). Deshalb kann sie nach § 49 Abs. 2 Nr. 1 VwVfG widerrufen werden. Das Widerrufsermessen der Behörde („darf") ist nach § 8 Abs. 2 S. 3 FStrG eingeschränkt („hat ... zu widerrufen"), wenn die Straßenbaubehörde dies aus Gründen des Straßenbaus oder der Sicherheit oder Leichtigkeit des Verkehrs verlangt.

b) Struktur der §§ 48, 49 VwVfG

Greifen **Spezialvorschriften nicht** ein, so gilt: 13

- Die Aufhebung eines **rechtswidrigen VA** kann durch **Rücknahme** nach **§ 48 VwVfG** erfolgen,
- die Aufhebung eines **rechtmäßigen VA** durch **Widerruf** nach **§ 49 VwVfG.**

9 BVerwG NVwZ 2007, 470; DVBl. 2005, 1452; Huber NVwZ 2005, 1, 4.

14 ***Beachte:*** *Bei der Aufhebung eines VA ist streng zu unterscheiden zwischen*

- *dem* ***aufzuhebenden VA*** *(Ausgangsbescheid, Erstbescheid) und*
- *dem* ***aufhebenden VA****.*

(Nur) die ***Rechtmäßigkeit des aufhebenden VA*** *bestimmt sich nach §§ 48, 49 VwVfG. Für den* ***aufzuhebenden VA*** *gelten dagegen die allgemeinen und besonderen Regeln des jeweils betroffenen Sachgebiets.*

Beispiel: Die Rechtmäßigkeit einer Ordnungsverfügung richtet sich nach dem allgemeinen und besonderen Ordnungsrecht (z.B. LBauO, FStrG, KrWG). Für die Aufhebung der Ordnungsverfügung gelten vorbehaltlich etwaiger Spezialregelungen dagegen die §§ 48, 49 VwVfG.

Hinweis: *In der Praxis kommen Rücknahme und Widerruf vor allem bei VAen in Betracht, die bereits bestandskräftig sind. Eine Aufhebung ist aber nach §§ 48, 49 VwVfG auch bei noch anfechtbaren VAen möglich (arg. e „…* ***auch*** *nachdem er unanfechtbar geworden ist …“).*

15 Hinsichtlich der **Voraussetzungen** für die Aufhebung differenzieren die §§ 48, 49 VwVfG zum einen danach, ob der **aufzuhebende VA**

rechtswidrig (§ 48 VwVfG)	oder	**rechtmäßig** (§ 49 VwVfG)

ist, zum anderen danach, ob der **aufzuhebende VA**

belastend (§ 48 Abs. 1 S. 1, 49 Abs. 1 VwVfG)	oder	**begünstigend** (§ 48 Abs. 1 S. 2, Abs. 2–4, § 49 Abs. 2 u. 3 VwVfG)

ist.

16 Daher sind **vier Fälle** zu unterscheiden:

- die **Rücknahme** eines **rechtswidrigen belastenden** VA,
- die **Rücknahme** eines **rechtswidrigen begünstigenden** VA,
- der **Widerruf** eines **rechtmäßigen belastenden** VA und
- der **Widerruf** eines **rechtmäßigen begünstigenden** VA

Aufhebung von Verwaltungsakten

Rücknahme – § 48 VwVfG		**Widerruf – § 49 VwVfG**	
aufzuhebender VA **rechtswidrig**		aufzuhebender VA **rechtmäßig**	
VA **belastend** § 48 I 1 VwVfG	VA **begünstigend** § 48 I 2, II–IV VwVfG	VA **belastend** § 49 I VwVfG	VA **begünstigend** § 49 II, III VwVfG

B. Der Widerruf des Verwaltungsaktes gemäß § 49 VwVfG

I. Der Widerruf eines rechtmäßigen belastenden VA, § 49 Abs. 1 VwVfG

Nach § 49 Abs. 1 VwVfG **„kann"** ein rechtmäßiger nicht begünstigender VA, auch nachdem er unanfechtbar geworden ist, ganz oder teilweise mit Wirkung für die Zukunft widerrufen werden. Der Widerruf eines **rechtmäßigen belastenden VA** steht daher im **Ermessen** der Behörde, ohne dass das Gesetz besondere Voraussetzungen aufstellt. **17**

Der Widerruf ist allerdings unzulässig, wenn die Behörde nach dem Widerruf einen mit dem widerrufenen VA **inhaltsgleichen VA erneut erlassen** müsste (§ 49 Abs. 1 Hs. 2 Fall 1 VwVfG). Das ist der Fall, wenn sich bei einer gebundenen Entscheidung die für den VA maßgebliche Sach- und Rechtslage **nicht geändert** hat. Ein gebundener rechtmäßiger VA, dessen Voraussetzungen erfüllt sind, darf daher nicht widerrufen werden. **18**

Beispiel: Hat die Behörde die Gewerbeausübung nach § 35 Abs. 1 GewO wegen Unzuverlässigkeit des Gewerbetreibenden rechtmäßigerweise untersagt, so darf die Untersagungsverfügung nach § 49 Abs. 1 VwVfG nicht widerrufen werden. Denn die Behörde müsste sofort eine erneute Untersagungsverfügung erlassen (vgl. § 35 Abs. 1 GewO: „ist ... zu untersagen").

Der Widerruf kann außerdem **aus anderen Gründen** unzulässig sein (§ 49 Abs. 1 Hs. 2 Fall 2 VwVfG). Das ist insbesondere bei einem Verstoß gegen den Gleichbehandlungsgrundsatz des Art. 3 Abs. 1 GG anzunehmen. **19**

Beispiel: In einem Baugebiet ist sämtlichen Eigentümern die Beseitigung unzulässigerweise errichteter Gartenhäuser aufgegeben worden. Hier wäre es unzulässig, ohne sachlichen Grund nur eine der Beseitigungsverfügungen aufzuheben.

Widerruf eines rechtmäßigen belastenden VA
■ Nach § 49 Abs. 1 VwVfG **ohne besondere Voraussetzungen** zulässig.
■ **Ausnahmen:**
– Pflicht zum Erlass eines neuen VA mit gleichem Inhalt
– Widerruf aus anderen Gründen unzulässig (z.B. wegen Art. 3 Abs. 1 GG)

II. Der Widerruf eines rechtmäßigen begünstigenden VA

Beim Widerruf eines rechtmäßigen begünstigenden VA unterscheidet das Gesetz danach, ob die Rücknahme **20**

- mit Wirkung **für die Zukunft** (§ 49 Abs. 2 VwVfG) oder
- auch mit Wirkung **für die Vergangenheit** (§ 49 Abs. 3 VwVfG) erfolgen soll.

Beispiele: Dem G soll die gewerberechtliche Erlaubnis für Table-Dance-Darbietungen (§ 33 a GewO) entzogen werden. Die Rechtmäßigkeit des Widerrufs für die Zukunft richtet sich nach § 49 Abs. 2 VwVfG.

S hat gegen die Auflagen eines Subventionsbescheides verstoßen. Die Rückforderung der Subvention setzt einen Widerruf für die Vergangenheit voraus (§ 49 a Abs. 1 VwVfG). Die Rechtmäßigkeit des Widerrufs des Bewilligungsbescheides für die Vergangenheit richtet sich nach § 49 Abs. 3 VwVfG.

1. Der Widerruf mit Wirkung für die Zukunft, § 49 Abs. 2 VwVfG

a) Voraussetzungen

21 Ein rechtmäßiger begünstigender VA kann, auch nachdem er unanfechtbar geworden ist, nur dann **mit Wirkung für die Zukunft** widerrufen werden, wenn einer der in § 49 Abs. 2 S. 1 VwVfG **abschließend aufgeführten Widerrufsgründe** vorliegt. Ist das der Fall, so hat die Behörde nach **Ermessen** darüber zu entscheiden, ob, in welchem Umfang und zu welchem Zeitpunkt sie den Widerruf erklärt.

Widerrufsgründe nach § 49 Abs. 2 S. 1 VwVfG

- **Nr. 1:** Widerruf durch Rechtsvorschrift **zugelassen** oder **im VA vorbehalten**
- **Nr. 2: Auflage** im VA nicht oder nicht fristgerecht erfüllt
- **Nr. 3: Tatsachenänderung**
  - nachträglich eingetretene Tatsachen
  - berechtigen Behörde, den VA nicht zu erlassen
  - ohne Widerruf öffentliches Interesse gefährdet
- **Nr. 4: Rechtsänderung**
  - Änderung der Rechtslage
  - berechtigt Behörde, den VA nicht zu erlassen
  - Begünstigter hat keinen Gebrauch gemacht oder keine Leistungen empfangen
  - ohne Widerruf öffentliches Interesse gefährdet
- **Nr. 5: schwere Nachteile für das Gemeinwohl**

22 ■ Nach § 49 Abs. 2 S. 1 **Nr. 1** VwVfG ist der Widerruf zulässig, wenn der Widerruf durch Rechtsvorschrift **zugelassen** oder in dem aufzuhebenden VA vorbehalten ist (**Widerrufsvorbehalt**, § 36 Abs. 2 Nr. 3 VwVfG).[10]

23 ■ Nach § 49 Abs. 2 S. 1 **Nr. 2** VwVfG kann der VA widerrufen werden, wenn mit dem VA eine **Auflage** verbunden ist und der Begünstigte die Auflage **nicht** oder nicht innerhalb einer ihm gesetzten Frist **erfüllt** hat.

Die **Rechtmäßigkeit** der Auflage ist nach h.M. keine Voraussetzung für den Widerruf. Die Auflage kann den Widerruf daher auch rechtfertigen, wenn sie (möglicherweise) rechtswidrig, aber nicht nichtig ist. Denn der Adressat hat es selbst in der Hand, sich rechtzeitig gegen die belastende Nebenbestimmung zu wehren. Einschränkungen können sich aber beim **Ermessen** ergeben. Da der Widerruf nur aus sachlichen Gründen erfolgen darf, muss die Behörde bei Ausübung des Ermessens berücksichtigen, ob die Nebenbestimmung rechtmäßig oder rechtswidrig ist. Die Rechtswidrigkeit der Auflage kann dann dazu führen, dass ihre Ausnutzung ermessensfehlerhaft ist.[11] Entsprechendes gilt bei rechtswidrigem Widerrufsvorbehalt (§ 49 Abs. 2 S. 1 Nr. 1 Alt. 2 VwVfG).[12]

---

10 Zum Widerrufsvorbehalt bei gebundenem begünstigendem VA vgl. BVerwG NVwZ 2016, 699; dazu Waldhoff JuS 2016, 959; Hebeler JA 2016, 799.

11 BVerwG NVwZ-RR 1994, 580; Kopp/Ramsauer VwVfG § 49 Rn. 38 a; Ruffert in Ehlers/Pünder § 25 Rn. 7; Ebeling/Tellenbröker JuS 2014, 217, 221; enger Ziekow VwVfG § 49 Rn. 12, der auch die Einbeziehung in die Ermessensprüfung ablehnt; a.A. Maurer/Waldhoff § 11 Rn. 62: nur eine rechtmäßige Nebenbestimmung kann den Widerruf rechtfertigen.

12 Kopp/Ramsauer VwVfG § 49 Rn. 37.

Nach dem Grundsatz der **Verhältnismäßigkeit** muss die Behörde in der Regel ohnehin zunächst versuchen, die Auflage durchzusetzen. Im Rahmen ihres Ermessens hat die Behörde außerdem auch die Ursachen für die Nichterfüllung, insbesondere ein fehlendes Verschulden des Betroffenen zu berücksichtigen.[13]

- Nach § 49 Abs. 2 S. 1 **Nr. 3** VwVfG ist ein Widerruf möglich, wenn aufgrund **nachträglich eingetretener Tatsachen** die Behörde **berechtigt** wäre, den VA **nicht zu erlassen** und wenn ohne den Widerruf das **öffentliche Interesse gefährdet** würde: 24

  - Es müssen **nachträglich Tatsachen** eingetreten sein.

    Beispiele: Heranrücken der Wohnhausbebauung an einen Gewerbebetrieb oder neue wissenschaftliche Erkenntnisse.[14] Keine Tatsachenänderung ist dagegen die geänderte Beurteilung oder Bewertung von Tatsachen oder sonstigen Umständen durch die Behörde.[15]

  - Unter Zugrundelegung der neuen Tatsachen muss die Behörde **berechtigt** sein, **den VA nicht zu erlassen**. Das ist der Fall, wenn

    - entweder die **Voraussetzungen** für den VA **weggefallen** sind oder
    - bei einer Ermessensentscheidung die neuen Tatsachen eine negative Ausübung des **Ermessens** gerechtfertigt hätten.[16]

  - Ohne den Widerruf muss das **öffentliche Interesse gefährdet** sein. Das ist der Fall, wenn der Widerruf zur Abwehr einer konkreten Gefahr für Individualrechte oder Gemeinschaftsgüter geboten ist.[17]

- Nach § 49 Abs. 2 S. 1 **Nr. 4** VwVfG ist ein Widerruf zulässig, wenn eine Rechtsvorschrift geändert wird **(Änderung der Rechtslage)**, die Behörde danach **berechtigt** wäre, den VA **nicht zu erlassen**, der Begünstigte von der Vergünstigung **noch keinen Gebrauch gemacht** oder aufgrund des VA noch keine Leistungen empfangen hat und ohne den Widerruf das **öffentliche Interesse gefährdet** würde. 25

  Im Grundsatz gelten für Nr. 4 dieselben Überlegungen wie für Nr. 3. Im Unterschied zu Nr. 3 muss aber zu der hypothetischen Kausalität der Rechtsänderung für den (Nicht-)Erlass des VA hinzukommen, dass der Begünstigte von der Begünstigung **noch keinen Gebrauch gemacht** oder aufgrund des VA **noch keine Leistungen empfangen** hat. Es genügt, dass der Begünstigte die Leistungen erhalten hat, es ist also nicht erforderlich, dass er sie bereits verbraucht hat oder eine Vermögensdisposition getroffen hat[18] (anders im Rahmen des § 48 Abs. 2 S. 2 VwVfG, dazu unten Rn. 91 u. 102).

- Nach § 49 Abs. 2 S. 1 **Nr. 5** VwVfG ist ein Widerruf schließlich als ultima ratio zulässig, um **schwere Nachteile für das Gemeinwohl** zu verhüten oder zu beseitigen.[19] 26

  Für die Beurteilung, wann ein schwerer Nachteil für das Gemeinwohl zu befürchten ist, wird üblicherweise die Rspr. des BVerfG zu den „überragend wichtigen Gemeinschaftsgütern" bei Einschränkungen der Berufsfreiheit nach Art. 12 Abs. 1 GG herangezogen.[20]

---

13 Vgl. Knack/Henneke § 49 Rn. 44 f.; Ruffert in: Ehlers/Pünder § 25 Rn. 8.

14 Knack/Henneke § 49 Rn. 47.

15 BVerwG NVwZ 2016, 323, 325; Kopp/Ramsauer VwVfG § 49 Rn. 46.

16 BVerwG DVBl. 1995, 358, 359; NVwZ 1991, 577, 579; Knack/Henneke § 49 Rn. 50; Stelkens/Bonk/Sachs § 49 Rn. 66.

17 BVerwG NVwZ 1984, 102, 103; Kopp/Ramsauer VwVfG § 49 Rn. 48; Krausnick JuS 2010, 778, 781.

18 Bader/Ronellenfitsch VwVfG § 49 Rn. 61.

19 Vgl. dazu BVerwG NVwZ 2016, 323; VGH Mannheim UPR 2015, 358.

20 Kopp/Ramsauer VwVfG § 49 Rn. 56; für einen strengeren Maßstab Ehlers/Schröder Jura 2010, 824, 826; vgl. allgemein AS-Skript Grundrechte (2017), Rn. 474.

Fall 1: Schlechte Arbeit als Widerrufsgrund

A, dessen Vater ein kleines Baugeschäft betrieb, legte zunächst die Gesellenprüfung als Maurer ab. Danach erwarb er die Fachhochschulreife und begann mit dem Ingenieurstudium. Nach einigen Semestern erkrankte sein Vater und A unterbrach das – bis dahin erfolgreich verlaufene und fast abgeschlossene – Studium, um im elterlichen Betrieb mitzuarbeiten. Kurze Zeit später starb der Vater. Unter der Leitung des A entwickelte sich der Betrieb so gut, dass A sich weder zur Fortführung des Studiums noch zur Ablegung der Meisterprüfung in der Lage sah. Er beantragte deshalb eine Ausnahmebewilligung zur Eintragung in die Handwerksrolle nach § 8 HandwO, die ihm im Hinblick auf die besonderen Umstände seines Falles auch erteilt wurde. Nach einigen Jahren häufen sich die Beschwerden über die vom Bauunternehmen A ausgeführten Arbeiten. Daraufhin erklärt die zuständige Behörde den Widerruf der dem A erteilten Ausnahmegenehmigung. Zu Recht?

27 I. Der Widerruf ist ein belastender VA, der nach dem Grundsatz vom Vorbehalt des Gesetzes einer **Ermächtigungsgrundlage** bedarf.[21]

1. Dafür ist in erster Linie auf **Spezialvorschriften** in dem Rechtsbereich abzustellen, der den Erlass des VA selbst regelt. Nach § 1 HandwO darf ein **zulassungspflichtiges Handwerk** selbstständig nur betreiben, wer in der Handwerksrolle eingetragen ist. Nach § 7 Abs. 1 a) HandwO wird grds. nur eingetragen, wer die **Meisterprüfung** bestanden hat. In § 8 HandwO ist geregelt, unter welchen Voraussetzungen eine **Ausnahmebewilligung** erteilt wird. Über Widerruf oder Rücknahme der Ausnahmebewilligung ist in der HandwO nichts bestimmt. Andererseits kann aus dem Fehlen einer solchen Regelung auch nicht geschlossen werden, dass die Ausnahmebewilligung in keinem Fall widerruflich ist. Somit ist eine vorrangige Spezialregelung nicht vorhanden.

2. Ermächtigungsgrundlage kann daher nur die allgemeine Regelung des **§ 49 VwVfG** sein, bei einem – wie hier – begünstigenden VA, der mit Wirkung für die Zukunft widerrufen werden soll, also **§ 49 Abs. 2 VwVfG**.

28 II. **Formelle Rechtmäßigkeit**

1. **Zuständigkeit**

a) § 49 Abs. 5 VwVfG (ebenso § 48 Abs. 5 VwVfG) regelt, wie die Bezugnahme auf § 3 VwVfG zeigt, nur die **örtliche Zuständigkeit**. Örtlich zuständig ist danach die Behörde, die (jetzt) zum Erlass des aufzuhebenden VA zuständig wäre. Die Zuständigkeit richtet sich daher nach den Umständen **im Zeitpunkt des Widerrufs**, auch wenn der zu widerrufende VA von einer anderen Behörde erlassen worden ist (z.B. bei Wohnsitzwechsel).

b) Das VwVfG enthält keine Regelung zu der Frage, welche Behörde für die Rücknahme **sachlich zuständig** ist. Dies richtet sich in erster Linie nach dem jeweils anzuwendenden Fachrecht. Im Normalfall ist die Behörde zuständig, die zum Zeitpunkt der Widerrufsentscheidung für den Erlass des aufzuhebenden VA sachlich zuständig wäre.[22]

---

21 Zum Vorbehalt des Gesetzes vgl. AS-Skript Verwaltungsrecht AT 1 (2017), Rn. 97 ff.

22 BVerwG NJW 2000, 1512, 1514.

2. **Verfahren** und **Form** richten sich nach den allgemeinen Regeln für belastende VAe, insbes. sind zu beachten die Anhörung gemäß § 28 VwVfG und die Begründung gemäß § 39 VwVfG.[23] 29

III. **Materielle Rechtmäßigkeit** 30

1. **Voraussetzung** für die in § 49 Abs. 2 VwVfG getroffenen Widerrufsregelungen ist, dass der aufzuhebende VA rechtmäßig und begünstigend ist.

a) Ob die Ausnahmebewilligung **rechtmäßig** ist, richtet sich nach § 8 HandwO.

aa) Bei Erlass der Ausnahmebewilligung müssen die **Voraussetzungen** des § 8 HandwO vorgelegen haben.[24] Bei dem Betrieb eines Baugeschäfts handelt es sich um ein zulassungspflichtiges Handwerk (§ 1 Abs. 2 HandwO i.V.m. Anlage A Nr. 1). Dass A die notwendigen Kenntnisse und Fertigkeiten nachgewiesen hat, ergibt sich daraus, dass er die Gesellenprüfung abgelegt hat, ein erfolgreiches (Teil-)Studium absolviert und über längere Zeit den Betrieb gut geführt hat. Weiterhin muss ein **Ausnahmefall** vorgelegen haben, d.h. die Ablegung der Meisterprüfung muss eine **unzumutbare Belastung** sein, § 8 Abs. 1 S. 2 HandwO. Dies ergab sich hier daraus, dass A nach dem Tod seines Vaters durch die Arbeit im Geschäft vollständig in Anspruch genommen wurde und es angesichts seiner Vorbildung auch überflüssig erschien, von ihm noch die Meisterprüfung zu verlangen. Somit war die Erteilung der Ausnahmebewilligung ursprünglich **rechtmäßig**. 31

bb) Wegen der später erhobenen Beschwerden könnte man erwägen, dass die Ausnahmebewilligung **nachträglich rechtswidrig** geworden ist. 32

(1) Zum Teil wird die Auffassung vertreten, dass der ursprünglich rechtmäßige, aber wegen Änderung der zugrunde liegenden Verhältnisse nachträglich **rechtswidrig gewordene VA** der Rücknahme nach § 48 VwVfG unterliege.[25]

(2) Nach h.M. beurteilt sich die Frage, ob der aufzuhebende VA rechtmäßig oder rechtswidrig ist, und damit gleichzeitig die Frage der Anwendbarkeit des § 48 VwVfG oder des § 49 VwVfG dagegen grds. **nach der Sach- und Rechtslage bei Erlass des aufzuhebenden VA**.[26] 33

(3) Dafür sprechen insbesondere die Regelungen in § 49 Abs. 2 S. 1 Nr. 3 und Nr. 4 VwVfG. Dort sind die Fälle geregelt, in denen der VA wegen **nachträglicher Änderungen** mit dem geltenden Recht nicht mehr im Einklang steht. Würde dies zur Rechtswidrigkeit und damit zur Anwendbarkeit des § 48 VwVfG führen, wäre die Regelung des § 49 Abs. 2 VwVfG insoweit überflüssig.

---

23 Vgl. BVerwGE 66, 184, 186; Hübbenet JuS 2004, 795, 796; Krausnick JuS 2010, 594, 596.

24 Zu den Voraussetzungen der Ausnahmebewilligung nach § 8 HandwO vgl. OVG NRW NVwZ-RR 2017, 330; BayVGH, Beschl. v. 25.07.2017 – 22 ZB 17.720.

25 VGH Mannheim DVBl. 2002, 1062 f.; OVG NRW NVwZ-RR 1988, 1; Schenke DVBl. 1989, 433; ders. BayVBl. 1990, 107; Schenke/Baumeister JuS 1991, 547 ff.; ebenso BVerwG NVwZ-RR 2012, 933, 934 bei einem DauerVA.

26 BVerwG, Urt. v. 21.06.2017 – BVerwG 6 C 3.16, Rn. 19 (falls sich aus dem Fachrecht kein anderer Zeitpunkt ergibt); HessVGH, Beschl. v. 14.01.2014 – 4 A 2084/12, NVwZ-RR 2014, 414 (nur Ls); Maurer/Waldhoff § 11 Rn. 19; Kopp/Ramsauer VwVfG § 48 Rn. 34 u. 57; Ehlers/Kallerhoff Jura 2009, 823, 824; Krausnick JuS 2010, 681, 682.

Eine Änderung der Sach- und Rechtslage führt bei einem ursprünglich rechtmäßigen VA daher nicht zur Anwendung des § 48 VwVfG, sondern berechtigt allenfalls zum **Widerruf nach § 49 VwVfG.**

34 b) Ferner muss es sich um einen **begünstigenden VA** handeln. Nach der Legaldefinition des § 48 Abs. 1 S. 2 VwVfG – die auch im Rahmen des § 49 VwVfG gilt[27] – ist begünstigend ein VA, **der ein Recht oder einen rechtlich erheblichen Vorteil** begründet oder bestätigt hat.

Beispiele: Genehmigungen, Erlaubnisse, Subventionsbescheide, nicht dagegen belastende VAe, die Pflichten begründen oder Rechte entziehen. Dagegen ist der einen belastenden VA aufhebende VA seinerseits begünstigend und kann nur eingeschränkt aufgehoben werden.[28]

Die Ausnahmebewilligung nach § 8 HandwO begründet das Recht, ein zulassungspflichtiges Handwerk (§ 1 Abs. 2 HandwO) ohne Ablegung der Meisterprüfung zu betreiben. Sie ist deshalb begünstigend. § 49 Abs. 2 VwVfG ist damit anwendbar.

2. **Voraussetzung** für die Rechtmäßigkeit des Widerrufs ist, dass einer der in § 49 Abs. 2 S. 1 VwVfG aufgeführten **Widerrufsgründe** vorliegt.

35 a) In Betracht kommt § 49 Abs. 2 S. 1 **Nr. 3** VwVfG. Danach ist ein Widerruf zulässig, wenn

- aufgrund **nachträglich eingetretener Tatsachen**
- die Behörde **berechtigt** wäre, **den VA nicht zu erlassen**, und
- ohne den Widerruf das **öffentliche Interesse gefährdet** würde.

36 aa) Es müssen **nachträglich Tatsachen** eingetreten sein. Dies ist hier der Fall, weil A möglicherweise nicht mehr die Leistungen erbringt, die für die Leitung eines Baugeschäfts erforderlich sind.

37 bb) Unter Zugrundelegung der neuen Tatsachen muss die Behörde **berechtigt** sein, **den VA nicht zu erlassen.** Das ist der Fall, wenn entweder die **Voraussetzungen** für den VA **weggefallen** sind oder bei einer Ermessensentscheidung die neuen Tatsachen eine negative Ausübung des **Ermessens** gerechtfertigt hätten.[29]

38 Geht man vom Gesetzeswortlaut aus, so könnte die von § 8 HandwO geforderte Voraussetzung, dass der Antragsteller die zur selbstständigen Ausübung notwendigen Kenntnisse und Fertigkeiten nachweisen muss, aufgrund des Leistungsabfalls des A entfallen sein. Jedoch muss diese Voraussetzung **einschränkend ausgelegt** werden. Sie greift nicht ein, wenn nach Sinn und Zweck der einschlägigen Regelung die Geltung des VA vom Fortbestand dieser Voraussetzungen unabhängig sein sollte.[30]

Würde man anders entscheiden, käme ein Widerruf des Abiturs oder des Examenszeugnisses mit der Begründung in Betracht, der Betreffende habe in Mathematik oder im Zivilrecht nicht mehr die erforderlichen Kenntnisse.

---

27 Kopp/Ramsauer VwVfG § 49 Rn. 25.

28 OVG Lüneburg NVwZ 1990, 675; VGH Mannheim NVwZ 1992, 184.

29 BVerwG DVBl. 1995, 358, 359; Stelkens/Bonk/Sachs § 49 Rn. 66.

30 Kopp/Ramsauer VwVfG § 49 Rn. 42.

Die Ausnahmebewilligung nach § 8 HandwO tritt an die Stelle der Meisterprüfung. Bei der Meisterprüfung brauchen die erforderlichen Kenntnisse nur **bei Ablegung der Prüfung** vorhanden zu sein. Der Wegfall der Kenntnisse und Fähigkeiten zum Betrieb eines Handwerks berechtigt daher weder zum Widerruf des Meistertitels noch der sie ersetzenden Ausnahmebewilligung nach § 49 Abs. 2 S. 1 Nr. 3 VwVfG. Gegen unzuverlässige Gewerbetreibende wird nicht nach § 49 Abs. 2 S. 1 Nr. 3 VwVfG, sondern z.B. nach § 35 Abs. 1 GewO eingeschritten. Ein Widerruf nach § 49 Abs. 2 S. 1 Nr. 3 VwVfG ist damit nicht zulässig. 39

b) Mangels **Rechtsänderung** scheidet auch ein Widerruf nach § 49 Abs. 2 S. 1 **Nr. 4** VwVfG aus. 40

c) Nach § 49 Abs. 2 S. 1 **Nr. 5** VwVfG ist ein Widerruf möglich, um **schwere Nachteile für das Gemeinwohl** zu verhüten oder zu beseitigen. Solche liegen i.d.R. nur vor, wenn ein schwerer Nachteil für ein überragend wichtiges Gemeinschaftsgut oder Leib und Leben Einzelner droht.[31] Vorliegend reichen die Beschwerden nicht aus, um die strengen Voraussetzungen dieses Widerrufsgrundes als erfüllt anzusehen. Somit rechtfertigt § 49 VwVfG den Widerruf der Ausnahmebewilligung nicht. Weitere Widerrufsgründe für den begünstigenden VA gibt es nicht; § 49 Abs. 2 VwVfG ist **abschließend**[32] (für GeldleistungsVAe gilt allerdings ergänzend § 49 Abs. 3 VwVfG, dazu nachfolgend Fall 2). 41

Daher ist der Widerruf der Ausnahmebewilligung **rechtswidrig**.

Aufbauschema: Widerruf für die Zukunft gemäß § 49 Abs. 2 VwVfG

I. Ermächtigungsgrundlage: § 49 Abs. 2 S. 1 VwVfG

(–) bei Spezialgesetz (z.B. § 3 Abs. 1 StVG, § 15 Abs. 2 u. 3 GaststG)

II. Formelle Rechtmäßigkeit

1. Zuständigkeit

2. Verfahren, Form (insbes. §§ 28, 37, 39 VwVfG)

III. Materielle Rechtmäßigkeit

1. Voraussetzungen der Ermächtigungsgrundlage

a) aufzuhebender VA **rechtmäßig**

(analog bei rechtswidrigem VA, str., s.u. Rn. 50)

b) aufzuhebender VA **begünstigend**

c) Widerrufsgrund gemäß § 49 Abs. 2 S. 1 Nr. 1–5 VwVfG

d) Widerrufsfrist: ein Jahr (§§ 49 Abs. 2 S. 2, 48 Abs. 4 S. 1 VwVfG)

2. Rechtsfolge: Ermessen, insbes. Verhältnismäßigkeit

---

31 Kopp/Ramsauer VwVfG § 49 Rn. 56; Knack/Henneke § 49 Rn. 61; Kühling NWVBl. 2002, 322, 325 m.w.N.

32 Kopp/Ramsauer VwVfG § 49 Rn. 26.

b) Rechtsfolge

42 Wird ein begünstigender VA nach § 49 Abs. 2 S. 1 Nr. 3 bis 5 VwVfG widerrufen, besteht nach § 49 Abs. 6 VwVfG ein **Entschädigungsanspruch**, wenn der Betroffene auf den Bestand des VA vertraut hat und soweit sein **Vertrauen schutzwürdig** ist. Für den Umfang des Entschädigungsanspruchs und für das Verfahren gelten gemäß § 49 Abs. 6 S. 2 VwVfG die Regeln in § 48 Abs. 3 S. 3 bis 5 VwVfG entsprechend (s.u. Rn. 173 ff.). Für Streitigkeiten über die Entschädigung ist abweichend von § 40 Abs. 1 S. 1 VwGO der **ordentliche Rechtsweg** gegeben (§ 49 Abs. 6 S. 3 VwVfG).

Beachte: *§ 49 Abs. 6 VwVfG gilt nur in den Fällen des § 49 Abs. 2 S. 1 Nr. 3 bis 5 VwVfG, also nicht in den Fällen der Nr. 1 und Nr. 2!*

2. Der Widerruf mit Wirkung für die Vergangenheit, § 49 Abs. 3 VwVfG

43 Soll ein rechtmäßiger begünstigender VA nicht nur für die Zukunft, sondern **auch für die Vergangenheit** widerrufen werden, muss ein Widerrufsgrund nach § 49 Abs. 3 S. 1 VwVfG vorliegen.

Widerrufsgründe nach § 49 Abs. 3 S. 1 VwVfG

- **nur bei bestimmten begünstigenden Verwaltungsakten**
  - einmalige oder laufende Geldleistung oder teilbare Sachleistung
  - zur Erfüllung eines bestimmten Zwecks
- **Nr. 1:** Leistung nicht, nicht alsbald oder zweckwidrig verwendet
- **Nr. 2:** Auflage nicht oder nicht fristgerecht erfüllt

Fall 2: Rückwirkender Widerruf

Nach einer Richtlinie des Bundesverkehrsministeriums wird auf der Grundlage des Haushaltsplanes die Anschaffung von Omnibussen im Einklang mit dem Unionsrecht (Art. 107, 108 AEUV) durch verlorene Zuschüsse des Bundes subventioniert, wenn die Busse zur Beförderung von Schülern eingesetzt werden. In den Bewilligungsrichtlinien heißt es u.a.: „Die Bewilligungsbehörde hat die Bewilligung zu widerrufen und die Zuwendung zurückzufordern, wenn der Zuwendungsempfänger die Zuwendungen zweckwidrig verwendet."

Busunternehmer U erhielt aufgrund Bewilligungsbescheides vom 21.01.2017 eine Subvention in Höhe von 20.000 € unter schriftlicher Anerkennung der Subventionsbedingungen. Kurze Zeit später erfährt die zuständige Behörde, dass U das Geld für die Anschaffung eines Reisebusses eingesetzt hat, mit dem er Wochenendreisen nach Paris veranstaltet. Daraufhin fordert die Behörde durch Bescheid vom 15.09.2017 den Zuschuss unter gleichzeitiger Aufhebung des Bewilligungsbescheides zurück. Sie begründet den Widerruf damit, dass sie aufgrund des Verstoßes gegen die Subventionsbedingungen zur Aufhebung verpflichtet sei. U hält den Bescheid für rechtswidrig. Zu Recht?

Vorüberlegung: *Vorliegend geht es um die Rechtmäßigkeit von zwei Maßnahmen, nämlich* 44

- *des **Widerrufs des Subventionsbescheides** und*
- *der **Rückforderung des gezahlten Zuschusses.***

*Dabei handelt es sich um **zwei selbstständige Verwaltungsakte**, deren **Prüfung streng zu trennen** ist, da hierfür jeweils unterschiedliche Voraussetzungen zu beachten sind. Da die Rückforderung von dem Bestand des den Bewilligungsbescheid aufhebenden VA abhängt, ist in diesen Fällen stets mit der Rechtmäßigkeit der Rücknahme bzw. des Widerrufs zu beginnen.*

A. Widerruf des Subventionsbescheides

I. Die Rechtmäßigkeit des Widerrufs hängt von der **Rechtsnatur** der Maßnahme ab, da hiervon die anzuwendenden Rechtsvorschriften abhängig sind. Der Widerruf des Subventionsbescheides teilt als actus contrarius die Rechtsnatur der Subventionsgewährung. Diese erfolgte hier in Form eines **verlorenen Zuschusses** und damit auf der Grundlage des öffentlichen Rechts.[33] Dementsprechend handelt es sich um den **öffentlich-rechtlichen Widerruf eines begünstigenden VA**. 45

Wird die Subvention dagegen öffentlich-rechtlich bewilligt und privatrechtlich (z.B. in Form eines zinsgünstigen Darlehens) gewährt (zweistufige Gewährung), so kann die Behörde die Rückforderung grds. auf zwei Wegen erreichen: entweder durch (öffentlich-rechtliche) Aufhebung der Bewilligung oder durch (privatrechtliche) Kündigung des Darlehensvertrages (vgl. noch unten Rn. 73).

II. Da die **Subventionsrichtlinien** als Verwaltungsvorschriften lediglich verwaltungsinterne Bedeutung haben, kommt ihnen keine Rechtsnormqualität zu.[34] Damit können sie auch **nicht Ermächtigungsgrundlage** für eine externe Maßnahme – hier den Widerruf des Bewilligungsbescheides – sein. 46

III. Als Ermächtigungsgrundlage könnte **§ 49 Abs. 2 VwVfG** eingreifen. Diese Vorschrift lässt jedoch nur einen Widerruf mit Wirkung **für die Zukunft** zu. Hier will die Behörde den Rechtsgrund für die Subvention jedoch rückwirkend beseitigen, um so eine Rückforderung des in der Vergangenheit gezahlten Zuschusses zu ermöglichen (vgl. § 49 a Abs. 1 VwVfG). Ein Widerruf **für die Vergangenheit** kommt nur nach **§ 49 Abs. 3 VwVfG** in Betracht.[35] 47

In der Vergangenheit erhaltene Beträge müssen grds. nur zurückgezahlt werden, wenn sich der Widerruf auf die **Vergangenheit** erstreckt und damit durch die Aufhebung der Bewilligung der Rechtsgrund für die Zahlung entfällt. Die Rspr. hat die Rückforderung früher teilweise auch auf der Grundlage des § 49 Abs. 2 VwVfG zugelassen: Der Subventionsbescheid sei nur Rechtsgrund für die **Gewährung** der Subvention. Deren endgültiges **Behalten** setze zusätzlich voraus, dass der Bescheid auch künftig wirksam bleibe. Auch ein Widerruf für die Zukunft löse daher einen Rückforderungsanspruch aus.[36] Diese in der Lit. bereits früher kritisierte Hilfskonstruktion ist durch § 49 Abs. 3 VwVfG überflüssig geworden.[37] 48

1. § 49 Abs. 3 VwVfG ist eine **Spezialregelung**, die **zusätzlich** Widerrufsmöglichkeiten für die Vergangenheit eröffnet. Deshalb schließt die Regelung die An- 49

---

33 Vgl. dazu AS-Skript VwGO (2017), Rn. 63.

34 Vgl. AS-Skript Verwaltungsrecht AT 1 (2017), Rn. 132 ff.

35 In Bayern Art. 49 Abs. 2a BayVwVfG; dazu BayVGH NVwZ 2016, 628.

36 BVerwGE 95, 213, 225; BVerwG DVBl. 1983, 810, 812; OVG NRW, Urt. v. 04.11.1993 – 4 A 3488/92.

37 Vgl. Stelkens/Bonk/Sachs VwVfG § 49 Rn. 107; Gusy JA 1991, 327, 330 m.w.N.

wendung des § 49 Abs. 2 VwVfG nicht aus. § 49 Abs. 2 VwVfG bleibt daher (bei einem Widerruf für die Zukunft) neben § 49 Abs. 3 VwVfG anwendbar.[38]

Beispiel: Bei Nichterfüllung einer Auflage kann der Widerruf ex tunc nur auf § 49 Abs. 3 S. 1 Nr. 2 VwVfG, der Widerruf ex nunc dagegen wahlweise auf § 49 Abs. 2 S. 1 Nr. 2 oder § 49 Abs. 3 S. 1 Nr. 2 VwVfG (vgl. „auch") gestützt werden.[39]

2. Der aufzuhebende Bewilligungsbescheid müsste **rechtmäßig** sein.

50 a) Da der Subventionsgewährung keine gesetzliche Vorschrift zugrunde lag, wäre sie dann rechtswidrig, wenn der Grundsatz vom **Vorbehalt des Gesetzes** eingreift. Das Rechtsstaats- und Demokratieprinzip zwingt aber nicht dazu, jede Tätigkeit der Exekutive durch Gesetze zu regeln. Bei einer nicht grundrechtsrelevanten Subventionierung wird eine gesetzliche Regelung nur bzgl. der Bereitstellung der Mittel (das „Ob" der Gewährung) gefordert, wobei die **haushaltsrechtliche Absicherung** im Haushaltsplan bzw. in der Haushaltssatzung als gesetzliche Grundlage genügt. Die Voraussetzungen im Einzelnen (das „Wie") können dann in verwaltungsinternen Richtlinien geregelt werden.[40] Da die Vergabe der Subvention im Haushaltsplan ausdrücklich vorgesehen war, bestehen insoweit keine Bedenken gegen die Rechtmäßigkeit des Bewilligungsbescheides.

b) Der Bewilligungsbescheid müsste auch im Übrigen **rechtmäßig** sein.

51 aa) Fraglich ist hier, ob die **Voraussetzungen** für die Gewährung der Subvention überhaupt vorgelegen haben. Hätte U von Anfang an nicht vorgehabt, den Bus zweckentsprechend zu verwenden, hätte die Subvention gar nicht bewilligt werden dürfen, da das Vorhaben des U nicht förderungswürdig gewesen wäre. Der Bewilligungsbescheid wäre dann rechtswidrig.[41]

Beachte: *Allein der Verstoß gegen Subventionsrichtlinien macht einen Bewilligungsbescheid nicht rechtswidrig i.S.d. § 48 VwVfG, da es sich bei Richtlinien lediglich um interne Verwaltungsvorschriften handelt, aber nicht um (Außen-)Rechtsnormen. Allerdings ist die Subventionsgewährung wegen Verstoßes gegen Art. 3 Abs. 1 GG rechtswidrig, wenn die Behörde im Einzelfall zugunsten eines Subventionsbewerbers von einer ansonsten geübten Vergabepraxis abweicht, ohne ihre Praxis insgesamt zu ändern.*[42]

52 bb) Dem Wortlaut nach ist der Anwendungsbereich des § 49 Abs. 2 und des § 49 Abs. 3 VwVfG auf **rechtmäßige** begünstigende VAe beschränkt. Von der h.M. wird indes die entsprechende Anwendung dieser Regelungen **auch auf den rechtswidrigen VA** bejaht. Denn ein rechtswidriger VA könne in seinem Bestand nicht weitergehend geschützt sein als ein rechtmäßiger.[43]

---

38 Stelkens/Bonk/Sachs VwVfG § 49 Rn. 107; Kopp/Ramsauer VwVfG § 49 Rn. 62.

39 Stelkens/Bonk/Sachs VwVfG § 49 Rn. 107; Oldiges NVwZ 2001, 626, 628; Folnovic/Hellriegel NVwZ 2016, 638, 640.

40 BVerwG DVBl. 2003, 149, 150; OVG NRW NWVBl. 2002, 239, 240; Bleckmann DVBl. 2004, 333, 338; Faßbender JuS 2016, 538, 541; kritisch Korte Jura 2017, 656, 657; näher AS-Skript VerwaltungsR AT 1 (2017), Rn. 161 ff.; anders z.B. bei Pressesubventionen, bei denen wegen Art. 5 Abs. 1 S. 2 GG stets eine gesetzliche Grundlage erforderlich ist.

41 Vgl. BVerwG DVBl. 2004, 126, 128.

42 BVerwG DVBl. 2004, 126, 127; VGH Mannheim RÜ 2009, 453, 455, OVG Magdeburg NVwZ-RR 2012, 497.

43 BVerwG NVwZ 2001, 335, 336; OVG NRW NVwZ-RR 2012, 541, 542; Kopp/Ramsauer VwVfG § 49 Rn. 5; Stelkens/Bonk/Sachs VwVfG § 49 Rn. 7; Manssen/Greim JuS 2010, 429, 432; Korte Jura 2017, 656, 663.

Nach der Gegenansicht besteht für eine Analogie im Hinblick auf § 48 VwVfG **keine Regelungslücke** und außerdem sei die Interessenlage verschieden, da für das Ermessen bei der Aufhebung eines rechtmäßigen VA andere Erwägungen maßgebend seien als bei einem rechtswidrigen VA.[44] **53**

Für die h.M. spricht das praktische Bedürfnis, dass die Behörde keine Nachforschungen anstellen muss, wenn zweifelhaft ist, ob der VA rechtmäßig oder rechtswidrig ist, oder wenn die Behörde sich auf die Rechtswidrigkeit des VA nicht berufen will (z.B. weil sie – allerdings unzutreffend – den VA für rechtmäßig hält), aber einer der Widerrufsgründe des § 49 Abs. 2 oder Abs. 3 VwVfG eindeutig vorliegt. **54**

Beispiel: A hat aufgrund eines Bescheides eine Subvention erhalten, die mit einer Auflage verbunden war. Ob die Subvention rechtmäßig gewährt wurde, ist zweifelhaft. Hat A der Auflage nachhaltig zuwidergehandelt, kann die Subvention nach § 49 Abs. 3 S. 1 Nr. 2 VwVfG widerrufen werden, ohne dass die Frage der Rechtmäßigkeit der Subventionsbewilligung entschieden werden müsste.

Die Frage der Rechtmäßigkeit des Subventionsbescheides kann daher dahinstehen, da **§ 49 Abs. 3 VwVfG bei einem rechtswidrigen VA erst recht gilt**.

Deshalb kann eine Aufhebung nach § 48 VwVfG nachträglich auf § 49 VwVfG gestützt werden und umgekehrt, soweit die jeweiligen Voraussetzungen erfüllt sind und die Behörde die erforderlichen Ermessenserwägungen angestellt hat.[45]

3. § 49 Abs. 3 VwVfG erlaubt nur den Widerruf **bestimmter** Verwaltungsakte, nämlich solcher, die eine einmalige oder laufende **Geldleistung** oder **teilbare Sachleistung** gewähren oder hierfür Voraussetzung sind. Das ist bei der Subventionsbewilligung der Fall. **55**

   Auf welcher Rechtsgrundlage die Leistungen gewährt wurden, ist für § 49 Abs. 3 VwVfG ebenso unerheblich wie die Frage, ob auf die Gewährung ein Rechtsanspruch bestand oder ob sie im Ermessen der Behörde stand.[46]

   Des Weiteren muss die Gewährung **zur Erfüllung eines bestimmten Zwecks** erfolgen oder der VA muss **Voraussetzung** für die Gewährung einer zweckbestimmten Leistung sein. Die Zweckbindung ergab sich hier unmittelbar aus den Subventionsbedingungen. **56**

4. § 49 Abs. 3 S. 1 VwVfG verlangt darüber hinaus das Vorliegen einen **speziellen Widerrufsgrundes**. Der VA kann nur dann ganz oder teilweise auch mit Wirkung **für die Vergangenheit** widerrufen werden, **57**

   - wenn die Leistung nicht, nicht alsbald nach der Erbringung oder nicht mehr für den in dem VA bestimmten **Zweck** verwendet wird,[47]

---

44 OVG NRW NVwZ 1988, 942, 943; Ruffert in: Ehlers/Pünder § 25 Rn. 1; Ehlers/Schröder Jura 2010, 503, 506.

45 OVG NRW, Beschl. v. 09.12.2015 – 15 A 121/15; Bader/Ronellenfitsch VwVfG § 49 Rn. 2; im Einzelfall verneint von VG Hamburg, Urt. v. 21.12.2016 – 2 K 932/14.

46 Kopp/Ramsauer VwVfG § 49 Rn. 63.

47 Zur zweckwidrigen Verwendung vgl. OVG NRW, Beschl. v. 23.02.2017– 4 A 1979/14; BayVGH NVwZ 2016, 628, 629; OVG Lüneburg NVwZ-RR 2015, 11; Ebeling/Tellenbröker JuS 2014, 217, 221; Haltern/Manthey JuS 2016, 344, 348.

- oder wenn der Begünstigte eine mit dem VA verbundene **Auflage** nicht oder nicht innerhalb einer ihm gesetzten Frist erfüllt hat.[48]

58 Hier liegt eine **zweckwidrige Verwendung** vor, da U den Bus nicht zum Zweck der Schülerbeförderung einsetzt, sondern für Wochenendreisen.

„Alsbald" i.S.d. § 49 Abs. 3 S. 1 Nr. 1 VwVfG ist allein in zeitlicher Hinsicht zu verstehen („kurz danach"). Ob ein Verschulden des Leistungsempfängers vorliegt, ist hier, anders als bei „unverzüglich" i.S.d. § 121 BGB („ohne schuldhaftes Zögern"), ohne Bedeutung.[49]

Eine **Zweckverfehlung** liegt nach § 49 Abs. 3 S. 1 Nr. 1 VwVfG auch vor, wenn die Mittel „nicht mehr" zweckgerecht eingesetzt werden, selbst wenn sie ursprünglich zweckgerecht verwendet worden sind. Das kann z.B. auch der Fall sein bei einer Betriebsstilllegung, wenn der Zweck der Bewilligung auf die Aufrechterhaltung des Betriebes gerichtet war.[50]

59 5. Nach §§ 49 Abs. 3 S. 2, 48 Abs. 4 VwVfG gilt eine **Widerrufsfrist** von einem Jahr, die vorliegend eingehalten wurde.[51]

60 6. **Rechtsfolge:** Im Rahmen des § 49 Abs. 3 VwVfG **kann** die Behörde den Bewilligungsbescheid widerrufen, und zwar für die Vergangenheit und/oder für die Zukunft (vgl. „auch"), d.h. ihr steht Ermessen sowohl hinsichtlich des „Ob" als auch hinsichtlich des Umfangs des Widerrufs zu.[52]

Der Widerruf muss vor allem **verhältnismäßig** sein. Das kann insbes. bei nur geringfügigen Verstößen zweifelhaft sein. Auch muss die Behörde unter Beachtung des Grundsatzes der Verhältnismäßigkeit entscheiden, ob der Widerruf umfassend oder nur teilweise ausgesprochen wird. In zeitlicher Hinsicht muss die Behörde ermessensfehlerfrei von der Widerrufsmöglichkeit für die Vergangenheit oder nur für die Zukunft Gebrauch machen.[53]

61 Die Behörde hat hier den Widerruf allein damit begründet, dass der Verstoß gegen die schriftlich anerkannten Subventionsbedingungen sie zum Widerruf „verpflichtet" habe. Sie hat ihr Ermessen damit nicht ausgeübt, was grds. zur Rechtswidrigkeit der Entscheidung führt **(Ermessensnichtgebrauch)**.[54] Da das Verhalten der Behörde hierbei aber in Einklang mit den **Richtlinien** stand, ist fraglich, ob diese die behördliche Entscheidung trotzdem rechtfertigen können.

62 a) Grundsätzlich können Richtlinien als Verwaltungsvorschriften die Ermessensentscheidung in einer **antezipierten Selbstbindung** der Verwaltung vorwegnehmen. Dabei führt das Gleichbehandlungsgebot des Art. 3 Abs. 1 GG dazu, dass die Richtlinien, wenn sie in ständiger Übung von der Verwaltung praktiziert werden, im Ergebnis, ähnlich wie Außenrechtssätze, die Rechtsbeziehungen zum Bürger prägen.[55]

---

48 Vgl. BVerwG NVwZ-RR 2004, 413; OVG NRW NWVBl. 2010, 242, 243; Manssen/Greim JuS 2010, 429, 432.

49 BVerwG NVwZ 2005, 1085, 1086; Korte Jura 2017, 656, 663.

50 OVG Koblenz NJW 1981, 882, 884; Hübbenet JuS 2004, 795, 797 m.w.N.; einschränkend VG Köln, Urt. v. 10.06.2010 – 16 K 5313/08 (Schließung des Nokia-Werkes in Bochum).

51 Zur Fristberechnung vgl. unten Rn. 109 ff.

52 Stelkens/Bonk/Sachs VwVfG § 49 Rn. 96 f.; Kopp/Ramsauer VwVfG § 49 Rn. 62a; Manssen/Greim JuS 2010, 429, 433.

53 Vgl. beispielhaft Manssen/Greim JuS 2010, 429, 433.

54 Vgl. näher AS-Skript Verwaltungsrecht AT 1 (2017), Rn. 544.

55 Speziell zum Subventionsrecht VGH Mannheim, Urt. v. 19.03.2009 – 10 S 1578/08, RÜ 2009, 453, 455; OVG NRW, Beschl. v. 29.05.2017 – 4 A 516/15; HessVGH, Beschl. v. 22.06.2016 – 9 A 419/14; allgemein AS-Skript Verwaltungsrecht AT 1 (2017), Rn. 149 ff.

b) Diese Bindung geht jedoch nicht so weit, dass die **Pflicht zur Ermessensausübung** und damit zur Berücksichtigung der besonderen Umstände des Einzelfalls ganz beseitigt wird. Zwar sollen ermessensbindende Verwaltungsvorschriften die einheitliche Handhabung des vom Gesetz eingeräumten Ermessens gewährleisten. Jedoch verlangt gerade Art. 3 Abs. 1 GG zugleich auch die Berücksichtigung etwaiger **Ausnahmefälle**. Die Behörde hat daher – unabhängig von den Richtlinien – stets zu prüfen, ob ein solcher Ausnahmefall vorliegt, der ein Abweichen von der Richtlinie nach Art. 3 Abs. 1 GG gebieten würde.[56] Daran fehlt es im vorliegenden Fall. **63**

c) Bei Subventionen kommt aber den **haushaltsrechtlichen Grundsätzen** der Wirtschaftlichkeit und Sparsamkeit (vgl. z.B. § 7 Abs. 1 BHO) eine **ermessenslenkende** Bedeutung dergestalt zu, dass im Regelfall nur die Entscheidung für den Widerruf ermessensfehlerfrei ist. Im Rahmen des § 49 Abs. 2 u. Abs. 3 VwVfG hat der Gesetzgeber den Vertrauensschutz bereits in die Widerrufstatbestände eingearbeitet. Das der Behörde eingeräumte Ermessen ist deshalb in Richtung auf einen Widerruf **„intendiert"**. Aus diesem Grund können sich Vertrauensschutzgesichtspunkte im Rahmen des Widerrufsermessens nur dann zugunsten des Betroffenen auswirken, wenn der ihm ohnehin bereits kraft Gesetzes zustehende Vertrauensschutz **aus besonderen Gründen** nicht ausreichend erscheint.[57] Die Behörde muss aber erkennen, dass ihr ein – wenn auch gelenkter – Ermessensspielraum zusteht. Hält sie sich zwingend für gebunden, ohne die Umstände des Einzelfalls zu berücksichtigen, ist der Widerruf ermessensfehlerhaft.[58] **64**

Hat die Behörde dagegen ihren (eingeengten) Ermessensspielraum erkannt und liegen keine Anhaltspunkte für einen Ausnahmefall vor, so braucht sie nach Auffassung des BVerwG dies auch nicht näher nach § 39 Abs. 1 VwVfG zu begründen.[59]

Die Behörde hat hier die Umstände des Einzelfalls überhaupt nicht berücksichtigt, so dass sich die Entscheidung auch unter dem Gesichtspunkt des **intendierten Ermessens** als fehlerhaft erweist.

d) Der Ermessensnichtgebrauch könnte jedoch dadurch gerechtfertigt sein, dass U sich mit den Richtlinien uneingeschränkt **einverstanden** erklärt hat (sog. **VA auf Unterwerfung**). Wegen des Prinzips der Gesetzmäßigkeit der Verwaltung (Art. 20 Abs. 3 GG) und des Vorrangs des Gesetzes stehen die Vorschriften über die Aufhebung von Verwaltungsakten aber grds. nicht zur Disposition der Beteiligten.[60] **65**

Der **Widerruf des Subventionsbescheides** ist daher **rechtswidrig**, weil die Behörde ihr Widerrufsermessen überhaupt nicht ausgeübt hat.

---

56 Vgl. BVerwG NVwZ 2015, 1764, 1766; OVG NRW, Beschl. v. 29.05.2017 – 4 A 516/15; BayVGH NJOZ 2012, 1374, 1376.

57 BVerwG NVwZ 2015, 1392, 1394; BayVGH NVwZ 2016, 628, 629; OVG NRW, Beschl. v. 09.12.2015 – 15 A 121/15; Ebeling/Tellenbröker JuS 2014, 217, 221; Faßbender JuS 2016, 538, 543; Haltern/Manthey JuS 2016, 344, 349 f.; kritisch Krausnick JuS 2010, 778, 782; Schoch Jura 2010, 358, 362; anders BVerwG NVwZ 2015, 1764, 1767 im Rahmen des § 48 VwVfG, dazu unten Rn. 124; allgemein zum intendierten Ermessen AS-Skript Verwaltungsrecht AT 1 (2017), Rn. 536.

58 OVG NRW NWVBl. 2010, 242, 244; Haltern/Manthey JuS 2016, 344, 350; Folnovic/Hellriegel NVwZ 2016, 638, 639.

59 BVerwG NJW 1998, 2233, 2234.

60 OVG NRW NWVBl. 1992, 279, 281; Erichsen/Brügge Jura 1999, 496, 501; abweichend OVG Lüneburg NVwZ 1985, 500, 501, wenn die Unterwerfung dem Subventionszweck dient.

B. Rechtmäßigkeit des Rückforderungsbescheides

Ermächtigungsgrundlage für die Rückforderung ist § 49 a Abs. 1 VwVfG.

66 I. § 49 a Abs. 1 VwVfG setzt voraus, dass der **Bewilligungsbescheid** (mit Wirkung für die Vergangenheit) **aufgehoben** worden ist. Dies ist hier zwar geschehen, der Widerruf ist aber rechtswidrig und aufzuheben (s.o.). Der Widerrufsbescheid verliert mit der Aufhebung rückwirkend seine Wirksamkeit (§ 43 Abs. 2 VwVfG).

67 II. Der Widerrufsbescheid entfaltet jedoch, solange er tatsächlich noch nicht aufgehoben ist, **Tatbestandswirkung** und könnte daher die Rückforderung (zumindest vorläufig) rechtfertigen.[61] U kann den Widerrufsbescheid aber erfolgreich anfechten. Seine Rechtsbehelfe entfalten nach § 80 Abs. 1 VwGO aufschiebende Wirkung, d.h. die Behörde darf den Widerruf nicht verwirklichen (sog. Verwirklichungshemmung).[62] Die **Voraussetzungen für die Rückforderung** liegen daher schon während des Rechtsbehelfsverfahrens nicht (mehr) vor, auch wenn der Widerrufsbescheid erst später aufgehoben wird.[63] Der Rückforderungsbescheid ist deshalb ebenfalls rechtswidrig und aufzuheben.

Die Aufhebung des Widerrufsbescheids entfaltet ihre Wirkung zwar erst mit Rechtskraft des Urteils. Aus § 113 Abs. 1 S. 2 und Abs. 4 VwGO ergibt sich jedoch, dass dann, wenn die Aufhebung eines VA weitere Ansprüche auslöst (hier die Rückforderung), das Verwaltungsgericht im Interesse der Prozessökonomie sowohl über die Aufhebung als auch über den gestuften Folgeanspruch entscheiden kann.[64] Das Verwaltungsgericht kann daher bei einer Anfechtungsklage gegen einen Bescheid, der die Bewilligung einer Geldleistung widerruft und sie zurückfordert, zugleich den Widerruf (§ 49 VwVfG) und die Rückforderung (§ 49 a VwVfG) aufheben.

Aufbauschema: Widerruf für die Vergangenheit gemäß § 49 Abs. 3 VwVfG

I. Ermächtigungsgrundlage: § 49 Abs. 3 S. 1 VwVfG

II. Formelle Rechtmäßigkeit

- **1. Zuständigkeit**
- **2. Verfahren, Form** (insbes. §§ 28, 37, 39 VwVfG)

III. Materielle Rechtmäßigkeit

- **1. Voraussetzungen der Ermächtigungsgrundlage**
  - **a)** aufzuhebender **VA rechtmäßig** (analog bei rechtswidrigem VA, str.)
  - **b)** aufzuhebender **VA** gewährt **Geldleistung** oder **teilbare Sachleistung** zu **bestimmten Zweck** oder ist hierfür **Voraussetzung**
  - **c) Widerrufsgrund** gemäß § 49 Abs. 3 S. 1 Nr. 1 oder Nr. 2 VwVfG
  - **d) Widerrufsfrist:** ein Jahr (§§ 49 Abs. 3 S. 2, 48 Abs. 4 S. 1 VwVfG)
- **2. Rechtsfolge: Ermessen, insbes. Verhältnismäßigkeit**

---

61 In diesem Sinne Hübbenet JuS 2004, 795, 798; Pauly/Pudelka DVBl. 1999, 1609, 1610.

62 Vgl. Martini JuS 2003, 266, 270; Pauly/Pudelka DVBl. 1999, 1609, 1611; Stelkens/Bonk/Sachs VwVfG § 49 a Rn. 17.

63 OVG NRW NWVBl. 2010, 242, 245; Kopp/Ramsauer VwVfG § 49 a Rn. 7a.

64 OVG NRW NWVBl. 2007, 310; ebenso Kopp/Ramsauer VwVfG § 49 a Rn. 7a; a.A. Pauly/Pudelka DVBl. 1999, 1609, 1613 f.

C. Die Rückforderung gemäß § 49 a VwVfG

Soweit ein Verwaltungsakt mit Wirkung für die Vergangenheit zurückgenommen oder widerrufen worden ist, sind bereits erbrachte Leistungen nach § 49 a Abs. 1 S. 1 VwVfG zu erstatten. 68

Beispiel: Dem G ist eine Subvention in Höhe von 20.000 Euro bewilligt worden, die dieser zweckwidrig verwendet hat. Die Behörde hat den Bewilligungsbescheid ermessensfehlerfrei nach § 49 Abs. 3 S. 1 Nr. 1 VwVfG mit Wirkung für die Vergangenheit widerrufen. G ist gemäß § 49 a Abs. 1 S. 1 VwVfG zur Rückzahlung der erhaltenen 20.000 Euro verpflichtet.

I. Anwendbarkeit

Auch § 49 a VwVfG ist nur anwendbar, soweit nicht **spezialgesetzliche Vorschriften** die Erstattung regeln (z.B. im Beamtenrecht § 12 Abs. 2 BBesG, § 52 Abs. 2 BeamtVG und § 84 a BBG, im Sozialrecht § 50 SGB X und im Abgabenrecht § 37 Abs. 2 AO). 69

II. Voraussetzungen

1. Unwirksamwerden des VA

§ 49 a VwVfG gilt nur bei **Rücknahme** (§ 48 VwVfG) und **Widerruf** (§ 49 VwVfG) mit Wirkung **für die Vergangenheit**, außerdem bei nachträglicher Rechtsgrundlosigkeit durch **Eintritt einer auflösenden Bedingung**[65] und **analog** bei einer **vorläufigen Bewilligung**, wenn der Schussbescheid niedriger ausfällt.[66] In diesen Fällen verdrängt § 49 a VwVfG den allgemeinen öffentlich-rechtlichen Erstattungsanspruch (dazu unten Rn. 624 ff.). 70

Beachte: *Der allgemeine Erstattungsanspruch bleibt dagegen anwendbar bei Aufhebung im verwaltungsgerichtlichen Verfahren (§ 113 Abs. 1 S. 1 VwGO), bei Aufhebung im Vorverfahren durch Abhilfe- oder Widerspruchsbescheid (§§ 72, 73 VwGO) sowie bei ursprünglicher Nichtigkeit des Bewilligungsbescheides nach § 44 VwVfG.[67] In diesen Fällen ist § 49 a VwVfG nicht einschlägig.*

§ 49 a VwVfG erfasst nicht den **Widerruf nur für die Zukunft**. Geht man mit der früheren Rspr. davon aus, dass auch bei einem Widerruf ex nunc die Rechtsgrundlage für das Behaltendürfen der Leistung entfällt (s.o. Rn. 48), so ist der allgemeine öffentlich-rechtliche Erstattungsanspruch einschlägig.[68] 71

2. Leistung aufgrund eines VA

§ 49 a VwVfG setzt voraus, dass die zu erstattenden Leistungen **auf der Grundlage eines VA** erbracht worden sind. Das bedeutet, dass Leistungen, die auf einem anderen Rechtsgrund beruhen, z.B. einem öffentlich-rechtlichen oder einem privatrechtlichen Vertrag, **nicht** nach § 49 a Abs. 1 VwVfG zurückgefordert werden können.[69] 72

---

65 Zur Abgrenzung zwischen Auflage und auflösender Bedingung BVerwG, Urt. v. 16.06.2015 – BVerwG 10 C 15.14, RÜ 2015, 739, 741; dazu Waldhoff JuS 2016, 187, 188; ebenso BVerwG, Beschl. v. 31.07.2017 – BVerwG 10 B 26.16.

66 BVerwG, Urt. v. 15.03.2017 – BVerwG 10 C 1.16, RÜ 2017, 605, 606; BVerwG, Urt. v. 11.05.2016 – BVerwG 10 C 8.15, RÜ 2016, 803, 805; BVerwG, Urt. v. 19.11.2009 – BVerwG 3 C 7.09, RÜ 2010, 188, 190 f.; a.A. Stelkens/Bonk/Sachs VwVfG § 49 a Rn. 8; zum vorläufigen VA allgemein AS-Skript Verwaltungsrecht AT 1 (2017), Rn. 249 ff.

67 Stelkens/Bonk/Sachs VwVfG § 49 a Rn. 7; Gurlit in: Ehlers/Pünder § 35 Rn. 18.

68 Kopp/Ramsauer VwVfG § 49 a Rn. 6 u. 8; Manssen/Greim JuS 2010, 429, 433; für eine analoge Anwendung des § 49 a VwVfG Stelkens/Bonk/Sachs VwVfG § 49 a Rn. 16 u. 19; generell ablehnend Folnovic/Hellriegel NVwZ 2016, 638, 642.

69 BVerwG NJW 2006, 536 ff.

73 **Beispiel:** Hat die Behörde eine Subvention in Anwendung der **Zwei-Stufen-Theorie** durch VA bewilligt und sodann auf der Grundlage eines privatrechtlichen Darlehensvertrages ausgezahlt, wurde früher davon ausgegangen, dass der Bewilligungsbescheid die Rückabwicklung in der Weise überlagert, dass die Rückforderung auch bei zweistufiger Gestaltung nach § 49 a VwVfG erfolgen könne. Dagegen spricht jedoch, dass ein Wegfall des Bewilligungsbescheides nicht automatisch zur Unwirksamkeit des Darlehensvertrages führt. Solange der Darlehensvertrag nicht gekündigt ist, bleibt der Vertrag Rechtsgrundlage für das Behaltendürfen des Darlehens. Die Rückforderung kann daher nicht nach § 49 a VwVfG erfolgen, sondern muss – nach außerordentlicher Kündigung des Darlehensvertrages – im Wege der Leistungsklage vor den ordentlichen Gerichten durchgesetzt werden.[70]

74 Umstritten ist, ob dies auch dann gilt, wenn eine durch **privatrechtlichen Vertrag** gewährte **europarechtswidrige Subvention** zurückgefordert werden soll. Hier wird teilweise geltend gemacht, nur eine Rückforderung durch sofort vollziehbaren VA könne die vom Unionsrecht vorgeschriebene unverzügliche Durchsetzung gewährleisten (s.u. Rn. 147 ff.). Die an die Bundesrepublik gerichtete Kommissionsentscheidung, eine unionsrechtswidrige Beihilfe zurückzufordern, sei öffentlich-rechtlicher Natur und führe dazu, dass auch das Rückforderungsverhältnis zu dem Beihilfeempfänger öffentlich-rechtlich ausgestaltet sei, selbst wenn die Beihilfe privatrechtlich gewährt worden sei.[71]

Die Gegenansicht verweist auf das Fehlen einer Ermächtigungsgrundlage für einen entsprechenden Rückforderungsbescheid. Das Unionsrecht überlasse die rechtliche Umsetzung der Subventionsrückforderung dem nationalen Recht, sofern die effektive Durchsetzung des Unionsrechts nicht praktisch unmöglich gemacht werde.[72] Die Kommissionsentscheidung könne eine privatrechtlich ausgestaltete Subvention nicht in ein öffentlich-rechtliches Rechtsverhältnis umgestalten.[73] Die Behörde sei vielmehr gehalten, zur zeitnahen Durchsetzung des privatrechtlichen Rückforderungsanspruchs den Weg des vorläufigen Rechtsschutzes nach der ZPO zu beschreiten.[74]

III. Rechtsfolgen

1. Gebundener VA

75 Anders als beim Erlass des Widerrufs- oder des Rücknahme-VA gemäß §§ 48, 49 VwVfG hat die Behörde bei der Rückforderung nach § 49 a Abs. 1 VwVfG **kein Ermessen** (vgl. „sind … zu erstatten").[75] § 49 a Abs. 1 S. 2 VwVfG sieht die Festsetzung der zu erstattenden Leistung **durch VA** vor[76] und schließt damit – anders als sonst – die Rückforderung durch Leistungsklage aus.[77]

Beispiele: Durch Leistungsbescheid nach § 49 a Abs. 1 VwVfG kann auch die Rückforderung von einem Dritten erfolgen, der hierfür aufgrund eines Schuldbeitritts haftet.[78] Dagegen ermächtigt § 49a VwVfG im Fall des Widerrufs eines Zuwendungsbescheides gegenüber einer Gesellschaft nicht zum Erlass eines Erstattungsbescheides gegenüber einem bereits aus der Gesellschaft ausgeschiedenen, nach § 736 Abs. 2 BGB, §§ 128 S. 1, 160 Abs. 1 S. 1 HGB nachhaftenden Gesellschafter.[79]

---

70 BVerwG NJW 2006, 536, 537 f.; Gurlit in: Ehlers/Pünder § 35 Rn. 18; Ebeling/Tellenbröker JuS 2014, 217, 222; Korte Jura 2017, 656, 665; anders ohne Begründung BVerwG, Urt. v. 15.03.2017 – BVerwG 10 C 3.16, RÜ 2017, 450 für ein „durch Verwaltungsakt gewährtes Darlehen".

71 OVG Berlin-Brandenburg, Urt. v. 29.12.2006 – OVG 8 S 42.06; VG Trier, Beschl. v. 08.03.2013 – 1 K 1053/12.TR; dazu allgemein Förtsch KommJur 2014, 167, 172.

72 ThürOVG, Urt. v. 29.06.2010 – 3 KO 524/08, RÜ 2011, 254, 257; Hildebrandt/Castillon NVwZ 2006, 298, 299 f.; Vögler NVwZ 2007, 294, 297; Gundel JA 2007, 668, 669; Goldmann Jura 2008, 275, 279 f.; Haas/Hoffmann JA 2009, 119, 121.

73 Ludwigs Jura 2007, 612, 615; vgl. im Ergebnis auch BGH NVwZ 2007, 973, 974.

74 Ehlers JK 7/06 EGV 87 I/2; Ludwigs Jura 2007, 612, 613; Goldmann Jura 2008, 275, 281.

75 Vgl. BVerwG, Beschl. v. 28.10.2002 – BVerwG 3 B 152.02; Stelkens/Bonk/Sachs VwVfG § 49 a Rn. 37; Gurlit in: Ehlers/Pünder § 35 Rn. 23; Faßbender JuS 2016, 538, 544; zweifelnd BVerwG, Urt. v. 03.03.2011– BVerwG 3 C 19.10, RÜ 2011, 390, 393.

76 Vgl. OVG NRW NWVBl. 2004, 314, 315 (VA-Befugnis auch gegenüber anderen Hoheitsträgern).

77 Gurlit in: Ehlers/Pünder § 35 Rn. 23; vgl. allgemein AS-Skript VerwaltungsR AT 1 (2017), Rn. 360.

78 BVerwG, Urt. v. 03.03.2011 – BVerwG 3 C 19.10, RÜ 2011, 390, 391; Waldhoff JuS 2012, 381, 382; Korte Jura 2017, 656, 663 f.

79 BVerwG, Beschl. v. 08.06.2017 – BVerwG 10 B 11.16.

2. Umfang des Anspruchs

§ 49 a Abs. 2 VwVfG regelt den **Umfang des Erstattungsanspruchs** durch (Rechtsfolgen-) Verweis auf die Vorschriften über die ungerechtfertigte Bereicherung (§§ 812 ff. BGB). Entsprechend § 818 Abs. 2 BGB ist der Begünstigte zum Wertersatz verpflichtet, wenn ihm die Herausgabe unmöglich ist. Auf den Wegfall der Bereicherung (§ 818 Abs. 3 BGB) kann er sich nicht berufen, soweit er die Umstände, die zur Aufhebung des VA geführt haben, kannte oder – abweichend von § 819 Abs. 1 BGB – infolge grober Fahrlässigkeit nicht kannte (§ 49 a Abs. 2 S. 2 VwVfG). **76**

§ 49 a Abs. 3 VwVfG schreibt außerdem die **Verzinsung** des zu erstattenden Betrages ab Eintritt der Unwirksamkeit des Bewilligungsbescheides vor. Von der Zinspflicht kann bei mangelndem Verschulden abgesehen werden. Nach § 49 a Abs. 4 S. 1 VwVfG können auch **Zwischenzinsen** bis zur zweckentsprechenden Verwendung verlangt werden, nach § 49 a Abs. 4 S. 2 VwVfG Zinsen bei verfrühter Inanspruchnahme.[80] **77**

Für Ansprüche aus § 49a VwVfG gilt – anders als früher – nicht mehr die kenntnisunabhängige 30-jährige Verjährungsfrist, sondern die kenntnisabhängige **dreijährige Verjährung** nach §§ 195, 199 BGB. Der Gesetzgeber hat zwar mit der Schuldrechtsreform 2002 abweichend vom ursprünglichen Gesetzentwurf die Verjährung öffentlich-rechtlicher Ansprüche nicht geregelt, jedoch in der Folgezeit die §§ 53, 102 VwVfG neu gefasst und für das Verjährungsrecht auf die zivilrechtlichen Übergangsvorschriften in Art. 229 § 6 EGBGB verwiesen. Damit hat er zu erkennen gegeben, dass jedenfalls Ansprüche aus dem VwVfG dem (neuen) Verjährungsrecht des BGB unterliegen.[81]

Aufbauschema: Rückforderung gemäß § 49 a VwVfG

I. Ermächtigungsgrundlage: § 49 a VwVfG

II. Formelle Rechtmäßigkeit

- **1. Zuständigkeit**
- **2. Verfahren, Form** (insbes. §§ 28, 37, 39 VwVfG)

III. Materielle Rechtmäßigkeit

- **1. Voraussetzungen der Ermächtigungsgrundlage**
  - **a)** Rücknahme oder Widerruf für die Vergangenheit oder Eintritt einer auflösenden Bedingung
    - analog, wenn Schlussbescheid vorläufige Bewilligung ersetzt
    - nicht bei Aufhebung im Rechtsbehelfsverfahren oder bei Nichtigkeit
  - **b)** Leistung aufgrund des unwirksam gewordenen VA
- **2. Rechtsfolgen**
  - gebundene Entscheidung, kein Ermessen (§ 49 a Abs. 1 S. 1 VwVfG)
  - Rückforderung durch VA (§ 49 a Abs. 1 S. 2 VwVfG)
  - Umfang nach § 49 a Abs. 2 VwVfG entsprechend § 818 BGB
  - Verzinsung, § 49 a Abs. 3 u. Abs. 4 VwVfG

80 Zur Zinspflicht vgl. BVerwG NVwZ 2005, 964; OVG NRW, Urt. v. 20.04.2012 – 4 A 2005/10.

81 BVerwG, Urt. v. 15.03.2017 – BVerwG 10 C 3.16, RÜ 2017, 450, 453; DVBl. 2017, 844; dazu Scherer-Leydecker DVBl. 2017, 913; Bayer NVwZ 2017, 972; anders BVerwG, Urt. v. 15.03.2017 – BVerwG 10 C 1.16, RÜ 2017, 605, 606 bei Schlussbescheiden über eine Subvention; allgemein Folnovic/Hellriegel NVwZ 2016, 638, 641.

D. Die Rücknahme des Verwaltungsaktes gemäß § 48 VwVfG

I. Die Rücknahme eines rechtswidrigen belastenden VA

1. Voraussetzungen des § 48 Abs. 1 VwVfG

78 Nach § 48 Abs. 1 S. 1 VwVfG kann ein rechtswidriger VA, auch nachdem er unanfechtbar geworden ist, ganz oder teilweise mit Wirkung **für die Zukunft** oder **für die Vergangenheit** zurückgenommen werden. Dabei ist die Rücknahme **rechtswidriger belastender** Verwaltungsakte nach § 48 Abs. 1 S. 1 VwVfG **ohne weitere Voraussetzungen** zulässig.

Beispiele: Rücknahme einer Ordnungsverfügung, Rücknahme der Ausweisung eines Ausländers.

2. Rechtsfolge

79 Die Rücknahme steht bei rechtswidrigen belastenden Verwaltungsakten im **Ermessen** der Behörde („kann"). Im Rahmen des Ermessens hat die Behörde alle für und gegen die Rücknahme sprechenden Gesichtspunkte abzuwägen. Hierbei stehen sich

- einerseits die **Bindung der Verwaltung an Gesetz und Recht** (Art. 20 Abs. 3 GG) und
- andererseits das **Gebot der materiellen Gerechtigkeit** sowie der **Gesichtspunkt der Rechtssicherheit** gleichwertig gegenüber.

80 Deshalb stellt es grds. keinen Ermessensfehler dar, wenn die Behörde die Rücknahme des belastenden VA unter Hinweis auf dessen Bestandskraft ablehnt. Selbstverständlich sind aber die **allgemeinen Beschränkungen** des Ermessens zu beachten.

Beispielsweise darf eine Rücknahme nicht aus sachwidrigen Gründen oder unter Verstoß gegen Art. 3 Abs. 1 GG erfolgen oder abgelehnt werden. Nur ausnahmsweise kann im Fall der **Ermessensreduzierung** ein gebundener Anspruch auf Rücknahme eines rechtswidrigen VA bestehen (s.u. Rn. 193).

81 Einschränkungen bzgl. des Rücknahmeermessens können sich ergeben, wenn der aufzuhebende VA zuvor vom Verwaltungsgericht **rechtskräftig bestätigt** worden ist.

Beispiel: Die Klage des Ausländers A gegen seine Ausweisung (§ 53 Abs. 1 AufenthG) ist vom Verwaltungsgericht rechtskräftig abgewiesen worden. Nach einem Sachbearbeiterwechsel im Ausländeramt gelangt die zuständige Behörde zu der Erkenntnis, dass bei der seinerzeitigen Entscheidung gewichtige Bleibeinteressen des A (§ 55 Abs. 1 AufenthG) zugunsten des A nicht berücksichtigt worden sind. Darf die Behörde die Ausweisung nach § 48 Abs. 1 S. 1 VwVfG zurücknehmen?

Nach § 48 Abs. 1 S. 1 VwVfG können nur **rechtswidrige** Verwaltungsakte aufgehoben werden. Nachdem das Verwaltungsgericht die Klage des A rechtskräftig abgewiesen hat, steht zwischen den Beteiligten aufgrund der Bindungswirkung des § 121 Nr. 1 VwGO fest, dass die Ausweisung im für die damalige Überprüfung maßgeblichen Zeitpunkt rechtmäßig war. Die Rechtskraftwirkung des § 121 VwGO kann nur auf gesetzlicher Grundlage überwunden werden. Dies ist der Fall, wenn der Betroffene nach § 51 Abs. 1 VwVfG einen Anspruch auf Wiederaufgreifen des Verfahrens hat oder die Behörde das Verfahren im Ermessenswege wieder aufgreift (§ 51 Abs. 5 VwVfG).[82] Solange diese Voraussetzungen nicht vorliegen, steht § 121 VwGO einer Rücknahme der Ausweisung nach § 48 Abs. 1 S. 1 VwVfG entgegen.[83]

---

82 Zum Wiederaufgreifen des Verfahrens vgl. unten Rn. 178 ff..

83 BVerwG, Urt. v. 22.10.2009 – BVerwG 1 C 26.08, RÜ 2010, 253, 254; VGH BW VBlBW 2009, 32, 34; VBlBW 2009, 73, 74; OVG Hamburg NordÖR 2009, 450, 451.

II. Die Rücknahme eines rechtswidrigen begünstigenden VA

1. Begriff des begünstigenden VA

Anders als belastende rechtswidrige VAe können rechtswidrige **begünstigende** VAe nach § 48 Abs. 1 S. 2 VwVfG nur unter **eingeschränkten Voraussetzungen** zurückgenommen werden. Begünstigend ist nach der **Legaldefinition** des § 48 Abs. 1 S. 2 VwVfG ein VA, der ein Recht oder einen rechtlich erheblichen Vorteil begründet oder bestätigt hat. 82

Beispiele: Subventionsbescheid, Sondernutzungserlaubnis, Gewerbeerlaubnis. Dasselbe gilt beim VA mit Doppelwirkung. Bei einer Baugenehmigung handelt es sich für den Bauherrn um einen begünstigenden VA, auch wenn sie zugleich den Nachbarn belastet.[84]

Nicht begünstigend sind **belastende Verwaltungsakte.** 83

Beispiel: Ein Kostenbescheid (z.B. auf Zahlung von 1.000 €) ist begrifflich ein belastender VA. Soll der geschuldete Betrag auf 2.000 € angehoben werden, sind daher nicht die Vorschriften über begünstigende VAe, sondern nur die Vorschriften über die Aufhebung eines nicht begünstigenden VA anzuwenden.[85] Nach der Gegenansicht enthält der ursprüngliche VA zugleich die begünstigende Regelung, dass nur der festgesetzte Betrag und keine weitergehende Belastung auferlegt wird. Die Erhöhung des ursprünglich festgesetzten Betrages hat dann zugleich die Wirkung der Aufhebung dieser Begünstigung.[86] Dagegen spricht jedoch, dass eine begünstigende Regelung nur ausnahmsweise angenommen werden kann, wenn in der ursprünglichen Belastung erkennbar zum Ausdruck gebracht wird, dass von der Möglichkeit, eine noch weitergehende Belastung aufzuerlegen, kein Gebrauch gemacht wird, wenn sich also ein (zumindest konkludenter) Verzicht auf weitergehende Ansprüche feststellen lässt.[87]

Auch **neutrale Verwaltungsakte** fallen nicht unter § 48 Abs. 1 S. 2 VwVfG.[88] 84

Beispiel: Die Zuteilung einer Hausnummer begründet für den Anlieger weder Rechte noch rechtlich erhebliche Vorteile. Daher ist die Gemeinde bei Änderung der Nummerierung nicht an die Vorschriften über die Aufhebung begünstigender VAe gebunden.[89] Die Zuordnung des Grundstücks zu einer bestimmten Straße sowie seine Nummerierung beruhen vielmehr auf landesrechtlichen Spezialvorschriften (vgl. z.B. Art. 52 Abs. 2 BayStrWG, § 20 Abs. 2 HWG) oder auf der ordnungsrechtlichen Generalklausel.[90]

2. Rücknahmevoraussetzungen für begünstigende Verwaltungsakte

Begünstigende Verwaltungsakte dürfen gemäß § 48 Abs. 1 S. 2 VwVfG nur unter den Voraussetzungen des § 48 Abs. 2–4 VwVfG zurückgenommen werden. Dabei unterscheidet das Gesetz zwischen **Geld- und Sachleistungs-VAen** einerseits und **sonstigen begünstigenden VAen** andererseits.

- Ein rechtswidriger VA, der eine **einmalige oder laufende Geldleistung** oder **teilbare Sachleistung** gewährt oder hierfür Voraussetzung ist, darf nicht zurückgenommen werden, soweit der Begünstigte auf den Bestand des VA **vertraut hat** und sein Vertrauen unter Abwägung mit dem öffentlichen Interesse an einer Rücknahme **schutzwürdig** ist (§ 48 Abs. 2 S. 1 VwVfG). 85

---

84 Ehlers/Schröder Jura 2010, 503, 507.

85 BVerwG DVBl. 2000, 490, 491; OVG NRW NWVBl. 2009, 101, 102; Kopp/Ramsauer VwVfG § 48 Rn. 69; Stelkens/Bonk/Sachs § 48 Rn. 123 u. 132.

86 Maurer/Waldhoff § 11 Rn. 13; Ruffert in: Ehlers/Pünder § 21 Rn. 53; Ehlers/Kallerhoff Jura 2009, 823, 827.

87 OVG NRW NWVBl. 2009, 101, 102; Kopp/Ramsauer VwVfG § 48 Rn. 69; Krausnick JuS 2010, 681, 683.

88 Ehlers/Schröder Jura 2010, 503, 507.

89 OVG NRW NVwZ-RR 2012, 541 f.; BayVGH, Urt. v. 06.12.2011 – 8 ZB 11.1676, RÜ 2012, 252, 255; Waldhoff JuS 2012, 958 f.

90 BayVGH, Urt. v. 06.12.2011 – 8 ZB 11.1676, RÜ 2012, 252, 253; SächsOVG NVwZ-RR 2012, 694 (zu § 5 Abs. 4 SächsGO); OVG NRW NVwZ-RR 2012, 541, 542.

Geldleistungen sind z.B. Subventionen, beamtenrechtliche Beihilfeleistungen, Mittel der Parteienfinanzierung u.Ä. Es reicht aus, wenn der Bescheid Voraussetzung für die Geldleistung ist, z.B. ein Subventionsbescheid, der einen Anspruch auf ein zinsgünstiges Darlehen begründet. **Sachleistungen** können sich auf vertretbare oder unvertretbare Sachen beziehen, entscheidend ist nur, dass sie aus einer Vielzahl gleichartiger Sachen bestehen und damit teilbar sind. Ist die Sachleistung nicht teilbar, gilt für die Rücknahme § 48 Abs. 1 S. 1 u. Abs. 3 VwVfG.

86 ■ Ein rechtswidriger begünstigender VA, der nicht unter Absatz 2 fällt, kann nach § 48 Abs. 1 S. 1 VwVfG nach Ermessen zurückgenommen werden, jedoch hat die Behörde dem Betroffenen nach § 48 Abs. 3 VwVfG auf Antrag den **Vermögensnachteil auszugleichen**, den dieser dadurch erleidet, dass er auf den Bestand des VA vertraut hat, soweit sein Vertrauen unter Abwägung mit dem öffentlichen Interesse schutzwürdig ist.

Beispiel: Bei Rücknahme einer Baugenehmigung Ersatz des Vertrauensschadens, den der Bauherr dadurch erlitten hat, dass er das Bauvorhaben bereits verwirklicht hat.

87 ■ Die Rücknahme ist in beiden vorgenannten Fällen grds. nur **innerhalb eines Jahres** seit dem Zeitpunkt zulässig, in dem die Behörde Kenntnis von den Tatsachen erhält, welche die Rücknahme rechtfertigen (§ 48 Abs. 4 S. 1 VwVfG).

88 Die **rechtliche Bedeutung** der Einschränkungen in § 48 Abs. 2–4 VwVfG ist nicht eindeutig. Teilweise wird darin eine Beschränkung der **Rechtsfolge** gesehen, d.h. dass das Rücknahmeermessen gemäß § 48 Abs. 1 S. 1 VwVfG beim begünstigenden VA nur unter Beachtung der in Abs. 2 bis 4 gezogenen Grenzen ausgeübt werden darf.[91] Bei Nichteinhaltung der Schranken ist die Rücknahme wegen Ermessensüberschreitung rechtswidrig. Dagegen spricht jedoch bereits der Wortlaut des § 48 Abs. 1 S. 2 VwVfG. Die Einschränkungen sind danach Ausschlussgründe auf der **Tatbestandsseite**.[92] Bei Nichtbeachtung liegt nicht nur ein Ermessensfehler, sondern ein Rechtsfehler vor.

Beachte: *Während § 49 Abs. 1–3 VwVfG drei verschiedene Ermächtigungsgrundlagen beinhaltet, enthält § 48 VwVfG in Abs. 1 lediglich* ***eine Ermächtigungsgrundlage****, die in den folgenden Absätzen nur unterschiedlich beschränkt wird.*

89 Die Rücknahmebeschränkungen des § 48 Abs. 1 S. 2 VwVfG für rechtswidrige begünstigende VAe (§ 48 Abs. 2–4 VwVfG) gelten **nicht** für die Aufhebung im **Widerspruchsverfahren** oder im **gerichtlichen Verfahren**, wenn dadurch dem Widerspruch oder der Klage eines Dritten abgeholfen wird (§ 50 VwVfG). Das Vertrauen des Begünstigten ist in diesen Fällen nicht schutzwürdig, weil er mit der Aufhebung rechnen muss, wenn ein Dritter den den Adressaten begünstigenden VA anficht.[93]

Beispiel: Nachbar N hat gegen die dem B erteilte Baugenehmigung Klage erhoben. Die zuständige Baubehörde kommt zu dem Ergebnis, dass die Baugenehmigung rechtswidrig ist. Die Behörde kann die Genehmigung zurücknehmen und dem Rechtsbehelf abhelfen, ohne die Einschränkungen des § 48 Abs. 1 S. 2, Abs. 3 u. 4 VwVfG beachten zu müssen (§ 50 VwVfG).[94]

Unstreitig berechtigt nur ein zulässiger Rechtsbehelf zur Abhilfe i.S.d. § 50 VwVfG. Ob der Rechtsbehelf darüber hinaus auch begründet sein muss ist, umstritten.[95] Teilweise wird dies verneint, so dass § 50 VwVfG z.B. auch einschlägig ist, wenn die angefochtene Baugenehmigung wegen Verstoßes gegen nicht nachbarschützende Vorschriften aufgehoben wird. Nach der Gegenansicht scheidet § 50 VwVfG in diesem Fall aus, da der Rechtsbehelf des Nachbarn mangels Rechtsverletzung unbegründet ist. Es gelten dann die allgemeinen Regeln des § 48 Abs. 2–4 VwVfG.

---

91 Stelkens/Bonk/Sachs VwVfG § 48 Rn. 110.

92 In diesem Sinne VGH Mannheim NVwZ 1998, 87, 90; Martini JuS 2003, 266, 268; Pünder JA 2004, 467, 470 ff.

93 BVerwG NVwZ 1994, 896, 897; Bader/Ronellenfitsch VwVfG § 50 Rn. 7.

94 Vgl. BVerwG NVwZ 2002, 730, 732.

95 Kopp/Ramsauer VwVfG § 50 Rn. 24; Maurer/Waldhoff § 11 Rn. 97: Begründetheit stets erforderlich; Krausnick JuS 2010, 594, 598: Begründetheit irrelevant; Ehlers/Kallerhoff Jura 2009, 823, 828: jedenfalls nicht offensichtlich unbegründet.

3. Die Rücknahme eines rechtswidrigen Geld- oder Sachleistungs-VA

Nach § 48 Abs. 2 S. 1 VwVfG darf ein rechtswidriger VA, der eine einmalige oder laufende Geldleistung oder teilbare Sachleistung gewährt oder hierfür Voraussetzung ist, nicht zurückgenommen werden, soweit der Begünstigte auf den Bestand des VA **vertraut hat** und sein **Vertrauen unter Abwägung mit dem öffentlichen Interesse an einer Rücknahme schutzwürdig** ist. 90

- **Schutzwürdig** ist das Vertrauen in der Regel, wenn der Begünstigte gewährte Leistungen verbraucht oder eine Vermögensdisposition getroffen hat, die er nicht mehr oder nur unter unzumutbaren Nachteilen rückgängig machen kann (§ 48 Abs. 2 S. 2 VwVfG). 91
- **Nicht schutzwürdig** ist das Vertrauen, wenn der Betroffene den VA durch arglistige Täuschung, Drohung, Bestechung oder durch in wesentlicher Beziehung unrichtige oder unvollständige Angaben erwirkt hat oder die Rechtswidrigkeit des VA kannte oder infolge grober Fahrlässigkeit nicht kannte (§ 48 Abs. 2 S. 3 VwVfG). 92
- Liegt weder ein Fall des § 48 Abs. 2 S. 2 noch des § 48 Abs. 2 S. 3 VwVfG vor, ist die Schutzwürdigkeit des Vertrauens nach § 48 Abs. 2 S. 1 VwVfG anhand einer **Abwägung** des privaten Bestandsinteresses mit dem öffentlichen Interesse an der Rücknahme zu bestimmen. 93

a) Die Rücknahmevoraussetzungen des § 48 Abs. 2 VwVfG

Fall 3: Berichtigung der Witwenpension

Bundesbeamter B ist verstorben. Seine Ehefrau F erhielt aufgrund Bescheides vom 29.01.2015 Witwengeld nach § 19 BeamtVG. Am 30.11.2015 wurde ihr mitgeteilt, dass bei der Berechnung des Witwengeldes irrtümlich eine nichtruhegehaltfähige Zulage mit berücksichtigt worden sei, sodass es zu einer monatlichen Überzahlung von 100 € gekommen sei. Der überzahlte Betrag müsse für die Zukunft abgezogen und für die Vergangenheit zurückgefordert werden. F möge sich hierzu äußern. Trotz dieser Ankündigung wurde das Witwengeld in den Folgemonaten unverändert überwiesen. Mit Schreiben vom 25.01.2016 hat F darauf hingewiesen, dass sie bis zu der Mitteilung der Behörde von der Richtigkeit des Bescheides vom 29.01.2015 ausgegangen sei. Das Geld habe sie ihrer Enkelin geschenkt, die in den USA studiere und deren Stipendium nicht verlängert worden sei. Aufgrund Erkrankung des zuständigen Sachbearbeiters wurde die Angelegenheit behördlicherseits zunächst nicht weiter bearbeitet. Erst am 19.12.2016 erhielt F einen Bescheid, in dem der Bescheid vom 29.01.2015 rückwirkend „berichtigt" und das Witwengeld um 100 € monatlich niedriger festgesetzt wurde. Außerdem wurde F aufgefordert, die von Februar 2015 bis Dezember 2016 (= 23 Monate) zuviel gezahlten 2.300 € zu erstatten. Zur Begründung wurde darauf verwiesen, dass zu Unrecht empfangene Versorgungsbezüge aus haushaltsrechtlichen Gründen grundsätzlich zu erstatten seien. F fragt, ob der Bescheid rechtmäßig ist, wenn davon auszugehen ist, dass die Festsetzung vom 29.01.2015 tatsächlich um 100 € monatlich zu hoch erfolgt ist.

A. Der Bescheid vom 19.12.2016 ist ein belastender VA, der nach dem Grundsatz vom Vorbehalt des Gesetzes einer **Ermächtigungsgrundlage** bedarf.

94 I. Als Ermächtigungsgrundlage kommt die **Spezialregelung** des § 52 Abs. 2 Beamtenversorgungsgesetz (BeamtVG) in Betracht. Diese Vorschrift regelt bei Bundesbeamten die Rückforderung zuviel gezahlter Versorgungsbezüge und verweist dafür auf die §§ 812 ff. BGB. Geregelt ist in dieser Bestimmung also allein die **Erstattung** zu Unrecht gezahlter Bezüge, nicht hingegen, unter welchen Voraussetzungen die Festsetzung dieser Bezüge geändert werden kann; die Aufhebung des Bewilligungsbescheides wird vielmehr vorausgesetzt.[96] § 52 Abs. 2 BeamtVG scheidet daher als Rechtsgrundlage für die „Berichtigung" aus.

95 II. Ermächtigungsgrundlage für die Rücknahme des Bewilligungsbescheides vom 29.01.2015 kann nur **§ 48 VwVfG** sein.

Für die Anwendung des § 48 VwVfG ist (ebenso wie bei § 49 VwVfG) erforderlich, dass es um die **Aufhebung** eines VA geht. Das wäre nicht der Fall, wenn durch den Bescheid vom 19.12.2016 seinem Wortlaut entsprechend nur eine „Berichtigung" nach § 42 VwVfG erfolgen sollte. Die irrtümliche Berücksichtigung der Stellenzulage stellt aber keinen **Rechenfehler** oder eine ähnliche offenbare Unrichtigkeit dar, sondern eine falsche Beurteilung der Voraussetzungen des VA, also einen von § 42 VwVfG nicht erfassten **Irrtum in der Willensbildung**.[97] Unerheblich ist, dass der Fehler möglicherweise leicht zu erkennen war. Auch offensichtliche **Rechtsfehler** können nicht nach § 42 VwVfG berichtigt werden.

Damit handelt es sich um eine **Rücknahme nach § 48 VwVfG**.

B. **Formelle Rechtmäßigkeit**

96 I. **Sachlich zuständig** für die Rücknahme ist die Behörde, die zum Zeitpunkt der Rücknahmeentscheidung für den Erlass des aufzuhebenden VA zuständig wäre. Für die **örtliche** Zuständigkeit gilt § 48 Abs. 5 VwVfG.

Besondere Bedeutung hat die Zuständigkeitsfrage, wenn es um die Rücknahme eines von einer unzuständigen Behörde erlassenen VA geht. Zuständig für die Rücknahme ist dann nicht etwa die (unzuständige) Erlassbehörde, sondern nur die wirklich zuständige Behörde. Eine Perpetuierung der Unzuständigkeit widerspräche dem Sinn der gesetzlichen Bestimmungen über die sachliche Zuständigkeit.[98]

97 II. Die **Anhörung** gemäß § 28 Abs. 1 VwVfG ist erfolgt.

Da die Rücknahme in einem selbstständigen Verwaltungsverfahren erfolgt, gelten die allgemeinen Regeln der §§ 9 ff. VwVfG. Auch im Fall einer konkludenten Rücknahme müssen die allgemeinen Verfahrensvorschriften, z.B. §§ 28, 39 VwVfG, beachtet werden[99] und die Behörde muss ihr Ermessen ordnungsgemäß ausüben.[100] Allerdings können formelle Fehler nach § 45 VwVfG geheilt oder nach § 46 VwVfG unbeachtlich sein.[101]

---

96 BVerwG NVwZ-RR 2012, 933, 934.

97 Stelkens/Bonk/Sachs VwVfG § 42 Rn. 8.

98 BVerwG NJW 2000, 1512, 1514; VGH Mannheim VBlBW 2009, 150, 151; Kopp/Ramsauer VwVfG § 48 Rn. 162.

99 Stelkens/Bonk/Sachs VwVfG § 48 Rn. 253.

100 HessVGH NVwZ 1990, 879, 881.

101 Vgl. AS-Skript Verwaltungsrecht AT 1 (2017), Rn. 427 ff.

C. Materielle Rechtmäßigkeit

In **materieller Hinsicht** ist zu unterscheiden zwischen 98

- der Rücknahme des Bescheides vom 29.01.2015 und
- der Rückzahlungsaufforderung (s.o. Rn. 44).

I. Rechtmäßigkeit der Rücknahme nach § 48 VwVfG

1. In Abgrenzung zu § 49 VwVfG muss bei der Rücknahme nach § 48 VwVfG der **aufzuhebende VA rechtswidrig** sein. Das ist hier der Fall, weil die betroffene Zulage nicht ruhegehaltsfähig war und daher beim Witwengeld nicht hätte berücksichtigt werden dürfen. Daraus folgt zwar nur eine Teilrechtswidrigkeit. Diese genügt jedoch für die Anwendbarkeit des § 48 VwVfG, da die ursprüngliche Witwengeldfestsetzung nur im Umfang dieser Teilrechtswidrigkeit aufgehoben werden soll und eine solche Teilaufhebung in § 48 Abs. 1 VwVfG ausdrücklich zugelassen ist („ganz oder teilweise"). 99

2. Während die Rücknahme **rechtswidriger belastender VAe** keinen weiteren Voraussetzungen unterliegt, sondern nach § 48 Abs. 1 S. 1 VwVfG in das **Ermessen** der Behörde gestellt ist, dürfen **rechtswidrige begünstigende VAe** nur unter den **einschränkenden Voraussetzungen** des § 48 Abs. 2–4 VwVfG zurückgenommen werden (§ 48 Abs. 1 S. 2 VwVfG). 100

   a) Der Bescheid vom 29.01.2015 begründete das Recht auf die Zahlung des Witwengeldes nach § 19 BeamtVG, sodass nach der Legaldefinition des § 48 Abs. 1 S. 2 VwVfG ein **begünstigender VA** vorliegt, der nur unter den Einschränkungen des § 48 Abs. 2–4 VwVfG zurückgenommen werden darf.

   b) Nach § 48 Abs. 2 S. 1 VwVfG ist bei einem VA, der, wie im vorliegenden Fall, eine **Geldleistung** gewährt, die Rücknahme ausgeschlossen („darf nicht zurückgenommen werden"), soweit der Begünstigte auf den Bestand des VA vertraut hat und sein Vertrauen unter Abwägung mit dem öffentlichen Interesse an einer Rücknahme schutzwürdig ist.

      aa) Der Begünstigte muss zunächst **tatsächlich** auf den Bestand des VA **vertraut** haben, wovon i.d.R. auszugehen ist. Auch F hat auf die Richtigkeit des Bewilligungsbescheides vertraut. 101

      bb) Entscheidend ist vor allem die **Schutzwürdigkeit** des Vertrauens. Hierzu finden sich Konkretisierungen in § 48 Abs. 2 S. 2 u. S. 3 VwVfG:

      - **Schutzwürdig** ist das Vertrauen nach § 48 Abs. 2 S. 2 VwVfG in der Regel, soweit der Begünstigte die gewährten Leistungen verbraucht oder eine Vermögensdisposition getroffen hat, die er nicht mehr oder nur unter unzumutbaren Nachteilen rückgängig machen kann. 102
      - **Nicht schutzwürdig** ist das Vertrauen nach § 48 Abs. 2 S. 3 VwVfG bei Kenntnis der Rechtswidrigkeit des VA bzw. grob fahrlässiger Unkenntnis oder wenn der VA durch Arglist, Drohung, Bestechung oder durch in wesentlicher Hinsicht unrichtige oder unvollständige Angaben erwirkt wurde. 103

Beispiel: Die Berufung auf schutzwürdiges Vertrauen ist gemäß § 48 Abs. 2 S. 3 Nr. 1 VwVfG auch dann ausgeschlossen, wenn nicht der Begünstigte, sondern sein Vertreter den Verwaltungsakt durch arglistige Täuschung erwirkt hat.[102]

104 ■ Liegt weder ein Fall des § 48 Abs. 2 S. 2 noch ein Fall des § 48 Abs. 2 S. 3 VwVfG vor, ist die Schutzwürdigkeit des Vertrauens nach § 48 Abs. 2 S. 1 VwVfG anhand einer **umfassenden Abwägung** des privaten Bestandsinteresses mit dem öffentlichen Interesse an einer Rücknahme zu bestimmen.[103]

Beispiel: Das Vertrauen eines Hoheitsträgers (z.B. einer Gemeinde) auf den Bestand einer gewährten Finanzzuweisung ist i.d.R. nicht schutzwürdig, da § 48 Abs. 2 VwVfG auf den Vertrauensschutz des Bürgers zugeschnitten ist.[104]

Vertrauensschutz bei rechtswidrigem Geldleistungs-VA

- Begünstigter hat auf Bestand des VA **tatsächlich vertraut**
- **Schutzwürdigkeit** des Vertrauens:
  - **i.d.R. schutzwürdig** bei Verbrauch der gewährten Leistung oder praktisch irreversiblen Vermögensdispositionen (§ 48 Abs. 2 S. 2 VwVfG)
  - **nicht schutzwürdig** bei Arglist, Drohung, Bestechung, unrichtige/unvollständige Angaben, Kenntnis oder grob fahrlässiger Unkenntnis (§ 48 Abs. 2 S. 3 VwVfG)
  - **im Übrigen: Abwägung** zwischen privatem Vertrauensinteresse und öffentlichem Interesse an der Rücknahme (§ 48 Abs. 2 S. 1 VwVfG)

105 cc) F hat das ihr gewährte Geld ihrer Enkelin geschenkt, sodass ihr Vertrauen nach § 48 Abs. 2 S. 2 VwVfG schutzwürdig sein könnte. Früher wurde hierbei ausschließlich auf den **tatsächlichen Verbrauch** der Mittel abgestellt, ohne die sonstige Vermögenslage des Leistungsempfängers zu berücksichtigen. Nach heute h.M. gelten für den „Verbrauch" jedoch die **bereicherungsrechtlichen Grundsätze** entsprechend. Auch wenn der Begünstigte das Geld ausgegeben, aber gleichzeitig **Aufwendungen erspart** hat, greift § 48 Abs. 2 S. 2 VwVfG nicht ein, da die Leistung dann **wertmäßig** noch im Vermögen des Begünstigten vorhanden ist.[105]

106 dd) Da F ihrer Enkelin das Geld geschenkt hat, ohne gleichzeitig Aufwendungen erspart zu haben, ist ihr Vertrauen nach § 48 Abs. 2 S. 2 VwVfG **grds. schutzwürdig**. Zu berücksichtigen ist jedoch, dass F aufgrund der Mitteilung vom 30.11.2015 in den folgenden Monaten nach eigener Darstellung nicht mehr von der Richtigkeit der Festsetzung ausgegangen ist. Ob deshalb der Vertrauensschutz für die Zukunft ab dem Zeitpunkt der Mitteilung zwingend nach § 48 Abs. 2 S. 3 Nr. 3 VwVfG wegen Kennt-

102 BVerwG LKV 2017, 367, 369 f.: Täuschung durch Ehefrau als Vertreterin.

103 Kopp/Ramsauer VwVfG § 48 Rn. 98; Stelkens/Bonk/Sachs VwVfG § 48 Rn. 135 ff.

104 BVerwG NVwZ 2015, 1764, 1766; OVG Lüneburg NVwZ-RR 2013, 584; Waldhoff JuS 2014, 93 f.; Struzina/Lindner NVwZ 2016, 1295, 1296; Korte Jura 2017, 656, 660 f.; abweichend Ehlers/Kallerhoff Jura 2009, 823, 829 mit unterschiedlichen Begründungsansätzen.

105 BVerwG DVBl. 1993, 947, 948.

nis der Rechtswidrigkeit zu versagen ist, erscheint bedenklich. Denn sonst könnte die Behörde durch eine eigene Mitteilung selbst die Voraussetzungen des § 48 Abs. 2 S. 3 Nr. 3 VwVfG schaffen. Jedenfalls ist aber die Stellungnahme der F dahin zu verstehen, dass sie nach der Mitteilung vom 30.11.2015 **tatsächlich nicht mehr** auf den Bestand der Festsetzung vom 29.01.2015 **vertraut** hat. Fehlt es aber schon am Vertrauen überhaupt, stellt sich die Frage der Schutzwürdigkeit gar nicht mehr.

Daher kann sich F auf ein schutzwürdiges Vertrauen nur bis zur Mitteilung im November 2015 berufen. Für den Zeitraum von Dezember 2015 bis Dezember 2016 fehlt es dagegen an einem Vertrauenstatbestand.

ee) **Für die Zukunft**, also die Zeit nach Erlass des Rücknahmebescheides vom 19.12.2016, ergibt sich aus § 48 Abs. 2 S. 2 VwVfG kein Vertrauensschutz. Es ist nicht ersichtlich, dass F mit Rücksicht auf die Höhe des Witwengeldes Vermögensdispositionen getroffen hat, die sie auch zukünftig noch verpflichten und deren Rückgängigmachung unzumutbar ist. Bei der dann im Rahmen des § 48 Abs. 2 S. 1 VwVfG vorzunehmenden Abwägung überwiegt für die Zukunft i.d.R. das mit der Aufhebung verfolgte öffentliche Interesse, den fortlaufenden ungerechtfertigten Bezug öffentlicher Mittel zu vermeiden.[106] **107**

Gegenbeispiel: Der Begünstigte hat ein längerfristiges Darlehen aufgenommen, das durch die gewährten Mittel auch künftig getilgt werden sollte.

Damit ergibt sich, dass die **Voraussetzungen** der Rücknahme für die Zukunft uneingeschränkt erfüllt sind, für die Vergangenheit hingegen nur ab dem Zeitpunkt der Mitteilung vom 30.11.2015. Soweit die Behörde die Rücknahme auch auf den davor liegenden Zeitraum (Januar bis November 2015) erstreckt hat, ist die Rücknahme **rechtswidrig**, da ihr der Vertrauensschutz nach § 48 Abs. 2 S. 2 VwVfG entgegensteht. 108

c) Soweit die Voraussetzungen für eine Rücknahme erfüllt sind (also ab Dezember 2015), kann die Rücknahme nach § 48 Abs. 4 S. 1 VwVfG nur **innerhalb eines Jahres** seit Kenntnis von den die Rücknahme rechtfertigenden Tatsachen erfolgen, es sei denn, der VA ist durch Arglist, Drohung oder Bestechung erwirkt worden (§ 48 Abs. 4 S. 2 i.V.m. Abs. 2 S. 3 Nr. 1 VwVfG).[107] **109**

Umstritten ist, ob die Jahresfrist auch zugunsten von Hoheitsträgern (z.B. Gemeinden) eingreift. Eine Ansicht verneint dies. Da sich Hoheitsträger nicht auf Vertrauensschutz nach § 48 Abs. 2 VwVfG berufen könnten (s.o. Rn. 104), sei auch die Jahresfrist des § 48 Abs. 4 VwVfG auf sie nicht anwendbar.[108] Für die Anwendung der Jahresfrist auch zugunsten öffentlicher Träger spricht jedoch, dass die Rücknahmefrist nicht ausschließlich dem Vertrauensschutz dient, sondern auch dem Rechtsfrieden.[109]

aa) Die Behörde muss die maßgeblichen tatsächlichen Umstände **positiv kennen**, grob fahrlässige Unkenntnis genügt nicht.[110] Kenntnis muss nach h.M die für die Rücknahme **zuständige Stelle** haben, die Kenntnis **110**

---

106 BVerwG NVwZ 1983, 157, 158; Stelkens/Bonk/Sachs VwVfG § 48 Rn. 140.

107 Zu diesem Ausnahmefall vgl. BVerwG LKV 2017, 367, 371.

108 Stelkens/Bonk/Sachs VwVfG § 48 Rn. 202.

109 OVG NRW NWVBl. 2008, 34, 34; Kopp/Ramsauer VwVfG § 48 Rn. 148; Gass NVwZ 2016, 748, 749.

110 BVerwG DVBl. 2001, 1221, 1223; Kopp/Ramsauer VwVfG § 48 Rn. 153; Stelkens/Bonk/Sachs § 48 Rn. 211.

irgendeines Beamten der Behörde reicht nicht aus, ebenso wenig die Tatsache, dass die Umstände aktenkundig sind.[111]

111 Nach der Gegenansicht ist abstrakt auf die Kenntnis irgendeiner Stelle der **Behörde** abzustellen. Auch im Rahmen des § 48 Abs. 4 VwVfG gelte die Legaldefinition des § 1 Abs. 4 VwVfG, die nicht auf den einzelnen Amtswalter abstelle. Überdies stehe dem Bürger die Behörde als Einheit gegenüber und müsse sich auch so behandeln lassen.[112]

112 Dagegen spricht jedoch, dass eine „Behörde" als solche keiner Kenntnis fähig ist, sondern diese nur durch menschliche Kenntnis vermittelt werden kann. Kenntnis setzt nach dem Zweck der Norm voraus, dass aufgrund des bei der Behörde vorhandenen Wissens ein rechtmäßiger Rücknahmebescheid erlassen werden kann. Diese Möglichkeit besteht nur, wenn der **zuständige Sachbearbeiter** hinreichend sichere Informationen hat.[113]

113 bb) Unproblematisch ist der Fristlauf, wenn es um die Kenntnis von **Tatsachen** geht, also tatsächlichen Umständen, die die Rechtswidrigkeit des VA begründen.[114] Die Frist beginnt zu laufen, sobald **alle entscheidungserheblichen Tatsachen** positiv bekannt sind (s.u. Rn. 119).

114 cc) Problematisch ist die Anwendung des § 48 Abs. 4 VwVfG dagegen bei **Rechtsirrtümern**, wenn die Behörde den entscheidungserheblichen Sachverhalt bereits bei Erlass des VA vollständig ermittelt, aber die Tatsachen **falsch gewertet** hat (z.B. falsche Subsumtion, Rechtsanwendungsfehler, fehlerhafte Ermessensausübung). Ein solcher Fall liegt hier vor, weil die Behörde die nichtruhegehaltfähige Zulage rechtsfehlerhaft bei der Berechnung des Witwengeldes berücksichtigt hat.

115 Nach teilweise vertretener Ansicht ist § 48 Abs. 4 VwVfG eine streng auf ihren Wortlaut hin zu begrenzende **Ausnahmevorschrift**, die nur die Fälle erfasst, in denen die Behörde nachträglich durch **Tatsachen** auf die Rechtswidrigkeit des VA hingewiesen wird. Bei einem **Rechtsirrtum** sei § 48 Abs. 4 VwVfG **nicht anwendbar**, in diesem Fall laufe keine Frist für die Ausübung des Rücknahmeermessens.[115] Nach der Gegenansicht erfasst § 48 Abs. 4 VwVfG dagegen auch die **Erkenntnis der Rechtswidrigkeit.** Die bei voller Tatsachenkenntnis falsch entschiedenen Fälle seien genauso zu behandeln wie Tatsachenirrtümer.[116]

116 Hierfür spricht, dass das Gesetz gerade nicht zwischen der tatsächlichen Rechtswidrigkeit (Zugrundelegung eines unrichtigen Sachverhalts) und der rechtlichen Rechtswidrigkeit (unrichtige Rechtsanwendung) unter-

---

111 BVerwG DVBl. 2001, 1221, 1223; BayVGH NVwZ 2001, 931, 932; Stelkens/Bonk/Sachs § 48 Rn. 212 ff.

112 OVG Berlin DVBl. 1983, 354, 355; Pieroth NVwZ 1984, 681, 684; Schoch NVwZ 1985, 880, 884 f.; Maurer/Waldhoff § 11 Rn. 44; Kahl/Müller Ad Legendum 2015, 127, 134.

113 Stelkens/Bonk/Sachs VwVfG § 48 Rn. 214; Gass NVwZ 2016, 748, 749; kritisch Ehlers/Kallerhoff Jura 2009, 823, 833 f.

114 Stelkens/Bonk/Sachs VwVfG § 48 Rn. 221; Kopp/Ramsauer VwVfG § 48 Rn. 153.

115 So früher ein Teil der Rspr. vgl. OVG Koblenz NVwZ 1988, 448, 449; OVG NRW DVBl. 1984, 1084, 1086; VGH Mannheim DÖV 1984, 216, 218; zustimmend Meyer/Borgs VwVfG § 48 Rn. 71; Pieroth NVwZ 1984, 681, 686 m.w.N.

116 Grundlegend BVerwGE 70, 356, 362; BVerwG NVwZ-RR 2012, 933, 935; VGH Mannheim NVwZ-RR 2014, 806; OVG NRW NVwZ-RR 2010, 630; Krausnick JuS 2010, 778, 779; Gass NVwZ 2016, 748, 7549.

scheidet. Tatsachen- wie Rechtsfehler führen zur Rechtswidrigkeit des VA und ermöglichen die Rücknahme. Daher spricht das Gesetz nicht nur von der Kenntnis der „Tatsachen", sondern der Tatsachen, welche die Rücknahme **„rechtfertigen"**. Zur Rechtfertigung der Rücknahme gehört aber vor allem die **Rechtswidrigkeit** des aufzuhebenden VA. Das Gesetz behandelt die Rechtswidrigkeit also wie eine Tatsache. Die Gegenansicht würde der Behörde zudem eine **zeitlich unbeschränkte Rücknahmemöglichkeit** eröffnen, obwohl der Fehler (z.B. falsche Subsumtion) allein in ihrer Risikosphäre liegt.

§ 48 Abs. 4 VwVfG ist daher sowohl in Fällen des **Sachverhaltsirrtums** als auch des hier vorliegenden **Rechtsirrtums** anwendbar.

dd) Umstritten ist jedoch, wann bei einem Rechtsirrtum die **Jahresfrist** zu laufen beginnt.

(1) Früher wurde teilweise darauf abgestellt, dass die Rücknahmefrist in diesem Fall bereits **mit Erlass des VA** beginne, da der Behörde bereits in diesem Zeitpunkt alle Tatsachen bekannt seien.[117] Dies würde dazu führen, dass die Widerrufsfrist am 29.01.2016, ein Jahr nach Erlass des rechtswidrigen Bewilligungsbescheides vom 29.01.2015 abgelaufen wäre. Dagegen spricht jedoch, dass die Rücknahme nach dieser Auffassung ausgeschlossen wäre, wenn die Behörde den Rechtsfehler erst nach Ablauf eines Jahres bemerkt. Die Rücknahme wäre damit bei Rechtsfehlern i.d.R. nicht möglich. 117

(2) Ein Teil der Lit. sieht in § 48 Abs. 4 S. 1 VwVfG eine **Bearbeitungsfrist**, die mit der **Kenntnis von der Rechtswidrigkeit** beginne.[118] Dies war spätestens im November 2015 der Fall (vgl. das Schreiben vom 30.11.2015), sodass der Rücknahmebescheid vom 19.12.2016 nicht mehr innerhalb der Jahresfrist erfolgt wäre. 118

(3) Die heute h.M. geht dagegen von einer **Entscheidungsfrist** aus, die erst mit dem **Zeitpunkt der Entscheidungsreife** beginnt.[119] Die Kenntnis der Rechtswidrigkeit setze für sich allein die Rücknahmefrist noch nicht in Lauf. 119

Für diese Auffassung spricht, dass § 48 Abs. 4 S. 1 VwVfG an die Tatsachen anknüpft, „welche die Rücknahme ... rechtfertigen." Das setzt voraus, dass der Behörde **sämtliche für die Rücknahmeentscheidung erheblichen Tatsachen bekannt** sind. Die Frist beginnt danach erst, wenn die Behörde die Rechtswidrigkeit des VA erkannt hat und ihr außerdem **alle Umstände** bekannt sind, die zur sachgemäßen Ermessensausübung erforderlich sind. Insbesondere müssen der 120

117 So noch BVerwG NVwZ 1983, 91, 92; OVG Berlin DVBl. 1983, 354, 355; VGH Kassel NVwZ 1984, 382, 383.

118 Maurer/Waldhoff § 11 Rn. 44; Knack/Henneke § 48 Rn. 79; Kopp DVBl. 1985, 525, 526; Schoch NVwZ 1985, 880, 884; Erbguth JuS 2002, 333, 334 m.w.N.

119 Grundlegend BVerwGE 70, 356, 362; BVerwG NVwZ-RR 2012, 933, 935; OVG NRW, Beschl. v. 29.05.2017 – 4 A 516/15, RÜ2 2017, 211; OVG NRW NVwZ-RR 2010, 630; dazu Waldhoff JuS 2011, 95 f.; allgemein Gass NVwZ 2016, 748, 749.

Behörde alle Tatsachen bekannt sein, die im Rahmen der Abwägung nach § 48 Abs. 2 VwVfG zu berücksichtigen sind.[120] Da die für die Abwägung relevanten Umstände aber in jedem Fall im Rahmen einer Anhörung gemäß § 28 Abs. 1 VwVfG ermittelt werden müssen, beginnt die Frist des § 48 Abs. 4 S. 1 VwVfG daher **frühestens mit Eingang der Stellungnahme** des Betroffenen.[121]

F hatte erst mit Schreiben vom 25.01.2016 zur beabsichtigten Rücknahme Stellung genommen. Erst mit Zugang dieses Schreibens waren dem zuständigen Sachbearbeiter alle für die Entscheidung nach § 48 Abs. 2 VwVfG erforderlichen Fakten bekannt. Der Rücknahmebescheid vom 19.12.2016 erfolgte damit noch innerhalb der Jahresfrist des § 48 Abs. 4 S. 1 VwVfG.

121 Ebenso beginnt die Jahresfrist erneut zu laufen, wenn ein Rücknahmebescheid vom Verwaltungsgericht aufgrund einer Anfechtungsklage aufgehoben wird. Denn die Urteilsgründe sind für die Behörde neue Tatsachen i.S.v. § 48 Abs. 4 S. 1 VwVfG.[122] Der Fristlauf kann sich daher über Jahre erstrecken, da § 48 VwVfG keine absolute Ausschlussfrist enthält. Der Zeitablauf ist aber ggf. im Rahmen der Ermessensentscheidung zu berücksichtigen.[123]

Rücknahmefrist gemäß § 48 Abs. 4 S. 1 VwVfG

- Die für die Rücknahme zuständige Behörde muss die die Rücknahme rechtfertigenden Umstände **positiv kennen**.
- Kenntnis muss der nach der innerbehördlichen Geschäftsverteilung für die Rücknahme **zuständige Amtswalter** haben.
- § 48 Abs. 4 S. 1 VwVfG erfasst auch die **Erkenntnis der Rechtswidrigkeit**.
- § 48 Abs. 4 S. 1 VwVfG ist eine **Entscheidungsfrist**, die erst mit dem Zeitpunkt der Entscheidungsreife beginnt (a.A. Bearbeitungsfrist ab Kenntnis).
- Die Frist beginnt erst zu laufen, wenn der Behörde **alle Umstände bekannt** sind, die zur sachgemäßen Ermessensausübung erforderlich sind.

122 3. **Ungeschriebene Tatbestandsvoraussetzung** für die Aufhebung von Verwaltungsakten ist, dass die Aufhebung gegenüber dem **richtigen Adressaten** erfolgt. Im Regelfall ist dies – wie hier – der Adressat des ursprünglichen VA.[124]

Ein begünstigender VA kann ausnahmsweise auch gegenüber einem **Dritten** zurückgenommen werden, wenn dieser als „Begünstigter" anzusehen ist. Dies ist z.B. dann der Fall, wenn der unmittelbare Zuwendungsempfänger durch den Bescheid verpflichtet wird, die Zuwendung an einen Dritten weiterzugeben (sog. „gestreckte" Zuwendung).[125]

---

120 BVerwGE 70, 356, 362; BVerwG NVwZ-RR 2012, 933, 935; BayVGH, Beschl. v. 24.05.2017 – 9 ZB 16.391; VGH Mannheim VBlBW 2017, 212; Krausnick JuS 2010, 778, 778 f.; kritisch Ehlers/Kallerhoff Jura 2009, 823, 833 f.

121 BVerwG NVwZ 2002, 485; VGH Mannheim, Urt. v. 17.05.2017 – 11 S 341/17; OVG NRW, Beschl. v. 29.05.2017 – 4 A 516/15, RÜ2 2017, 211, 212; OVG NRW, Beschl. v. 18.01.2017 – 4 A 1998/14; Gass NVwZ 2016, 748, 749 f.

122 BVerwG NVwZ-RR 2012, 933, 935; OVG Bremen DÖV 2011, 416; Gass NVwZ 2016, 748, 750.

123 OVG NRW NVwZ-RR 2013, 250 (Rücknahme nach 52 Jahre); dazu Hebeler JA 2013, 557.

124 BVerwG DVBl. 2000, 907, 909; Stelkens/Bonk/Sachs VwVfG § 48 Rn. 243; Krausnick JuS 2010, 594, 596; Haltern/Manthey JuS 2016, 344, 346.

4. **Rechtsfolge:** Liegen die Voraussetzungen für eine Rücknahme nach § 48 Abs. 2 VwVfG vor, so steht es grundsätzlich im **Ermessen** der Behörde, ob, in welchem Umfang und mit welcher zeitlichen Wirkung (nur für die Zukunft oder auch für die Vergangenheit) der VA zurückgenommen wird.[126] **123**

   Beachte: *In den Fällen des § 48 Abs. 2 S. 3 VwVfG wird der VA* ***in der Regel*** *mit Wirkung* ***für die Vergangenheit*** *zurückgenommen (§ 48 Abs. 2 S. 4 VwVfG).*

   Da bei der Frage des **Vertrauensschutzes** für die Zeit nach dem 30.11.2015 bereits auf der Voraussetzungsseite ein überwiegendes öffentliches Interesse an der Rücknahme festgestellt wurde, ist es nicht ermessensfehlerhaft, wenn die Behörde sich unter Berücksichtigung dieses Abwägungskriteriums zur Rücknahme entschließt, um den weiteren ungerechtfertigten Bezug öffentlicher Mittel zu verhindern. **124**

   Umstritten ist, ob im Rahmen des § 48 Abs. 1 VwVfG das Ermessen – wie bei § 49 Abs. 2 u. 3 VwVfG (s.o. Rn. 64) – ebenfalls **„intendiert"** ist. Teilweise wird dies bejaht, da beide Vorschriften bezwecken, rechtmäßiges Verwaltungshandeln sicherzustellen.[127] Das BVerwG verweist demgegenüber zutreffend darauf, dass bei der Rücknahme rechtswidriger Verwaltungsakte nach § 48 Abs. 1 S. 1 VwVfG grundsätzlich kein Fall intendierten Ermessens vorliege. Die Prinzipien der Gesetzmäßigkeit der Verwaltung und der Bestandskraft von Verwaltungsakten stünden vielmehr gleichberechtigt nebeneinander. Dies gelte auch, wenn der Betroffene sich nicht auf Vertrauensschutz berufen könne.[128]

   Somit ist die Rücknahmeentscheidung in dem Bescheid vom 19.12.2016 **rechtmäßig**, soweit die Festsetzung des Witwengeldes i.H.v. monatlich 100 € mit Wirkung **ab Dezember 2015** zurückgenommen worden ist. Soweit die Rücknahme auch auf den **Zeitraum von Februar bis November 2015** erstreckt wurde, ist sie dagegen wegen Verstoßes gegen § 48 Abs. 2 S. 2 VwVfG **rechtswidrig** und kann mit Erfolg angefochten werden. **125**

II. **Rechtmäßigkeit der Rückzahlungsaufforderung**

1. Als **Rechtsgrundlage** für die Rückforderung kommen § 52 Abs. 2 BeamtVG und § 49 a Abs. 1 VwVfG in Betracht. **126**

   Diese Vorschriften gleichen sich insoweit, als sie für die Bestimmung von Umfang und Höhe des Erstattungsanspruchs auf die §§ 812 ff. BGB verweisen. Sie unterscheiden sich vor allem dadurch, dass die Rückforderung nach § 49 a VwVfG eine gebundene Entscheidung ist („sind ... zu erstatten"), während nach § 52 Abs. 2 S. 3 BeamtVG aus Billigkeitsgründen von der Rückforderung ganz oder teilweise abgesehen werden kann (ebenso für Besoldungsbezüge § 12 Abs. 2 S. 3 BBesG). Die Billigkeitsentscheidung ist dabei notwendiger und untrennbarer Bestandteil der Rückforderungsentscheidung.[129]

   Da es insoweit nicht um die Aufhebung der Festsetzung der Versorgungsbezüge geht, sondern um die **Erstattung** zu Unrecht empfangener Versorgungsbezüge, ist in diesem Zusammenhang aufgrund der Subsidiaritätsklausel des § 1 VwVfG die **speziellere Regelung** des § 52 Abs. 2 BeamtVG anzuwenden, weil sie gerade diese Erstattung zum Gegenstand hat.[130]

---

125 BVerwG DVBl. 2000, 907, 909; VGH Mannheim NVwZ 1998, 87, 88; Haltern/Manthey JuS 2016, 344, 347.

126 Bader/Ronellenfitsch VwVfG § 48 Rn. 38 f.; Kopp/Ramsauer VwVfG § 48 Rn. 77.

127 OVG NRW, Beschl. v. 18.01.2017 – 4 A 1998/14; OVG NRW, Beschl. v. 09.12.2015 – 15 A 121/15.

128 BVerwG NVwZ 2015, 1764, 1767 Rn. 29 zum Zuwendungsrecht; VG Hamburg, Urt. v. 21.12.2016 – 2 K 932/14.

129 BVerwG, Urt. v. 26.04.2012 – BVerwG 2 C 15.10, NVwZ-RR 2012, 930, 931.

Das BeamtVG und das BBesG, die ursprünglich bundeseinheitlich für alle Beamten (auch für Landesbeamte) galten, gelten heute nur noch für Bundesbeamte, da die Gesetzgebungskompetenz für die übrigen Beamten in diesen Bereichen nunmehr ausschließlich den Ländern zusteht (Art. 74 Abs. 1 Nr. 27 Hs. 2 GG). Im Landesrecht bestehen zum Teil vergleichbare Regelungen (z.B. § 5 Abs. 2 LBeamtVG BW, § 70 Abs. 2 HBeamtVG, § 64 Abs. 2 LBeamtVG NRW, § 7 Abs. 2 LBeamtVG RP). Soweit die Länder keine eigenen Regelungen geschaffen haben, gilt das BBesG a.F. und das BeamtVG a.F. als Bundesrecht fort, kann jedoch durch Landesrecht ersetzt werden (vgl. Art. 125 a Abs. 1 GG und § 85 BBesG, § 108 BeamtVG).

127 2. Anders als § 49 a Abs. 1 S. 2 VwVfG enthält § 52 Abs. 2 BeamtVG keine Regelung über die Durchsetzung des Anspruchs durch VA (sog. **VA-Befugnis**). Es gehört jedoch zu den hergebrachten Grundsätzen des Berufsbeamtentums (Art. 33 Abs. 5 GG), dass beamtenrechtliche Ansprüche durch VA geltend gemacht werden können, insbesondere wenn es um eine Leistung geht, die – wie hier – durch VA gewährt worden ist, **(Kehrseitentheorie)**.[131]

128 3. Es müssen die **Voraussetzungen** des § 52 Abs. 2 BeamtVG erfüllt sein.

a) Zuviel gezahlt und damit **rechtsgrundlos** sind von den zurückgeforderten Beträgen nur die Zahlungen von Dezember 2015 bis Dezember 2016 (also in Höhe von 13 x 100 € = 1.300 €), weil nur insoweit der Bewilligungsbescheid vom 29.01.2015 rechtmäßig zurückgenommen worden ist. Im Übrigen ist der Rückforderungsbescheid rechtswidrig und aufzuheben, weil es für die Monate Februar bis November 2015 an einer rechtmäßigen Rücknahme fehlt (s.o. Rn. 125).

129 b) Soweit sich F hinsichtlich der Zahlungen ab Dezember 2015 wegen etwaiger Schenkungen an ihre Enkelin auf einen **Wegfall der Bereicherung** berufen sollte, ist dieser Einwand nach § 52 Abs. 2 BeamtVG i.V.m. §§ 818 Abs. 4, 819 Abs. 1 BGB ausgeschlossen, da sie in diesem Zeitpunkt aufgrund der Mitteilung vom 30.11.2015 die fehlerhafte Berechnung des Witwengeldes kannte.

Abweichend von § 819 Abs. 1 BGB schadet nach den öffentlich-rechtlichen Rückforderungsregeln nicht nur Kenntnis von der Rechtsgrundlosigkeit, sondern bereits grob fahrlässige Unkenntnis (§ 52 Abs. 2 S. 2 BeamtVG, § 12 Abs. 2 S. 2 BBesG, § 49 a Abs. 2 S. 2 VwVfG).

Somit sind die Voraussetzungen für eine Rückforderung i.H.v. 1.300 € nach § 52 Abs. 2 BeamtVG erfüllt, mangels Rechtsgrundlosigkeit hingegen nicht für den darüber hinausgehenden Betrag. Insoweit ist die Rückforderung rechtswidrig.

130 4. Soweit die Voraussetzungen der Rückforderung vorliegen (für Dezember 2015 bis Dezember 2016), kann nach § 52 Abs. 2 S. 3 BeamtVG von der Rückforderung aus **Billigkeitsgründen** (ganz oder teilweise) abgesehen werden. Die Behörde hat insoweit **Ermessen**, wobei alle Umstände des Einzelfalls zu berücksichtigen sind, um eine für die Beteiligten zumutbare Lösung zu finden.[132] Dieses Ermessen hat die Behörde hier gar nicht ausgeübt, weil sie von einer generellen Rückzahlungspflicht ausgegangen ist. Auch soweit die Voraussetzungen für die Rückforderung i.H.v. 1.300 € erfüllt sind, ist die Rückforderungsentscheidung wegen **Ermessensnichtgebrauchs** ebenfalls rechtswidrig.

---

130 Vgl. BVerwG NVwZ 1990, 672, 673 zu der Parallelvorschrift des § 87 Abs. 2 BBG a.F.

131 Vgl. im Einzelnen AS-Skript Verwaltungsrecht AT 1 (2017), Rn. 354 ff.

132 Vgl. BVerwG NVwZ-RR 2017, 576, 579 zu § 52 Abs. 2 S. 3 BeamtVG; ebenso BVerwG, Urt. v. 22.03.2017 – BVerwG 5 C 5.16; BVerwG NVwZ-RR 2012, 930, 931 jeweils zur entsprechenden Regelung in § 12 Abs. 2 S. 3 BBesG.

Ergebnis: 131

- Die **Rücknahmeentscheidung** ist rechtmäßig, soweit die Festsetzung des Witwengeldes mit Wirkung ab Dezember 2015 aufgehoben wurde. Soweit die Rücknahme auf den davor liegenden Zeitraum erstreckt worden ist, ist sie rechtswidrig.

- Die **Rückforderung** ist insgesamt rechtswidrig (in Höhe von 1.000 €, weil die Voraussetzungen des § 52 Abs. 2 BeamtVG nicht vorliegen, in Höhe von 1.300 €, weil die Behörde ihr Ermessen nicht ausgeübt hat).

Aufbauschema: Rücknahme eines rechtswidrigen begünstigenden VA

I. Ermächtigungsgrundlage: § 48 Abs. 1 S. 1 VwVfG

(–) bei spezialgesetzlicher Regelung (z.B. § 15 Abs. 1 GaststG, § 45 Abs. 1 WaffG)

II. Formelle Rechtmäßigkeit

1. Zuständigkeit

2. Verfahren, Form (insbes. §§ 28, 37, 39 VwVfG)

III. Materielle Rechtmäßigkeit

1. Voraussetzungen der Ermächtigungsgrundlage

a) aufzuhebender **VA rechtswidrig**

b) Rücknahmesperre gemäß § 48 Abs. 1 S. 2, Abs. 2 VwVfG

c) Widerrufsfrist: ein Jahr (§ 48 Abs. 4 S. 1 VwVfG)

Beachte: *b) und c) gelten nicht in den Fällen des § 50 VwVfG!*

2. Rechtsfolge: Ermessen, insbes. Verhältnismäßigkeit

b) Verhältnis des § 48 VwVfG zum Europarecht

Besondere Probleme ergeben sich bei der Anwendung des § 48 VwVfG, wenn es um die **Aufhebung von Subventionsbescheiden** geht, die gegen Unionsrecht, insbes. Art. 107, 108 AEUV verstoßen.

- **Beihilfen** i.S.d. Art. 107, 108 AEUV sind alle Maßnahmen gleich welcher Art, „die unmittelbar oder mittelbar Unternehmen begünstigen oder die als ein wirtschaftlicher Vorteil anzusehen sind, den das begünstigte Unternehmen unter normalen Marktbedingungen nicht erhalten hätte."[133] Erfasst werden also nicht nur Subventionen im eigentlichen Sinne, sondern alle Maßnahmen, die diesen nach Art und Wirkung gleichstehen. 132

  Beispiele: Geld- und Sachleistungen, Steuervergünstigungen, Ausgleichszahlungen, Bürgschaften, Darlehens- oder Mietvergünstigungen, Zuschüsse zum Erwerb bestimmter Wirtschaftsgüter.[134]

---

133 EuGH NJW 2003, 2515, 2518; DVBl. 2001, 633, 635; BVerwG, Urt. v. 26.10.2016 – BVerwG 10 C 3.15, RÜ 2017, 243, 246; vgl. allgemein den Überblick von Soltész EuZW 2014, 89 ff. und EuZW 2015, 127 ff.

134 EuG Urt. v. 15.06.2010 – T-177/07, MMR 2010, 627 (Staatliche Zuschüsse für Digital-Decoder).

Unerheblich ist, ob die Beihilfe unmittelbar vom Staat oder von öffentlichen oder privaten Einrichtungen gewährt wird. Allerdings müssen Beihilfen **dem Staat zurechenbar** sein. Das ist der Fall, wenn sie unmittelbar oder mittelbar aus staatlichen Mitteln gewährt werden, also den staatlichen Haushalt belasten.[135] Keine Beihilfen sind nach Auffassung des EuGH öffentliche Zuschüsse zum Ausgleich von Aufwendungen, die durch die Erfüllung einer sog. gemeinwirtschaftlichen Verpflichtung (d.h. einer öffentlichen Pflichtaufgabe) entstehen.[136]

133 ■ Nach Art. 107 Abs. 1 AEUV sind **Beihilfen** gleich welcher Art mit dem Binnenmarkt unvereinbar und damit **unzulässig**, sofern sie den Wettbewerb verfälschen oder zu verfälschen drohen und den Handel zwischen den Mitgliedstaaten beeinträchtigen.

Mit dem Binnenmarkt vereinbar sind die in Art. 107 Abs. 2 AEUV aufgezählten Beihilfen (z.B. Beihilfen sozialer Art, Beihilfen zur Beseitigung von Schäden, die durch Naturkatastrophen oder sonstige außergewöhnliche Ereignisse entstanden sind).

Als mit dem Binnenmarkt vereinbar können (Ermessen) außerdem die in Art. 107 Abs. 3 AEUV aufgezählten Beihilfen angesehen werden (z.B. Beihilfen zur Förderung wichtiger Vorhaben von gemeinsamem europäischen Interesse oder zur Behebung einer beträchtlichen Störung im Wirtschaftsleben eines Mitgliedstaates). Bestimmte Beihilfen können durch EU-Verordnung allgemein für mit dem Binnenmarkt vereinbar erklärt werden (Art. 109 AEUV).

134 ■ Damit die EU-Kommission ihre Kontrollfunktion wahrnehmen kann, müssen die Mitgliedstaaten sie über jede neue Beihilfe rechtzeitig unterrichten (Art. 108 Abs. 3 S. 1 AEUV). Im Rahmen dieses sog. **Notifizierungsverfahrens** prüft die Kommission, ob ein Ausnahmetatbestand i.S.d. Art. 107 Abs. 2 AEUV vorliegt oder ob eine Befreiung nach Art. 107 Abs. 3 AEUV in Betracht kommt. Der betreffende Mitgliedstaat darf die beabsichtigte Maßnahme vor der abschließenden Entscheidung der Kommission nicht durchführen (Art. 108 Abs. 3 S. 3 AEUV).

Bestimmte Beihilfen, die kraft Verordnung mit dem Binnenmarkt vereinbar sind (Art. 109 AEUV), sind von der Anmeldepflicht nach Artikel 108 Abs. 3 AEUV freigestellt.[137] Entsprechendes gilt für geringfügige Beihilfen (sog De-minimis-Beihilfen).[138]

135 Da das **Durchführungsverbot** nach Art. 108 Abs. 3 S. 3 AEUV in den Mitgliedstaaten unmittelbar geltendes Recht ist, macht allein der formelle Verstoß gegen die Anmeldepflicht die Beihilfe innerstaatlich rechtswidrig.[139] Die nationalen Gerichte müssen diese (formelle) Rechtswidrigkeit unabhängig von Aufsichtsmaßnahmen der Kommission berücksichtigen. Konkurrenten des Beihilfeempfängers können sich auf den Verstoß berufen und ggf. die Einstellung bzw. Rückforderung der staatlichen Förderung verlangen.[140] Der (formelle) Verstoß gegen Art. 108 Abs. 3 S. 3 AEUV wird auch nicht dadurch geheilt, dass die Kommission die Beihilfe im Nachhinein (materiell) als mit dem Gemeinsamen Markt vereinbar erklärt.[141]

Art. 108 Abs. 3 S. 3 AEUV ist außerdem Verbotsgesetz i.S.d. § 134 BGB, dessen Verletzung zur Nichtigkeit eines zur Gewährung der Beihilfe abgeschlossenen Vertrages führt.[142]

---

135 EuG, Urt. v. 21.05.2010 – T-425/04 u.a.; EuGH NVwZ 2003, 461, 462; DVBl. 2002, 1034, 1035.

136 EuGH NJW 2003, 2515, 2518 (Altmark Trans) für den öffentl. Personennahverkehr; BVerwG Urt. v. 16.12.2010 – BVerwG 3 C 44.09, RÜ 2011, 656, 659; NVwZ 2011, 1016, 1018; Brenner/Huber DVBl. 2004, 863, 870; Korte Jura 2017, 656, 656 f.

137 Vgl die allgemeine GruppenfreistellungsVO (EU) 651/2014; dazu Soltész EuZW 2015, 277, 278.

138 Vgl. die De-minimis-VO (EU) 1407/2013.

139 EuGH NVwZ 2016, 600, 602; BGH, Urt. v. 09.02.2017 – I ZR 91/15; BVerwG, Urt. v. 26.10.2016 – BVerwG 10 C 3.15, RÜ 2017, 243, 245; Maurer/Waldhoff § 11 Rn. 58; Oldiges NVwZ 2001, 626, 633; Finck/Gurlit Jura 2011, 87, 91.

140 BVerwG, Urt. v. 26.10.2016 – BVerwG 10 C 3.15, RÜ 2017, 243, 245; BGH, Urt. v. 09.02.2017 – I ZR 91/15; BVerwG NVwZ 2011, 1016, 1017; Heinrich/Arnold DVBl. 2011, 557, 558.

141 EuGH NVwZ 2007, 64, 65; BVerwG, Urt. v. 26.10.2016 – BVerwG 10 C 3.15, RÜ 2017, 243, 249; Korte Jura 2017, 656, 660.

142 BVerwG, Urt. v. 26.10.2016 – BVerwG 10 C 3.15, RÜ 2017, 243, 245; Ebeling/Tellenbröker JuS 2014, 217, 223; abweichend Finck/Gurlit Jura 2011, 87, 90; Ehlers/Scholz JZ 2011, 585, 587: schwebende Unwirksamkeit.

Einzelheiten des **Beihilfeaufsichtsverfahrens** regelt die VO (EU) 2015/1589 (Beihilfeverfahrensverordnung – BVVO):[143]

- Nach Anmeldung der Beihilfe durch den Mitgliedstaat (Art. 108 Abs. 3 S. 1 AEUV, Art. 2 BVVO) erfolgt zunächst eine **vorläufige Prüfung** durch die Kommission (Art. 4 BVVO). 136
  - Stellt sich heraus, dass die angemeldete Maßnahme **keine Beihilfe** i.S.d. Art. 107 Abs. 1 AEUV darstellt, so stellt die Kommission dies durch Beschluss fest (Art. 4 Abs. 2 BVVO).
  - Stellt die Kommission nach der vorläufigen Prüfung fest, dass die angemeldete Maßnahme keinen Anlass zu Bedenken hinsichtlich ihrer Vereinbarkeit mit dem Binnenmarkt gibt (Art. 107 Abs. 2 oder Abs. 3 AEUV), so beschließt sie, dass die Maßnahme **mit dem Binnenmarkt vereinbar** ist (Beschluss, keine Einwände zu erheben), Art. 4 Abs. 3 BVVO.
  - Stellt die Kommission nach der vorläufigen Prüfung fest, dass die angemeldete Maßnahme **Anlass zu Bedenken** gibt, so beschließt sie, das Verfahren nach Art. 108 Abs. 2 AEUV zu eröffnen (Beschluss über die Eröffnung des förmlichen Prüfverfahrens), Art. 4 Abs. 4 BVVO.
- Im **förmlichen Prüfverfahren** (Art. 108 Abs. 2 AEUV) werden Stellungnahmen der Beteiligten eingeholt (Art. 6 BVVO) und Dritte um Auskunft ersucht (Art. 7 BVVO). 137
  - Stellt sich danach heraus, dass die angemeldete Maßnahme **keine Beihilfe** i.S.d. Art. 107 Abs. 1 AEUV darstellt, so stellt die Kommission dies durch Beschluss fest (Art. 9 Abs. 2 BVVO).
  - Stellt die Kommission fest, dass – ggf. nach Änderung durch den betreffenden Mitgliedstaat – die Bedenken ausgeräumt sind, so beschließt sie, dass die Beihilfe nach Art. 107 Abs. 2 oder Abs. 3 AEUV **mit dem Binnenmarkt vereinbar** ist **(Positivbeschluss)**, Art. 9 Abs. 3 BVVO. Der Positivbeschluss kann erforderlichenfalls mit Bedingungen und Auflagen versehen werden (Art. 9 Abs. 4 BVVO).
  - Gelangt die Kommission zu dem Schluss, dass die angemeldete Beihilfe **mit dem Binnenmarkt unvereinbar** ist (Art. 107 Abs. 1 AEUV), so beschließt sie, dass diese Beihilfe nicht eingeführt werden darf **(Negativbeschluss)**, Art. 9 Abs. 5 BVVO.
- **Verfahren bei rechtswidrigen Beihilfen**
  - Bei einem **Verstoß gegen das Durchführungsverbot** (Art. 108 Abs. 3 S. 3 AEUV) kann die Kommission dem Mitgliedstaat nach Art. 13 Abs. 1 BVVO aufgeben, die Beihilfe so lange auszusetzen, bis die Kommission ihre endgültige Entscheidung getroffen hat **(Aussetzungsanordnung)**. Nach Art. 13 Abs. 2 BVVO kann die Kommission außerdem die vorläufige Rückforderung anordnen, wenn hinsichtlich des Beihilfecharakters keinerlei Zweifel bestehen, ein Tätigwerden dringend geboten und ein erheblicher und nicht wiedergutzumachender Schaden für einen Konkurrenten ernsthaft zu befürchten ist **(Rückforderungsanordnung)**. 138

    Kommt der betroffene Mitgliedstaat einer Aussetzungs- oder Rückforderungsanordnung nicht nach, so kann die Kommission den Gerichtshof der Europäischen Union anrufen (Art. 14 BVVO).
  - In **Negativbeschlüssen** entscheidet die Kommission, dass der betreffende Mitgliedstaat alle notwendigen Maßnahmen ergreift, um die rechtswidrige Beihilfe vom Empfänger zurückzufordern **(Rückforderungsbeschluss)**, Art. 16 Abs. 1 S. 1 BVVO. Die Rückforderung der Beihilfe unterbleibt, wenn dies gegen einen allgemeinen Grundsatz des Unionsrechts verstoßen würde (Art. 16 Abs. 1 S. 2 BVVO), z.B. bei Unverhältnismäßigkeit. Die Rückforderung umfasst auch Zinsen (Art. 16 Abs. 2 BVVO). 139

---

143 Abgedruckt im Sartorius II 173.

Unionsrechtliche Vorgaben für Beihilfen
Beihilfe i.S.d. Art. 107 Abs. 1 AEUV
■ **grds. unzulässig** bei (drohender) Verfälschung des Wettbewerbs, soweit sie den Handel zwischen Mitgliedstaaten beeinträchtigt ■ **generell zulässig** gemäß Art. 107 Abs. 2 AEUV ■ **im Einzelfall zulässig** gemäß Art. 107 Abs. 3 AEUV
Beihilfeaufsicht nach Art. 108, 109 AEUV i.V.m. BVVO
■ **Notifizierung** neuer Beihilfen (Art. 108 Abs. 3 S. 1 AEUV, Art. 2 BVVO) ■ **Durchführungsverbot** (Art. 108 Abs. 3 S. 3 AEUV, Art. 3 BVVO)
Vorläufige Prüfung durch EU-Kommission (Art. 4 BVVO)
■ Feststellung, dass keine Beihilfe vorliegt (Art. 4 Abs. 2 BVVO) ■ Beschluss, keine Einwände zu erheben (Art. 4 Abs. 3 BVVO) ■ Beschluss über die Eröffnung des förmlichen Prüfverfahrens (Art. 4 Abs. 4 BVVO)
Förmliches Prüfverfahren (Art. 108 Abs. 2 AEUV, Art. 6 BVVO)
■ Feststellung, dass keine Beihilfe vorliegt (Art. 9 Abs. 2 BVVO) ■ Positivbeschluss, wenn Beihilfe zulässig (Art. 107 Abs. 2 u. 3 AEUV, Art. 9 Abs. 3 u. 4 BVVO) ■ Negativbeschluss, wenn Beihilfe unzulässig (Art. 107 Abs. 1, Art. 108 Abs. 2 AEUV, Art. 9 Abs. 5 BVVO)
Verfahren bei rechtswidrigen Beihilfen
■ bei Verstoß gegen das Durchführungsverbot Art. 108 Abs. 3 S. 3 AEUV: Anordnung der Aussetzung und ggf. der vorläufigen Rückforderung (Art. 13 BVVO) ■ bei Negativbeschluss: grds. Rückforderung mit Zinsen (Art. 16 BVVO), Verjährung: 10 Jahre (Art. 17 BVVO)

140 Die **Beschlüsse der Kommission** (Art. 288 Abs. 4 AEUV) entfalten solange Rechtswirkungen, bis sie zurückgenommen, im Rahmen einer Nichtigkeitsklage (Art. 263 AEUV) für nichtig oder infolge einer Vorabentscheidung (Art. 267 AEUV) für ungültig erklärt werden. Hieraus folgt – ähnlich wie für Verwaltungsakte im nationalen Recht nach §§ 43 Abs. 1, 44 Abs. 1 VwVfG – der **Grundsatz der Rechtswirksamkeit von Unionsakten**, auch wenn diese fehlerhaft sein sollten.

Bei bloß vorläufigen Beschlüssen nach Art. 4 BVVO besteht indes keine Bindungswirkung der nationalen Gerichte. Diese haben bei der Anwendung des Durchführungsverbots nach Art. 108 Abs. 3 S. 3 AEUV das Vorliegen einer anmeldepflichtigen Beihilfe eigenständig und umfassend zu prüfen. Allerdings muss das nationale Gericht den Gerichtshof im Wege der Vorabentscheidung (Art. 267 AEUV) anrufen, wenn es den Beihilfebegriff anders auslegen will als von der Kommission angenommen.[144]

141 Die Beschlüsse der Kommission im Beihilfeaufsichtsverfahren richten sich an die Mitgliedstaaten (vgl. Art. 108 Abs. 2 AEUV). Für die **Umsetzung der Kommissionsbeschlüsse** gegenüber dem Beihilfeempfänger sind die nationalen Behörden zuständig.

144 BGH, Urt. v. 09.02.2017 – I ZR 91/15; BVerwG, Urt. v. 26.10.2016 – BVerwG 10 C 3.15, RÜ 2017, 243, 245; für einen generellen Anwendungsvorrang von vorläufigen Beschlüssen dagegen Oppen/Schmeichel NVwZ 2017, 974 f.

Fall 4: Europarechtswidrige Subventionen

Mit Bescheid vom 21.05.2014 wurde dem K von der zuständigen Behörde B aus Landesmitteln eine Subvention für eine geplante Betriebserweiterung i.H.v. 125.000 Euro gewährt und ausgezahlt. Obwohl es sich um eine Beihilfe i.S.d. Art. 107, 108 AEUV handelte, unterblieb eine Anmeldung bei der EU-Kommission. Als die Kommission von der Förderung Kenntnis erlangte, leitete sie im Herbst 2015 ein Beihilfeaufsichtsverfahren ein und stellte mit Negativbeschluss vom 22.02.2016 fest, dass die Subvention mit dem Binnenmarkt unvereinbar sei und nicht eingeführt werden dürfe. Gleichzeitig forderte die Kommission die Bundesrepublik Deutschland auf, die Subvention binnen sechs Monaten von K zurückzufordern. Die Behörde B übersandte K eine Kopie des Beschlusses und wies ihn darauf hin, dass er dagegen vor dem EuG klagen könne. Klage wurde nicht erhoben. Daraufhin nahm B mit Bescheid vom 20.06. 2017 den Bewilligungsbescheid vom 21.05.2014 formell ordnungsgemäß zurück und forderte Rückzahlung der gewährten 125.000 Euro. K hat (nach erfolglosem Vorverfahren) gegen den Rücknahme- und Rückforderungsbescheid form- und fristgerecht Klage vor dem Verwaltungsgericht erhoben. Er macht geltend, dass er im Vertrauen auf die Bestandskraft des Bescheides die gewährten Leistungen bereits im Jahre 2014 vollständig verbraucht habe. Außerdem sei die Rücknahme verspätet erfolgt und B habe das ihr zustehende Ermessen nicht ausgeübt. Wie ist über die zulässige Anfechtungsklage des K zu entscheiden?

Die **zulässige Anfechtungsklage** des K ist begründet, soweit der Bescheid vom 20.06. 2017 rechtswidrig und K dadurch in seinen Rechten verletzt ist (§ 113 Abs. 1 S. 1 VwGO).

A. **Rechtmäßigkeit des Rücknahmebescheids**

I. **Rechtsgrundlage** für den Rücknahmebescheid könnte § 48 VwVfG sein. Vorrangige Rücknahmevorschriften nach dem EU-Recht bestehen i.d.R. nicht. 142

Für den Agrarbereich gibt es Spezialregelungen für Rücknahme, Widerruf und Erstattung in § 10 MOG (Gesetz zur Durchführung der Gemeinsamen Marktorganisation).[145] Diese gelten z.B. für landwirtschaftliche Betriebsprämien oder Ausgleichszahlungen.

Daher ist anerkannt, dass § 48 VwVfG sogar dann anwendbar ist, wenn es um die Gewährung von **nationalen Beihilfen** auf EU-rechtlicher Grundlage geht.[146] Erst recht gilt dies für Beihilfen, die nach Maßgabe deutschen Rechts und aus nationalen Mitteln gewährt werden.[147] § 48 VwVfG ist daher Rechtsgrundlage für die Rücknahme europarechtswidriger Beihilfebescheide.

Subventionen, die von der Kommission selbst unter Verstoß gegen das Unionsrecht gewährt worden sind, können von der Kommission dagegen nach allgemeinen unionsrechtlichen Grundsätzen zurückgefordert werden.[148] Teilweise bestehen auch hier Spezialregelungen in EU-Verordnungen.[149]

II. Da formelle Bedenken nicht bestehen, kommt es allein auf die **materielle Rechtmäßigkeit** des Rücknahmebescheides an. 143

---

145 Vgl. dazu BVerwG NJOZ 2015, 632; VGH Mannheim, Urt. v. 19.03.2009 – 10 S 1578/08, RÜ 2009, 453, 454; OVG Lüneburg, Urt. v. 19.11.2013 – 10 LB 57/12; OVG Lüneburg, Beschl. v. 30.06.2016 – 10 ME 35/16.

146 VGH Mannheim, Urt. v. 19.03.2009 – 10 S 1578/08, RÜ 2009, 453, 454.

147 EuGH DVBl. 2003, 319, 320; BVerwG NJW 1998, 3728, 3729; Ehlers/Kallerhoff Jura 2009, 823, 831; Korte Jura 2017, 656, 662.

148 EuG, Urt. v. 15.04.2011 – T 297/05, Rn. 117 f.

149 Vgl. z.B. BVerwG NVwZ 2016, 1572; VGH Mannheim NVwZ-RR 2014, 806.

1. **Voraussetzung** des § 48 VwVfG ist zunächst, dass der aufzuhebende Bescheid (hier der Bewilligungsbescheid vom 21.05.2014) **rechtswidrig** ist.

144 a) Die Rechtswidrigkeit könnte sich aus dem **Verstoß gegen Art. 107, 108 AEUV** ergeben. Aufgrund des Rechtsanwendungsbefehls der Zustimmungsgesetze zu den Verträgen über die Europäische Union (EUV und AEUV) folgt gemäß Art. 23 Abs. 1 S. 2 GG (als lex specialis zu Art. 59 Abs. 2 GG)[150] die **unmittelbare Geltung des Unionsrechts** für die Bundesrepublik Deutschland und damit ein **Anwendungsvorrang** gegenüber dem nationalen Recht.[151] Die Subvention hätte nach den (vorrangigen) Vorschriften der Art. 107, 108 AEUV nicht gewährt werden dürfen. Insoweit ist der **Negativbeschluss** der Kommission (Art. 108 Abs. 2 AEUV) gemäß Art. 288 Abs. 4 AEUV bindend.[152]

145 b) Dies gilt auch gegenüber dem **Subventionsempfänger**, da er nach Art. 263 Abs. 4 AEUV gegen den Beschluss der Kommission Nichtigkeitsklage erheben kann. Nach Ablauf der Klagefrist (Art. 263 Abs. 6 AEUV: zwei Monate) kann auch er die Richtigkeit der Kommissionsentscheidung nicht mehr infrage stellen. Der Beschluss der Kommission entfaltet daher **dieselben Rechtswirkungen wie ein VA** nach Eintritt der Bestandskraft[153] und bindet auch die nationalen Gerichte.[154] Der **Bewilligungsbescheid** war damit **rechtswidrig**.

146 Die nationalen Gerichte sind nicht befugt, über die materielle Vereinbarkeit einer staatlichen Beihilfe mit dem Binnenmarkt zu befinden. Denn hierfür ist gemäß Art. 108 Abs. 2 AEUV ausschließlich die Kommission zuständig, die hierbei allein der Kontrolle des EuG und des EuGH unterliegt. Zwar können die nationalen Gerichte die Gültigkeit von Rechtsakten der Union prüfen,[155] sie sind aber nicht befugt, selbst deren Ungültigkeit festzustellen.[156]

2. Ein begünstigender VA, der – wie der vorliegende Subventionsbescheid – eine Geldleistung gewährt, kann nach **§ 48 Abs. 2 S. 1 VwVfG** insoweit **nicht zurückgenommen** werden, als der Begünstigte auf den Bestand des VA vertraut hat und sein Vertrauen unter Abwägung mit dem öffentlichen Interesse an einer Rücknahme schutzwürdig ist. Letzteres ist nach § 48 Abs. 2 S. 2 VwVfG **in der Regel** der Fall, wenn der Begünstigte – wie hier – die gewährten Leistungen verbraucht hat.

147 a) Allerdings wird § 48 VwVfG **durch das EU-Recht überlagert**. Auch wenn sich die Rückforderung europarechtswidriger VAe nach nationalem Recht richtet, darf die Anwendung des nationalen Rechts die Tragweite und die Wirksamkeit des Unionsrechts nicht beeinträchtigen. § 48 VwVfG ist daher so anzuwenden, „dass die nach Unionsrecht verlangte Rückforderung nicht praktisch unmöglich und das Unionsinteresse voll berücksichtigt wird." Dies folgt aus dem Grundsatz der **loyalen Zusammenarbeit** (Art. 4 Abs. 3 EUV) und dem Grundsatz der **praktischen Wirksamkeit** („effet utile"), die verbunden mit dem **Anwendungsvorrang** des Unionsrechts bewirken, dass entgegenstehendes nationales Recht zurückzutreten hat bzw. entsprechend zu modifizieren ist.[157]

150 BVerfG NJW 2009, 2267, 2281 Rn. 312.
151 Zum Anwendungsvorrang des Unionsrechts AS-Skript Europarecht (2017), Rn. 376 ff.
152 EuGH NVwZ 2008, 985, 986.
153 EuGH DVBl. 2007, 1167, 1168; BVerwG NJW 1998, 3728, 3730; v.Welser JA 2002, 240, 245.
154 EuGH DVBl. 2007, 1167, 1168; NJW 2001, 1265, 1266; BFH NVwZ 2001, 715, 717.
155 BGH, Urt. v. 09.02.2017 – I ZR 91/15; BVerwG, Urt. v. 26.10.2016 – BVerwG 10 C 3.15, RÜ 2017, 243, 245.
156 EuGH DVBl. 2007, 1167, 1168; Gundel JA 2008, 158, 159; Goldmann Jura 2008, 275, 275 m.w.N.

b) Es wird daher vertreten, dass Vertrauensschutz nach § 48 Abs. 2 VwVfG durch Unionsrecht jedenfalls in den Fällen **generell** ausgeschlossen werde, in denen die **Rückforderungsentscheidung der Kommission bestandskräftig** geworden ist. Der Beihilfeempfänger könne Schutz seines Vertrauens unmittelbar durch Nichtigkeitsklage gemäß Art. 263 Abs. 4 AEUV gegenüber der Kommissionsentscheidung geltend machen. Werde diese bestandskräftig, sei für § 48 Abs. 2 VwVfG kein Raum.[158] **148**

c) Die Rspr. hält dagegen § 48 Abs. 2 S. 2 VwVfG auch bei europarechtswidrigen Beihilfen grds. für **anwendbar**. Die Geltung nationaler Vertrauensschutzregelungen werde vom EuGH ausdrücklich anerkannt. § 48 Abs. 2 S. 2 VwVfG sei daher grds. anwendbar, etwaigen europarechtlichen Besonderheiten könne durch eine großzügige Auslegung der Ausschlusstatbestände des § 48 Abs. 2 S. 3 VwVfG Rechnung getragen werden.[159] Danach stünde das Vertrauen des K nach § 48 Abs. 2 S. 2 VwVfG **„in der Regel"** einer Rücknahme entgegen. **149**

3. Der Begünstigte kann sich jedoch auch nach dieser Auffassung **nicht auf Vertrauen berufen**, wenn einer der Fälle des § 48 Abs. 2 S. 3 VwVfG vorliegt. Nach Nr. 3 ist Vertrauensschutz insbes. ausgeschlossen, wenn der Adressat die Rechtswidrigkeit des VA kannte oder infolge **grober Fahrlässigkeit** nicht kannte.

a) Dieser Ausschlusstatbestand wird im Hinblick auf das EU-Recht zum Teil **extensiv interpretiert.** Grobe Fahrlässigkeit wird bereits bejaht, wenn der Begünstigte sich nicht vergewissert hat, ob die Beihilfe unter Beachtung des nach Art. 108 Abs. 3 AEUV vorgeschriebenen Verfahrens gewährt wurde. Jedem Wirtschaftsunternehmen, das Vergünstigungen erhalte, bei denen die Anwendbarkeit der Art. 107, 108 AEUV nicht offensichtlich ausgeschlossen ist, sei es zumutbar und auch möglich, in Erfahrung zu bringen, ob das Verfahren nach Art. 108 Abs. 3 AEUV eingehalten wurde.[160] **150**

b) Nach Auffassung des BVerwG reicht dieser Umstand allein jedoch nicht aus, um einen besonders schweren Sorgfaltspflichtverstoß im Sinne einer groben Fahrlässigkeit anzunehmen. Vielmehr habe eine **Abwägung im Einzelfall** nach § 48 Abs. 2 S. 1 VwVfG zu erfolgen.[161] Dabei trete das Vertrauensschutzinteresse des Begünstigten **in der Regel** jedoch schon dann zurück, wenn die staatliche Beihilfe ohne Beachtung des in Art. 108 Abs. 3 AEUV zwingend vorgeschriebenen Verfahrens, also ohne Kontrolle der Kommission, gewährt wurde. Einem sorgfältigen Wirtschaftsunternehmen sei es regelmäßig möglich, sich zu vergewissern, ob diese Voraussetzung erfüllt ist. Ist das Überwachungsverfahren nicht durchgeführt worden, sei das Vertrauen des Beihilfeempfängers **nur ausnahmsweise schutzwürdig.**[162] **151**

---

157 Vgl. EuGH NJW 1998, 45, 46; BGH, Urt. v. 09.02.2017 – I ZR 91/15, RÜ 2017, 243, 247; Sydow JuS 2005, 97, 101; Ludwigs Jura 2007, 612, 613.

158 Sydow JuS 2005, 97, 101; Ehlers Jura 2011, 187, 193.

159 Grundlegend BVerwG DVBl. 1993, 727, 728; NJW 1998, 3728, 3730.

160 OVG NRW NVwZ 1993, 79, 80; Oldiges NVwZ 2001, 626, 631; Ehlers/Kallerhoff Jura 2009, 823, 831.

161 BVerwG NJW 1998, 3728, 3730; Bader/Ronellenfitsch VwVfG § 48 Rn. 138 f.; Rennert DVBl. 2007, 400, 403 m.w.N.

162 BVerwG NJW 1998, 3728, 3730; DVBl. 1993, 727, 728; Maurer/Waldhoff § 11 Rn. 54; Voßkuhle/Kaufhold JuS 2011, 794, 796; Faßbender JuS 2016, 538, 546; Korte Jura 2017, 656, 662.

152 § 48 Abs. 2 S. 2 VwVfG erfährt daher eine Einschränkung im Wege einer **europarechtskonformen Auslegung**. Bei der Abwägung sind neben dem Grundsatz der Gesetzmäßigkeit der Verwaltung (Art. 20 Abs. 3 GG) und dem fiskalischen Interesse des Staates die Verpflichtung der Mitgliedstaaten zur Wahrung des Unionsrechts und das Interesse an der Einhaltung der unionsrechtlichen Wettbewerbsordnung zu berücksichtigen. Angesichts der Gewichtigkeit der Unionsinteressen ist das Vertrauen des Bürgers **nur ausnahmsweise schutzwürdig**, wenn dafür **außergewöhnliche Umstände** sprechen. Folge der europarechtskonformen Auslegung des § 48 Abs. 2 S. 2 VwVfG ist damit praktisch eine Umkehr des Regelfalls, d.h. in aller Regel besteht **kein Vertrauensschutz**.[163]

Alle Auffassungen gelangen damit hier zum selben Ergebnis, sodass es einer Streitentscheidung nicht bedarf: Entweder ist § 48 Abs. 2 VwVfG schon gar nicht anwendbar (Rn. 148) oder das Vertrauen des K ist zwingend nach § 48 Abs. 2 S. 3 Nr. 3 VwVfG (Rn. 150) oder aufgrund einer Abwägung nach § 48 Abs. 2 S. 1 VwVfG (Rn. 151) nicht schutzwürdig.

153 Etwas anderes gilt für die Rückforderung von Beihilfen, die aus **EU-Mitteln** gewährt wurden. Hier ist anders als im Rahmen des Art. 108 Abs. 3 AEUV dem nationalen Verwaltungsverfahren kein unionsrechtliches Verfahren vorgeschaltet. Daher kann sich der Subventionsempfänger grds. auf § 48 Abs. 2 S. 2 VwVfG berufen.[164] Allerdings bestehen hier zunehmend Spezialregelungen im Unionsrecht, die die Regelungen in § 48 Abs. 2 VwVfG verdrängen.[165]

4. Die Rücknahme begünstigender Verwaltungsakte muss grds. innerhalb der **Jahresfrist** des § 48 Abs. 4 S. 1 VwVfG erfolgen. Dabei ist anerkannt, dass diese Frist auch bei Rechtsanwendungsfehlern gilt (vgl. oben Rn. 114 ff.).

154 a) Die frühere Rspr. hat deshalb § 48 Abs. 4 VwVfG **generell** auch bei der Rücknahme eines europarechtswidrigen VA angewendet. Da zu den die Rücknahme rechtfertigenden Tatsachen auch die Feststellung der EU-Kommission über die Europarechtswidrigkeit der Beihilfe zählt, beginne die Frist frühestens mit der Bestandskraft dieser Entscheidung zu laufen.[166]

155 b) Richtig ist zwar, dass nationale Fristregelungen das unionsrechtliche Effizienzgebot nicht per se infrage stellen.[167] Deshalb ist **§ 48 Abs. 4 VwVfG grundsätzlich** auch auf die Rücknahme eines gegen Unionsrecht verstoßenden VA **anwendbar**.[168] Etwas anderes gilt jedoch dann, wenn die Rechtswidrigkeit des nationalen Beihilfebescheides durch **bestandskräftigen Negativbeschluss der Kommission** festgestellt worden ist (Art. 108 Abs. 2 AEUV). Diesen muss der Beihilfeempfänger gegen sich gelten lassen, wenn er den Beschluss nicht im Wege der Nichtigkeitsklage nach Art. 263 Abs. 4 AEUV angefochten hat. Ein Ausschluss der Rücknehmbarkeit nach Fristablauf würde die unionsrechtliche Entscheidung nachhaltig relativieren und ihr damit „jede praktische Wirksamkeit" nehmen.[169]

---

163 Vgl. BVerwG NJW 1998, 3728, 3730; DVBl. 1993, 727, 728; BGH EuZW 2009, 28, 31; NVwZ 2004, 636, 637.

164 Ehlers/Kallerhoff Jura 2009, 823, 831.

165 Vgl. VGH Mannheim, Urt. v. 19.03.2009 – 10 S 1578/08, RÜ 2009, 453, 456; VGH Mannheim NVwZ-RR 2014, 806.

166 Vgl. z.B. VGH Mannheim NVwZ 1998, 87, 89; OVG Koblenz JZ 1992, 1084, 1086.

167 Vgl. EuGH NJW 1999, 169; Epiney NVwZ 2001, 524, 527 m.w.N.

168 Ruffert in: Ehlers/Pünder § 24 Rn. 24.

169 EuGH NJW 1998, 45, 47; ebenso BVerwG NJW 1998, 3728, 3729; bestätigt durch BVerfG NJW 2000, 2015; Ruffert in: Ehlers/Pünder § 24 Rn. 24; Maurer/Waldhoff § 11 Rn. 55; Faßbender JuS 2016, 538, 546; Korte Jura 2017, 656, 662.

Damit ist § 48 Abs. 4 VwVfG bei der Durchsetzung einer Kommissionsentscheidung **nicht anwendbar** und die Rücknahme auch noch nach Ablauf der Jahresfrist zulässig.

5. Die Entscheidung über die Rücknahme steht nach § 48 Abs. 1 S. 1 VwVfG grds. im **Ermessen** der Behörde. Nach ganz h.M. ist dieses Rücknahmeermessen jedoch **auf Null reduziert**, wenn die Bundesrepublik durch einen bestandskräftigen Beschluss der Kommission zur Rückforderung einer europarechtswidrigen Beihilfe verpflichtet ist (Art. 16 Abs. 1 S. 1 BVVO). In diesen Fällen **muss** die Rücknahme zwingend erfolgen, um die Kommissionsentscheidung durchzusetzen.[170] Etwas anderes gilt nur, wenn nach dem Unionsrecht ein Ermessensspielraum besteht. **156**

Bei Bewilligungsbescheiden, die aufgrund eines **bestandskräftigen Negativbeschlusses** der Kommission wegen Verstoßes gegen Art. 107, 108 AEUV aufzuheben sind, bleibt von den Regelungen des § 48 VwVfG daher wenig übrig (grds. kein Vertrauensschutz, keine Rücknahmefrist, kein Ermessen). Die Voraussetzungen für Rücknahme und Rückforderung werden weitestgehend durch das EU-Recht vorgegeben. Das nationale Recht dient praktisch nur noch **als Ermächtigung zur Durchsetzung des Unionsrechts**. Die §§ 48 ff. VwVfG sind nur die „formelle Hülse", um das europarechtlich Gebotene umzusetzen.[171]

Dementsprechend stand der Behörde bei der Entscheidung über die Rücknahme **kein Ermessen** zu, sodass die von K geltend gemachte Ermessensunterschreitung nicht vorliegt. Der **Rücknahmebescheid** ist damit **rechtmäßig**.

B. **Rechtmäßigkeit des Rückforderungsbescheides**

I. Auch die Rückforderung unionsrechtswidriger Beihilfen ist im Unionsrecht im Allgemeinen nicht speziell geregelt. Rechtsgrundlage für die Rückforderung ist daher § 49 a Abs. 1 VwVfG. **157**

II. Der formell rechtmäßige Rückforderungsbescheid ist materiell rechtmäßig, wenn die Voraussetzungen des § 49 a VwVfG vorliegen. **158**

1. Eine **rückwirkende Aufhebung des Bewilligungsbescheides** i.S.d. § 49 a Abs. 1 S. 1 VwVfG ist nach § 48 VwVfG erfolgt (s.o.).

2. Soweit K sich auf **Entreicherung** gemäß § 49 a Abs. 2 S. 1 VwVfG i.V.m. § 818 Abs. 3 BGB beruft, da er die gewährten Leistungen vollständig verbraucht hat, ist dieser Einwand bei unionsrechtwidrigen Beihilfen **ausgeschlossen**, wenn die Rückforderung – wie hier – aufgrund einer **bestandskräftigen Kommissionsentscheidung** (Art. 16 Abs. 1 S. 1 BVVO) erfolgt. Denn andernfalls wäre die Rückforderung praktisch unmöglich, was einen Verstoß gegen das unionsrechtliche Effizienzgebot darstellen würde.[172] **159**

Teilweise wird auch hier generell grobe Fahrlässigkeit i.S.d. § 49 a Abs. 2 S. 2 VwVfG im Hinblick auf die Durchführung des Notifizierungsverfahrens angenommen (s.o. Rn. 150). Überwiegend wird dagegen unabhängig vom Vorliegen grober Fahrlässigkeit allein auf die praktische Wirksamkeit des Unionsrechts und das Effizienzgebot abgestellt.[173]

---

170 EuGH NVwZ 2002, 195; NJW 1998, 45, 47; BVerwG DVBl. 1993, 727, 729; Maurer/Waldhoff § 11 Rn. 55; Sydow JuS 2005, 97, 102; Rennert DVBl. 2007, 400, 403; Ehlers/Kallerhoff Jura 2009, 823, 831; Faßbender JuS 2016, 538, 546.

171 Vgl. auch EuGH NVwZ 2016, 600: Rechtskraftdurchbrechung bei (vermeintlichem) Verstoß gegen das EU-Beihilferecht.

172 EuGH NJW 1998, 45, 47; BVerwG NJW 1998, 3728, 3731; Gurlit in: Ehlers/Pünder § 35 Rn. 21; Maurer/Waldhoff § 11 Rn. 55; Faßbender JuS 2016, 538, 546.

173 Gurlit in: Ehlers/Pünder § 35 Rn. 21.

160 III. Die Rückforderung ist nach § 49 a Abs. 1 VwVfG eine **gebundene Entscheidung** (s.o. Rn. 75) und damit ebenfalls rechtmäßig.

Nach neuerer Rspr. kann eine Rückforderung auch aufgrund eines **noch nicht bestandskräftigen** Negativbeschlusses der Kommission gerechtfertigt sein, wenn dies erforderlich ist, um die volle Wirksamkeit der Kommissionsentscheidung zu gewährleisten.[174] Auch der Verstoß gegen das Durchführungsverbot (Art. 108 Abs. 3 S. 3 AEUV) kann eine vorläufige Rückforderung rechtfertigen, wenn die Kommission dies verlangt (Art. 13 Abs. 2 BVVO).[175] Da der Bewilligungsbescheid in diesen Fällen noch nicht endgültig aufgehoben ist, ist Rechtsgrundlage für die (vorläufige) Rückforderung nicht § 49 a VwVfG, sondern der allgemeine ör Erstattungsanspruch (dazu unten Rn. 624 ff.).

Wird die Beihilfe von der Kommission nachträglich materiell genehmigt, reicht allein der Verstoß gegen das Durchführungsverbot (Art. 108 Abs. 3 S. 3 AEUV) für eine vollständige Rückforderung nicht aus. Hier ist lediglich eine Rückforderung der Vorteile gerechtfertigt, die dem Beihilfeempfänger aus der verfrühten Gewährung der Subvention erwachsen sind (z.B. Zinsvorteile).[176]

Ergebnis: Der Rücknahme- und der Rückforderungsbescheid sind rechtmäßig und die Anfechtungsklage des K mithin unbegründet.

Nach Art. 16 Abs. 3 BVVO hat die Rückforderung unverzüglich und nach den Verfahren des betreffenden Mitgliedstaats zu erfolgen, sofern hierdurch die sofortige und tatsächliche Vollstreckung des Beschlusses der Kommission ermöglicht wird. Zu diesem Zweck haben die betreffenden Mitgliedstaaten im Falle eines Verfahrens vor nationalen Gerichten alle erforderlichen Schritte einschließlich vorläufiger Maßnahmen zu ergreifen. Deshalb gebietet Unionsrecht i.d.R. die Anordnung der sofortigen Vollziehung des Rücknahme- und Rückforderungsbescheides nach § 80 Abs. 2 S. 1 Nr. 4 VwGO.[177]

---

4. Die Rücknahme nach § 48 Abs. 3 VwVfG

161 Handelt es sich **nicht** um einen VA, der eine **Geldleistung** oder **teilbare Sachleistung** i.S.d. § 48 Abs. 2 VwVfG zum Gegenstand hat, gelten für die Rücknahme § 48 Abs. 1 und Abs. 3 VwVfG. In diesem Fall gilt **nicht das Rücknahmeverbot** nach § 48 Abs. 2 S. 1 u. S. 2 VwVfG, die Rücknahme steht vielmehr grds. im **Ermessen** der Behörde (§ 48 Abs. 1 S. 1 VwVfG). Unter den Voraussetzungen des § 48 Abs. 3 VwVfG hat der Betroffene im Fall der Rücknahme eines sonstigen begünstigenden VA aber einen **Ausgleichsanspruch**.

Beispiele: Rücknahme einer Baugenehmigung oder einer Gewerbeerlaubnis, soweit keine spezialgesetzlichen Regelungen vorhanden sind (z.B. § 33 d Abs. 4 GewO). Bei der Fahrerlaubnis wird die Ermessensrücknahme nach § 48 VwVfG durch die gebundene Entscheidung nach § 3 StVG („hat") verdrängt, soweit es um die Entziehung der Fahrerlaubnis wegen fehlender Eignung oder Befähigung geht.[178] § 48 VwVfG bleibt aber anwendbar bei Fehlern der Fahrerlaubniserteilung, die nicht die Ungeeignetheit oder Unfähigkeit des Betroffenen begründen.[179]

162 Früher richtete sich auch die Rücknahme einer rechtswidrigen, insbesondere durch Täuschung erwirkten **Einbürgerung** (§§ 8, 9 StAG) nach § 48 Abs. 1 u. Abs. 3 VwVfG.[180] Heute gilt hierfür die **abschließende Spezialregelung** in § 17 Abs. 1 Nr. 7 i.V.m. § 35 StAG,

---

174 OVG Koblenz, Beschl. v. 10.06.2013 – 6 B 10351/13, RÜ 2014, 38; VG Trier Urt. v. 19.11.2013 – 1 K 1053/12 TR.

175 EuGH, Urt. v. 21.11.2013 – C-284/12, RÜ 2014, 445; kritisch Rennert DVBl. 2014, 669 ff.; Palme NVwZ 2014, 559 ff.

176 Vgl. auch BVerwG, Urt. v. 26.10.2016 – BVerwG 10 C 3.15, RÜ 2017, 243, 249 zur Teilnichtigkeit eines die Beihilfe gewährenden Vertrages; allgemein Korte Jura 2017, 656, 662.

177 OVG Lüneburg, Beschl. v. 30.06.2016 – 10 ME 35/16.

178 VGH Mannheim VBlBW 2003, 237, 238; OVG Hamburg NJW 2002, 2123, 2124.

179 OVG Hamburg NJW 2009, 103, 105; VGH Mannheim NJW 2015, 1037.

180 BVerfG DVBl. 2006, 910, 914; BVerwGNVwZ 2008, 1249; Engst JuS 2007, 225, 226 f.

die **§ 48 VwVfG verdrängt**. Nach § 35 Abs. 1 StAG kann eine rechtswidrige Einbürgerung nur zurückgenommen werden, wenn sie durch arglistige Täuschung, Drohung oder Bestechung oder durch vorsätzlich unrichtige oder unvollständige Angaben, die wesentlich für ihren Erlass gewesen sind, erwirkt worden ist. Die Rücknahme darf (unabhängig von einer etwaigen Kenntnis der Behörde) nur **bis zum Ablauf von fünf Jahren** nach der Bekanntgabe der Einbürgerung erfolgen (§ 35 Abs. 3 StAG). Die Rücknahme erfolgt mit Wirkung für die Vergangenheit (§ 35 Abs. 4 StAG).[181]

Art. 16 Abs. 1 S. 1 GG schützt nur die „wohlerworbene" deutsche Staatsangehörigkeit und schließt die Rücknahme einer erschlichenen Einbürgerung nicht aus.[182] Der Rücknahme der Einbürgerung steht i.d.R. auch nicht entgegen, dass der Betroffene staatenlos wird (§ 35 Abs. 2 StAG). Auch dies ist mit Art. 16 Abs. 1 GG vereinbar, da der Schutzbereich des Art. 16 Abs. 1 S. 2 GG nicht weiter reicht als derjenige des Art. 16 Abs. 1 S. 1 GG.[183] Ebenso ist die Rücknahme mit Art. 20 AEUV vereinbar, auch wenn sie zum Verlust der Unionsbürgerschaft führt, aber im Übrigen verhältnismäßig ist.[184]

Die **Aberkennung einer rechtswidrig erlangten Doktorwürde** (z.B. wegen Plagiats) richtet sich i.d.R. nach landesrechtlichen Spezialvorschriften, insbes. im Hochschulgesetz bzw. darauf beruhenden Promotionsordnungen (Satzungen der jeweiligen Hochschule).[185] Fehlen Spezialregelungen gelten § 48 Abs. 1 u. Abs. 3 VwVfG. **163**

Umstritten ist vor allem die analoge Anwendung des § 48 Abs. 4 S. 1 VwVfG, wenn das Landesrecht bzw. die Hochschulsatzung keine Ausschlussfrist vorsieht. In der Regel greift in diesen Fällen ohnehin § 48 Abs. 4 S. 2 i.V.m. § 48 Abs. 2 S. 3 Nr. 1 VwVfG ein, wenn der Verwaltungsakt durch arglistige Täuschung erwirkt wurde.[186] Im Übrigen ist eine analoge Anwendung nicht sachgerecht, weil mit der Verleihung des Doktorgrades – anders als z.B. bei berufsqualifizierenden Hochschulabschlüssen – Erwartungen an das wissenschaftsrelevante Verhalten des Betroffenen verbunden sind.[187]

Fall 5: Rücknahme einer Baugenehmigung

B erhielt auf seinen Antrag Ende 2016 von der zuständigen Baubehörde die Genehmigung zum Bau eines Mehrfamilienhauses. Das Baugrundstück befindet sich im Bereich einer Splittersiedlung im Außenbereich der Stadt S, aber im Geltungsbereich einer sog. Außenbereichssatzung (§ 35 Abs. 6 BauGB). Im Sommer 2017 stellt sich heraus, dass die Satzung wegen eines Ausfertigungsfehlers unwirksam ist. Die Stadt beabsichtigt nicht, den Fehler zu heilen, da sie den Außenbereich künftig von Wohnbauvorhaben freihalten möchte. Die Baubehörde will deswegen die dem B erteilte Baugenehmigung zurücknehmen. B verweist demgegenüber darauf, dass er im Vertrauen auf den Bestand der Baugenehmigung bereits den Architekten A mit der weiteren Planung beauftragt habe. Hierfür seien ihm Kosten i.H.v. 5.000 € entstanden. Wie ist die Rechtslage, wenn in der Landesbauordnung (LBauO) keine Regelung über die Rücknahme einer Baugenehmigung existiert?

---

181 Zur Rücknahme einer Einbürgerung vgl. BVerwG NVwZ 2012, 56 u. 58; VGH Mannheim NVwZ 2017, 1212.

182 BVerfG DVBl. 2006, 910, 913; Maunz/Dürig GG Art. 16 Abs. 1 Rn. 53; a.A. abweichendes Votum BVerfG DVBl. 2006, 910, 917 ff.; Lübbe-Wolff Jura 1996, 57, 62; vgl. auch BVerwG NVwZ 2014, 1679, 1680.

183 BVerfG DVBl. 2006, 910, 913; BVerwG NVwZ 2004, 489, 490; kritisch Kämmerer NVwZ 2006, 1015 f.

184 EuGH NVwZ 2010, 509, 512; BVerwG NVwZ 2011, 760, 762.

185 Vgl. BVerwG, Urt. v. 21.06.2017 – BVerwG 6 C 3.16; BVerwG NJW 2016, 1113; OVG NRW NWVBl 2016, 334; NWVBl. 2015, 310; VGH Mannheim VBlBW 2014, 341; VG Düsseldorf ZUM 2014, 602 und die Übersicht in RÜ 2013, 258 f.

186 VG Köln, Urt. v. 06.12.2012 – 6 K 2684/12; vgl. auch den Klausurfall von Kempny/Tenostendarp JuS 2015, 441.

187 Vgl. BVerwG, Urt. v. 21.06.2017 – BVerwG 6 C 3.16, Rn. 41; zur Entziehung des Doktorgrades wegen „Unwürdigkeit" bei wissenschaftlichen Verfehlungen vgl. BVerfG NVwZ 2014, 1571; BVerwG NVwZ 2013, 1614; Rixen NJW 2014, 1058 ff.

A. Rücknahme der Baugenehmigung

Als belastender VA bedarf die Rücknahme einer **Ermächtigungsgrundlage.** Mangels Spezialregelung in der LBauO kommt hierfür nur § 48 Abs. 1 S. 1 VwVfG in Betracht.

164 I. **Voraussetzung** für die Rücknahme nach § 48 Abs. 1 S. 1 VwVfG ist, dass die aufzuhebende Baugenehmigung **rechtswidrig** ist. Nach den Vorschriften der LBauO ist die Baugenehmigung zu erteilen, wenn dem Bauvorhaben keine öffentlich-rechtlichen (Bau-)Vorschriften entgegenstehen.[188]

Bedenken bestehen lediglich in **bauplanungsrechtlicher Hinsicht**. Als sonstiges Vorhaben im Außenbereich ist das Mehrfamilienhaus gemäß § 35 Abs. 2, Abs. 3 S. 1 Nr. 7 BauGB grds. unzulässig, wenn es – wie hier – die Entstehung, Verfestigung oder Erweiterung einer Splittersiedlung befürchten lässt. Dies ist gemäß § 35 Abs. 6 BauGB nur dann nicht der Fall, wenn die Gemeinde für bebaute Bereiche im Außenbereich durch Satzung bestimmt, dass Wohnzwecken dienende Vorhaben im Geltungsbereich der Satzung grds. zulässig sind (sog. Außenbereichssatzung). Die hier vorliegende **Satzung** ist jedoch wegen eines Ausfertigungsfehlers **unwirksam** und entfaltet deshalb keine Rechtswirkungen. Das Vorhaben des B beeinträchtigt damit öffentliche Belange i.S.d. § 35 Abs. 3 S. 1 Nr. 7 BauGB. Es ist nach § 35 Abs. 2 BauGB unzulässig. Die erteilte **Baugenehmigung** ist somit **rechtswidrig.**

165 II. Da es sich bei der Baugenehmigung um einen **begünstigenden VA** i.S.d. § 48 Abs. 1 S. 2 VwVfG handelt, ist die Rücknahme nur unter den Einschränkungen des § 48 Abs. 2–4 VwVfG zulässig.

1. **Vertrauensschutz** nach § 48 Abs. 2 VwVfG steht der Rücknahme nicht entgegen, da die Baugenehmigung keine Geld- oder teilbare Sachleistung zum Gegenstand hat oder dafür Voraussetzung ist.

166 2. Einschlägig ist vielmehr § 48 Abs. 3 VwVfG, weil es sich um einen **sonstigen begünstigenden VA** handelt. Bezüglich der Rücknehmbarkeit sonstiger VAe enthält § 48 Abs. 3 VwVfG **keine Einschränkungen**. Die Rücknahme kann vielmehr gemäß § 48 Abs. 1 S. 1 VwVfG **nach Ermessen** erfolgen. § 48 Abs. 3 VwVfG begründet für den Fall der Rücknahme bei schutzwürdigem Vertrauen lediglich einen **Entschädigungsanspruch**. Während § 48 Abs. 2 VwVfG ein **Rücknahmeverbot** bewirkt, regelt § 48 Abs. 3 VwVfG nur ein **Entschädigungsgebot.**[189]

167 3. **Voraussetzung** für die Rücknahme ist danach lediglich die Rechtswidrigkeit des zurückzunehmenden VA. Die Rücknahme der Baugenehmigung steht sodann im pflichtgemäßen **Ermessen** der Behörde (§ 48 Abs. 1 S. 1 VwVfG).

Ermächtigungsgrundlage für die Rücknahme ist in diesen Fällen allein § 48 Abs. 1 S. 1 VwVfG, nicht § 48 Abs. 3 VwVfG, da dieser lediglich die Rechtsfolge der Rücknahme regelt.[190]

---

188 Zum Landesrecht vgl. § 58 Abs. 1 LBO BW, Art. 68 Abs. 1 BayBO, § 71 Abs. 1 BauO Bln, § 72 Abs. 1 BbgBO, § 72 Abs. 1 Brem LBO, § 72 Abs. 1 HBauO, § 64 Abs. 1 HBO, § 72 Abs. 1 LBauO M-V, § 70 Abs. 1 NBauO, § 75 Abs. 1 BauO NRW (§ 77 Abs. 1 BauO NRW 2016), § 70 Abs. 1 LBauO RP, § 73 Abs. 1 LBO SL, § 72 Abs. 1 SächsBO, § 71 Abs. 1 BauO LSA, § 73 Abs. 1 LBO SH, § 71 Abs. 1 ThürBO.

189 Struzina/Lindner NVwZ 2016, 1295, 1296.

190 Vgl. nur BayVGH, Beschl. v. 24.05.2017 – 9 ZB 16.391; Stelkens/Bonk/Sachs VwVfG § 48 Rn. 175; Schroeder NWVBl. 2010, 176, 178.

a) Umstritten ist allerdings, ob im Rahmen des Ermessens das **Vertrauen auf den Bestand** des VA zu berücksichtigen ist.

aa) Teilweise wird aus der unterschiedlichen Regelung in § 48 Abs. 2 und § 48 Abs. 3 VwVfG geschlossen, im Falle des Abs. 3 könne sich der Vertrauensschutz des Betroffenen **nicht als Bestandsschutz** auswirken, sondern begründe allenfalls einen Ausgleichsanspruch. Der Ausgleichsanspruch bilde das Äquivalent der freien Rücknehmbarkeit.[191] Danach braucht die Behörde bei ihren Ermessenserwägungen Vertrauensschutz zugunsten des B nicht zu berücksichtigen, sodass die Rücknahme – da im Übrigen keine Ermessensfehler ersichtlich sind – rechtmäßig wäre. 168

bb) Die Gegenansicht verweist darauf, dass § 48 Abs. 1 S. 1 VwVfG, der die Rücknahme in das Ermessen der Behörde stellt, nicht zwischen Verwaltungsakten nach § 48 Abs. 2 und Abs. 3 differenziert. Im Rahmen des Ermessens seien deshalb sämtliche Interessen des Betroffenen, **auch der Vertrauensschutz**, zu berücksichtigen.[192] Gerade das Vertrauen auf den Bestand des VA sei regelmäßig der gewichtigste Gesichtspunkt, der gegen eine Rücknahme sprechen könne. Zudem sei nicht selten das Interesse des Betroffenen vorrangig auf die Erhaltung des Bestandes und nicht nur auf Geldersatz gerichtet. Insbesondere dann, wenn die Geldentschädigung keinen oder keinen ausreichenden Ausgleich gewähre, müssten auch Vertrauensschutzgesichtspunkte im Ermessen Berücksichtigung finden. Das bedeute zwar nicht, dass Vertrauensinteressen, wie im Fall des § 48 Abs. 2 VwVfG, eine Rücknahme generell hindern können. Sie seien aber als **schutzwürdige Belange** des Betroffenen in die Abwägung mit den öffentlichen Interessen einzubeziehen, können aber einer Rücknahme nur entgegenstehen, wenn sie das Rücknahmeinteresse überwiegen. 169

cc) Für die letztgenannte Auffassung spricht die **rechtsstaatliche Bedeutung des Vertrauensschutzes**. Im Rahmen des Ermessens sind deshalb **alle** Gesichtspunkte zu berücksichtigen, die für und gegen die Rücknahme sprechen. Ein öffentliches Interesse an der Rücknahme besteht aus Gründen der Gesetzesbindung der Verwaltung (Art. 20 Abs. 3 GG) praktisch immer, im Gegenzug sind Vertrauensschutzgesichtspunkte des Bürgers nicht nur für den Ausgleichsanspruch (§ 48 Abs. 3 S. 1 VwVfG), sondern auch für die Rücknahmeentscheidung als solche von Bedeutung. 170

Bei der Abwägung gelten die in § 48 Abs. 2 S. 2 u. S. 3 VwVfG genannten Gesichtspunkte entsprechend. Zwar gilt der Verweis in § 48 Abs. 3 S. 2 VwVfG nur für die Entscheidung über den Ausgleichsanspruch des Bürgers, die Wertungen des § 48 Abs. 2 VwVfG sind jedoch grds. auch auf das Rücknahmeermessen übertragbar.[193] Anders als im Rahmen des § 48 Abs. 2 S. 2 VwVfG stehen die dort genannten Kriterien einer Rücknahme aber nicht zwingend entgegen.

---

191 BVerwG NVwZ-RR 2010, 801, 803 („ohne Rücksicht auf Vertrauensschutzgesichtspunkte"); VGH Mannheim NJW 1980, 2597, 2598; OVG NRW DVBl. 1980, 885, 887; Ruffert in: Ehlers/Pünder § 24 Rn. 36.

192 BVerwG NVwZ-RR 2012, 862, 864 („auch etwaige Vertrauensschutzgesichtspunkte"); FamRZ 2010, 1250; NVwZ-RR 2001, 198; BayVGH, Beschl. v. 24.05.2017 – 9 ZB 16.391; Kopp/Ramsauer VwVfG § 48 Rn. 137 f.; Maurer/Waldhoff § 11 Rn. 31; Ehlers/Kallerhoff Jura 2009, 823, 832; vgl. auch die Darstellung von Struzina/Lindner NVwZ 2016, 1295 ff.

193 Bader/Ronellenfitsch VwVfG § 48 Rn. 88; Kopp/Ramsauer VwVfG § 48 Rn. 137.

171 Hier ist nicht ersichtlich, dass der Vertrauensschutz des B bereits einer Rücknahme der Baugenehmigung entgegenstünde. Aufgrund der geänderten planerischen Absichten der Stadt besteht ein erhebliches öffentliches Interesse an der Rücknahme der Baugenehmigung, um den Außenbereich von unerwünschter Wohnbebauung freizuhalten (arg. e § 35 Abs. 2 und Abs. 3 BauGB). Das Vertrauensschutzinteresse des B kann hinreichend über den Ausgleichsanspruch nach § 48 Abs. 3 S. 1 VwVfG ausgeglichen werden und steht einer Rücknahme daher nicht entgegen.

b) Die **Jahresfrist** des § 48 Abs. 4 S. 1 VwVfG ist gewahrt.

c) Die Rücknahme der Baugenehmigung erweist sich auch im Übrigen als **verhältnismäßig** und kann deshalb rechtmäßigerweise erfolgen.

Rücknahme rechtswidriger begünstigender VAe	
Geld- oder teilbare Sachleistung	**sonstige begünstigende VAe**
Rücknahme nach § 48 Abs. 2 VwVfG **unzulässig**, ■ soweit Begünstigter auf Bestand des VA **vertraut** hat und ■ Vertrauen **schutzwürdig** ▪ **in der Regel (+)** Leistungen verbraucht oder Vermögensdispositionen getroffen ▪ (–) bei Kenntnis, grob fahrlässiger Unkenntnis, falschen Angaben, Arglist, Drohung oder Bestechung ▪ **im Übrigen:** umfassende Interessenabwägung	■ Vertrauensschutz steht Rücknahme nicht generell entgegen, nur **Ersatzanspruch** nach § 48 Abs. 3 VwVfG ■ Rücknahme nach **Ermessen** ■ umstritten, ob **Vertrauen** auf Bestand des VA im Ermessen zu berücksichtigen ist ▪ teilw. (–): Vertrauensschutz bewirkt nur Ersatzanspruch nach § 48 Abs. 3 VwVfG –> grds. kein Bestandsschutz ▪ a.A.: umfassende Interessenabwägung zwischen öffentlichen und privaten Interessen

B. **Anspruch auf Ersatz der Architektenkosten**

Dem B könnte ein Anspruch auf Ersatz der Architektenkosten gemäß **§ 48 Abs. 3 S. 1 VwVfG** zustehen.

I. **Formelle Voraussetzungen**

172 Verfahrensmäßig ist ein **Antrag** des Betroffenen (§ 48 Abs. 3 S. 1 VwVfG) auf Festsetzung des auszugleichenden Betrages **durch VA** (§ 48 Abs. 3 S. 4 VwVfG) erforderlich. Der Antrag muss innerhalb eines Jahres gestellt werden, worauf der Betroffene von der Behörde hinzuweisen ist (§ 48 Abs. 3 S. 5 VwVfG).

Weigert sich die Behörde den Festsetzungs-VA zu erlassen, muss der Betroffene Verpflichtungsklage erheben (§ 42 Abs. 1 Fall 2 VwGO). Eine Leistungsklage unmittelbar auf Geldleistung wäre dagegen unzulässig.[194]

194 Kopp/Ramsauer VwVfG § 48 Rn. 144.

II. Materielle Voraussetzungen

1. Der Ausgleichsanspruch nach § 48 Abs. 3 VwVfG setzt voraus, dass eine **Rücknahme durch die Behörde** bereits erfolgt ist. Dass der Rücknahmebescheid bestandskräftig ist, ist nicht erforderlich.[195] 173

   Beachte: *§ 48 Abs. 3 VwVfG ist nicht anwendbar, wenn die Rücknahme anlässlich eines Rechtsbehelfsverfahrens erfolgt, soweit dadurch dem Rechtsbehelf abgeholfen wird (§ 50 VwVfG), s.o. Rn. 89.*

   a) Es muss eine **wirksame Rücknahme** eines **rechtswidrigen VA** durch die Behörde erfolgt sein.

      Ein Anspruch aus § 48 Abs. 3 VwVfG scheidet aus, wenn der **Rücknahmebescheid nichtig** ist (§ 44 VwVfG). Denn nur eine wirksame Rücknahme kann den Ausgleichsanspruch begründen.[196] Ebenso besteht kein Ausgleichsanspruch nach § 48 Abs. 3 VwVfG bei **nichtigem Erstbescheid**, auch wenn dieser deklaratorisch aufgehoben wird. Denn bei einem nichtigen VA kann kein schutzwürdiges Vertrauen bestehen.[197]

   b) Die Rücknahme muss sich auf einen **begünstigenden VA** i.S.d. § 48 Abs. 1 S. 2 VwVfG beziehen, der **keine Geld- oder teilbare Sachleistung** i.S.d. § 48 Abs. 2 VwVfG gewährt. Bei der Baugenehmigung handelt es sich – wie festgestellt – um einen rechtswidrigen sonstigen begünstigenden VA, der unter § 48 Abs. 3 VwVfG fällt und den die Behörde wirksam aufheben kann.

2. Der Betroffene muss einen **Vermögensnachteil** erlitten haben. Dieser besteht i.d.R. in Aufwendungen, die durch die Rücknahme des VA sinnlos geworden sind, hier also in den vergeblichen Planungskosten des B. 174

3. Weiter setzt § 48 Abs. 3 VwVfG voraus, dass der Betroffene auf den Bestand des VA **vertraut** hat und sein Vertrauen unter Abwägung mit dem öffentlichen Interesse **schutzwürdig** ist.

   a) Hinsichtlich der **Schutzwürdigkeit** verweist § 48 Abs. 3 S. 2 VwVfG zwar lediglich auf die Ausschlusstatbestände in § 48 Abs. 2 S. 3 VwVfG, nicht dagegen auf die Regelvermutung in § 48 Abs. 2 S. 2 VwVfG. Gleichwohl ist anerkannt, dass die dort niedergelegten Grundsätze für die Prüfung der Schutzwürdigkeit des Vertrauens nach § 48 Abs. 3 S. 1 VwVfG entsprechend gelten.[198] 175

      Vorliegend hat B mit der Beauftragung des Architekten im Vertrauen auf den Bestand der Baugenehmigung **Vermögensdispositionen** getroffen, die er nicht mehr rückgängig machen kann. Damit greift zugunsten des B Vertrauensschutz entsprechend § 48 Abs. 2 S. 2 Alt. 2 VwVfG ein.

   b) Das Vertrauen des B muss schließlich nach § 48 Abs. 3 S. 1 VwVfG auch „unter Berücksichtigung des öffentlichen Interesses" **schutzwürdig** sein. Dabei unterscheidet sich das **öffentliche Interesse** i.S.d. § 48 Abs. 3 S. 1 VwVfG grund- 176

---

195 Bader/Ronellenfitsch VwVfG § 48 Rn. 91.

196 OVG NRW NWVBl. 2013, 59.

197 Bader/Ronellenfitsch VwVfG § 48 Rn. 93.

198 BVerwG, Urt. v. 28.01.2010 – BVerwG 3 C 17.09, RÜ 2010, 455, 458; Stelkens/Bonk/Sachs VwVfG § 48 Rn. 193 f.; Bader/Ronellenfitsch VwVfG § 48 Rn. 94; Kopp/Ramsauer VwVfG § 48 Rn. 141.

legend von dem Rücknahmeinteresse i.S.d. § 48 Abs. 1 S. 1 VwVfG. Es bezieht sich nicht auf die Aufhebung des rechtswidrigen VA als solchen, sondern nur noch auf eine Vermeidung der Pflicht zum Nachteilsausgleich.[199] Das damit allein maßgebende **fiskalische Interesse** vermag das schutzwürdige Vertrauen des B hier indes nicht zu überwiegen. Da die Verantwortung für die Rechtswidrigkeit der Baugenehmigung aufgrund des Ausfertigungsfehlers der Satzung in der Sphäre der Behörde liegt und B sich auf die Schutzwürdigkeit seines Vertrauens berufen kann, ist kein Grund ersichtlich, warum er die Rücknahme der Baugenehmigung ohne Kompensation hinnehmen müsste.

177 III. **Rechtsfolge** des § 48 Abs. 3 S. 1 VwVfG ist der Ersatz des **Vertrauensschadens** (sog. negatives Interesse). Der Betroffene ist finanziell so zu stellen, wie er stünde, wenn der rechtswidrige VA **nicht erlassen worden wäre.**[200] Ohne Baugenehmigung hätte B den A nicht mit der weiteren Planung beauftragt. Daher hat B einen Anspruch auf Ersatz der vergeblich aufgewandten Architektenkosten i.H.v. 5.000 EUR.

Gegenbeispiel: Nicht ersatzfähig wäre dagegen der Schaden, der dem B dadurch entsteht, dass er das zu errichtende Gebäude nicht vermieten kann. Denn dadurch würde B nicht so gestellt, wie er stünde, wenn der rechtswidrige VA nicht erlassen worden wäre, sondern wie er stünde, wenn die Baugenehmigung erlassen worden wäre und weiterhin Bestand hätte. Der Vermögensnachteil, der dadurch eintritt, dass der VA entgegen der Erwartung des Betroffenen keinen Bestand hat, ist nicht auszugleichen.[201] Unberührt bleiben allerdings Amtshaftungsansprüche (Art. 34 GG, § 839 BGB), wenn der Erlass des VA eine schuldhafte Amtspflichtverletzung darstellt.[202]

Obergrenze des Anspruchs ist gemäß § 48 Abs. 3 S. 3 VwVfG das positive Interesse. Der Betroffene darf daher durch den Ausgleichsanspruch nicht besser gestellt werden, als er stünde, wenn die Rücknahme nicht erfolgt wäre.

Aufbauschema: Ausgleichsanspruch nach § 48 Abs. 3 VwVfG

I. Formelle Voraussetzungen

Antrag auf FestsetzungsVA bei der Behörde innerhalb eines Jahres

II. Materielle Voraussetzungen

1. **Rücknahme durch die Behörde** nach § 48 Abs. 1 S. 1 VwVfG, kein § 50 VwVfG
   a) **rechtswidriger AusgangsVA**
   b) **begünstigend** i.S.d. § 48 Abs. 1 S. 2 VwVfG
   c) **kein Fall des § 48 Abs. 2 VwVfG**
2. **Vermögensnachteil erlitten**
3. **im schutzwürdigen Vertrauen auf Bestand des VA** (§ 48 Abs. 3 S. 2 i.V.m. § 48 Abs. 2 VwVfG)

III. Rechtsfolge: Ersatz des **Vertrauensschadens**

199 BVerwG, Urt. v. 28.01.2010 – BVerwG 3 C 17.09, RÜ 2010, 455, 459.
200 OVG NRW NWBl. 2013, 59, 60.
201 OVG NRW NWVBl. 2013, 59, 60; Ziekow VwVfG § 48 Rn. 43; Kopp/Ramsauer VwVfG § 48 Rn. 143.
202 Kopp/Ramsauer VwVfG § 48 Rn. 140 und unten Rn. 735 ff.

E. Das Wiederaufgreifen des Verwaltungsverfahrens, § 51 VwVfG

I. Unterschied Aufhebung und Wiederaufgreifen

Die §§ 48, 49 VwVfG regeln die **Befugnis der Behörde**, einen Verwaltungsakt aufzuheben, auch nachdem er unanfechtbar geworden ist, enthalten also Ermächtigungsgrundlagen für die Aufhebung durch die Behörde. Ein unanfechtbarer VA kann aber auch auf **Initiative des Adressaten** aufgehoben werden. Man spricht dann vom **Wiederaufgreifen des Verfahrens**. 178

1. Die Bestandskraft des VA

Wird ein (belastender) VA nicht mit den dagegen möglichen Rechtsbehelfen (Widerspruch und/oder Anfechtungsklage) innerhalb der Monatsfrist der §§ 70 Abs. 1, 74 Abs. 1 VwGO angefochten, so wird der VA **unanfechtbar**. Der Eintritt der Unanfechtbarkeit hat grundsätzlich zur Folge, dass das Verwaltungsverfahren abgeschlossen ist. Der VA ist **bestandskräftig**. 179

Das gilt nicht nur für belastende VAe, sondern grds. auch in den Fällen, in denen ein **begünstigender VA abgelehnt** worden ist. Wird die Ablehnungsentscheidung unanfechtbar, sind Rechtsbehelfe dagegen unzulässig. Die Bestandskraft hat aber auch Auswirkungen auf künftige Anträge. Denn sonst könnte der Betroffene die Bestandskraft einfach durch Stellung eines neuen Antrags unterlaufen (vgl. auch die Spezialregelung für Folgeanträge in § 71 AsylG).[203]

Beispiel: Der Antrag des G auf Erteilung einer Gewerbeerlaubnis ist bestandskräftig abgelehnt worden, da G unzuverlässig ist. Ein erneuter Antrag ist nur zulässig, wenn neue entscheidungserhebliche Umstände geltend gemacht werden.[204] Einen unzulässigen Wiederholungsantrag kann die Behörde mit einer sog. **wiederholenden Verfügung** ablehnen. Dabei handelt es sich mangels Regelung nicht um einen neuen VA, sondern um einen bloßen Hinweis auf die bereits getroffene Entscheidung.[205]

Etwas anderes soll allerdings bei **Ablehnung einer Baugenehmigung** gelten. Mit Rücksicht auf die von Art. 14 GG geschützte Baufreiheit muss nach h.Rspr. über jeden neuen Antrag sachlich neu entschieden werden, die Bestandskraft des Ablehnungsbescheides stehe dem nicht entgegen.[206] Die Gegenansicht verweist darauf, dass ein bestandskräftiger Ablehnungsbescheid die verbindliche Feststellung beinhalte, dass dem Bauvorhaben öffentlich-rechtliche Vorschriften entgegenstehen. Ein wiederholter Bauantrag sei daher als Antrag auf Wiederaufgreifen zu beurteilen.[207]

2. Überwindung der Bestandskraft

Die **Bestandskraft** des VA ist jedoch **nicht unabänderlich**, da einem VA keine höhere Bestandskraft zukommen kann als gerichtlichen Urteilen. Deren Rechtskraft kann im Wege des Wiederaufnahmeverfahrens nach § 153 VwGO i.V.m. §§ 578 ff. ZPO beseitigt werden.[208] Dem entspricht das **Wiederaufgreifen des Verwaltungsverfahrens** nach § 51 VwVfG, um die Bestandskraft des VA zu überwinden. 180

---

203 Zu § 71 AsylG vgl. z.B. VGH BW, Beschl. v. 29.05.2017 – 11 S 2493/16.

204 BVerwG NVwZ 1991, 272, 273; NVwZ 1989, 161, 162; BGH NJW-RR 2009, 138, 139; abweichend Kopp/Ramsauer VwVfG § 51 Rn. 7 a; Bader/Ronellenfitsch VwVfG § 51 Rn. 7, die auf die konkrete Regelungswirkung der Antragsablehnung abstellen.

205 Kopp/Ramsauer VwVfG § 51 Rn. 7 d, § 35 Rn. 97; vgl. auch AS-Skript Verwaltungsrecht AT 1 (2017), Rn. 212 ff.

206 BVerwG NJW 1976, 340, 341; VGH Mannheim NVwZ-RR 2002, 6; Kopp/Ramsauer VwVfG § 51 Rn. 7 a.

207 VG Karlsruhe, Urt. v. 03.08.2016 – 4 K 4014/15, RÜ2 2016, 287 f.; vgl. auch BayVGH BayVBl. 2016, 383: Die Bestandskraft einer Beseitigungsanordnung kann durch einen neuen Bauantrag nicht infrage gestellt werden; dazu Muckel JA 2016, 399.

208 Vgl. z.B. BVerwG, Urt. v. 02.03.2017 – BVerwG 3 C 19.15.

- Ein **Anspruch auf Wiederaufgreifen** besteht nur ausnahmsweise unter den engen Voraussetzungen des § 51 Abs. 1 VwVfG **(Wiederaufgreifen im engeren Sinne)**.
- Im Übrigen steht das Wiederaufgreifen im **Ermessen** der Behörde. Das folgt aus § 51 Abs. 5 VwVfG, wonach die §§ 48 Abs. 1 S. 1, 49 Abs. 1 VwVfG unberührt bleiben **(Wiederaufgreifen im weiteren Sinne)**.[209]

Der **Grund der Unanfechtbarkeit** ist für das Wiederaufgreifen **irrelevant**. Der VA kann unanfechtbar werden durch Nichtgebrauch von Rechtsbehelfen; ein Wiederaufgreifen ist aber auch nach rechtskräftiger Klageabweisung im Vorprozess möglich.[210] So kann die Rechtskraftwirkung gemäß § 121 VwGO nach § 51 VwVfG überwunden werden, wenn der Betroffene einen Anspruch auf ein Wiederaufgreifen des Verfahrens hat (§ 51 Abs. 1 VwVfG) oder die Behörde das Verfahren im Ermessenswege wieder aufgreift (§ 51 Abs. 5 VwVfG).[211] Das Verfahren nach § 51 VwVfG kann zwar die Rechtskraft des Urteils nicht beseitigen. Das Urteil wird jedoch gegenstandslos, wenn die Behörde eine neue (abweichende) Sachentscheidung trifft (sog. **Zweitbescheid**).

II. Das Wiederaufgreifen im engeren Sinne

181 Nach § 51 Abs. 1 VwVfG besteht ein **Anspruch auf Wiederaufgreifen**, wenn einer der dort aufgeführten **Wiederaufgreifensgründe** vorliegt (z.B. nachträgliche Änderung der Sach- und Rechtslage zugunsten des Betroffenen oder Vorliegen neuer Beweismittel). Verfahrensmäßig sind hierbei **zwei Entscheidungen** und damit **zwei selbstständige VAe** zu unterscheiden:[212]

- das **Wiederaufgreifen des Verfahrens** zur Überwindung der Bestandskraft und
- die erneute **Entscheidung in der Sache** selbst.

Beachte: *§ 51 Abs. 1 VwVfG regelt nur die erste Stufe (das Wiederaufgreifen). Erst auf der zweiten Stufe trifft die Behörde eine erneute Entscheidung in der Sache, ob sie den unanfechtbaren VA ändert, aufhebt oder bestätigt.*

Aufbauschema: Wiederaufgreifen des Verfahrens nach § 51 Abs. 1 VwVfG

I. Zulässigkeit des Antrags auf Wiederaufgreifen

1. Antrag statthaft, wenn Erstbescheid unanfechtbar
2. Antragsbefugnis: Beschwer durch Erstbescheid
3. schlüssige Darlegung eines Wiederaufgreifensgrundes
4. unverschuldetes Hindernis
5. Antragsfrist: drei Monate

II. Begründetheit des Antrags auf Wiederaufgreifen

Vorliegen eines Wiederaufgreifensgrundes nach § 51 Abs. 1 VwVfG

209 BVerwG, Urt. v. 22.20.2009 – BVerwG 1 C 15.08, RÜ 2010, 253, 255; Maurer/Waldhoff § 11 Rn. 88 ff.; kritisch zur Begrifflichkeit Ruffert in: Ehlers/Pünder § 26 Rn. 12.

210 BVerwG, Urt. v. 22.20.2009 – BVerwG 1 C 26.08, RÜ 2010, 253, 254; Kopp/Ramsauer VwVfG § 51 Rn. 15; Sanden DVBl. 2007, 665, 666; Sasse Jura 2009, 493, 494.

211 BVerwG, Urt. v. 14.06.2017 – BVerwG 8 C 7.16; BVerwG BayVBl. 2012, 478, 479.

212 Maurer/Waldhoff § 11 Rn. 80; Kopp/Ramsauer VwVfG § 51 Rn. 53; Sasse Jura 2009, 493, 494.

1. Entscheidung über das Wiederaufgreifen (1. Stufe)

Ein **Anspruch auf Wiederaufgreifen des Verfahrens** nach § 51 Abs. 1 VwVfG besteht, wenn ein Antrag des Bürgers auf Wiederaufgreifen zulässig und begründet ist.

a) Zulässigkeit des Antrags auf Wiederaufgreifen

Die Zulässigkeit des Antrags richtet sich nach § 51 Abs. 1–3 VwVfG. **182**

- Der Antrag auf Wiederaufgreifen ist **statthaft**, wenn der VA, dessen Aufhebung oder Änderung begehrt wird, **unanfechtbar** ist. Ist der VA noch anfechtbar, kann der Antrag in einen Widerspruch umgedeutet werden, wenn ein solcher zulässig ist.[213]

- Der Antragsteller muss **antragsbefugt** sein, d.h. er muss durch den VA, dessen Aufhebung oder Änderung er begehrt, beschwert sein (vergleichbar der Klagebefugnis, § 42 Abs. 2 VwGO).[214] Das kann der Adressat des VA, aber auch ein Dritter sein, z.B. der Nachbar bei der Aufhebung der dem Bauherrn erteilten Baugenehmigung.

- Der Antragsteller muss das Vorliegen eines **Wiederaufgreifensgrundes schlüssig darlegen**, also z.B. geltend machen, dass sich die Sach- oder Rechtslage nachträglich zu seinen Gunsten geändert hat oder dass neue Beweismittel vorliegen, die eine ihm günstigere Entscheidung herbeigeführt haben würden (vgl. § 51 Abs. 1 VwVfG).[215] Ob der Wiederaufgreifensgrund **tatsächlich** vorliegt, ist dagegen eine Frage der **Begründetheit** des Antrags.[216]

  Das Erfordernis der Antragstellung und deren Fristgebundenheit (§ 51 Abs. 1 u. Abs. 3 VwVfG) haben zur Folge, dass das Verwaltungsgericht nur die geltend gemachten Gründe für ein Wiederaufgreifen prüfen darf.

- Der Antrag ist nur zulässig, wenn der Betroffene **ohne grobes Verschulden** außerstande war, den Grund für das Wiederaufgreifen in dem früheren Verfahren, insbesondere durch Rechtsbehelfe, geltend zu machen (§ 51 Abs. 2 VwVfG).[217]

  Grobes Verschulden ist z.B. anzunehmen, wenn dem Betroffenen das Vorhandensein einer als Beweismittel in Betracht kommenden Urkunde (§ 51 Abs. 1 Nr. 2 VwVfG) bekannt war oder sich ihm aufgrund der Umstände des Einzelfalls hätte aufdrängen müssen.[218]

- Schließlich besteht eine **Antragsfrist** von drei Monaten nach Kenntnis vom Grund für das Wiederaufgreifen (§ 51 Abs. 3 VwVfG).

  Die Kenntnis erhält der Betroffene, wenn er sichere Kenntnis von den Tatsachen hat, die das Wiederaufgreifen rechtfertigen. Eine rechtliche Einordnung als Wiederaufgreifensgrund ist für den Fristbeginn nicht erforderlich.[219] Kennenmüssen, d.h. durch Fahrlässigkeit verschuldete Unkenntnis, reicht dagegen nicht aus (anders im Rahmen des § 51 Abs. 2 VwVfG).[220]

---

213 OVG NRW NVwZ 1984, 655.

214 Stelkens/Bonk/Sachs VwVfG § 51 Rn. 17; Kopp/Ramsauer VwVfG § 51 Rn. 10.

215 BVerwG, Urt. v. 14.06.2017 – BVerwG 8 C 7.16; BVerwG DVBl. 1985, 527, 528; Erichsen/Ebber Jura 1997, 424, 425; Sasse Jura 2009, 493, 494.

216 Vgl. z.B. BVerwG, Beschl. v. 26.01.2015 – BVerwG 3 B 3.14, NVwZ-RR 2015, 357.

217 Vgl. VGH Mannheim VBlBW 2017, 251; Felix NVwZ 2003, 385, 389.

218 Kanitz/Wendel JuS 2008, 58, 61; Sasse Jura 2009, 493, 494.

219 VGH Mannheim VBlBW 2017, 251, 252; Kopp/Ramsauer VwVfG § 51 Rn. 47.

220 Kopp/Ramsauer VwVfG § 51 Rn. 47.

b) Begründetheit des Antrags auf Wiederaufgreifen

183 Der Antrag auf Wiederaufgreifen ist **begründet**, wenn einer der in § 51 Abs. 1 VwVfG genannten Gründe tatsächlich vorliegt.

Wiederaufgreifensgründe gemäß § 51 Abs. 1 VwVfG
■ **Nr. 1: Nachträgliche Änderung der Sach- oder Rechtslage zugunsten** des Betroffenen
■ **Nr. 2: Neue Beweismittel** führen zu **günstigerer Entscheidung**
■ **Nr. 3: Wiederaufnahmegründe entsprechend § 580 ZPO**

- Nach § 51 Abs. 1 **Nr. 1** VwVfG besteht ein Anspruch auf Wiederaufgreifen des Verfahrens, wenn sich die dem Verwaltungsakt zugrunde liegende **Sach- und Rechtslage nachträglich zugunsten des Betroffenen geändert** hat.

  Eine Änderung der **Sachlage** liegt vor, wenn sich die dem VA zugrunde liegenden Tatsachen geändert haben. Eine Änderung der **Rechtslage** setzt voraus, dass sich das für den Erlass des VA maßgebende materielle Recht geändert hat. Eine bloße Änderung der höchstrichterlichen Rspr. stellt dagegen keine Änderung der Rechtslage dar ebenso nicht die Änderung der Verwaltungspraxis.[221]

  Die Änderung muss **nachträglich** erfolgt sein. Es reicht daher nicht aus, wenn Tatsachen erst nachträglich bekannt werden, aber im Zeitpunkt des Erlasses des VA bereits vorlagen.[222] Außerdem muss die Änderung für den Inhalt des VA **entscheidungserheblich** sein, d.h. eine für den Betroffenen günstigere Entscheidung bewirken.[223]

- Nach § 51 Abs. 1 **Nr. 2** VwVfG besteht ein Anspruch auf Wiederaufgreifen des Verfahrens, wenn **neue Beweismittel** vorliegen, die eine dem Betroffenen **günstigere Entscheidung** herbeigeführt haben würden.

  Unter **neuen Beweismitteln** sind neben Beweismitteln, die während des abgeschlossenen Verwaltungsverfahrens noch gar nicht zur Verfügung standen, auch solche zu verstehen, die im Zeitpunkt des Verfahrens zwar vorhanden waren, aber ohne Verschulden des Betroffenen nicht oder nicht rechtzeitig beigebracht werden konnten.[224]

  Ob neue Beweismittel i.S.d. § 51 Abs. 1 Nr. 2 VwVfG eine dem Betroffenen **günstigere Entscheidung** herbeigeführt haben würde, ist auf der Grundlage der den bestandskräftigen Bescheid tragenden Rechtsauffassung zu beurteilen und nicht auf der Grundlage der heutigen Rechtsauffassung oder der früheren objektiven Rechtslage.[225] Beweismittel, die nur nach heutiger und nicht nach der den Bescheid tragenden früheren Rechtsauffassung erheblich sind, können daher keinen Anspruch auf ein Wiederaufgreifen nach § 51 Abs. 1 Nr. 2 VwVfG begründen.

- Nach § 51 Abs. 1 **Nr. 3** VwVfG besteht ein Anspruch auf Wiederaufgreifen des Verfahrens, wenn **Wiederaufnahmegründe entsprechend § 580 ZPO** (Restitutionsklage) vorliegen.

  Beispiele: Falsche Beweisgrundlage (§ 580 Nr. 1–3 ZPO), Straftat (§ 580 Nr. 4 u. Nr. 5 ZPO), Aufhebung einer präjudiziellen Entscheidung (§ 580 Nr. 6 ZPO), Auffinden früherer rechtskräftiger Entscheidungen oder günstiger Urkunden (§ 580 Nr. 7 ZPO), Feststellung eines Verstoßes gegen die EMRK durch den EGMR (§ 580 Nr. 8 ZPO).[226]

---

221 BVerwG NVwZ-RR 1994, 119; Kopp/Ramsauer VwVfG § 51 Rn. 30; Maurer/Waldhoff § 11 Rn. 84.

222 VGH Mannheim VBlBW 2017, 251; Kopp/Ramsauer VwVfG § 51 Rn. 25.

223 Maurer/Waldhoff § 11 Rn. 84.

224 Kopp/Ramsauer VwVfG § 51 Rn. 33.

225 BVerwG, Urt. v. 14.06.2017 – BVerwG 8 C 7.16.

2. Erneute Entscheidung in der Sache (2. Stufe)

Ist der Antrag auf Wiederaufgreifen nach § 51 Abs. 1–3 VwVfG zulässig und begründet, so ist die Behörde **verpflichtet,** eine **neue Entscheidung in der Sache** zu treffen (sog. **Zweitbescheid**). Diese kann darin liegen, dass der ursprüngliche VA **aufgehoben, geändert** oder **bestätigt** wird. Nach **welchen Vorschriften** sich die Rechtmäßigkeit des Zweitbescheides richtet, ist indes umstritten. 184

Teilweise wird angenommen, die Entscheidung der Behörde über die Aufhebung oder Bestätigung des VA stehe mit Rücksicht darauf, dass § 51 Abs. 5 VwVfG auf die Ermessensnormen der §§ 48, 49 VwVfG verweise, im **Ermessen** der Behörde.[227] Ein Aufhebungsanspruch bestünde nur bei einer **Ermessensreduzierung auf Null**, die allerdings zumeist angenommen wird.[228] 185

Nach überwiegend vertretener Auffassung richtet sich die Rechtmäßigkeit des Zweitbescheides ausschließlich nach dem einschlägigen **materiellen Recht**, nach welchem sich die Rechtmäßigkeit des Erstbescheides bestimmt. Durch das Wiederaufgreifen wird das Verfahren nicht in den Zustand nach Erlass des Erstbescheides, sondern in den Zustand **vor Erlass des Erstbescheides** zurückversetzt. Ermessen steht der Behörde daher – anders als nach §§ 48, 49 VwVfG – nicht generell zu, sondern nur wenn das jeweils einschlägige materielle Recht Ermessen einräumt; ansonsten ist die Behörde gebunden.[229] 186

Beispiel: Dem B ist die Beseitigung seines Hauses aufgegeben worden. Nach Ablauf der Rechtsbehelfsfristen findet B eine alte Baugenehmigung aus der sich ergibt, dass sein Haus Bestandsschutz genießt. Nach den bauordnungsrechtlichen Vorschriften setzt die Beseitigungsverfügung formelle und materielle Illegalität voraus.[230] Aufgrund des neuen Beweismittels (§ 51 Abs. 1 Nr. 2 VwVfG) muss das Verwaltungsverfahren wiederaufgegriffen und die Beseitigungsverfügung aufgehoben werden.

Für diese Auffassung spricht § 51 Abs. 5 VwVfG, der klarstellt, dass die §§ 48, 49 VwVfG „unberührt" bleiben, d.h. § 51 Abs. 1 und §§ 48, 49 VwVfG stehen selbstständig nebeneinander. Es wäre sinnwidrig, dem Bürger einerseits einen Anspruch auf Wiederaufgreifen einzuräumen, andererseits aber nach §§ 48 Abs. 1 S. 1, 49 Abs. 1 S. 1 VwVfG nach Ermessen von der Aufhebung des Erstbescheides abzusehen. Die Aufhebung oder Änderung des VA nach Wiederaufgreifen des Verfahrens nach **§ 51 Abs. 1 VwVfG** richtet sich daher nicht nach §§ 48, 49 VwVfG, sondern **nach dem für den Erlass des VA geltenden materiellen Recht**. Wenn der VA danach nicht mehr erlassen werden dürfte, **muss** der Erstbescheid aufgehoben werden. 187

Umstritten ist, ob die Behörde bei der neuen Sachentscheidung zu einer **Verböserung** (reformatio in peius) berechtigt ist. Die h.M. lehnt dies unter Hinweis auf die Ausgestaltung des Verfahrens nach § 51 Abs. 1 VwVfG als Antragsverfahren und dem damit verfolgten Ziel einer Besserstellung ab.[231] Nach der Gegenansicht besteht nach dem Wiederaufgreifen die Verpflichtung zum Erlass einer rechtmäßigen, d.h. nicht unbedingt günstigeren Entscheidung.[232] Dagegen spricht, dass die Wiederaufnahme die Möglichkeit einer neuen Sachentscheidung nur im Rahmen des Antrags und des geltend gemachten Wiederaufnahmegrunds eröffnet.[233] Eine Abänderung zum Nachteil des Antragstellers scheidet damit aus.

---

226 Vgl. z.B. BVerwG, Urt. v. 02.03.2017 – BVerwG 3 C 19.15, RÜ 2017, 522, 528.

227 Meyer/Borgs § 51 Rn. 21; Wendt JA 1980, 85, 87; Richter JuS 1990, 719, 723.

228 Vgl. Maurer/Waldhoff § 11 Rn. 87.

229 BVerwG DVBl. 1982, 998, 1000; BayVGH NVwZ 2017, 1147, 1149; Stelkens/Bonk/Sachs § 51 Rn. 32; Kopp/Ramsauer VwVfG § 51 Rn. 9 u. 18; Ludwigs DVBl. 2008, 1164, 1167; Sasse Jura 2009, 493, 496.

230 Vgl. AS-Skript Öffentliches Baurecht (2016), Rn. 151.

231 Kopp/Ramsauer VwVfG § 51 Rn. 20a; Stelkens/Bonk/Sachs VwVfG § 51 Rn. 42 ff.; Guber NVwZ 2017, 1150, 1151.

232 BayVGH NVwZ 2017, 1147, 1149; Bader/Ronellenfitsch VwVfG § 51 Rn. 24.1.

III. Wiederaufgreifen im weiteren Sinne

188 Die §§ 48, 49 VwVfG ermöglichen es der Behörde, auch nachdem der VA unanfechtbar geworden ist, von Amts wegen oder auf Antrag **jederzeit** erneut in der Sache zu entscheiden und den Erstbescheid aufzuheben. § 51 Abs. 5 VwVfG stellt klar, dass die Vorschriften in §§ 48, 49 VwVfG durch § 51 Abs. 1 VwVfG unberührt bleiben **(Wiederaufgreifen im weiteren Sinne)**.[234]

Beachte: *Obwohl § 51 Abs. 5 VwVfG unmittelbar nur auf § 48 Abs. 1 S. 1 und § 49 Abs. 1 VwVfG verweist, wird überwiegend angenommen, dass der Verweis auch die übrigen Absätze dieser Vorschriften erfasst.*[235]

189 Soweit das Wiederaufgreifen nach § 51 Abs. 5 i.Vm. §§ 48, 49 VwVfG im Ermessen der Behörde steht, hat der Bürger einen **Anspruch auf ermessensfehlerfreie Entscheidung**.[236] Dabei steht der Behörde **Ermessen** in **zweifacher Hinsicht** zu,

- ob sie sich überhaupt erneut mit der Sache beschäftigen will (das **Wiederaufgreifen**)
- und ob sie den ursprünglichen VA nach §§ 48, 49 VwVfG zurücknimmt oder widerruft (die **Aufhebung**).

190 Umstritten ist, ob es sich hierbei – wie im Rahmen des § 51 Abs. 1 VwVfG (s.o. Rn. 181) – bei beiden Entscheidungen um **selbstständige VAe** handelt. Früher wurde überwiegend angenommen, dass die Entscheidung über das „Wiederaufgreifen" im weiteren Sinne **keinen eigenen materiellen Regelungsgehalt** hat. Die Behörde greife im Anwendungsbereich des § 51 Abs. 5 VwVfG **nicht das frühere Verfahren** auf, sondern treffe in einem **neuen Verfahren** eine einheitliche Ermessensentscheidung über die Aufhebung des VA nach §§ 48, 49 VwVfG.[237] Nach der heute herrschenden Gegenansicht stellt dagegen auch die **Entscheidung über das Wiederaufgreifen** im weiteren Sinne einen VA dar.[238] Dafür spricht, dass auch beim Wiederaufgreifen im weiteren Sinne eine regelnde Entscheidung über den Anspruch des Bürgers auf ermessensfehlerfreie Entscheidung getroffen wird.

1. Entscheidung über das Wiederaufgreifen (1. Stufe)

191 **Ob** die Behörde das Verfahren nach Ermessen wiederaufgreift, richtet sich im Rahmen des § 51 Abs. 5 VwVfG nach einer **Abwägung** der beteiligten Interessen. Dabei stehen sich das Prinzip der materiellen Gerechtigkeit (Gesetzmäßigkeit der Verwaltung, Art. 20 Abs. 3 GG) und das Prinzip der Rechtssicherheit grds. gleichwertig gegenüber. Entsprechend dem Sinn und Zweck der Unanfechtbarkeit ist die Behörde grds. berechtigt, auf die **Bestandskraft** des VA zu verweisen und ein Wiederaufgreifen abzulehnen, selbst wenn der Betroffene die Rechtswidrigkeit des VA geltend macht.[239]

Das gilt vor allem dann, wenn der VA einen abgeschlossenen Sachverhalt betrifft, wenn es um zahlreiche gleichgelagerte Fälle geht und die Behörde keinen der Fälle wiederaufgegriffen hat oder wenn der Betroffene den VA in Kenntnis der Rechtswidrigkeit hat bestandskräftig werden lassen.[240]

---

233 Kopp/Ramsauer VwVfG § 51 Rn. 9.

234 BVerwG, Urt. v. 22.10.2009 – BVerwG 1 C 15.08, Rn. 24; Urt. v. 22.10.2009 – BVerwG 1 C 18.08, Rn. 20; Urt. v. 22.10.2009 – BVerwG 1 C 26.08, Rn. 19, RÜ 2010, 253, 255; VGH Mannheim VBlBW 2017, 251, 252.

235 Knack/Henneke VwVfG § 51 Rn. 56; Kopp/Ramsauer VwVfG § 51 Rn. 50; a.A. BayVGH NVwZ 2017, 1147, 1149.

236 BVerwG BayVBl. 2012, 478, 479; VGH Mannheim VBlBW 2017, 251, 52; Kopp/Ramsauer VwVfG § 51 Rn. 6.

237 VGH Mannheim NVwZ-RR 2009, 357; Stelkens/Bonk/Sachs VwVfG § 51 Rn. 16; Ludwigs DVBl. 2008, 1164, 1166.

238 BVerwG RÜ 2010, 253, 255; NVwZ 2002, 482, 483; Schwabe JZ 1985, 545, 549; Seiler JuS 2001, 263, 267; Britz/Richter JuS 2005, 198, 200; Traulsen VerwArch 103 (2012), 337, 351.

239 BVerwG BayVBl. 2012, 478, 479; NVwZ 2007, 709, 710; OVG Lüneburg, Beschl. v. 28.05.2015 – 5 LA 195/14; OVG Magdeburg, Beschl. v. 28.03.2017 – 2 L 34/15; Kopp/Ramsauer VwVfG § 51 Rn. 6; Stelkens/Bonk/Sachs § 51 Rn. 18.

240 OVG NRW, Beschl. v. 25.03.2011 – 13 A 1552/10.

Ein **Anspruch auf Wiederaufgreifen** besteht in den Fällen des § 51 Abs. 5 VwVfG nur 192
im Fall der **Ermessensreduzierung auf Null**.[241]

In Rspr. und Lit. wird hierbei nicht immer deutlich zwischen den beiden Ermessensebenen unterschieden.[242] Teilweise wird auf einen aus einer Ermessensreduzierung resultierenden „Anspruch auf Wiederaufgreifen" abgestellt (also auf die 1. Stufe), teilweise auf einen „Anspruch auf Aufhebung" (also auf die 2. Stufe). Unterschiede dürften sich zwischen den beiden Auffassungen kaum ergeben, denn ein Anspruch auf Aufhebung des VA (2. Stufe) setzt denknotwendig auch eine Ermessensreduzierung auf der 1. Stufe voraus.

Eine **Ermessensreduzierung auf Null** wird von der Rspr. angenommen, wenn die Auf- 193
rechterhaltung des Erstbescheides **schlechthin unerträglich** wäre.[243] Dies ist insbes. der Fall, wenn

- die **Rechtswidrigkeit** des Erstbescheides bei Würdigung aller Umstände **offensichtlich** ist,[244]
- die Berufung auf die Unanfechtbarkeit als Verstoß gegen die **guten Sitten** oder gegen **Treu und Glauben** zu werten wäre,[245]
- die Behörde in vergleichbaren Fällen das Verfahren wiederaufgegriffen hat und daher wegen **Art. 3 Abs. 1 GG** eine Gleichbehandlung geboten ist[246] oder
- der VA **offensichtlich europarechtswidrig** ist.[247]

Das Wiederaufgreifensermessen verdichtet sich insbesondere dann, wenn die **Rechts-** 194
widrigkeit des bestandskräftigen VA bei Würdigung aller Umstände **offensichtlich** ist[248] und/oder die Aufrechterhaltung des VA **schlechthin unerträglich** wäre.[249]

Bejaht wird dies vor allem dann, wenn an der Rechtswidrigkeit des VA **vernünftigerweise kein Zweifel** besteht und sich deshalb der Behörde die Rechtswidrigkeit aufdrängen muss. Dabei reicht eine nachträgliche Änderung der Rspr. allein für eine Ermessensreduzierung allerdings i.d.R. nicht aus.[250]

Die **Unionsrechtswidrigkeit** allein begründet dagegen keine **generelle Verpflichtung**, 195
eine bestandskräftige Verwaltungsentscheidung aufzuheben.[251] Dies gilt vor allem, wenn von der Möglichkeit, einen belastenden VA fristgemäß anzufechten, kein Gebrauch gemacht wurde. Die Frage der Aufhebbarkeit einer Verwaltungsentscheidung ist grds. Sache der nationalen Rechtsordnungen.

Die für die Rücknahme europarechtswidriger VAe geltenden Regelungen dürfen allerdings nicht ungünstiger sein als bei innerstaatlichen Sachverhalten **(Äquivalenzprinzip)** und die Ausübung der durch die Unionsrechtsordnung verliehenen Rechte darf nicht praktisch unmöglich gemacht oder unverhältnismäßig erschwert werden **(Effektivitätsprinzip)**.[252]

---

241 BVerwGE 44, 333, 336; BVerwG NVwZ 2007, 709, 710; OVG Lüneburg NVwZ 2007, 846; Stelkens/Bonk/Sachs VwVfG § 51 Rn. 19; Kopp/Ramsauer VwVfG § 51 Rn. 7; Maurer/Waldhoff § 11 Rn. 89.

242 Vgl. Maurer/Waldhoff § 11 Rn. 88; Kopp/Ramsauer VwVfG § 51 Rn. 52.

243 BVerwG NVwZ 2011, 888, 889; VGH Mannheim VBlBW 2017, 251, 252; OVG LSA, Beschl. v. 28.03.2017 – 2 L 34/15; Maurer/Waldhoff § 11 Rn. 90.

244 BVerwG NVwZ 2011, 888, 889; Ludwigs DVBl. 2008, 1164, 1168.

245 BVerwG NVwZ 2011, 888, 889; OVG Lüneburg NVwZ 2007, 846, 846 f.; OVG LSA NVwZ-RR 2011, 617, 618.

246 BVerwG NVwZ 2007, 709, 710; Ludwigs DVBl. 2008, 1164, 1167.

247 Grundlegend EuGH DVBl. 2004, 373 ff. (Kühne & Heitz); DVBl. 2006, 1441 (Arcor); NVwZ 2008, 870 (Kempter); vgl. Gärditz NWVBl. 2006, 441, 447; Rennert DVBl. 2007, 400, 406; Weiß DÖV 2008, 477, 478; Ludwigs DVBl. 2008, 1164, 1169.

248 BVerwG NVwZ 2007, 709, 710; OVG NRW, Beschl. v. 15.05.2017 – 1 A 593/17.

249 Maurer/Waldhoff § 11 Rn. 90.

250 BVerwG NVwZ 2007, 709, 710; OVG Lüneburg NVwZ 2006, 1302, 1303; a.A. Ruffert in: Ehlers/Pünder § 26 Rn. 13.

251 EuGH NVwZ 2016, 600, 603; NVwZ 2006, 1277, 1279; BVerfG NVwZ 2008, 550, 551; BVerwG NVwZ 2007, 709, 711; BFH NVwZ- RR 2012, 585, 587; NVwZ 2011, 253, 255; Ludwigs NVwZ 2007, 549, 551; a.A. Frenz DVBl. 2004, 375, 376.

Beispiel: Da ein bestandskräftiger Bescheid zurückzunehmen ist, wenn er offensichtlich mit nationalem Recht unvereinbar ist, muss im Fall offensichtlicher Unvereinbarkeit des VA mit Unionsrecht die gleiche Verpflichtung bestehen.[253] Allerdings präjudiziert der Unionsrechtsverstoß nicht zwangsläufig dessen Offensichtlichkeit im Sinne des nationalen Rechts.[254]

196 Eine **Verpflichtung zum Wiederaufgreifen** besteht nach der Rspr. des EuGH im Hinblick auf den unionsrechtlichen Effektivitätsgrundsatz allerdings dann, wenn

- der VA infolge eines **letztinstanzlichen Urteils** bestandskräftig geworden ist,
- das auf einer – wie eine später ergangene Entscheidung des EuGH zeigt – **unrichtigen Auslegung des Unionsrechts** beruht und
- das Urteil unter **Verstoß gegen die Vorlagepflicht** nach Art. 267 Abs. 3 AEUV zustande gekommen ist.[255]

Wie die offensichtliche Unionsrechtswidrigkeit dogmatisch im Rahmen des § 51 VwVfG einzuordnen ist, ist umstritten. Ein Teil der Lit. plädiert für eine europarechtskonforme Auslegung des § 51 VwVfG mit der Folge, dass die nachträgliche Entscheidung des EuGH analog § 51 Abs. 1 Nr. 1 VwVfG als Änderung der Rechtslage einzuordnen sei.[256] Überwiegend wird dagegen an § 51 Abs. 5 VwVfG angeknüpft und eine Reduzierung des Ermessens bei der Entscheidung über das Wiederaufgreifen angenommen.[257]

Aufbauschema: Wiederaufgreifen des Verfahrens nach § 51 Abs. 5 VwVfG

- Anspruch auf **ermessensfehlerfreie Entscheidung** (Wiederaufgreifen i.w.S.): Hinweis auf Bestandskraft i.d.R. ermessensfehlerfrei
- gebundener Anspruch nur bei **Ermessensreduzierung**
  - offensichtliche Rechtswidrigkeit
  - Verstoß gegen die guten Sitten oder Treu und Glauben
  - Art. 3 Abs. 1 GG
  - offensichtliche Europarechtswidrigkeit

2. Erneute Entscheidung in der Sache (2. Stufe)

197 Besteht ausnahmsweise ein **Anspruch auf Wiederaufgreifen** i.w.S. nach § 51 Abs. 5 VwVfG oder hat sich die Behörde ermessensfehlerfrei für ein Wiederaufgreifen entschieden, so ist die Behörde nach Auffassung des BVerwG nicht an die in §§ 48, 49 VwVfG normierten Möglichkeiten der Aufhebung gebunden, sondern hat auch hier (wie im Rahmen des § 51 Abs. 1 VwVfG, dazu oben Rn. 185 ff.) eine **neue Sachentscheidung** zu treffen.[258] Diese Ansicht ist in der Lit. wegen des eindeutigen Wortlauts des § 51 Abs. 5 VwVfG zu Recht auf Ablehnung gestoßen.[259] Wenn §§ 48, 49 VwVfG „unberührt" bleiben, spricht dies dafür, dass sich die Zweitentscheidung auch nach diesen Vorschriften richtet.

---

252 EuGH NVwZ 2016, 600, 603 mit Anm. Streinz; EuGH NVwZ 2006, 1277, 1279.

253 EuGH NVwZ 2006, 1277, 1280; BVerwG NVwZ 2007, 709, 711.

254 BVerwG NVwZ 2007, 709, 711 bestätigt durch BVerfG NVwZ 2008, 550, 551; ebenso Rennert DVBl. 2007, 400, 402; für eine europarechtlich begründete Rücknahmepflicht dagegen Nolte MMR 2007, 30, 31; Ruffert JZ 2007, 407, 409.

255 EuGH JZ 2008, 464, 465; NVwZ 2006, 1277, 1279; dazu Gärditz NWVBl. 2006, 441, 447; Rennert DVBl. 2007, 400, 406; Weiß DÖV 2008, 477, 478; Ludwigs DVBl. 2008, 1164, 1169; Sasse Jura 2009, 493, 497.

256 Leuze VerwArch 97 (2006), 49, 56; Sasse Jura 2009, 493, 497 f.

257 So z.B. BVerwG RÜ 2010, 253, 256; Kanitz/Wendel JuS 2008, 58, 61; Ludwigs DVBl. 2008, 1164, 1172.

258 BVerwG NVwZ 2010, 656, 659; NVwZ-RR 1993, 667: „vollumfängliche erneute Sachprüfung".

259 Traulsen VerwArch 103 (2012), 337, 352.

Aufhebung des VA durch die Behörde

- (falls zweifelhaft): Liegt überhaupt eine (vollständige, teilweise) Aufhebung eines VA vor?
  Abgrenzung:
  - Berichtigung gemäß § 42 VwVfG
  - Neuregelung bzgl. eines geänderten, vom ergangenen VA noch nicht erfassten Sachverhalts
- **Rechtsgrundlagen**
  - Spezialvorschriften, z.B. § 3 StVG, § 15 Abs. 2 GaststG, § 14 BBG, § 12 BeamtStG
  - §§ 48, 49 VwVfG

Aufhebung nach §§ 48, 49 VwVfG

RÜCKNAHME gemäß § 48 VwVfG

aufzuhebender VA rechtswidrig

VA belastend § 48 I 1 VwVfG

- Ermessen

VA begünstigend § 48 I 2, II-IV VwVfG

- Geld-/Sachleistungs-VA nicht rücknehmbar bei schutzwürdigem Vertrauen, § 48 II
- bei sonstigen VAen Bestandsvertrauen nur im Ermessen (str.); auf Antrag Entschädigung
- Frist, § 48 IV
- Ermessen

WIDERRUF gemäß § 49 VwVfG

aufzuhebender VA rechtmäßig

VA belastend § 49 I VwVfG

- Ermessen
- Grenzen
  - gebundener VA
  - Art. 3 GG

VA begünstigend § 49 II, III VwVfG

- Widerruf **ex nunc** aus den in § 49 II abschl. genannten Gründen
- Widerruf **ex tunc** aus den in § 49 III genannten Gründen
- Frist, §§ 49 II 2, 49 III 2 i.V.m. § 48 IV
- Ermessen

Wiederaufgreifen des Verfahrens gemäß § 51 VwVfG

Pflicht zum Wiederaufgreifen § 51 I–III VwVfG

Entscheidung über das Wiederaufgreifen

- **Zulässigkeit** des Antrags
  - Grund schlüssig dargelegt
  - kein grob schuldhaftes Versäumnis, § 51 II
  - Antragsfrist, § 51 III: drei Monate
- **Begründetheit** des Antrags, wenn Grund i.S.d. § 51 I tatsächlich vorliegt

(neue) Entscheidung in der Sache

- Sachentscheidung richtet sich nach materiellem Recht (str., a.A. §§ 48, 49 VwVfG)

Ermessen gemäß §§ 51 V, 48, 49 VwVfG

Entscheidung über das Wiederaufgreifen

- Anspruch auf ermessensfehlerfreie Entscheidung (Wiederaufgreifen i.w.S.)
- gebundener Anspruch nur bei Ermessensreduzierung

(neue) Entscheidung in der Sache

- Aufhebung nach §§ 48, 49 VwVfG
- Änderung nach materiellem Recht
- Bestätigung durch Zweitbescheid

2. Abschnitt: Durchsetzung von Verwaltungsakten

A. Begriff und Arten der Verwaltungsvollstreckung

I. Ausgangslage

198 Verwaltungsvollstreckung ist die **zwangsweise Durchsetzung** öffentlich-rechtlicher Pflichten des Bürgers.

- Werden öffentlich-rechtliche Pflichten vom **Staat** nicht freiwillig erfüllt, muss der Bürger vor dem Verwaltungsgericht klagen. Das stattgebende Urteil (Vollstreckungstitel nach § 168 VwGO) muss sodann ggf. zwangsweise nach §§ 170 ff. VwGO vollstreckt werden.

199
- Erfüllt der **Bürger** seine öffentlich-rechtlichen Pflichten nicht, hat der Staat die Möglichkeit, sich ohne Einschaltung der Gerichte durch Erlass eines Verwaltungsakts selbst einen Vollstreckungstitel zu schaffen **(Selbsttitulierung)** und diesen auch selbst zu vollstrecken **(Selbstvollstreckung)**.[260]

200 Kommt der Bürger seiner Verpflichtung aus einem Verwaltungsakt nicht freiwillig nach, bedarf es der **Verwaltungsvollstreckung**. Die zwangsweise Durchsetzung erfolgt hier – anders als bei verwaltungsgerichtlichen Urteilen – grds. durch die Behörde selbst ohne Einschaltung des Gerichts.

Auch die Vollstreckung aus verwaltungsgerichtlichen Urteilen zugunsten des Staates richtet sich nach dem Verwaltungsvollstreckungsgesetz (§ 169 VwGO).

Verwaltungsvollstreckung
■ **zwangsweise Durchsetzung**
■ eines **öffentlich-rechtlichen Gebotes** oder **Verbotes**,
■ das in einem **Verwaltungsakt** konkretisiert ist.

Die Verwaltungsvollstreckung ist vor allem im **Verwaltungsvollstreckungsgesetz** (VwVG, nicht VwVfG) des Bundes und entsprechenden Landesgesetzen geregelt.

II. Arten der Verwaltungsvollstreckung

201 Nach dem **Regelungsgehalt** des zu vollstreckenden Verwaltungsaktes sind zu unterscheiden:

- die Vollstreckung wegen einer **Geldforderung** (sog. Beitreibung) und
- die Durchsetzung einer Verpflichtung zu einer **Handlung, Duldung oder Unterlassung** (sog. Verwaltungszwang).

Für die Vollstreckung wegen einer **Geldforderung** enthalten die §§ 1–5 b VwVG nur einige wenige Vorschriften. Die Beitreibung setzt nach § 3 Abs. 2 u. 3 VwVG einen Leistungsbescheid, die Fälligkeit sowie eine Mahnung voraus. Leistet der Schuldner nicht, richtet sich das weitere Verfahren gemäß § 5 Abs. 1 VwVG nach den Vorschriften der Abgabenordnung (AO), insbes. den §§ 249 ff. AO.

---

260 Vgl. aber BVerfG, Beschl. v. 18.12.2012 – 1 BvL 8/11 zur Verfassungswidrigkeit von Selbsttitulierungsrechten öffentlich-rechtlicher Kreditinstitute, wenn Privatbanken eine solche Befugnis nicht zusteht (Verstoß gegen Art. 3 Abs. 1 GG).

Im Landesrecht ist die Vollstreckung wegen Geldforderungen teilweise umfassend geregelt (vgl. z.B. §§ 15–67 HessVwVG, §§ 2–67 b NVwVG, §§ 1–54 VwVG NRW), zum Teil verweisen die LVwVGe wiederum auf die AO (z.B. Art. 25 Abs. 2 BayVwZVG, § 15 Abs. 1 LVwVG BW, § 22 BbgVwVG, § 35 HmbVwVG, § 111 Abs. 1 VwVfG M-V).

Verwaltungsakte, durch die der Bürger verpflichtet wird, eine Geldleistung zu erbringen, werden üblicherweise als **Leistungsbescheide** bezeichnet. Nach Landesrecht dürfen zum Teil auch privatrechtliche Geldforderungen der öffentlichen Hand im Wege der Verwaltungsvollstreckung durchgesetzt werden (vgl. z.B. § 9 VwVfG Bln, § 25 VwVGBbg, § 3 Abs. 2 Nr. 2 HmbVwVG, § 66 HessVwVG, § 1 Abs. 2 VwVG NRW i.V.m. § 1 VO VwVG NRW, § 74 SVwVG, § 42 ThürVwZVG).

In der Examensklausur geht es i.d.R. um die **Rechtmäßigkeit einer Vollstreckungsmaßnahme im Verwaltungszwang**, d.h. um die zwangsweise Durchsetzung eines VA, der auf eine Handlung, Duldung oder Unterlassung gerichtet ist. 202

Beispiele: Androhung der Ersatzvornahme einer Beseitigungsverfügung, Androhung und Festsetzung eines Zwangsgeldes bei einem Handlungsgebot oder einer Unterlassungsverfügung, Anwendung unmittelbaren Zwangs, Kostenerstattung nach Durchführung einer Abschleppmaßnahme.

B. Der Verwaltungszwang

Eine Vollstreckungsmaßnahme zur Durchsetzung einer Verpflichtung zur Handlung, Duldung oder Unterlassung ist rechtmäßig, wenn 203

- die Maßnahme auf einer wirksamen **Ermächtigungsgrundlage** beruht,
- die Zuständigkeits-, Verfahrens- und Formvorschriften eingehalten sind **(formelle Rechtmäßigkeit)** und
- die Maßnahme sachlich mit dem geltenden Recht in Einklang steht **(materielle Rechtmäßigkeit)**.

Aufbauschema: Rechtmäßigkeit einer Vollstreckungsmaßnahme

- **Ermächtigungsgrundlage**
  - spezielles Bundesrecht (z.B. §§ 58 ff. AufenthG, UZwGBw)
  - allgemeines Bundesrecht (VwVG, UZwG)
  - spezielles Landesrecht (z.B. PolG, SOG, PAG)
  - allgemeines Landesrecht (z.B. LVwVG, VwZVG)
- **Formelle Rechtmäßigkeit**
  - Zuständigkeit
  - Verfahren
  - Form
- **Materielle Rechtmäßigkeit**
  - Vollstreckungsvoraussetzungen
  - ordnungsgemäßes Vollstreckungsverfahren
  - keine Vollstreckungshindernisse
  - Rechtsfolge: i.d.R. Ermessen

I. Ermächtigungsgrundlage für den Verwaltungszwang

Abgesehen von **Spezialregelungen** (z.B. §§ 34 ff. AsylG, §§ 58 ff. AufenthG für die Abschiebung eines Ausländers) richtet sich die Verwaltungsvollstreckung nach dem allgemeinen Verwaltungsvollstreckungsrecht des Bundes bzw. des Landes.

1. Vollstreckung durch eine Bundesbehörde

204 Wird die Vollstreckung von einer **Bundesbehörde** durchgeführt (z.B. durch die Bundespolizei), gilt das **VwVG des Bundes** (Sartorius 112), ergänzt durch das Gesetz über den unmittelbaren Zwang (UZwG, Sartorius 115). Für Soldaten der Bundeswehr sowie zivile Wachpersonen, die mit militärischen Wachaufgaben beauftragt sind, gilt das UZwGBw (Sartorius 117). Für Finanzbehörden gelten die Sonderregelungen in §§ 249 ff. AO.

2. Vollstreckung durch Landesbehörden

205 Bei der Vollstreckung durch **Landesbehörden** gilt das jeweilige **Landes-VwVG**, ggf. ergänzt durch Landesgesetze zum unmittelbaren Zwang.

Baden-Württemberg: LVwVG; **Bayern:** BayVwZVG; **Berlin:** § 8 Abs. 1 VwVfG Bln i.V.m. VwVG; **Brandenburg:** VwVGBbg; **Bremen:** BremVwVG; BremGVG; **Hamburg:** HmbVwVG; **Hessen:** HessVwVG; **Mecklenburg-Vorpommern:** §§ 110, 111 VwVfG M-V; **Niedersachsen:** NVwVG; **Nordrhein-Westfalen:** VwVG NRW; **Rheinland-Pfalz:** LVwVG; **Saarland:** SVwVG; **Sachsen:** SächsVwVG; **Sachsen-Anhalt:** VwVG LSA; **Schleswig-Holstein:** §§ 228 ff. LVwG; **Thüringen:** ThürVwZVG.

206 Für die Vollstreckung durch die Polizei- und Ordnungsbehörden enthalten die **Polizeigesetze** bzw. das allgemeine Ordnungsrecht zum Teil eigenständige vollstreckungsrechtliche Regelungen, die in ihrem Anwendungsbereich dem allgemeinen Landes-VwVG vorgehen.

Baden-Württemberg: §§ 49 ff. PolG BW; **Bayern:** Art. 53 ff. BayPAG; **Brandenburg:** §§ 53 ff. Bbg PolG; **Bremen:** §§ 40 ff. Brem PolG; **Hamburg:** §§ 17 ff. Hmb SOG; **Hessen:** §§ 47 ff. HSOG; **Mecklenburg-Vorpommern:** §§ 79 ff. SOG M-V; **Niedersachsen:** §§ 64 ff. Nds SOG; **Nordrhein-Westfalen:** §§ 50 ff. PolG NRW; **Rheinland-Pfalz:** §§ 57 ff. POG RP; **Saarland:** §§ 44 ff. SPolG; **Sachsen:** §§ 30 ff. SächsPolG; **Sachsen-Anhalt:** §§ 53 ff. SOG LSA; **Thüringen:** §§ 51 ff. Thür PAG.

Beispiele: In Brandenburg und NRW gilt für die Vollstreckung durch die Polizei das PolG, für die Vollstreckung durch allgemeine Verwaltungsbehörden das LVwVG (in Bayern und Thüringen entsprechend für das Verhältnis PAG – VwZVG). In den übrigen Ländern gilt für die Vollstreckung zur Gefahrenabwehr das PolG, SOG etc., das allerdings teilweise nur den unmittelbaren Zwang besonders regelt und im Übrigen auf das jeweilige LVwVG verweist (z.B. § 49 Abs. 1 PolG BW, § 40 Abs. 1 BremPolG, § 57 Abs. 1 POG RP, § 30 Abs. 1 SächsPolG). In anderen Ländern enthält das LVwVG nur einige wenige Spezialregelungen und verweist im Übrigen auf das Polizeirecht (z.B. § 70 Abs. 1 NVwVG, § 71 Abs. 1 VwVG LSA).

207 *Da die Regelungen im Bund und in den Ländern in den Grundzügen sowie in vielen Einzelfragen übereinstimmen, werden im Folgenden die **allgemeinen vollstreckungsrechtlichen Grundlagen** nach dem VwVG des Bundes dargestellt. Soweit erforderlich, wird auf etwaige Abweichungen in den Ländern hingewiesen. Die landesrechtlichen Vorschriften werden zusätzlich in einer Normenleiste dargestellt. Soweit nicht anders angegeben sind die Vorschriften des jeweiligen LVwVG bzw. VwZVG zitiert.*

BW	Bay	Bln	Bbg	Brem	Hmb	Hess	M-V	Nds	NRW	RP	Saar	Sachs	LSA	SH	Thür

II. Formelle Rechtmäßigkeit des Verwaltungszwangs

1. Zuständigkeit

Zuständig für Maßnahmen des Verwaltungszwangs ist die **Vollzugsbehörde** (§ 7 Abs. 1 VwVG). Das ist die Behörde, die den zu vollstreckenden VA erlassen hat. 208

7 I	30 I 1	8 I 3 VwVfG	26 I	12 I	4 S. 1	68 I	82 SOG	64 III SOG	56 I	4 II	14 I	4 I	71 II	231 LVwG	43 I

Verfügt die zuständige Behörde nicht über ausreichende Sach- und Personalmittel für den Verwaltungszwang, kann sie die **Vollzugshilfe** anderer Behörden in Anspruch nehmen. Vollzugshilfe (auch Vollstreckungshilfe genannt) ist ein **Unterfall der Amtshilfe** (§§ 4 ff. VwVfG), die zumeist spezialgesetzlich geregelt ist (vgl. z.B. §§ 9 ff. BPolG). 209

60 V PolG	50 PAG	52 ASOG	50 PolG	37 PolG	5 VwVG	44 HSOG	82a SOG	51 SOG	47 PolG	96 POG	41 PolG	61 PolG	50 SOG	168 II LVwG	48 PAG

Vollzugshilfe ist das Ersuchen einer Behörde an eine andere Behörde, bestimmte Maßnahmen zwangsweise durchzusetzen. Häufigster Fall ist die Anwendung von unmittelbarem Zwang durch Polizeivollzugsbeamte.

Beispiel: Durchsetzung eines behördlichen Hausverbots unter Einschaltung der Vollzugspolizei.

Abgesehen vom Fall der Vollzugshilfe ist grds. die Behörde für den Verwaltungszwang zuständig, die den VA erlassen hat **(Identität von Vollzugs- und Erlassbehörde)**. 210

Beispiel: Für die Durchsetzung des aus einem Halteverbotsschild resultierenden Wegfahrgebots ist grds. die Straßenverkehrsbehörde als Erlassbehörde zuständig und nicht die Polizei. Die Polizei kann danach im Rahmen des Abschleppens als Ersatzvornahme nicht die verkehrsrechtliche Regelung, sondern nur ein eigenes (fiktives) Wegfahrgebot durchsetzen.[261] Nach der Gegenansicht lässt sich bei funktionaler Betrachtungsweise die in dem Verkehrszeichen enthaltene Regelung der Vollzugspolizei zurechnen (arg. e §§ 36, 44 Abs. 2 StVO), was über die fehlende Identität hinweg helfe.[262]

2. Verfahren und Form

a) Handelt es sich bei der Vollstreckungsmaßnahme um einen **Verwaltungsakt** (also insbes. bei der Androhung und der Festsetzung),[263] so sind grds. die Verfahrensvorschriften des VwVfG zu beachten. Von der nach § 28 Abs. 1 VwVfG grds. erforderlichen **Anhörung** kann aber nach § 28 Abs. 2 Nr. 5 VwVfG abgesehen werden. 211

b) Formvorschriften bestehen insbes. bei der Androhung, die grds. schriftlich zu erfolgen hat (§ 13 Abs. 1 VwVG). 212

Sonstige Anforderungen werden üblicherweise im Zusammenhang mit der jeweiligen Vollstreckungsmaßnahme im Rahmen der materiellen Rechtmäßigkeit (ordnungsgemäßes Vollstreckungsverfahren) angesprochen. Bei der Androhung werden die Voraussetzungen des § 13 VwVG teilweise allerdings bereits im Rahmen der formellen Rechtmäßigkeit erörtert.[264]

261 VGH Mannheim VBl BW 2004, 213; HessVGH NVwZ-RR 1999, 23; Becker JA 2000, 677, 680; Koehl SVR 2014, 98, 98.

262 OVG Greifswald LKV 2006, 225, 227.

263 Vgl. unten Rn. 265 und Rn. 273.

264 Vgl. z.B. Pieroth/Schlink/Kniesel, POR, § 24 Rn. 23 ff. und unten Rn. 326.

III. Materielle Rechtmäßigkeit des Verwaltungszwangs

213 Damit eine Vollstreckungsmaßnahme materiell rechtmäßig ist,

- müssen die **Vollstreckungsvoraussetzungen** vorliegen,
- das **Vollstreckungsverfahren** muss ordnungsgemäß durchgeführt werden und
- es dürfen **keine Vollstreckungshindernisse** bestehen.

Aufbauschema: Materielle Rechtmäßigkeit des Verwaltungszwangs

- **Vollstreckungsvoraussetzungen**
  - gestrecktes Verfahren (§ 6 Abs. 1 VwVG)
  - Sofortvollzug (§ 6 Abs. 2 VwVG)
- **Ordnungsgemäßes Vollstreckungsverfahren**
  - richtiges Zwangsmittel (§§ 9 ff. VwVG)
  - Androhung (§ 13 VwVG)
  - ggf. Festsetzung (§ 14 VwVG)
  - ordnungsgemäße Anwendung (§ 15 VwVG), insb. Verhältnismäßigkeit
- **Keine Vollstreckungshindernisse**
  - rechtliche Unmöglichkeit (z.B. entgegenstehende Rechte Dritter)
  - nachträgliche materielle Einwendungen

1. Vollstreckungsvoraussetzungen

214 Die Vollstreckungsvoraussetzungen sind unterschiedlich, je nachdem, ob ein sog. gestrecktes (mehraktiges) Verfahren (§ 6 Abs. 1 VwVG) oder ein Sofortvollzug (§ 6 Abs. 2 VwVG) vorliegt.

a) Gestrecktes Verfahren gemäß § 6 Abs. 1 VwVG

215 Von einem gestreckten Verfahren spricht man, wenn Verwaltungszwang auf der Grundlage eines VA in einem **mehraktigen Verfahren** (insbesondere aufgrund einer Androhung) angewendet wird.

Vollstreckungsvoraussetzungen im gestreckten Verfahren

- **GrundVA**
  - auf Handlung, Duldung oder Unterlassung
  - nicht auf Geldleistung (sog. Leistungsbescheid)
- **Vollstreckbarkeit**
  - VA unanfechtbar
  - Rechtsmittel haben keine aufschiebende Wirkung
- **Rechtmäßigkeit des GrundVA irrelevant**

- **Vollstreckungsvoraussetzung** im gestreckten Verfahren ist das Vorliegen eines **Grund-VA**, der auf die Vornahme einer Handlung, auf Duldung oder auf Unterlassung gerichtet ist (§ 6 Abs. 1 VwVG), sog. HDU-Verfügung. 216

Beispiele: Beseitigungs-/Abrissverfügung im Baurecht, Schließungsanordnung im Gewerberecht (z.B. nach § 15 Abs. 2 GewO), Gebots- und Verbotszeichen i.S.d. § 41 Abs. 1 StVO als Allgemeinverfügungen (§ 35 S. 2 Fall 3 VwVfG), Duldung des Betretens eines Grundstücks (z.B. nach § 17 Abs. 2 HandwO), nicht dagegen Leistungsbescheide auf Geld, deren Vollstreckung (Beitreibung) sich nach §§ 1 ff. VwVG bzw. entsprechendem Landesrecht richtet (s.o. Rn. 201).

18	29 I	6 I	27 I 1	11 I 1	11 I	68 I	79 I SOG	64 I SOG	55 I	61 I	13 I 1	19 I	53 I SOG	228 I LVwG	43, 44

- Damit der GrundVA zwangsweise durchgesetzt werden darf, muss er **vollstreckbar** sein. Vollstreckbar ist der GrundVA, wenn er unanfechtbar ist oder Rechtsmittel keine aufschiebende Wirkung entfalten (§ 6 Abs. 1 VwVG). 217

2	19 I	6 I	3	11 I 2	3 III	2, 69	80 I SOG	64 I SOG	55 I	2	18 I	2	53 I SOG	229 I LVwG	19

  - **Unanfechtbar** ist der VA nach Ablauf der Widerspruchs- oder Klagefrist (§§ 70, 74 VwGO) oder mit Rechtskraft der letztinstanzlichen gerichtlichen Entscheidung.
  - Rechtsmittel haben **keine aufschiebende Wirkung** in den Fällen des § 80 Abs. 2 VwGO, also z.B. bei unaufschiebbaren Anordnungen von Polizeivollzugsbeamten (Nr. 2), in anderen gesetzlich geregelten Fällen (Nr. 3) oder bei behördlicher Anordnung der sofortigen Vollziehung (Nr. 4).

  In diesen Fällen kann die Behörde den VA daher schon vor Bestandskraft vollstrecken. Allerdings kann die Behörde (§ 80 Abs. 4 VwGO) oder das Verwaltungsgericht (§ 80 Abs. 5 VwGO) die Vollziehung aussetzen. Ist dies geschehen, muss die Vollstreckung eingestellt werden.[265] Dies gilt solange, bis die aufschiebende Wirkung nach § 80 b VwGO endet.

- Abweichungen gelten für die **Androhung**, die nach § 13 Abs. 2 VwVG mit dem GrundVA verbunden werden darf. Nach § 13 Abs. 2 S. 2 VwVG „soll" die Androhung mit dem GrundVA verbunden werden, wenn die sofortige Vollziehung angeordnet ist oder Rechtsmittel keine aufschiebende Wirkung haben. Daraus folgt, dass die Androhung auch in den übrigen Fällen nach § 13 Abs. 2 S. 1 VwVG mit dem GrundVA verbunden werden „kann".[266] Mit anderen Worten: Wird die Androhung mit dem GrundVA verbunden, muss der GrundVA bei Erlass der Androhung **noch nicht vollstreckbar** sein.[267] Die Vollstreckbarkeit muss aber zumindest in dem Zeitpunkt vorliegen, für den die Vollstreckung angedroht wird. Ist dies nicht der Fall, so wird die Androhung rechtswidrig.[268] 218

---

265 Horn Jura 2004, 447, 449; Bausch NVwZ 2006, 158, 159.

266 Engelhardt/App/Schlatmann VwVG § 13 Rn. 2 u. 10; Sadler VwVG § 13 Rn. 68.

267 OVG Berlin-Brandenburg NVwZ-RR 2010, 748, 749; ThürOVG NVwZ-RR 2001, 507, 511; Engelhardt/App/Schlatmann VwVG § 13 Rn. 2.

268 OVG NRW OVGE 38, 90, 93; OVG Bln-Bbg NVwZ-RR 2010, 748, 749; Horn Jura 2004, 597, 597; ebenso OVG NRW NVwZ-RR 2013, 172, 173 für die Festsetzung; einschränkend BayVGH NVwZ 2002, 608, 609: Die Vollstreckungsvoraussetzungen müssen bereits während der zumutbaren Erfüllungsfrist vorliegen; ebenso Weber DVBl. 2012, 1130, 1131.

Beispiel: Die Baubehörde B gibt dem E auf, ein baurechtswidrig errichtetes Gebäude zu beseitigen und droht die Ersatzvornahme für den Fall an, dass E der Verfügung nicht innerhalb eines Monats nachkommt. Erhebt E innerhalb des Monats Widerspruch bzw. (im Fall des § 68 Abs. 1 S. 2 VwGO) Klage gegen die Beseitigungsverfügung, so haben die Rechtsbehelfe grds. aufschiebende Wirkung (§ 80 Abs. 1 VwGO), es sei denn die Behörde ordnet die sofortige Vollziehung an (§ 80 Abs. 2 S. 1 Nr. 4 VwGO). Geschieht dies nicht, ist die Beseitigungsverfügung nach Ablauf der in der Androhung gesetzten Frist nicht vollziehbar. Die Vollstreckung ist dann rechtswidrig.

219 Nach der Gegenansicht soll es bei der **Androhung** auf die Vollstreckbarkeit des GrundVA generell nicht ankommen, da die Androhung noch nicht Bestandteil der Durchsetzung sei.[269] Dagegen spricht jedoch, dass die Behörde nach Fristablauf berechtigt ist, weitere Vollstreckungsakte (Festsetzung, Anwendung) vorzunehmen, sodass jedenfalls in diesem Zeitpunkt die Vollstreckbarkeit des GrundVA vorliegen muss.

Damit erledigt sich auch die Streitfrage, ob die in der Androhung gesetzte Frist **kürzer als die Rechtsbehelfsfrist** von einem Monat sein darf.[270] Ist der GrundVA bei Fristablauf weder unanfechtbar noch sofort vollziehbar, darf er jedenfalls nicht vollstreckt werden.

220 ■ Fraglich ist, ob die **Grundverfügung rechtmäßig** sein muss, um vollstreckt werden zu dürfen.

- Unstreitig kommt es auf die Rechtmäßigkeit des GrundVA nicht an, wenn dieser **unanfechtbar** ist. Dann interessiert nur seine Wirksamkeit, d.h. der VA darf nicht nichtig i.S.d. § 44 VwVfG sein.[271]

  Beispiel: B ist durch Ordnungsverfügung aufgefordert worden, einen umsturzgefährdeten Baum zu fällen. Nachdem die Ordnungsverfügung bestandskräftig geworden und B der Verfügung gleichwohl nicht nachgekommen ist, lässt die Behörde den Baum beseitigen. Die Rechtmäßigkeit der Vollstreckung hängt hier unstreitig nicht von der Rechtmäßigkeit der Ordnungsverfügung ab. Vgl. auch § 18 Abs. 1 S. 3 VwVG, der ausdrücklich bestimmt, dass die Androhung nach Unanfechtbarkeit des GrundVA nur insoweit angefochten werden kann, als eine Rechtsverletzung durch die Androhung selbst behauptet wird.

221 – Umstritten ist die Frage des sog. **Rechtswidrigkeitszusammenhangs** in den Fällen, in denen ein **noch anfechtbarer VA** von der Behörde vollstreckt wird.

  Beispiel: Die Behörde hat die Ordnungsverfügung wegen akuter Gefährdung für sofort vollziehbar erklärt (§ 80 Abs. 2 S. 1 Nr. 4 VwGO). Deshalb wird der Baum nach erfolgloser Androhung schon vor Ablauf der Widerspruchs- bzw. Klagefrist (§§ 70, 74 VwGO) auf Veranlassung der Behörde beseitigt.

222 Teilweise wird darauf verwiesen, dass die Behörde in diesem Fall den GrundVA auf **eigenes Risiko** durchsetze. Ein rechtswidriger, noch anfechtbarer VA könne nicht rechtmäßigerweise vollzogen werden. Der Regelung des § 18 Abs. 1 S. 3 VwVG, der bei Unanfechtbarkeit des GrundVA nur Einwendungen gegen die Androhung zulässt, sei im Umkehrschluss zu entnehmen, dass die Anfechtung von Vollstreckungsakten vor **Bestandskraft** des zu vollstreckenden VA offenbar auch auf dessen Rechtswidrigkeit gestützt werden könne.[272]

---

269 Dünchheim Jura 2004, 202, 205 FN 28; in einem Spezialfall auch VGH Mannheim VBlBW 2003, 476 (zur Abschiebungsandrohung nach § 50 AuslG, jetzt § 59 AufenthG).

270 Dazu OVG NRW OVGE 38, 90, 93; Horn Jura 2004, 597, 598; vgl. ausdrücklich § 63 Abs. 1 S. 3 VwVG NRW: „Ist der Verwaltungsakt nicht bestandskräftig und nicht sofort vollziehbar, darf die Frist … die Rechtsbehelfsfrist nicht unterschreiten."

271 Vgl. z.B. OVG Lüneburg, Beschl. v. 02.02.2015 – 4 LA 245/13, RÜ 2015, 457, 459; BayVGH, Beschl. v. 21.08.2017 – 1 ZB 17.926; VGH Mannheim NVwZ-RR 2016, 557, 558; Stuttmann NJW 2003, 1432, 1433; Waldhoff JuS 2015, 862, 862 f.; Voßkuhle/Wischmeyer JuS 2016, 698, 700.

272 Vgl. Schoch, BesVerwR, 2. Kap. Rn. 391; Würtenberger in Achterberg/Püttner, BesVerwR II, § 21 Rn. 328.

Nach der Gegenansicht ist die Rechtmäßigkeit des GrundVA für die Rechtmäßigkeit der nachfolgenden Vollstreckungsakte dagegen **stets irrelevant**, auch wenn der GrundVA noch anfechtbar ist. Einwände gegen den VA berührten nicht das Vollstreckungsverfahren, sondern müssen gegen den VA selbst geltend gemacht werden. Tragender Grundsatz des Verwaltungsvollstreckungsrechts sei **nur die Wirksamkeit und nicht die Rechtsmäßigkeit** vorausgegangener VAe.[273] **223**

Für die strikte Trennung zwischen GrundVA und den nachfolgenden Vollstreckungsakten spricht dessen **Tatbestandswirkung**. Solange der VA nicht nichtig oder aufgehoben worden ist, ist er wirksam (§ 43 Abs. 2 u. Abs. 3 VwVfG) und muss von dem Adressaten befolgt werden. Da sich die Frage der Rechtmäßigkeit erst im Nachhinein verbindlich feststellen lässt, könnten VAe nicht durchgesetzt werden, sobald der Betroffene deren Rechtswidrigkeit geltend macht. Dem Bürger bleibt lediglich die Möglichkeit, die Rechtswidrigkeit des GrundVA eigenständig geltend zu machen (z.B. im Rahmen der Anfechtungsklage gegen den GrundVA oder im Eilverfahren nach § 80 Abs. 5 VwGO). **224**

Folge: *Einwände, die die Rechtmäßigkeit der Grundverfügung betreffen, sind daher für die Rechtmäßigkeit der Vollstreckung im gestreckten Verfahren stets irrelevant. Der Vollstreckungsschuldner kann lediglich Einwände gegen die Vollstreckungsmaßnahme als solche geltend machen (z.B. deren Unverhältnismäßigkeit).*

b) Sofortvollzug gemäß § 6 Abs. 2 VwVG

Nach § 6 Abs. 2 VwVG kann Verwaltungszwang **ohne vorausgehenden Verwaltungsakt** angewendet werden, wenn der sofortige Vollzug zur Verhinderung einer rechtswidrigen Tat, die einen Straf- oder Bußgeldtatbestand verwirklicht, oder zur Abwendung einer drohenden Gefahr notwendig ist und die Behörde hierbei innerhalb ihrer gesetzlichen Befugnisse handelt (sog. Sofortvollzug) **225**

–	–	6 II	27 I 2	11 II	–	72 II	81 I SOG	64 II SOG	55 II	61 II	18 II	–	53 II SOG	230 I LVwG	54

In **Baden-Württemberg, Bayern**, **Hamburg** und **Sachsen** ist der Sofortvollzug im Vollstreckungsrecht nicht normiert (anders in Bayern im Polizeirecht Art. 53 Abs. 2 BayPAG). Hier finden sich nur Regelungen zum sog. **vereinfachten Verfahren**, bei dem unter Beibehaltung der Notwendigkeit eines GrundVA vor allem auf die Androhung des Zwangsmittels verzichtet wird (vgl. § 21 LVwVG BW, Art. 35 BayVwZVG, § 27 HmbVwVG, § 21 SächsVwVG).

Im **Polizeirecht** gibt es in einigen Ländern außerdem die sog. **unmittelbare Ausführung** (vgl. auch § 19 BPolG). **226**

8 PolG	9 PAG	15 ASOG	–	–	7 SOG	8 SOG	70a SOG	–	–	6 POG	–	6 PolG	9 SOG	–	9 PAG

273 BVerfG NVwZ 1999, 290, 292; BVerwG, Urt. v. 25.09.2008 – BVerwG 7 C 5.09, RÜ 2009, 47, 48; BayVGH, Beschl. v. 29.08.2017 – 12 C 17.1544; OVG Lüneburg NVwZ-RR 2015, 445, OVG Saarlouis NVwZ-RR 2014, 630; Kopp/Schenke VwGO § 167 Rn. 19a; Labrenz NVwZ 2010, 22, 23; Muckel JA 2012, 272, 277; Voßkuhle/Wischmeyer JuS 2016, 698, 700.

227 **Unmittelbare Ausführung** erfasst die Fälle, in denen die Polizei eine Maßnahme selbst oder durch einen Beauftragten ausführt, weil der Zweck der Maßnahme durch Inanspruchnahme des Pflichtigen nicht oder nicht rechtzeitig erreicht werden kann. Der Unterschied zum Verwaltungszwang besteht nach h.M. darin, dass bei der unmittelbaren Ausführung ein entgegenstehender Wille des Pflichtigen **nicht gebeugt** wird, weil der Adressat noch gar nicht in die Pflicht genommen wurde.[274] Bei der unmittelbaren Ausführung ergeht daher **kein vorheriger GrundVA**. Deshalb handelt es sich bei der unmittelbaren Ausführung auch nicht um eine Vollstreckungsmaßnahme, sondern um eine **Gefahrenabwehrmaßnahme**.

Die Abgrenzung der unmittelbaren Ausführung vom Sofortvollzug ist im Einzelnen umstritten. Eine Streitentscheidung ist in der Klausur regelmäßig nicht erforderlich, da beide Rechtsinstitute im Kern die gleichen Voraussetzungen haben. In den Ländern, in denen beide Institute geregelt sind (Bayern im PAG, Berlin, Hessen, M-V, LSA, Rheinland-Pfalz und Thüringen) hat die unmittelbare Ausführung im Polizeirecht Vorrang. Der Sofortvollzug ist hier nur einschlägig, wenn eine unmittelbare Ausführung nicht möglich ist.[275] In Baden-Württemberg, Hamburg und Sachsen ist nur die unmittelbare Ausführung normiert, in Brandenburg, Bremen, Niedersachsen, NRW, im Saarland und in Schleswig-Holstein nur der Sofortvollzug. In diesen Ländern findet die jeweilige Sofortmaßnahme daher in beiden Fallgestaltungen Anwendung.

228 ■ Der Sofortvollzug setzt das Vorliegen einer **drohenden** (= gegenwärtigen) **Gefahr** voraus, also einer solchen, die sich bereits verwirklicht hat oder bei der mit dem Schadenseintritt unmittelbar, d.h. sofort bzw. in allernächster Zukunft **mit an Sicherheit grenzender Wahrscheinlichkeit** zu rechnen ist.[276]

229 ■ Weitere Voraussetzung ist, dass die Behörde **innerhalb ihrer gesetzlichen Befugnisse** handelt. Dass ist der Fall, wenn die Behörde berechtigt gewesen wäre, einen GrundVA zu erlassen, mit dem der Betroffene zu der Handlung, Duldung oder Unterlassung hätte verpflichtet werden können, den durch den Sofortvollzug erstrebten Erfolg herbeizuführen **(Rechtmäßigkeit einer hypothetischen Grundverfügung)**.[277]

*Anders als im Rahmen des gestreckten Verfahrens ist der Sofortvollzug daher nur rechtmäßig, wenn ein **(hypothetischer) GrundVA rechtmäßig** gewesen wäre. Dies bestätigt im Übrigen die Richtigkeit der h.M. zum gestreckten Verfahren (s.o. Rn. 221 ff.): Wäre bei Vollstreckungsakten generell (auch im gestreckten Verfahren) die Rechtmäßigkeit des GrundVA erforderlich, hätte es der Klarstellung beim Sofortvollzug in § 6 Abs. 2 VwVG („innerhalb ihrer gesetzlichen Befugnisse") nicht bedurft.*

230 ■ Schließlich muss der Sofortvollzug **„notwendig"** sein, d.h. der Sofortvollzug ist nur rechtmäßig, wenn die Gefahr nicht auch durch andere, schonendere Maßnahmen beseitigt werden kann. Insbesondere muss aufgrund der Eilbedürftigkeit **gerade die Durchsetzung im Wege des Sofortvollzuges** erforderlich sein. Das ist zu verneinen, wenn der Erfolg ebenso gut durch ein gestrecktes Verfahren hätte erreicht werden können.[278]

---

274 Zu den unterschiedlichen Auffassungen zur Abgrenzung des Sofortvollzugs von der unmittelbaren Ausführung vgl. Ruffert in: Ehlers/Pünder § 27 Rn. 18; Schoch, BesVerwR, 2. Kap. Rn. 393 ff.; Horn Jura 2004, 597, 599; Sadler, Die Polizei, 2009, 125, 127; Meister JA 2011, 359, 362.

275 HessVGH NVwZ-RR 199, 23, 25; Schoch BesVerwR, 2. Kap. Rn. 394; Lisken/Denniger, Hdb. Polizeirecht E Rn. 818 ff.

276 OVG NRW NWVBl. 2008, 416, 417; Durner JA 2009, 476, 477.

277 Vgl. OVG NRW NWVBl. 2008, 398; OVG Lüneburg, Beschl. v. 08.06.2012 – 13 LB 20/12; Horn Jura 2004, 597, 599; Durner JA 2009, 476, 477; Muckel/Ogorek JuS 2010, 57, 61.

278 OVG NRW NWVBl. 2008, 416, 417; VG Düsseldorf SVR 2017, 236, 238; Sadler VwVG § 6 Rn. 324; Puttler JA 2001, 669, 675.

Fall 6: Friedenscamp

Seit einigen Monaten campieren sog. Friedensaktivisten auf einem Grundstück, das im Eigentum der Bundesrepublik Deutschland steht, um bei passender Gelegenheit gegen Transporte von Kernbrennelementen (sog. Castor-Transporte) zu demonstrieren. Auf dem Grundstück wird von der Bahn AG ein Bahnhof betrieben. Das „Friedenscamp" befindet sich im Eingangsbereich der Bahnhofshalle und behindert durch Schlaf- und Kochstellen den Zugang zu verschiedenen Versorgungseinrichtungen der Bahn. Die zuständige Bundespolizeibehörde verfügte am 09.09., dass das „Friedenscamp" von den dort befindlichen Personen zu räumen sei, und drohte die Räumung im Wege des unmittelbaren Zwangs an, wenn das Grundstück nicht bis zum 15.09. freiwillig geräumt werde. Nachdem diese Frist fruchtlos verstrichen war, wurden die im Bahnhof verbliebenen Personen, darunter K, von Beamten der Bundespolizei weggetragen. K hält die Maßnahme für unverhältnismäßig und bittet um gutachtliche Prüfung.

Rechtmäßigkeit der polizeilichen Maßnahme

I. Die **Rechtsgrundlage** für das Wegtragen hängt von der Rechtsnatur der Maßnahme ab. Die Aufforderung, das Bahngrundstück zu verlassen, stellt einen **Platzverweis** als Standardmaßnahme gemäß § 38 BPolG dar. Bei Standardmaßnahmen ist zu differenzieren:

1. Einerseits gibt es Standardmaßnahmen, die neben einer **Anordnungsbefugnis** auch eine **Handlungsbefugnis** mitumfassen, d.h. neben einem Verbot oder Gebot eine gewisse **Zwangshandlung** der Behörde (z.B. bei einer Ingewahrsamnahme der unmittelbare Zwang in Form der damit zwangsläufig verbundenen Freiheitsentziehung). In diesen Fällen beruht der reale Teil (die zwangsweise Durchsetzung) allein auf der **Standardmaßnahme**, die diese Zwangsanwendung begriffsnotwendig enthält. Ein Rückgriff auf das Vollstreckungsrecht scheidet in diesen Fällen grds. aus.[279] 231

   Als **Standardmaßnahmen mit derartigen Vollzugselementen** sind z.B. anerkannt das Festhalten zwecks Identitätsfeststellung, die Ingewahrsamnahme sowie die Durchsuchung von Personen, Sachen und Wohnungen.

   Etwas anderes gilt hier nur dann, wenn ein über die Standardmaßnahme **hinausgehender Zwang** ausgeübt wird.

   Beispiel: Bei der Durchsuchung einer Wohnung ist das gewaltsame Öffnen der Tür nicht mehr von der Standardmaßnahme gedeckt, sondern als eigenständige Zwangsmaßnahme nach dem Verwaltungsvollstreckungsrecht zu werten.[280]

2. Andererseits gibt es Standardmaßnahmen, z.B. die Vorladung und den Platzverweis, die nur ein Gebot, aber **keinerlei Vollzugselemente** aufweisen. Wird im Zusammenhang mit diesen Standardmaßnahmen der entgegenstehende Wille des Betroffenen überwunden, so ist die Zulässigkeit des Zwangseinsatzes stets anhand des Verwaltungsvollstreckungsrechts zu untersuchen.[281] 232

279 Pieroth/Schlink/Kniesel POR § 12 Rn. 10 ff.; Drüen/Krumm NWVBl. 2004, 359, 362 u. 365; Muckel JA 2012, 272, 274.

280 Vgl. Drüen/Krumm NWVBl. 2004, 359, 362; Muckel/Ogorek JuS 2010, 57, 60; Seidl/Bartsch Jura 2011, 297, 300.

281 Puttler JA 2001, 669, 672; Seidl/Bartsch Jura 2011, 297, 300; Muckel JA 2012, 272, 274.

Das Wegtragen der sog. Friedensaktivisten ist daher nicht nur unselbstständiger Teil des Platzverweises, sondern als selbstständige Maßnahme des Verwaltungszwangs anzusehen. **Rechtsgrundlage** ist damit die Vorschrift über die **Anwendung unmittelbaren Zwangs**. Hier erfolgte die Vollstreckung durch die Bundespolizei als Bundesbehörde (§ 1 BPolG), sodass auf § 12 VwVG i.V.m. den Vorschriften des UZwG abzustellen ist.

233 II. **Formelle Rechtmäßigkeit**

1. **Zuständig** als **Vollzugsbehörde** ist gemäß § 7 Abs. 1 VwVG die Behörde, die den zu vollstreckenden VA erlassen hat. Dies ist hier die handelnde Bundespolizeibehörde (§ 57 BPolG). Die spezielle Zuständigkeit für die Anwendung unmittelbaren Zwangs ergibt sich aus § 6 Nr. 1 UZwG i.V.m. § 1 BPolBG (Sartorius 200).

2. Von der **Anhörung** kann bei Vollstreckungsmaßnahmen nach § 28 Abs. 2 Nr. 5 VwVfG abgesehen werden.

III. **Materielle Rechtmäßigkeit**

234 1. Im **gestreckten Verfahren** nach § 6 Abs. 1 VwVG ist der Verwaltungszwang nur rechtmäßig zur Durchsetzung eines vollstreckbaren GrundVA.

a) Ein **GrundVA** liegt in Form des Platzverweises nach § 38 BPolG vor. Dieser enthält das Gebot, sich zu entfernen, ist also ein VA auf Vornahme einer Handlung.

235 b) Der GrundVA darf nur dann zwangsweise durchgesetzt werden, wenn er **vollstreckbar** ist. Vollstreckbar ist der Platzverweis nach § 6 Abs. 1 VwVG nur, wenn er unanfechtbar ist oder Rechtsmittel gemäß § 80 Abs. 2 VwGO keine aufschiebende Wirkung entfalten.

aa) Da hier die Monatsfrist für die Erhebung des Widerspruchs (§ 70 Abs. 1 VwGO) noch nicht abgelaufen war, war der Platzverweis im Zeitpunkt der Vollziehung noch **nicht unanfechtbar**. Die Vollstreckbarkeit könnte sich jedoch daraus ergeben, dass die aufschiebende Wirkung nach § 80 Abs. 2 S. 1 Nr. 2 VwGO ausgeschlossen ist. Zwar handelt es sich bei den Beamten der Bundespolizei um „Polizeivollzugsbeamte". Der Ausschluss der aufschiebenden Wirkung gilt jedoch nur für **unaufschiebbare Maßnahmen**, insbes. für eilbedürftige Gefahrenabwehrmaßnahmen.[282] Das sofortige Einschreiten muss in jedem Fall erforderlich sein. Davon kann angesichts der zuvor verstrichenen Zeitdauer von mehreren Monaten seit der „Besetzung" nicht ausgegangen werden. Auch eine Anordnung der sofortigen Vollziehung (§ 80 Abs. 2 S. 1 Nr. 4 VwGO) ist nicht erfolgt.

236 bb) Allerdings hatte K im Zeitpunkt der Räumung noch gar **keinen Rechtsbehelf** erhoben, der aufschiebende Wirkung entfalten konnte. Deshalb wird zum Teil angenommen, dass es in diesen Fällen für die Vollstreckbarkeit ausreicht, wenn ein **wirksamer GrundVA** vorliegt.[283] Begründet wird dies mit Hilfe eines Umkehrschlusses aus § 80 Abs. 1 VwGO: Wenn erst die Ein-

282 VG Frankfurt NVwZ 1990, 1100, 1101; Schoch in: Schoch/Schneider/Bier VwGO § 80 Rn. 148; Finkelnburg/Dombert/Külpmann Rn. 700; Pietzner/Ronellenfitsch Rn. 1462.

283 OVG NRW VerwRspr 25, 277, 279 f.; Schoch in: Schoch/Schneider/Bier VwGO § 80 Rn. 118; Kopp/Schenke VwGO § 80 Rn. 53.

legung eines Rechtsbehelfs die aufschiebende Wirkung herbeiführt und Vollstreckungsmaßnahmen ausschließt, so müssten vor Einlegung des Rechtsbehelfs Vollstreckungsmaßnahmen zulässig sein. Der VA werde mit seinem Erlass wirksam (§ 43 Abs. 1 VwVfG), müsse vom Adressaten beachtet werden und dürfe deshalb von der Behörde auch zwangsweise durchgesetzt werden.

Die Behörde vollstrecke in diesen Fällen auf **eigenes Risiko**. Wird innerhalb der Rechtsbehelfsfrist Widerspruch bzw. Klage erhoben, so wirkt die aufschiebende Wirkung zurück und entzieht bereits getroffenen Vollstreckungsmaßnahmen die Grundlage.[284]

Bei einer solchen Betrachtungsweise wird jedoch zu einseitig von den Rechtsbehelfen der VwGO ausgegangen, ohne die vollstreckungsrechtlichen **Spezialregelungen** zu beachten. § 6 Abs. 1 VwVG knüpft hinsichtlich der Vollstreckbarkeit ausdrücklich an außerhalb des § 80 VwGO liegende Voraussetzungen an und verlangt für die Vollstreckbarkeit die Unanfechtbarkeit oder die sofortige Vollziehbarkeit. Dies beinhaltet auch keinen Widerspruch zu § 80 Abs. 1 VwGO, der nur regelt, wann nicht vollstreckt werden darf, während § 6 Abs. 1 VwGO positiv regelt, wann vollstreckt werden darf. Solange Rechtsbehelfe mit aufschiebender Wirkung möglich sind, muss mit ihrer Einlegung gerechnet werden. Die Vollstreckung ist dann rechtswidrig, unabhängig davon, ob ein Rechtsbehelf bereits eingelegt worden ist.[285] **237**

Somit bleibt es dabei, dass der Platzverweis mangels Anordnung der sofortigen Vollziehung vor Ablauf der Widerspruchsfrist nicht vollziehbar war. Im gestreckten Verfahren nach § 6 Abs. 1 VwVG ist die Vollstreckungsmaßnahme daher nicht rechtmäßig.

2. Die Maßnahme könnte als **Sofortvollzug** nach § 6 Abs. 2 VwVG zulässig sein.

   a) Die Vorschrift regelt unmittelbar nur den Fall, dass überhaupt **keine Grundverfügung** vorliegt („ohne vorausgehenden Verwaltungsakt"). Die Vorschrift greift jedoch nach herrschendem Verständnis auch ein, wenn ein GrundVA vorhanden ist, das gestreckte Vollstreckungsverfahren aber aus einem anderen Grunde scheitert. Denn wenn die Behörde sogar ohne VA vollstrecken darf, darf sie einen vorhandenen VA erst recht vollstrecken.[286] **238**

   Der Sofort-Vollzug greift daher ein, **239**

   - wenn ein **GrundVA völlig fehlt**,

     Anders in den Ländern, in denen der Sofort-Vollzug (wie in Baden-Württemberg, Hamburg und Sachsen) nicht geregelt ist und im Rahmen der sog. vereinfachten Vollstreckung lediglich auf die Vollziehbarkeit des VA bzw. die Androhung verzichtet wird. Fehlt der GrundVA, kann dann allerdings eine unmittelbare Ausführung vorliegen (vgl. dazu Rn. 225).

---

284 Vgl. Schoch in: Schoch/Schneider/Bier VwGO § 80 Rn. 118; zur Rückwirkung der aufschiebenden Wirkung BVerwG NVwZ 2016, 1333, 1334; Schenk NVwZ 2016, 1600, 1603.

285 Engelhardt/App/Schlatmann VwVG § 6 Rn. 3; Sadler VwVG § 6 Rn. 115; im Ergebnis auch OVG NRW NVwZ-RR 1990, 446.

286 OVG NRW NJW 1982, 2277; Sadler VwVG § 6 Rn. 287 ff.; Maurer/Waldhoff § 20 Rn. 27; Horn Jura 2004, 597, 599; Dietlein/Burgi/Hellermann Rn. 256.

- ein VA zwar vorhanden, aber (noch) **nicht vollstreckbar** ist[287]
- oder wenn im gestreckten Verfahren die erforderliche **Androhung** oder ggf. die **Festsetzung fehlt**.

In den Ländern, in denen der Sofort-Vollzug nicht geregelt ist (s.o.), wird im Rahmen der sog. vereinfachten Vollstreckung auf die Androhung verzichtet. Die Festsetzung ist landesrechtlich zumeist ohnehin nicht erforderlich (s.u. Rn. 271).

240 b) **Voraussetzung** für den Sofort-Vollzug ist nach § 6 Abs. 2 VwVG, dass er zur Abwendung einer **drohenden Gefahr** notwendig ist und die Behörde hierbei **innerhalb ihrer gesetzlichen Befugnisse** handelt.

aa) Eine **drohende** (= gegenwärtige) **Gefahr** ergibt sich aufgrund der Beeinträchtigung der Versorgungseinrichtungen des Bahnverkehrs.

241 bb) **Innerhalb ihrer gesetzlichen Befugnisse** handelt die Behörde, wenn sie berechtigt gewesen wäre, einen GrundVA zu erlassen, mit dem der Betroffene zu der Handlung, Duldung oder Unterlassung hätte verpflichtet werden können, den durch den Sofortvollzug erstrebten Erfolg herbeizuführen.[288] Beim Tatbestandsmerkmal „innerhalb ihrer Befugnisse" ist daher inzident die **Rechtmäßigkeit einer hypothetischen Grundverfügung** zu prüfen (auch fiktiver GrundVA).

Beispiel: Wird ein Fahrzeug ohne Vorliegen eines Verstoßes gegen ein Verkehrszeichen abgeschleppt, handelt die Behörde innerhalb ihrer gesetzlichen Befugnisse, wenn sie ein (fiktives) Wegfahrgebot rechtmäßigerweise hätte erlassen können (z.B. wegen Gefährdung anderer Verkehrsteilnehmer).[289]

242 Soweit der Sofortvollzug wie hier auch bei **Vorliegen eines GrundVA** eingreift, ist umstritten, ob dann auf diesen vorhandenen VA oder auf die gesetzliche Rechtslage abzustellen ist.

243 (1) Teilweise wird die Ansicht vertreten, die Tatbestandswirkung einer **bereits erlassenen Grundverfügung** mache die im Rahmen des Sofortvollzugs notwendige Prüfung, ob die Behörde innerhalb ihrer Befugnisse gehandelt hat, überflüssig.[290] Dies würde bedeuten, dass der Betroffene, solange die Grundverfügung Bestand hat, nicht geltend machen könnte, die Behörde habe nicht im Rahmen ihrer Befugnisse gehandelt. Nach dieser Auffassung ist der Sofortvollzug allein aufgrund des erlassenen, wirksamen Platzverweises rechtmäßig.

244 (2) Die h.M. geht demgegenüber davon aus, dass sich im Falle des **Übergangs vom gestreckten Verfahren zum Sofortvollzug** der Umfang der behördlichen Befugnisse nicht mehr nach dem vorangegangenen GrundVA, sondern **allein nach dem Gesetz** beurteilt.[291] Danach ist inzident zu prüfen, ob die Behörde einen Platzverweis anordnen durfte.

---

287 Vgl. hierzu auch § 72 Abs. 1 Hess VwVG, § 80 Abs. 2 SOG M-V, § 229 Abs. 2 LVwG SH, § 54 ThürVwZVG.

288 Vgl. OVG NRW NWVBl. 2008, 398; Beljin/Micker JuS 2003, 556, 561; Horn Jura 2004, 597, 599; Durner JA 2009, 476, 477.

289 Vgl. VGH Mannheim, Urt. v. 16.12.2009 – 1 S 3263/08, RÜ 2010, 258, 261 f.

290 Dietlein/Burgi/Hellermann § 3 Rn. 256.

291 Pieroth/Schlink/Kniesel POR § 24 Rn. 38: Die ergangene wie die fiktive Grundverfügung müssen rechtmäßig sein.

(a) Nach § 3 Abs. 1 BPolG hat die Bundespolizei die **Aufgabe**, auf dem Gebiet der Bahnanlagen der Eisenbahnen des Bundes Gefahren für die öffentliche Sicherheit oder Ordnung abzuwehren, die den Benutzern, den Anlagen oder dem Betrieb der Bahn drohen oder beim Betrieb der Bahn entstehen oder von den Bahnanlagen ausgehen. Voraussetzung für die **Zuständigkeit der Bundespolizei** ist demnach, dass sich der Einsatzort auf dem Gebiet der Bahnanlagen der Eisenbahnen des Bundes befindet. **245**

Bahnanlagen sind alle Grundstücke, Bauwerke und Einrichtungen der Bahn, die unter Berücksichtigung der örtlichen Verhältnisse zur Abwicklung oder Sicherung des Reise- oder Güterverkehrs auf der Schiene erforderlich sind.

Das „Friedenscamp" befand sich unmittelbar im Eingangsbereich der Bahnhofshalle, die dem Zugang zu den Bahnanlagen dient.[292] Die Bundespolizei war daher nach § 3 Abs. 1 BPolG zuständig.

Gegenbeispiel: Keine Zuständigkeit der Bahnpolizei für Maßnahmen auf dem Bahnhofsvorplatz, der nicht nur dem Bahnverkehr, sondern auch dem Allgemeinverkehr dient.[293]

(b) Nach **§ 38 BPolG** kann die Bundespolizei zur Abwehr einer Gefahr eine Person vorübergehend von einem Ort verweisen (Platzverweis). Nach § 14 Abs. 2 S. 1 BPolG ist Gefahr eine im Einzelfall bestehende Gefahr für die öffentliche Sicherheit oder Ordnung. Hier wurde durch das „Friedenscamp" der Zugang zu verschiedenen Versorgungseinrichtungen behindert, sodass eine **Gefahr für die öffentliche Sicherheit** (Funktionsfähigkeit der Bahnanlagen) vorlag. **246**

(c) Der Rückgriff auf das Polizeirecht könnte allerdings durch das **Versammlungsrecht** gesperrt sein. Soweit das Versammlungsrecht reicht, dürfen Eingriffe nur auf das VersG bzw. LVersG gestützt werden, nicht aber auf das allgemeine Polizei- und Ordnungsrecht (**Polizeifestigkeit** der Versammlung). **247**

Dann müsste es sich bei dem Friedenscamp um eine **Versammlung** i.S.d. Art. 8 Abs. 1 GG, § 1 Abs. 1 VersG handeln. Versammlungen sind Zusammenkünfte mehrerer Personen zwecks gemeinschaftlicher Erörterung und Kundgebung mit dem Ziel der Teilhabe an der öffentlichen Meinungsbildung.[294]

(aa) Das „Friedenscamp" dient der Vorbereitung der Demonstration gegen erwartete Castor-Transporte und betrifft damit die **Teilhabe an der öffentlichen Meinungsbildung**. Das Selbstbestimmungsrecht der Versammlung umfasst dabei grds. auch solche Orte, die – wie ein Bahnhof – dem öffentlichen Verkehr und der allgemeinen Kommunikation zugänglich sind.[295] **248**

---

292 Vgl. OVG Koblenz, Urt. v. 27.03.2014 – 7 A 10993/13.OVG, LKRZ 2014, 363.

293 BVerwG NVwZ 2015, 91, 92 gegen OVG Koblenz, Urt. v. 24.01.2013 – 7 A 10816/12.OVG mit Anm. Waldhoff JuS 2014, 191; vgl. auch VG Koblenz, Urt. v. 23.10.2014 – 1 K 294/14 mit Anm. Wagner DVBl. 2015, 453.

294 Grundlegend BVerfG NJW 2001, 2459, 2460; ebenso BVerfG, Beschl. v. 10.12.2010 – 1 BvR 1402/06, RÜ 2011, 183, 184.

295 Vgl. BVerfG, Urt. v. 22.02.2011 – 1 BvR 699/06, RÜ 2011, 244, 245 f. (Fraport); BVerfG NJW 2014, 2485, 2486 („Bierdosen-Flashmob").

249 (bb) Umstritten ist allerdings, inwieweit das Versammlungsrecht auch die Schaffung von **Infrastruktureinrichtungen** (wie z.B. Schlaf- und Kochgelegenheiten) umfasst. Unproblematisch zu bejahen ist dies, wenn die Einrichtung **notwendiger Bestandteil** der Versammlung ist, also der kollektiven Meinungsäußerung dient (sog. versammlungsimmanente Nutzungen).

Beispiele: Aufstellen eines Rednerpults oder Errichtung von Diskussionszelten.

Bloße **Begleiterscheinungen**, wie Versorgungs- und Übernachtungseinrichtungen, werden dagegen grds. nicht von Art. 8 Abs. 1 GG geschützt. Dienen solche Einrichtungen sowohl kommunikativen als auch nichtkommunikativen Zwecken (sog. gemischte Elemente), kommt es darauf an, ob sie nach ihrem **Gesamtgepräge** als Teil der Versammlung anzusehen sind.[296]

Danach ist das Friedenscamp bei der gebotenen Gesamtbetrachtung **nicht als Versammlung** zu qualifizieren. Die Teilnehmer lagern im Bahnhof ohne Bezug auf einen aktuellen Castor-Transport. Ein Bezug auf eine konkrete Meinungskundgabe besteht nicht. Allein der Wunsch, an einer künftigen Versammlung möglichst bequem und lange teilnehmen zu können, ist vom Versammlungsrecht nicht umfasst.[297]

Das Versammlungsrecht stand dem Platzverweis nach § 38 BPolG daher nicht entgegen.

250 (d) Sonstige Bedenken (insbes. Ermessen, Verhältnismäßigkeit) gegen die Rechtmäßigkeit des Platzverweises bestehen nicht, sodass die Polizei auch nach dieser Auffassung **innerhalb ihrer Befugnisse** gehandelt hat. Einer Streitentscheidung bedarf es daher nicht.

Zu unterschiedlichen Ergebnissen kommen die oben genannten Auffassungen nur, wenn der erlassene GrundVA rechtswidrig ist. Während der VA nach der ersten Ansicht (Rn. 243) gleichwohl Grundlage für den Sofortvollzug sein kann, ist der Sofortvollzug nach der Gegenansicht (Rn. 244) rechtswidrig, wenn der Behörde keine gesetzliche Befugnis zusteht. Dafür spricht, dass der Sofortvollzug nur rechtmäßig sein kann, wenn die Behörde innerhalb ihrer „gesetzlichen" Befugnisse handelt. Etwas anderes gilt nur dann, wenn der Grund- VA im Zeitpunkt des Übergangs zum Sofortvollzug bereits unanfechtbar war. Denn dann steht fest, dass sich ein mit der unanfechtbaren Grundverfügung deckungsgleicher Sofortvollzug im Rahmen der behördlichen Befugnisse hält.

251 cc) Schließlich muss der Sofortvollzug **notwendig** sein, d.h. er ist nur rechtmäßig, wenn die Gefahr nicht durch eine andere, weniger belastende Maßnahme hätte beseitigt werden können. An der Notwendigkeit des Sofortvollzugs fehlt es insbes., wenn zur Durchsetzung ein gestrecktes Verfahren ausgereicht hätte.[298]

296 Vgl. OVG NRW, Urt. v. 07.12.2016 – 7 A 1668/16, RÜ 2017, 196, 198: Baurechtliche Beseitigung eines Protestcamps.

297 Vgl. einerseits OVG Hamburg, Beschl. v. 22.06.2017 – 4 Bs 125/17, NVwZ 2017, 1390; VG Aachen, Beschl. v. 25.08.2017 – 6 L 1406/17; andererseits OVG Hamburg, Beschl. v. 05.07.2017 – 4 Bs 148/17; offengelassen von BVerfG NVwZ 2017, 1374, 1375 (G20-Protestcamp).

Die Prüfung der Notwendigkeit des Sofortvollzugs wird im Fallaufbau unterschiedlich gehandhabt. Teils wird sie – wie hier – bereits bei den Voraussetzungen des Sofortvollzugs erörtert, teils erst im Rahmen der Verhältnismäßigkeit der Zwangsanwendung (dazu unten Rn. 274 ff.).

Diese Notwendigkeit ist hier nicht feststellbar. Nachdem die Behörde mehrere Monate abgewartet hatte, bis sie eingeschritten ist, war es nicht erforderlich, den Platzverweis umgehend zu vollstrecken, zumal die Behörde auf eine Anordnung der sofortigen Vollziehung (§ 80 Abs. 2 S. 1 Nr. 4 VwGO) verzichtet hat. Die zwangsweise Durchsetzung des Platzverweises war daher **rechtswidrig**. 252

---

2. Das Vollstreckungsverfahren

Liegen die Vollstreckungsvoraussetzungen vor, ist der Verwaltungszwang nur rechtmäßig, wenn auch das Vollstreckungsverfahren ordnungsgemäß durchgeführt worden ist.

Aufbauschema: Ordnungsgemäßes Vollstreckungsverfahren
■ **richtiges Zwangsmittel** (§§ 9 ff. VwVG)
■ **Androhung** (§ 13 VwVG)
■ ggf. **Festsetzung** (§ 14 VwVG)
■ **ordnungsgemäße Anwendung** (§ 15 VwVG), insb. Verhältnismäßigkeit

a) Richtiges Zwangsmittel

Grundlegende materielle Voraussetzung ist, dass die Behörde das **richtige Zwangsmittel** gewählt hat. Als Zwangsmittel kommen nach § 9 Abs. 1 VwVG in Betracht: 253

- die **Ersatzvornahme**,
- das **Zwangsgeld** und
- (als ultima ratio) der **unmittelbare Zwang**.

Andere Formen der Zwangsausübung sind unzulässig; es gilt der „numerus clausus" der Zwangsmittel.[299] 254

19 I	29 II	9 I	27 II	13 I	11 I	74 ff.	86 I SOG	65 I SOG	57 I	62 I	13 I 2	19 II	54 I SOG	235 I LVwG	44 II

Die landesrechtlichen Regelungen sind weitgehend identisch, führen die **Ersatzzwangshaft** (vgl. § 16 VwVG) jedoch zum Teil als selbstständiges Zwangsmittel auf (z.B. § 19 Abs. 1 Nr. 1 Alt. 2 LVwVG BW, Art. 29 Abs. 2 Nr. 3 BayVwZVG, ebenso die sog. Erzwingungshaft nach § 16 HmbVwVG, § 28 SVwVG).[300]

---

298 OVG NRW, Beschl. v. 09.04.2008 – 11 A 1386/05, RÜ 2008, 660, 661; OVG Lüneburg, Beschl. v. 08.06.2012 – 13 LB 20/12: Sofortvollzug auch möglich, wenn Vorgehen im gestreckten Verfahren aussichtslos gewesen wäre.

299 App JuS 2004, 786, 787; Erichsen/Ruffert § 26 Rn. 9.

300 Zum Unterschied zwischen Ersatzzwangshaft und Erzwingungshaft BayVGH, Beschl. v. 29.08.2017 – 12 C 17.1544.

Für die **Abgabe einer Erklärung** haben einige Länder eine dem § 894 ZPO vergleichbare Regelung getroffen (z.B. § 33 VwVGBbg, § 20 HmbVwVG, § 93 SOG M-V, § 61a VwVG NRW, § 26 SVwVG, § 24a SächsVwVG, § 50a ThürVwZVG). Teilweise sind einzelne Formen des unmittelbaren Zwangs besonders geregelt, z.B. ärztliche Zwangsmaßnahmen (§ 18a HmbSOG), die **Zwangsräumung** (z.B. § 27 LVwG BW, § 35 VwVGBbg, § 18 HmbVwVG, § 71 Abs. 1 NVwVG, § 62a VwVG NRW, § 24 SVwVG, § 53 ThürVwZVG) und die **Wegnahme** einer Sache (z.B. § 28 LVwVG BW, § 36 VwVGBbg, § 17 HmbVwVG, § 71 Abs. 2 NVwVG).

aa) Ersatzvornahme

255 Die **Ersatzvornahme** ist das Zwangsmittel zur Durchsetzung einer **vertretbaren Handlung**. Sie kann durch einen Dritten (sog. Fremdvornahme, § 10 VwVG), nach den meisten Landesgesetzen aber auch durch die Behörde selbst durchgeführt werden (sog. Selbstvornahme). Nach dem Bundesrecht ist die Selbstvornahme dagegen ein Unterfall des unmittelbaren Zwangs (§ 12 VwVG).

Beispiele: Beseitigung eines baurechtswidrigen Gebäudes durch einen Abbruchunternehmer, behördliche Veranlassung einer Notbestattung durch einen Bestattungsunternehmer.[301]

25	32	10	32	15	13	74	89 SOG	66 SOG	59	63	21	24	55 SOG	238 LVwG	50

256 Da die Ersatzvornahme ggf. eine Zwangseinwirkung auf Sachen beinhaltet, kann die **Abgrenzung zum unmittelbaren Zwang** problematisch sein. Nach h.M. liegt eine Ersatzvornahme nur vor, wenn die behördliche Maßnahme mit der Handlung übereinstimmt, die der Pflichtige vorgenommen hätte, d.h. es muss nicht nur der Erfolg, sondern auch die Art und Weise der Zwangsanwendung mit der dem Pflichtigen obliegenden Handlung identisch sein **(Identitätstheorie)**.[302]

Beispiel: Das Aufbrechen einer Tür ist keine Ersatzvornahme, sondern unmittelbarer Zwang, da hierdurch ein Schaden eintritt, der bei der Öffnung durch den Pflichtigen nicht eingetreten wäre.[303] Die Gegenansicht stellt nicht auf die Handlung, sondern den herbeizuführenden Erfolg ab und differenziert danach, ob die Gewaltanwendung den Erfolg unmittelbar herbeiführt (dann Ersatzvornahme) oder ob die Gewaltanwendung nur die Voraussetzung für ein weiteres Handeln schafft, durch das der Zweck erst erreicht wird (dann unmittelbarer Zwang).[304]

bb) Zwangsgeld

257 Durch das **Zwangsgeld** soll psychischer Druck auf den Pflichtigen ausgeübt und dieser zu dem geschuldeten Verhalten veranlasst werden.[305] Es kommt i.d.R. bei **unvertretbaren Handlungen** in Betracht, also solchen, die nur von dem Betroffenen persönlich vorgenommen werden können. Duldungen und Unterlassungen sind stets unvertretbar und können daher nur mittels Zwangsgeld durchgesetzt werden (§ 11 Abs. 2 VwVG).

301 OVG SH, Urt. v. 27.04.2015 – 2 LB 27/14, RÜ 2015, 608, 609; BayVGH NJW 2017, 344, 345; OVG NRW NWVBl. 2010, 186, 187; VG Aachen, Beschl. v. 23.03.2017 – 7 L 372/17; abweichend OVG Lüneburg NordÖR 2012, 146, 147; anders HessVGH LKRZ 2012, 56 (unmittelbare Ausführung); allgemein Stelkens/Seifert DVBl. 2008, 1537 ff.

302 BayVGH, Urt. v. 17.04.2008– 10 B 07.219 mit Anm. Durner JA 2009, 911, 912; Horn Jura 2004, 447, 451; Linke NWVBl. 2007, 451, 453; Ruffert in: Ehlers/Pünder § 27 Rn. 12; Rachor in Lisken/Denninger, Polizeirecht, E Rn. 827.

303 BayVGH, Urt. v. 17.04.2008– 10 B 07.219; Pieroth/Schlink/Kniesel § 24 Rn. 14; Seidl/Bartsch Jura 2011, 297, 299.

304 Würtenberger/Heckmann, Polizeirecht BW, Rn. 781 f.; Ehlers/Fehling/Pünder, Besonderes Verwaltungsrecht 3, Rn. 403; noch anders Muckel JA 2012, 272, 278, der darauf abstellt, ob eine selbstständige Zwangseinwirkung auf den Willen des Betroffenen erfolgt.

305 Vgl. OVG NRW, Beschl. v. 15.08.2013 – 2 A 740/13, NVwZ-RR 2014, 372.

Bei **vertretbaren** Handlungen kann das Zwangsgeld verhängt werden, wenn die Ersatzvornahme untunlich ist (§ 11 Abs. 1 S. 2 VwVG). 258

Dies gilt insbes. dann, wenn der Pflichtige außerstande ist, die Kosten der Ersatzvornahme zu tragen. Das Landesrecht kennt diese Einschränkung zumeist nicht. Hier kann nach Ermessen auch bei vertretbaren Handlungen anstelle der Ersatzvornahme ein Zwangsgeld angedroht werden.[306]

23	31	11	30	14	14	76	88 SOG	67 SOG	60	64	20	22	56 SOG	237 LVwG	48

Einen Sonderfall der unvertretbaren Handlung bildet die **Abgabe einer Erklärung**. Soweit die Länder eine dem § 894 ZPO vergleichbare Regelung getroffen haben, gilt eine vom Pflichtigen abzugebende Erklärung **mit Unanfechtbarkeit der Grundverfügung als abgegeben** (s.o. Rn. 254). Fehlt eine solche Spezialregelung, lässt sich ein VA, der auf Abgabe einer Erklärung gerichtet ist (z.B. Erteilung einer Auskunft), nur durch **Zwangsgeld** durchsetzen.[307] 259

cc) Unmittelbarer Zwang

Unmittelbarer Zwang (§ 12 VwVG) ist die Einwirkung auf Personen oder Sachen durch körperliche Gewalt, Hilfsmittel und durch Waffen (§ 2 Abs. 1 UZwG). 260

26	34	12	34	16	15	77 ff.	90 SOG	69 SOG	62	65	22	25	58 SOG	239 LVwG	51

Beispiele: Wegtragen von Demonstrationsteilnehmern, Eintreten einer Wohnungstür, Einsatz von Wasserwerfern, Fesseln und Waffen (vgl. im Einzelnen § 2 Abs. 2–4 UZwG), ärztliche Zwangsmaßnahmen (besonders geregelt z.B. in § 18 a HmbSOG), Zwangsräumung (besonders geregelt z.B. in § 27 LVwVG BW, § 35 VwVG Bbg, § 18 HmbVwVG, § 78 HessVwVG, § 66 SOG M-V, § 71 Abs. 1 NVwVG, § 62a VwVG NRW, § 24 SVwVG, § 26 SächsVwVG, § 215 LVwG SH, § 53 ThürVwZVG).

Unmittelbarer Zwang darf als **ultima ratio** nur angewendet werden, wenn die anderen Zwangsmittel nicht in Betracht kommen, keinen Erfolg versprechen oder unzweckmäßig sind (§ 12 VwVG). Besondere Voraussetzungen bestehen für die Fesselung von Personen, den Gebrauch von Schusswaffen oder Sprengstoff (§§ 8 ff. UZwG). 261

b) Vollstreckungsakte

Das **gestreckte Vollstreckungsverfahren** (§ 6 Abs. 1 VwVG) gliedert sich grds. in drei Abschnitte: 262

- **Androhung** (§ 13 VwVG),
- **Festsetzung** (§ 14 VwVG) und
- **Anwendung** des Zwangsmittels (§ 15 VwVG).

306 Engelhardt/App/Schlatmann, VwVG § 11 Rn. 11.

307 Engelhardt/App/Schlatmann VwVG Vorb § 6 Rn. 6; Sadler VwVG § 11 Rn. 3; ausführlich Linke NVwZ 2005, 535 ff.

aa) Androhung

Androhung (§ 13 VwVG)
■ grds. **schriftlich** – verbunden mit dem GrundVA (§ 13 Abs. 2 VwVG) oder – als selbstständiger Bescheid ■ **bestimmtes Zwangsmittel** – bei Ersatzvornahme: Kostenvoranschlag, § 13 Abs. 4 VwVG – bei Zwangsgeld: bestimmte Höhe, § 13 Abs. 5 VwVG ■ **angemessene Frist**, § 13 Abs. 1 S. 2 VwVG

263 Nach § 13 Abs. 1 S. 1 VwVG müssen Zwangsmittel **schriftlich** angedroht werden (Ausn. § 13 Abs. 1 UZwG: beim Schusswaffengebrauch genügt als Androhung die Abgabe eines Warnschusses). Die Androhung ist das **Kernstück des Verwaltungszwangs**. Durch sie soll auf den Betroffenen eingewirkt und dessen Widerstand überwunden werden, damit dieser z.B. die gebotene Handlung doch noch selbst vornimmt. **Keine Androhung** ist erforderlich beim **Sofortvollzug** (§ 13 Abs. 1 S. 1 i.V.m. § 6 Abs. 2 VwVG), nach dem Landesrecht zumeist auch dann, wenn die Umstände eine Androhung nicht zulassen.

Im Landesrecht existieren weitgehend identische Vorschriften. In Hamburg ist nach § 8 Abs. 1 HmbVwVG anstelle einer Androhung neben der Fristsetzung der „Hinweis" erforderlich, dass die zulässigen Zwangsmittel angewendet werden können.

20	36	13	28	17	8	69	87 SOG	70 SOG	63	66	19	20	59 SOG	236 LVwG	46

264 Die Androhung muss **gegenüber dem Pflichtigen** ergehen.

Beispiel: Gegenüber E ist eine bauordnungsrechtliche Beseitigungsverfügung mit Zwangsgeldandrohung erlassen worden. Nach dem Tod des E will die Behörde das Zwangsgeld gegen den Erben B festsetzen. – Zwar geht die Verpflichtung aus dem GrundVA auf den Rechtsnachfolger über.[308] Dies gilt jedoch nicht für die Zwangsmittelandrohung. Aufgrund des Beugecharakters handelt es sich bei der Androhung um einen höchstpersönlichen VA, der nicht nachfolgefähig ist. Die Behörde darf erst vollstrecken, wenn sie gegenüber dem Rechtsnachfolger eine (erneute) Zwangsgeldandrohung erlassen hat.[309]

265 Die Androhung ist ein **selbstständiger VA**, da sie regelnd über die Art des Zwangsmittels und den Zwangsmitteleinsatz entscheidet.[310] Rechtsbehelfe haben gemäß § 80 Abs. 2 S. 1 Nr. 3 VwGO i.V.m. Landesrecht i.d.R. **keine aufschiebende Wirkung**.[311]

---

308 Vgl. z.B. Art. 54 Abs. 2 S. 3 BayBO, § 58 Abs. 2 BauO Bln, § 58 Abs. 5 BbgBO, § 58 Abs. 2 HmbBauO, § 53 Abs. 5 HBO, § 58 Abs. 2 LBauO M-V, § 79 Abs. 1 S. 5 NBauO, § 81 S. 3 LBauO RP, § 57 Abs. 6 LBO SL, § 58 Abs. 3 SächsBO, § 57 Abs. 3 BauO LSA, § 59 Abs. 4 LBO SH, § 58 Abs. 3 ThürBO und allgemein AS-Skript Öff. Baurecht (2016), Rn. 181.

309 BVerwG, Urt. v. 10.01.2012 – BVerwG 7 C 6.11, RÜ 2013, 249, 252; OLG Düsseldorf RdE 2010, 32, 35; Dünchheim NWVBl. 2004, 2002, 208; abweichend Horn Jura 2004, 447, 452; vgl. auch die Spezialregelung in § 8 Abs. 3 HmbVwVG.

310 BVerwGE 82, 243, 246; OVG Lüneburg, Beschl. v. 02.02.2015 – 4 LA 245/13, RÜ 2015, 457, 460; Dünchheim NWVBl. 2004, 202, 203; Horn Jura 2004, 597, 600 m.w.N.

311 Vgl. z.B. § 12 S. 1 LVwVG BW, Art. 21a S. 1 BayVwZVG, § 4 Abs. 1 S. 1 AGVwGO Bln, § 16 VwVGBbg, § 29 Abs. 1 HmbVwVG, § 16 S. 1 Hess AGVwGO, § 99 Abs. 1 S. 2 SOG M-V, § 64 Abs. 4 S. 1 Nds SOG, § 112 S. 1 JustG NRW; § 20 AGVwGO RP, § 20 S. 1 Saarl AGVwGO, § 11 S. 1 SächsVwVG, § 53 Abs. 4 S. 1 SOG LSA, § 248 Abs. 1 S. 2 LVwG SH; § 8 S. 1 ThürAGVwGO.

Die Androhung muss sich auf ein **bestimmtes Zwangsmittel** beziehen (§ 13 Abs. 3 VwVG). Bundesrechtlich unzulässig ist daher z.B. die gleichzeitige Androhung mehrerer Zwangsmittel oder eine Androhung, mit der sich die Behörde die Wahl zwischen mehreren Zwangsmitteln vorbehält (§ 13 Abs. 3 S. 2 VwVG). Landesrechtlich ist zum Teil die Androhung mehrerer Zwangsmittel zulässig, wenn angegeben wird, in welcher Reihenfolge sie angewendet werden sollen.[312] **266**

Umstritten ist, ob (insb. bei Unterlassungsgeboten) eine Androhung **„für jeden Fall der Zuwiderhandlung"** zulässig ist.[313] Nach Bundesrecht ist eine solche Androhung „auf Vorrat" unzulässig, da nach § 13 Abs. 6 S. 2 VwVG eine neue Androhung erst zulässig ist, wenn das zunächst angedrohte Zwangsmittel erfolglos bleibt. Hierdurch soll eine für den Pflichtigen unabsehbare Kumulation von Zwangsmitteln verhindert werden.[314] Landesrechtlich ist eine solche Form der Androhung bei Duldungs- und Unterlassungsverpflichtungen dagegen teilweise ausdrücklich vorgesehen.[315] **267**

- Bei Androhung einer **Ersatzvornahme** „sind" nach § 13 Abs. 4 VwVG die anfallenden Kosten vorläufig zu veranschlagen (im Landesrecht z.T. nur als Sollvorschrift).[316] **268**
- Ein **Zwangsgeld** ist in bestimmter Höhe anzudrohen (§ 13 Abs. 5 VwVG); die Angabe eines Höchstbetrags genügt nicht.[317] Die Höhe des Zwangsgeldes richtet sich nach den Umständen des Einzelfalls, insbes. der Dringlichkeit und Bedeutung der Angelegenheit und des bisherigen Verhaltens des Pflichtigen.[318] Bleibt die erste Androhung erfolglos (§ 13 Abs. 6 S. 2 VwVG) kann das Zwangsgeld in gesteigerter Höhe angedroht werden.[319] **269**

In der Androhung ist dem Pflichtigen für die Erfüllung der Verpflichtung eine **angemessene Frist** zu bestimmen (§ 13 Abs. 1 S. 2 VwVG). Die Angemessenheit der Frist richtet sich nach den Umständen des Einzelfalls. Die Frist ist so zu bemessen, dass es dem Adressaten möglich und zumutbar ist, seine Verpflichtung bis zu ihrem Ablauf zu erfüllen.[320] Eine Frist braucht nicht bestimmt zu werden, wenn eine Duldung oder Unterlassung erzwungen werden soll, denn hierfür benötigt der Betroffene keine Frist.[321] **270**

bb) Festsetzung

Die **Festsetzung** ist die Anordnung der Vollzugsbehörde, dass das angedrohte Zwangsmittel nunmehr angewendet werden soll. Eine generelle **Festsetzung** ist nur im Bundesrecht (§ 14 VwVG), in Berlin (§ 8 Abs. 1 VwVfG Bln i.V.m. § 14 VwVG) und in NRW (§ 64 VwVG NRW, nicht im PolG) vorgesehen. Die übrigen Länder kennen eine Festsetzung **nur beim Zwangsgeld**. **271**

---

312 Vgl. z.B. § 20 Abs. 3 S. 2 LVwVG BW, § 28 Abs. 3 S. 2 VwVG Bbg, § 87 Abs. 4 S. 2 SOG M-V, § 70 Abs. 3 S. 2 Nds SOG, § 63 Abs. 3 S. 2 VwVG NRW, § 20 Abs. 3 S. 2 SächsVwVG, § 59 Abs. 3 S. 2 SOG LSA, § 236 Abs. 4 S. 2 LVwG SH.

313 Vgl. Dünchheim NWVBl. 2004, 202, 206; Weber DVBl. 2012, 1130, 1131.

314 BVerwG DVBl. 1998, 230, 231; ebenso OVG Lüneburg NVwZ-RR 2017, 479; VGH Mannheim NVwZ-RR 2003, 238, 244; Engelhardt/App/Schlatmann VwVG § 13 Rn. 13; Rachor in: Lisken/Denninger, Hdb. Polizeirecht, E Rn. 870.

315 § 17 Abs. 6 S. 2 BremVwVG; § 62 Abs. 3 S. 2 LVwVG RP; ebenso § 57 Abs. 3 S. 2 VwVG NRW, § 51 Abs. 3 S. 2 PolG NRW für die Festsetzung; dazu OVG NRW, Beschl. v. 20.01.2012 – 4 B 1425/11.

316 Vgl. § 20 Abs. 5 LVwVG BW, § 28 Abs. 5 BbgVwVG, § 70 Abs. 1 NVwVG i.V.m. § 70 Abs. 4 NdsSOG, § 63 Abs. 4 VwVG NRW, § 66 Abs. 4 LVwVG RP, § 71 Abs. 1 VwVG LSA i.V.m. § 59 Abs. 4 SOG LSA.

317 OLG Düsseldorf RdE 2010, 32, 34.

318 OVG Lüneburg NdsVBl. 2016, 312; Sadler VwVG § 11 Rn. 34; Weber DVBl. 2012, 1130, 1132.

319 OVG Lüneburg NVwZ-RR 2017, 479, 481.

320 OVG Magdeburg NVwZ-RR 2016, 893; Engelhardt/App/Schlatmann VwVG § 13 Rn. 3.

321 App JuS 2004, 786, 790; Horn Jura 2004, 597, 597 und ausdrücklich z.B. § 20 Abs. 1 S. 2 Hs. 2 LVwVG BW, § 63 Abs. 1 S. 2 Hs. 2 VwVG NRW; anders OVG Bln-Bbg, Beschl. v. 11.08.2014 – OVG 10 S 8.13, NVwZ-RR 2015, 90.

In **Bayern** bedarf es nach Art. 31 Abs. 3 S. 2 BayVwZVG nicht einmal beim Zwangsgeld einer Festsetzung, da bereits die Androhung einen – durch fruchtlosen Fristablauf bedingten – Leistungsbescheid darstellt[322] (ähnlich § 14 Abs. 2 S. 2 HmbVwVG, § 20 Abs. 2 S. 1 SVwVG).

Ist die Festsetzung gesetzlich nicht vorgesehen, kann die Behörde eine solche gleichwohl **(fakultativ)** vornehmen. Ermächtigungsgrundlage für die Festsetzung ist dann die die Anwendung des Zwangsmittels regelnde Vorschrift. Die Festsetzung stellt ein Minus gegenüber der möglichen Anwendung dar und wird somit von der Ermächtigung zur Anwendung des Zwangsmittels mitumfasst.[323]

272 Die **Festsetzung entfällt** im Fall des Sofortvollzuges (§ 14 S. 2 VwVG, § 64 S. 2 VwVG NRW). Außerdem kann die Festsetzung ausnahmsweise **entbehrlich** sein, wenn sie eine bloße Förmelei wäre, weil der Adressat den GrundVA erkennbar nicht befolgen will.[324]

273 Bei der Festsetzung handelt es sich nicht nur um einen verwaltungsinternen Akt, sondern um einen **selbstständigen VA**. Die Regelung i.S.d. § 35 S. 1 VwVfG liegt in der Ankündigung, dass das Zwangsmittel nunmehr angewendet werden kann und vom Pflichtigen geduldet werden muss.[325]

Folge: Ohne Bekanntgabe an den Adressaten liegt keine wirksame Festsetzung vor, sodass – sofern eine Festsetzung erforderlich ist – das gestreckte Verfahren ausscheidet und nur eine Sofortmaßnahme in Betracht kommt.[326] Nach der Gegenansicht wirkt die Festsetzung (außer beim Zwangsgeld) rein verwaltungsintern, sodass keine besondere Bekanntgabe erforderlich sei.[327] Dagegen spricht jedoch, dass auch die Festsetzung Beugecharakter hat und deshalb auf die Rechtsstellung des Betroffenen einwirkt.

cc) Anwendung

274 Das Vollstreckungsverfahren endet mit der ordnungsgemäßen **Anwendung** (§ 15 Abs. 1 VwVG), die insbes. verhältnismäßig sein muss (vgl. § 9 Abs. 2 VwVG). Das Zwangsmittel muss der Festsetzung gemäß angewendet werden, darf also die Festsetzung (bzw. Androhung) **nicht überschreiten.**[328]

275 ■ Bei der **Ersatzvornahme** wird der Dritte beauftragt und dieser führt den Auftrag aus.

Beispiel: Auf Anordnung der Behörde wird das verkehrswidrig abgestellte Fahrzeug vom Abschleppunternehmer entfernt. Die Bauaufsichtsbehörde beauftragt einen Abbruchunternehmer mit der Beseitigung des baurechtswidrig errichteten Gebäudes.

276 ■ Beim **Zwangsgeld** wird der festgesetzte Betrag beim Pflichtigen beigetrieben.

Ist das Zwangsgeld uneinbringlich, so kann das Verwaltungsgericht auf Antrag der Vollzugsbehörde nach Anhörung des Pflichtigen durch Beschluss **Ersatzzwangshaft** anordnen, wenn bei Androhung des Zwangsgeldes hierauf hingewiesen worden ist (§ 16 Abs. 1 S. 1 VwVG).[329]

277 ■ **Unmittelbarer Zwang** wird nach dem UZwG bzw. den Vorschriften des LVwVG oder PolG ausgeübt. Besondere Vorschriften bestehen vor allem für den Gebrauch von Schusswaffen (vgl. §§ 9 ff. UZwG, §§ 15 ff. UZwGBw).

---

322 Dazu BayVGH NVwZ-RR 2002, 608, 609; NJW 2000, 3297, 3297 f.; App JuS 2004, 786, 790; Weber DVBl. 2012, 1130, 1130.

323 OVG Koblenz DÖV 1986, 1030.

324 BVerwG NVwZ 1997, 381, 382; Horn Jura 2004, 597, 598; kritisch Dünchheim NVwZ 1997, 350, 351.

325 BVerwG NVwZ 1997, 381, 382; OVG Koblenz NVwZ 1994, 715; Pietzner VerwArch 1993, 261, 270; Schoch JuS 1995, 307, 311; Brühl JuS 1997, 926, 927; Horn Jura 2004, 597, 600; Schenke in: Steiner II Rn. 294.

326 BVerwG NVwZ 1997, 381, 382; OVG NRW NVwZ-RR 1998, 155, 156; Engelhardt/App/Schlatmann VwVG § 14 Rn. 1.

327 VGH Mannheim VBlBW 1996, 214, 125; VG Dresden DÖV 1994, 184; Rasch DVBl. 1980, 1017, 1022.

328 Engelhardt/App/Schlatmann VwVG § 15 Rn. 2; Sadler VwVG § 15 Rn. 14.

329 Vgl. BayVGH, Beschl. v. 29.08.2017 – 12 C 17.1544; OVG LSA NVwZ-RR 2017, 174; VGH Mannheim NVwZ-RR 2016, 902.

Eine besondere Form des unmittelbaren Zwangs ist die **Wegnahme von Sachen**, z.B. um deren Herausgabe durchzusetzen. Teilweise finden sich Sonderregelungen im Landesrecht (z.B. § 28 LVwVG BW, § 17 HmbVwVG, § 77 HessVwVG, § 71 Abs. 2 NVwVG, § 23 SVwVG; § 52 Thür VwZVG). Fehlt eine besondere Regelung, kommt für die Herausgabe als unvertretbare Handlung vorrangig das Zwangsgeld und äußerstenfalls unmittelbarer Zwang in Betracht.[330]

Die Anwendung muss vor allem **verhältnismäßig** sein (§ 9 Abs. 2 VwVG). Das heißt, der Verwaltungszwang muss nach Art und Ausmaß **geeignet** sein, den Pflichtigen zu dem zu erzwingenden Verhalten zu bewegen. Er muss des Weiteren **erforderlich** sein, es darf also kein milderes Mittel bestehen, das den beabsichtigten Erfolg ebenso gut erreichen könnte (§ 9 Abs. 2 S. 2 VwVG). Vor allem muss der Zwangsmitteleinsatz in einem **angemessenen** Verhältnis zu seinem Zweck stehen (§ 9 Abs. 2 S. 1 VwVG). 278

19 II, III	29 III	9 II	29 II, III	13 II	12 I	70	15 I, II SOG	4 SOG	58	62 II	13 II	19 III, IV	5 SOG	73 II, III LVwG	45

Umstritten ist, ob die Anwendung des Zwangsmittels (insbes. beim unmittelbaren Zwang) einen eigenen Regelungsgehalt und damit **VA-Qualität** hat. Bedeutung hat die Frage vor allem für den **Rechtsschutz**. Nur soweit es sich um einen VA handelt, ist eine Anfechtungs- bzw. nach Erledigung eine Fortsetzungsfeststellungsklage (§ 113 Abs. 1 S. 4 VwGO) statthaft. Handelt es sich um einen Realakt, kommt nur die allgemeine Feststellungsklage (§ 43 Abs. 1 Alt. 1 VwGO) in Betracht. 279

Für die Frage der Anhörung ist die Einordnung dagegen irrelevant. Selbst wenn ein VA bejaht wird, ist eine Anhörung vor der Zwangsanwendung nach § 28 Abs. 2 Nr. 5 VwVfG entbehrlich.

Überwiegend wird davon ausgegangen, dass es sich bei der Anwendung lediglich um einen **Realakt** ohne Regelungswirkung handelt.[331] Die Gegenauffassung sieht in der Zwangsanwendung eine eigenständige Konkretisierung der Belastung, welche sich aus der Pflicht zur Duldung des konkret zur Anwendung gelangenden Zwangs ergibt.[332] Diese Auffassung ist vor allem historisch begründet. Vor Inkrafttreten der VwGO wurde Verwaltungsrechtsschutz nur bei Verwaltungsakten gewährt. Deswegen hat die Rspr. in ein schlichtes Verwaltungshandeln einen VA hinein interpretiert, um den Rechtsweg zu eröffnen. Für eine solche extensive Handhabung des VA-Begriffs besteht seit Inkrafttreten der VwGO, die Rechtsschutz auch gegen Realakte gewährt, kein Bedürfnis mehr.[333] Die **Anwendung** des Verwaltungszwangs ist daher – anders als Androhung und Festsetzung – **kein VA,** sondern schlicht hoheitliches Verwaltungshandeln. 280

Klageart ist daher nicht die Anfechtungsklage, sondern die Feststellungsklage (§ 43 Abs. 1 Alt. 1 VwGO). Etwas anderes gilt auf Bundesebene für den **Sofortvollzug** (§ 6 Abs. 2 VwVG), da hiergegen nach § 18 Abs. 2 VwVG die Rechtsmittel zulässig sind, die gegen Verwaltungsakt allgemein gegeben sind (Widerspruch, Anfechtungsklage), der Sofortvollzug also zumindest **wie ein VA** behandelt wird (ebenso § 46 Abs. 7 S. 4 ThürVwZVG, ähnlich Art. 38 Abs. 2 BayVwZVG für das abgekürzte Verfahren nach Art. 35 BayVwZVG).[334] 281

---

330 Erichsen/Rautenberg Jura 1998, 31, 37; Engelhardt/App/Schlatmann VwVG § 12 Rn. 3.

331 Maurer/Waldhoff § 20 Rn. 26; Muckel/Ogorek JuS 2010, 57; Voßkuhle/Wischmeyer JuS 2016, 698, 700.

332 BVerwGE 26, 161, 164; OVG NRW NVwZ-RR 1994, 549, 550; Götz JuS 1985, 869, 870; Rasch DVBl. 1992, 207, 210.

333 Stelkens/Bonk/Sachs VwVfG § 35 Rn. 93 ff.; Sodan/Ziekow VwGO § 42 Rn. 100; Fehling JA 1997, 482, 483.

Fall 7: Umstürzende Bäume

Auf dem Grundstück des E stand unmittelbar an der Grundstücksgrenze zur öffentlichen Straße eine alte Eiche, die stark ausgehöhlt war. Nachdem ein großer abgestorbener Ast auf die Straße gefallen war, ordnete die zuständige Behörde B mit Verfügung vom 17.08. gegenüber E die Beseitigung des Baumes an. Die Verfügung wurde für sofort vollziehbar erklärt, was mit der erheblichen Gefahr für Leib und Leben der Passanten begründet wurde. Gleichzeitig wurde E die Ersatzvornahme für den Fall angedroht, dass der Baum nicht innerhalb einer Woche beseitigt werde. Die Kosten der Maßnahme wurden auf 1.500 € veranschlagt. E sieht sich außerstande, die Kosten zu tragen. Daraufhin beauftragt die Behörde nach Fristablauf die Gartenbaufirma G mit dem Fällen und dem Abtransport des Baumes, was dem E mit Bescheid vom 25.08. mitgeteilt wird. G muss feststellen, dass für das Fällen des Baumes nicht genügend Seitenraum zur Verfügung steht, ohne andere Gebäude zu beschädigen. Daher muss der Baum Stück für Stück mit Hilfe eines Kranwagens abgetragen werden. Hierdurch entstehen Kosten in Höhe von 2.500 €. Mit Bescheid vom 21.09. verlangt die Behörde nunmehr von E Erstattung des an G gezahlten Betrages. Zu Recht?

Hinweis: Das LVwVfG und das LVwVG entsprechen den Regelung im VwVfG und VwVG des Bundes.

Der Leistungsbescheid findet seine **Rechtsgrundlage** in der den §§ 10, 19 VwVG entsprechenden Regelung des LVwVG (i.V.m der jeweiligen KostO). Danach kann die Behörde die Ersatzvornahme **auf Kosten des Pflichtigen** vornehmen.

A. **Formelle Rechtmäßigkeit** des Leistungsbescheides

282 I. **Zuständig** für den Erlass des Leistungsbescheides ist die Vollzugsbehörde. Das ist hier die Behörde B, die den GrundVA erlassen hat (§ 7 VwVG).

283 II. Vor Erlass des Leistungsbescheides als belastenden VA muss grds. gemäß § 28 Abs. 1 VwVfG eine **Anhörung** stattfinden. Die Ausnahme des § 28 Abs. 2 Nr. 5 VwVfG gilt nur für Maßnahmen „in" der Verwaltungsvollstreckung (z.B. Androhung und Festsetzung), nicht dagegen beim Leistungsbescheid nach abgeschlossener Vollstreckung.[335] Sinn der Ausnahme ist die Verhinderung einer Vollstreckungsvereitelung. Diese Gefahr besteht bei Erlass des Kostenbescheides nicht mehr.

Ebenso haben Rechtsbehelfe gegen den Kostenbescheid grds. aufschiebende Wirkung. Die landesrechtlichen Ausnahmen (s.o. Fn. 311) gelten ebenfalls nur für Maßnahmen „in" der Verwaltungsvollstreckung, also nicht für den Kostenbescheid.[336] Etwas anderes gilt in **Brandenburg** (§ 32 Abs. 3 S. 2 BbgVwVG) und in **NRW** (§ 59 Abs. 1 S. 2 VwVG NRW), wo Kostenbescheide kraft Gesetzes sofort vollziehbar sind.

Ein etwaiger Anhörungsmangel kann jedoch gemäß § 45 Abs. 1 Nr. 3 VwVfG im Widerspruchsverfahren und gemäß § 45 Abs. 2 VwVfG auch noch während des gerichtlichen Verfahrens geheilt werden.[337]

---

334 OVG NRW NVwZ-RR 1994, 549, 550; Horn Jura 2004, 597, 600; Engelhardt/App/Schlatmann VwVG § 18 Rn. 7; Sadler VwVG § 18 Rn. 10 u. 12: kein VA, aber wie ein VA zu behandeln; a.A.Stelkens/Bonk/Sachs VwVfG § 35 Rn. 93 u. 365: § 18 Abs. 2 VwVG und die entsprechenden landesrechtlichen Vorschriften sind durch § 195 Abs. 2 VwGO aufgehoben.

335 Müller-Franken NWVBl. 2008, 197, 200 Fn 25; Seidl/Bartsch Jura 2011, 297, 299; Muckel JA 2012, 355, 360.

336 BayVGH NVwZ-RR 2009, 787; ThürOVG RÜ 2008, 534, 537; OVG Koblenz DVBl. 1999, 116; Peter JuS 2008, 512, 513; Pietzner/Ronellenfitsch Rn. 1470 m.w.N.; a.A. OVG Bln-Bbg NVwZ-RR 2006, 376, 377; OVG Greifswald NVwZ-RR 2017, 123, 124 zum abweichenden Wortlaut in § 99 Abs. 1 SOG M-V („Vollzugsmaßnahmen").

337 Vgl. AS-Skript Verwaltungsrecht AT 1 (2017), Rn. 427 ff.

III. Eine **Form** ist für den Leistungsbescheid nicht vorgeschrieben.[338] Damit die im Leistungsbescheid geltend gemachte Forderung aber ihrerseits beigetrieben werden kann (§ 3 Abs. 2 lit. a VwVG), muss der Leistungsbescheid **schriftlich** ergehen und muss in diesem Fall gemäß § 39 Abs. 1 VwVfG begründet werden. **284**

B. **Materiell** ist der Betroffene zur Kostenerstattung nur verpflichtet, wenn die **Ersatzvornahme** ihrerseits (formell und materiell) **rechtmäßig** war.[339] **285**

Klausurhinweis: *Die Rechtmäßigkeit der Vollstreckungsmaßnahme ist daher inzident im Rahmen der materiellen Rechtmäßigkeit des Leistungsbescheids zu prüfen! Für rechtswidrige Vollstreckungsmaßnahmen dürfen keine Kosten erhoben werden.*

I. **Rechtsgrundlage** für die Ersatzvornahme sind die §§ 6, 10 VwVG. **286**

II. **Formelle** Bedenken gegen die Ersatzvornahme bestehen nicht, insbes. hat die nach § 7 VwVG zuständige Behörde gehandelt. Von der Anhörung konnte – anders als beim Leistungsbescheid (s.o.) – bei den Vollstreckungsmaßnahmen gemäß § 28 Abs. 2 Nr. 5 VwVfG abgesehen werden.

III. **Materiell** rechtmäßig ist der Verwaltungszwang, wenn die **Vollstreckungsvoraussetzungen** vorliegen, das **Vollstreckungsverfahren ordnungsgemäß** durchgeführt wird und **keine Vollstreckungshindernisse** bestehen.

Aufbauschema: Die Vollstreckung von HDU-Verfügungen

gestrecktes Verfahren

1. **Vollstreckungsvoraussetzungen**
   - **GrundVA** auf Handlung, Duldung oder Unterlassung
   - **Vollstreckbarkeit**
     - unanfechtbar
     - sofort vollziehbar (§ 80 Abs. 2 VwGO)
2. **Vollstreckungsverfahren**
   - richtiges Zwangsmittel
   - Androhung
   - (ggf.) Festsetzung
   - ordnungsgemäße Anwendung
3. **keine Vollstreckungshindernisse**
4. **Rechtsfolge: Ermessen**

abgekürztes Verfahren („Sofort-Vollzug")

1. **Vollstreckungsvoraussetzungen**
   - **kein GrundVA** erforderlich
   - **gegenwärtige Gefahr**
   - „Handeln innerhalb der Befugnisse" = **Rechtmäßigkeit** eines (hypothetischen) **GrundVA**
2. **Vollstreckungsverfahren**
   - richtiges Zwangsmittel
   - Androhung entbehrlich
   - Festsetzung entfällt
   - ordnungsgemäße Anwendung
3. **keine Vollstreckungshindernisse**
4. **Rechtsfolge: Ermessen**

---

338 Seidl/Bartsch Jura 2011, 297, 299.

339 BVerwG NVwZ 1997, 381, 382; VGH Mannheim RÜ 2010, 258, 259; OVG NRW NWVBl. 2010, 186, 187; BayVGH BayVBl. 2009, 21 f.; Engelhardt/App/Schlatmann VwVG § 10 Rn. 12; Finger DVBl. 2007, 798, 799; Muckel JA 2012, 355, 359.

287 1. Die **Vollstreckungsvoraussetzungen** für das hier durchgeführte (gestreckte) Vollstreckungsverfahren richten sich nach der dem § 6 Abs. 1 VwVG entsprechenden Vorschrift im LVwVG (s.o. Rn. 216 f.).

a) Die **Verfügung** vom 17.08. enthielt das **Handlungsgebot**, den Baum zu beseitigen.

b) Die Verfügung war vor Unanfechtbarkeit **vollstreckbar**, da die Behörde die sofortige Vollziehung (§ 80 Abs. 2 S. 1 Nr. 4 VwGO) angeordnet hatte.

288 c) Während es für die **Vollstreckung** im gestreckten Verfahren auf die Rechtmäßigkeit des GrundVA nicht ankommt (s.o. Rn. 220 ff.), wird dies für die **Kostenerstattung** unterschiedlich beurteilt.

289 aa) Teilweise wird die Ansicht vertreten, im Rahmen der Kostenerstattung, also auf der **Sekundärebene**, sei neben der Wirksamkeit auch die Rechtmäßigkeit des GrundVA erforderlich. Da im Zeitpunkt der Vollstreckung die Rechtmäßigkeit des GrundVA noch nicht abschließend geklärt ist, sei die Vollstreckung zwar zunächst erlaubt. Im öffentlichen Interesse sei aber nur ein **vorübergehender Einwendungsausschluss** erforderlich. Sei der Zweck der Gefahrenabwehr erreicht, rechtfertige er nicht länger die Ausnahme vom rechtsstaatlichen Grundsatz der materiellen Gerechtigkeit. Auf der Kostenebene müssten GrundVA und Vollstreckung rechtlich als Einheit beurteilt werden. Zum Kostenersatz sei der Pflichtige nur bei – durchgehend – rechtmäßigem Handeln verpflichtet.[340]

Das gilt allerdings nur, wenn der GrundVA im Zeitpunkt der Vollstreckung **noch anfechtbar** war. War der VA bereits unanfechtbar (bestandskräftig), kommt es auch nach dieser Auffassung für den Kostenerstattungsanspruch nur auf die Wirksamkeit des GrundVA und nicht auf seine Rechtmäßigkeit an.

290 bb) Nach der Gegenansicht setzt der Kostenerstattungsanspruch nur voraus, dass die **Ersatzvornahme rechtmäßig** ist. Irrelevant sei dagegen, ob der vorausgegangene GrundVA seinerseits rechtmäßig ist, solange er nur wirksam ist. Grundlage der Verwaltungsvollstreckung sei allein die Wirksamkeit, **nicht aber die Rechtmäßigkeit der Grundverfügung**. Dies gelte auch für die Kostenerstattung.[341]

Etwas anderes gilt nur dann, wenn die Grundverfügung ex tunc ihre Wirksamkeit verliert, z.B. durch rückwirkende Aufhebung (§ 43 Abs. 2 VwVfG). Damit entfallen zugleich, und zwar rückwirkend, die Voraussetzungen für die Vollstreckung.[342]

291 cc) Für diese Auffassung spricht, das eine **Ausnahme für die Sekundärebene** im Gesetz keine Grundlage findet. Sie ist auch nicht erforderlich. Dem Vollstreckungsschuldner bleibt es unbenommen, durch Anfechtung des rechtswidrigen GrundVA dessen Aufhebung zu bewirken. Hat er Erfolg, entfallen rückwirkend die Vollstreckungsvoraussetzungen

---

340 VGH Mannheim VBlBW 1986, 299, 303; Enders NVwZ 2009, 958, 960; Seidl/Bartsch Jura 2011, 297, 301 f.

341 BVerwG, Urt. v. 25.09.2008 – BVerwG 7 C 5.08, RÜ 2009, 47, 48; OVG Koblenz, Urt. v. 18.02.2010 – 1 A 10973/09; OVG Lüneburg NdsVBl. 2009, 345, 346; OVG Schleswig NordÖR 2006, 204, 205 f.; Waldhoff JuS 2009, 368 f.; Labrenz NVwZ 2010, 22, 23; Voßkuhle/Wischmeyer JuS 2016, 698, 701.

342 OVG NRW NWVBl. 2007, 26, 27 f.; NWVBl. 2003, 386, 387.

und der Kostenbescheid wird rechtswidrig. Solange der GrundVA aber (noch) nicht aufgehoben ist, bleibt er wirksam (§ 43 Abs. 2 VwVfG) und bildet daher nicht nur die Rechtsgrundlage für die Vollstreckung, sondern auch für die Kostenerstattung.

Deshalb bleibt auch nach Abschluss der Vollstreckung die Anfechtungsklage gegen den GrundVA statthaft (§ 42 Abs. 1 Fall 1 VwGO). Zwar hat sich das Handlungsgebot aus dem GrundVA (z.B. die Beseitigung eines baurechtswidrig errichteten Gebäudes) aufgrund der zwangsweisen Durchsetzung erledigt. Hierdurch wird der GrundVA indes nicht gegenstandslos, weil er Grundlage für den Kostenerstattungsanspruch bleibt.[343] Die Gegenansicht nimmt Erledigung an, weil sich die Kostentragungspflicht nicht aus dem VA, sondern kraft Gesetzes aus den kostenrechtlichen Vorschriften ergebe.[344] Dagegen spricht jedoch, dass die nachträgliche Aufhebung des GrundVA den Vollstreckungsakten und damit auch dem Kostenerstattungsanspruch die Grundlage entzieht. Solange der GrundVA als Titel fortbesteht, kann daher keine Erledigung angenommen werden. **292**

Die **Rechtmäßigkeit des GrundVA**, hier der Beseitigungsverfügung, ist daher **auch für den Kostenbescheid irrelevant**. **293**

Weiteres Beispiel: Für die Erstattung der Kosten des Abschleppens eines verkehrswidrig geparkten Kraftfahrzeuges ist allein die Wirksamkeit des Verkehrszeichens maßgebend; auf dessen Rechtmäßigkeit kommt es nicht an.[345]

Damit lagen die Vollstreckungsvoraussetzungen vor.

2. **Ordnungsgemäßes Vollstreckungsverfahren**

a) Grundlegende Voraussetzung für das Vollstreckungsverfahren ist, dass die Behörde das **richtige Zwangsmittel** gewählt hat. Hier ging es um die Durchsetzung des Gebotes, den Baum zu beseitigen, also einer **vertretbaren Handlung**. Die Ersatzvornahme war damit gemäß § 10 VwVG das richtige Zwangsmittel. **294**

b) Die nach § 13 Abs. 1 VwVG erforderliche **Androhung** ist erfolgt, insbesondere sind die anfallenden Kosten nach § 13 Abs. 4 VwVfG vorläufig veranschlagt worden. Zwar hat sich der Kostenvoranschlag aufgrund des nachträglichen Aufwandes als unrichtig erwiesen, im Rahmen der Androhung ist jedoch nur erforderlich, dass die Kosten überhaupt veranschlagt werden (vgl. auch § 13 Abs. 4 S. 2 VwVG, wonach das Recht auf Nachforderung unberührt bleibt). Eine andere Frage ist es, ob die Kostenforderung der Höhe nach gerechtfertigt ist (dazu unten Rn. 303). **295**

Beachte: Für die Rechtmäßigkeit des Verwaltungszwangs kommt es auch hier nur auf die Wirksamkeit, nicht auf die Rechtmäßigkeit der Androhung an.[346] **Gegenbeispiel:** Fehlt in der Androhung die erforderliche Fristsetzung, ist sie nicht nur rechtswidrig, sondern gemäß § 44 Abs. 1 VwVfG nichtig, weil sie als Grundlage für die nachfolgenden Vollstreckungsakte ungeeignet ist.[347]

---

343 BVerwG, Urt. v. 25.09.2008 – BVerwG 7 C 5.08, RÜ 2009, 47, 48; VGH Mannheim VBlBW 2008, 305; OVG Schleswig NordÖR 2006, 204, 205 f.; OVG NRW NWVBl. 2007, 26, 27 f.; Labrenz NVwZ 2010, 22, 23; Voßkuhle/Wischmeyer JuS 2016, 608, 700.

344 BayVGH NVwZ-RR 1994, 548; VGH Mannheim NVwZ 1994, 1130, 1131; OVG Schleswig NJW 1993, 2004; Gerhardt in: Schoch VwGO § 113 Rn. 82; Enders NVwZ 2000, 1232, 1235; NVwZ 2009, 958, 961; Bausch NVwZ 2006, 158, 159.

345 OVG Hamburg NordÖR 2009, 156; NordÖR 2002, 469 m.w.N.; anders bei Nichtigkeit OLG Hamm, Beschl. v. 27.05.2014 – 5 RBs 13/14, RÜ 2015, 192, 194 (verneint für ein gesetzloses und damit nichtiges Parkverbot).

346 OVG Lüneburg, Beschl. v. 02.02.2015 – 4 LA 245/13, RÜ 2015, 457, 460; Waldhoff JuS 2015, 862, 864.

347 VGH Kassel NVwZ 1982, 514.

296 c) Die nach § 14 S. 1 VwVG erforderliche **Festsetzung** ist mit Bescheid vom 25.08. ordnungsgemäß getroffen worden. Landesrechtlich ist die Festsetzung ohnehin zumeist nicht erforderlich (s.o. Rn. 271).

297 d) Die **Anwendung** ist entsprechend der Festsetzung erfolgt (§ 15 Abs. 1 VwVG). Aufgrund der drohenden erheblichen Gefahr für Leib und Leben der Passanten war der Zwangseinsatz auch **verhältnismäßig** (§ 9 Abs. 2 VwVG).

298 3. **Vollstreckungshindernisse** sind nicht ersichtlich.

4. **Rechtsfolge:** Liegen die Voraussetzungen für die Vollstreckung vor, steht die Durchsetzung mit Zwangsmitteln grds. im **Ermessen** der Behörde.[348]

Das Ermessen der Behörde besteht hierbei in mehrfacher Hinsicht: ob sie überhaupt zwangsweise tätig wird (Entschließungsermessen), wenn ja, gegen welchen von mehreren Pflichtigen sie vorgeht (Auswahlermessen bzgl. des Adressaten), welches von mehreren zulässigen Zwangsmitteln sie auswählt (Auswahlermessen bzgl. des Zwangsmittels) und ggf. in welcher Art und Weise sie das Zwangsmittel anwendet.

299 Das Ermessen der Behörde darf nur auf **Ermessensfehler** überprüft werden (§ 40 VwVfG, § 114 S. 1 VwGO). Insoweit bestehen vorliegend keine Bedenken.

Beispiel: Auf der Ebene der Vollstreckung ist es z.B. ermessensfehlerhaft, wenn die Behörde bei mehreren bereits erlassenen Verfügungen nur in einzelnen Fällen die Vollstreckung betreibt, in anderen hingegen ohne sachlichen Grund nicht. Ob die Behörde dagegen im Hinblick auf Art. 3 Abs. 1 GG weitere Verfügungen gegen andere Personen hätte erlassen müssen, kann allenfalls für die Rechtmäßigkeit der Grundverfügung von Bedeutung sein, nicht jedoch auf der Ebene der Vollstreckung.[349]

Die **Vollstreckung** war damit **rechtmäßig**, sodass sie Grundlage für den Kostenerstattungsanspruch ist.

Die Pflicht zur Erstattung der Kosten setzt stets eine rechtmäßige Ersatzvornahme voraus.[350] Ist die Ersatzvornahme **rechtswidrig**, so besteht kein Erstattungsanspruch, auch nicht nach den Grundsätzen der öffentlich-rechtlichen GoA, da sonst die Vorschriften des Vollstreckungsrechts umgangen würden.[351]

300 IV. **Rechtsfolge** der rechtmäßigen Vollstreckung ist die Kostentragungspflicht des Pflichtigen, also des Verhaltens- oder Zustandsverantwortlichen.[352]

301 1. Bei **mehreren Pflichtigen** hat die Behörde ein (Auswahl-)Ermessen. Nach h.M. gelten für den Kostenerstattungsanspruch dieselben Grundsätze wie auf der Primärebene, d.h. die Auswahl richtet sich nach den Grundsätzen der Verhältnismäßigkeit und Effektivität der Gefahrenabwehr.

Deshalb kann bei der Bestimmung des Kostenadressaten auch die finanzielle Leistungsfähigkeit berücksichtigt werden.[353] Nach der Gegenansicht sind auf der Sekundärebene andere Maßstäbe anzulegen. Nach Durchführung der Maßnahme gehe es nur noch um eine gerechte Verteilung der Kostenlast.[354]

---

348 OVG NRW NVwZ-RR 2013, 298; VGH Mannheim NVwZ-RR 2016, 557, 557 f.

349 OVG NRW NVwZ-RR 2013, 298; VGH Mannheim NVwZ-RR 2016, 557, 558.

350 OVG NRW NVwZ-RR 2008, 437; Durner JA 2009, 476 f.

351 BVerfG NJW 2011, 3217, 3218; OVG NRW, Beschl. v. 09.04.2008 – 11 A 1386/05, RÜ 2008, 660, 663 und unten Rn. 603.

352 Vgl. OVG Saarlouis, Beschl. v. 13.01.2015 – 2 A 397/14; VG Aachen, Urt. v. 15.12.2014 – 6 K 1180/10.

353 OVG Lüneburg NVwZ 1990, 786, 787; Werner JA 2000, 902, 909 m.w.N.

354 VGH Mannheim Urt. v. 24.01.2012 – 10 S 1476/11, RÜ 2012, 462, 464; dazu Waldhoff JuS 2012, 863 f.; vgl. auch BGH, Urt. v. 10.07.2014 – III ZR 441/13, NVwZ-RR 2014, 759 zum Ausgleich zwischen mehreren Störern.

Als Eigentümer ist E Zustandsstörer und zur Kostentragung verpflichtet.

2. Die Kostenforderung muss hinsichtlich **Art und Höhe** gerechtfertigt sein. Erstattungsfähig im Rahmen einer Ersatzvornahme sind insbes. die an einen Dritten zu zahlenden Beträge (vgl. § 19 VwVG i.V.m. § 344 Abs. 1 Nr. 8 AO bzw. entsprechendes Landesrecht). **302**

   a) Der **Kostenvoranschlag** ist insoweit nicht bindend. Die Erstattungspflicht richtet sich vielmehr nach den **tatsächlich entstandenen** Kosten, auch wenn diese die veranschlagten Kosten erheblich überschreiten.[355] Denn hätte der Betroffene die Maßnahme selbst durchgeführt, hätte er, wenn die Arbeiten sich als umfangreicher als von der Behörde geschätzt herausgestellt hätten, die höheren Kosten auch tragen müssen. **303**

   Aus dem Vollstreckungsrechtsverhältnis ergibt sich jedoch eine (Neben-)Pflicht der Behörde, dem Ordnungspflichtigen eine voraussehbare wesentliche Kostenüberschreitung vor Durchführung der Ersatzvornahme mitzuteilen. Die schuldhafte Verletzung dieser Pflicht kann **Amtshaftungsansprüche** (§ 839 BGB, Art. 34 GG) begründen.[356] **304**

   Weiteres Beispiel: Wird eine baurechtliche Beseitigungsverfügung im Wege der Ersatzvornahme vollstreckt, so gehören zu den erstattenden Kosten nicht nur die Kosten des Abbruchs, sondern auch die Kosten für eine ordnungsgemäße Entsorgung des entstehenden Abbruchmaterials.[357]

   b) Die Kostenforderung muss im Übrigen **verhältnismäßig** sein. Dies gilt auch dann, wenn es sich – wie im Rahmen des § 19 VwVG – um einen gebundenen Anspruch handelt.[358] **305**

   Der Grundsatz der Verhältnismäßigkeit kann – je nach den Umständen des Einzelfalls – die Erstattung nur eines Teils der Kosten oder in Ausnahmefällen auch den völligen Verzicht auf die Erstattung gebieten. Zu den in die behördliche Entscheidung einzubeziehenden Umständen gehören neben der individuellen Leistungsfähigkeit des Erstattungspflichtigen auch Art und Umfang des Verursachungsbeitrags des Pflichtigen.

3. **Rechtsfolge**

   a) Sind die Voraussetzungen des Kostenerstattungsanspruchs erfüllt, so handelt es sich nach h.M. grds. um eine **gebundene Entscheidung** (vgl. § 19 VwVG „werden … erhoben").[359] Die Gegenansicht bejaht Ermessen der Behörde, da ggf. aus Billigkeitsgründen ganz oder teilweise von der Kostenerstattung abgesehen werden müsse.[360] Dagegen spricht jedoch, dass diese Fallgruppen ohnehin im Rahmen der Verhältnismäßigkeit zu prüfen sind (s.o.), sodass kein Grund besteht vom eindeutigen Wortlaut der kostenrechtlichen Vorschriften abzuweichen. **306**

   b) Umstritten ist allerdings, ob der Erstattungsanspruch **durch VA** oder nur im Wege der Leistungsklage geltend gemacht werden darf. Eine **ausdrückliche Ermächtigungsgrundlage** zum Erlass eines Leistungsbescheides ist **307**

---

355 BVerwG NJW 1984, 2591, 2593; BayVGH, Urt. v. 25.09.2014 – 20 B 14.477, NVwZ-RR 2015, 85.

356 BVerwG NJW 1984, 2591, 2593.

357 SächsOVG SächsVBl. 2008, 298, 299 f.; dazu Preschel NJ (Neue Justiz) 2008, 565.

358 BVerwG NJW 2009, 2905, 2906; OVG Hamburg NordÖR 2009, 156, 157 f.; Muckel JA 2012, 355, 361.

359 SächsOVG NJW 2009, 2551, 2552; OVG Hamburg NordÖR 2009, 156, 157; Muckel JA 2012, 355, 361.

360 VGH Mannheim NJW 2007, 2058, 2059; OVG Hamburg NordÖR 2004, 399, 401; Becker JA 2000, 677, 683; Michaelis Jura 2003, 298, 303; Dietlein, Öffentl. Recht in NRW, Rn. 261.

selten.[361] Inzident ergibt sich die VA-Befugnis daraus, dass der Kostenerstattungsanspruch zwangsweise **„beigetrieben"** werden kann.[362] Denn die Beitreibung setzt den Erlass eines Leistungsbescheides voraus. Im Übrigen kann der Erstattungsanspruch nach h.M. gewohnheitsrechtlich durch Leistungsbescheid geltend gemacht werden, da der Anspruch aus einem **Über-/Unterordnungsverhältnis** resultiert.[363]

Ergebnis: Der Leistungsbescheid erweist sich damit als rechtmäßig.

---

3. Vollstreckungshindernisse

Liegen die Vollstreckungsvoraussetzungen vor und ist auch das Vollstreckungsverfahren ordnungsgemäß durchgeführt worden, ist die Vollstreckung gleichwohl nur rechtmäßig, wenn **keine Vollstreckungshindernisse** bestehen.

308 ***Aufbauhinweis:*** *Der Prüfungsstandort für Vollstreckungshindernisse wird unterschiedlich gehandhabt. Teilweise werden sie als (besondere) Vollstreckungsvoraussetzungen geprüft,[364] teilweise als selbstständiger Prüfungspunkt nach dem Vollstreckungsverfahren.[365] Für letzteres spricht, dass Vollstreckungshindernisse nur dazu führen, dass das Vollstreckungsverfahren einzustellen ist (vgl. § 15 Abs. 3 VwVG), Vollstreckungshindernisse also nur zur Rechtswidrigkeit künftiger Vollstreckungsmaßnahmen führen. Sie lassen dagegen die Rechtmäßigkeit zuvor erlassener Vollstreckungsakte unberührt.*

309 ■ **Vollstreckungshindernisse** können sich insbesondere aus einer **rechtlichen Unmöglichkeit** ergeben.[366] Unmöglich geworden ist dem Pflichtigen die Erfüllung des GrundVA bei sachbezogenen Verfügungen insbes. wenn er das Eigentum an der Sache, auf die er einwirken soll, wirksam an einen Dritten übertragen hat.[367] Besondere Bedeutung haben im Übrigen die Fälle, in denen der Durchführung der Maßnahme eine Mitberechtigung eines Dritten entgegensteht.

Beispiel: Gegen Eigentümer E ergeht eine Beseitigungsverfügung, ohne dass gegenüber dem Mieter M eine Duldungsverfügung erlassen worden ist. Das Fehlen der Duldungsverfügung macht die Beseitigungsverfügung zwar nicht rechtswidrig, stellt aber ein Vollstreckungshindernis dar.[368] Eine ohne Duldungsverfügung ergehende Zwangsmittelandrohung ist daher rechtswidrig, da die Androhung bereits die erste Stufe des Verwaltungszwangs darstellt.[369] Für die Rechtmäßigkeit der Androhung genügt es aber, wenn bei Erlass eines Widerspruchsbescheides eine Duldungsverfügung gegen den Dritten vorliegt (arg. e § 79 Abs. 1 Nr. 1 VwGO).[370]

Gegenbeispiel: Gegenüber E ist eine baurechtliche Beseitigungsverfügung erlassen worden. Danach hat E geheiratet und seiner Ehefrau F Mitbesitz am betroffenen Gebäude eingeräumt.

---

361 Vgl. z.B. § 32 Abs. 3 S. 1 VwVGBbg, § 24 Abs. 3 S. 1 Sächs VwVG, § 50 Abs. 3 S. 1 ThürVwZVG („durch Leistungsbescheid"); auch § 77 Abs. 4 S. 1 VwVG NRW i.V.m. § 14 Abs. 1 GebG („festgesetzt").

362 So z.B. Art. 55 Abs. 2 S. 2 BayPAG, § 66 Abs. 2 S. 2 Nds SOG,§ 53 Abs. 2 S. 2 ThürPAG.

363 Vgl. speziell zum Vollstreckungsrecht Horn Jura 2004, 447, 450; Finger DVBl. 2007, 798, 799; Muckel JA 2012, 355, 360 und allgemein BVerwG NJW 2009, 2905, 2906; AS-Skript Verwaltungsrecht AT 1 (2017), Rn. 297 ff.

364 So z.B. Erichsen/Rauschenberg Jura 1998, 31, 38; Schoch JuS 1995, 307, 310 FN 45.

365 Horn Jura 2004, 597, 600.

366 Vgl. auch die nicht abschließenden Aufzählungen in Art. 22 BayVwZVG, § 65 Abs. 3 VwVG NRW.

367 OVG Bln-Bbg, Urt. v. 08.12.2016 – OVG 2 B 7.14, RÜ 2017, 332, 334: Unwirksamkeit bei sittenwidriger Schenkung.

368 Vgl. AS-Skript Verwaltungsrecht AT 1 (2017), Rn. 510; ausführlich Michl NVwZ 2014, 1206 ff.

369 OVG NRW, Beschl. v. 09.04.2014 – 15 B 233/14, RÜ 2014, 663, 664.

370 HessVGH DVBl. 1996, 573, 574; VGH Mannheim NVwZ-RR 1998, 553.

Die Duldungspflicht der F ergibt sich unmittelbar aus der (Teil-)Rechtsnachfolge in die Ordnungsverfügung. Denn der Mitbesitz der F ist von vornherein mit der Beseitigungsanordnung belastet. Die Anordnung kann daher gegen E ohne weitere Duldungsverfügung an F durchgesetzt werden.[371]

- Des Weiteren können sich Vollstreckungshindernisse aus **nachträglichen materiellen Einwänden** gegen den GrundVA (z.B. Erfüllung, Aufrechnung, Erledigung) ergeben. 310

  - Nach § 15 Abs. 3 VwVG ist der Vollzug einzustellen, sobald sein **Zweck erreicht** ist, z.B. weil der Betroffene die zu erzwingende Verpflichtung erfüllt hat. Wegen des Beugecharakters der Zwangsmittel kommt es dabei nicht darauf an, ob der Pflichtige der Verfügung vor oder erst nach Ablauf der in der Androhung genannten Frist nachgekommen ist. Denn der Verwaltungszwang ist **keine Strafe** für säumiges Verhalten.[372] 311

    Beispiel: Dem G ist die Schließung seiner illegal betriebenen Gaststätte aufgegeben worden. Zwangsgeld wurde für den Fall angedroht, dass die Gaststätte nicht bis zum 30.06. geschlossen werde. Auch wenn G die Schließung erst am 03.07. vornimmt, darf das Zwangsgeld nicht mehr festgesetzt werden.

  - Der Zweckerreichung steht es gleich, wenn der **Zweck nicht mehr erreicht** werden kann, weil die Befolgung der aufgegebenen Verpflichtung aus rechtlichen oder tatsächlichen Gründen nicht (mehr) möglich ist.[373] 312

    So ist eine Festsetzung des angedrohten Zwangsmittels unzulässig, wenn der Pflichtige die zu vollstreckende Handlung im Zeitpunkt der Festsetzung nicht mehr erbringen kann, z.B. weil der betroffene Gegenstand untergegangen ist.[374] Der Zweck einer Beseitigungsverfügung fällt weg, wenn der Eigentümer das Eigentum am Grundstück an einen Dritten überträgt und dadurch seine Zustandsverantwortlichkeit erlischt.[375]

Dass der Vollzug bei Zweckerreichung einzustellen ist, folgt aus der Natur der Zwangsmittel als **Beugemittel**. Sie dienen **nicht der repressiven Ahndung** von rechtswidrigem Verhalten, sondern sollen den Pflichtigen veranlassen, sich entsprechend dem GrundVA zu verhalten. Umstritten ist allerdings, ob ein angedrohtes Zwangsgeld noch festgesetzt und beigetrieben werden darf, wenn die **Gefahr einer weiteren Zuwiderhandlung** nicht (mehr) besteht. 313

Beispiel: Gegen den ohne Baugenehmigung bauenden K hat die Behörde eine Stilllegungsverfügung mit Androhung eines Zwangsgeldes erlassen. K stellt einen Baugenehmigungsantrag, führt aber die Bauarbeiten gleichwohl fort. Darauf erteilt die Behörde die Baugenehmigung und setzt zugleich das Zwangsgeld fest.

Teilweise wird angenommen, dass das Zwangsgeld in diesem Fall **nicht mehr festgesetzt** und beigetrieben werden dürfe, da nach Erteilung der Baugenehmigung das Bauvorhaben nicht mehr stillgelegt werden muss. Das Zwangsgeld dürfe nicht als strafähnliche Sanktion für begangenes Unrecht angedroht und verhängt werden.[376] 314

---

371 OVG Lüneburg, Beschl. v. 06.05.2011 – 1 ME 14/11, RÜ 2011, 600, 603, vgl. ausdrücklich § 32 Abs. 1 S. 2 VwVGBbg, wonach bei Mitgewahrsam eine gesetzliche Pflicht zur Duldung der Ersatzvornahme besteht.

372 Erichsen/Rauschenberg Jura 1998, 31, 36; Dünchheim NWVBl. 2004, 202, 205 m.w.N.

373 OLG Düsseldorf RdE 2010, 32, 34; Horn Jura 2004, 597, 599 m.w.N.

374 Vgl. BVerwG NVwZ 2003, 1271, 1273; Engelhardt/App/Schlatmann VwVG § 15 Rn. 9 u. 10; Sadler VwVG § 15 Rn. 74 u. 98; App JuS 2004, 786, 791; vgl. auch § 65 Abs. 3 c) VwVG NRW.

375 BayVGH NVwZ 2002, 364 f.; App JuS 2004, 786, 791; a.A. OVG NRW NWVBl. 2003, 183.

376 Vgl. ThürOVG NVwZ-RR 2013, 6 f.; OVG Berlin-Brandenburg, Urt. v. 19.05.2011 – OVG 10 B 7.10; OVG Lüneburg NdsVBl. 2009, 345, 346; Sadler VwVG § 15 Rn. 21; Dünchheim NWVBl. 2004, 202, 205; in einem Spezialfall auch BVerwG NVwZ 2003, 1271, 1272; ebenso ausdrücklich § 29 Abs. 1 S. 3 VwVGBbg bei Duldungs- und Unterlassungspflichten.

315 Die Gegenauffassung verweist darauf, dass die Nichtbeachtung eines VA dann weitgehend **risikolos** möglich wäre. Voraussetzung für die Festsetzung sei lediglich, dass der Verstoß gegen den GrundVA nach der Androhung und während der Zeit, in der das Verbot noch galt, erfolgt ist.[377]

316 Hierfür spricht, dass mit Rücksicht auf den Beugecharakter die Vollstreckung nur dann einzustellen ist, wenn der **Zweck erreicht** ist (§ 15 Abs. 3 VwVG). Der Zweck eines Verbotes ist aber nur erreicht, wenn es uneingeschränkt beachtet wird und keine Zuwiderhandlung erfolgt. Verstößt der Pflichtige zunächst gegen die Verfügung, kommt er ihr aber später nach, so ist der Zweck des Zwangsmittels erst mit der Einhaltung erreicht, zuvor ist jedoch dem Verbot zuwider gehandelt und damit „im Zeitpunkt der Zuwiderhandlung" der Erfolg des Zwangsmittels vereitelt worden. Das Zwangsgeld bleibt auch dann eine präventive Maßnahme, wenn es erst nach dem Verstoß beigetrieben wird.

Landesrechtlich ist zum Teil ausdrücklich geregelt, dass ein Zwangsgeld auch dann noch beizutreiben ist, wenn einer Duldungs- oder Unterlassungspflicht zuwidergehandelt worden ist, deren Erfüllung durch die Androhung erreicht werden sollte (vgl. Art. 37 Abs. 4 S. 2 BayVwZVG, § 60 Abs. 3 S. 2 Hs. 2 VwVG NRW; anders ausdrücklich § 29 Abs. 1 S. 3 BbgVwVG, wonach bei Duldung und Unterlassung Zwangsmittel nicht mehr angewandt werden dürfen, wenn eine weitere Zuwiderhandlung nicht zu befürchten ist).

Fall 8: Bestandskraft

E hat ohne Baugenehmigung im Außenbereich ein Gebäude errichtet, dessen Beseitigung ihm mit Verfügung vom 10.02. von der zuständigen Bauaufsichtsbehörde aufgegeben wurde. Gleichzeitig wurde ihm die Ersatzvornahme angedroht. Widerspruch oder Klage hat E nicht erhoben. Nach Ablauf der dem E gesetzten Frist ist für das Grundstück im Mai ein Bebauungsplan in Kraft getreten, nach dem das von E errichtete Gebäude nunmehr errichtet werden dürfte. Die Behörde ist der Auffassung, E müsse der Beseitigungsverfügung gleichwohl nachkommen, da die Verfügung bestandskräftig geworden ist. Wie ist die Rechtslage und wie kann E verhindern, dass die Behörde einen Abbruchunternehmer mit der Beseitigung des Gebäudes beauftragt?

A. **Rechtmäßigkeit des Verwaltungszwangs**

317 I. Die Festsetzung bzw. Anwendung der angedrohten Ersatzvornahme ist an sich rechtmäßig, da die **Vollstreckungsvoraussetzungen** (bestandskräftiger GrundVA) vorliegen und das **Vollstreckungsverfahren** (Androhung der Ersatzvornahme zur Durchsetzung einer vertretbaren Handlung) bislang ordnungsgemäß durchgeführt worden ist.

318 II. Die Vollstreckung ist gleichwohl rechtswidrig, wenn **Vollstreckungshindernisse** bestehen. Nach § 15 Abs. 3 VwVG ist der Vollzug einzustellen, sobald sein **Zweck erreicht** ist. Der Zweckerreichung steht es gleich, wenn der **Zweck nicht mehr erreicht** werden kann oder wenn der **Zweck weggefallen** ist, z.B. weil ein öffentliches Interesse an der Handlung, Duldung oder Unterlassung wegen **veränderter tatsächlicher oder rechtlicher Umstände** nicht mehr besteht.

377 OVG NRW, Beschl. v. 17.05.2017 – 4 A 2359/15; OVG NRW DÖV 2012, 448; DÖV 2010, 987; VG Düsseldorf NWVBl. 2010, 152, 153; OVG Saarland NVwZ-RR 2003, 87; Waldhoff JuS 2012, 1151 f.; Weber DVBl. 2012, 1130, 1133; offengelassen in BVerwG NVwZ 2003, 1271, 1272.

Insoweit ist anerkannt, dass eine Beseitigungsverfügung wegen des Eigentumsschutzes (Art. 14 GG) nicht mehr vollzogen werden darf, wenn das Vorhaben nachträglich materiell legalisiert wird und kein Widerspruch mehr zum öffentlichen Baurecht besteht. Denn der Betroffene könnte den vorhandenen Bestand nach Erteilung einer Baugenehmigung jederzeit neu errichten.[378]

Damit liegt bzgl. der weiteren Vollstreckung ein **Vollstreckungshindernis** vor. Die Festsetzung und Anwendung der Ersatzvornahme wären **rechtswidrig**.

B. Umstritten ist, mit welchem **Rechtsbehelf** Vollstreckungshindernisse geltend gemacht werden können.

I. Innerhalb der Fristen der §§ 70, 74 VwGO kann der Betroffene **Widerspruch** bzw. **Anfechtungsklage** gegen die jeweiligen Vollstreckungsakte erheben (z.B. gegen die Androhung und Festsetzung). **319**

II. Eine Vollstreckungsabwehrklage gemäß § 167 Abs. 1 S. 1 VwGO, § 767 ZPO gibt es nur bei **verwaltungsgerichtlichen Urteilen**.[379] Eine analoge Anwendung bei Verwaltungsakten wird abgelehnt, da die **Klagearten der VwGO vorrangig** sind und den Rückgriff auf die ZPO sperren (vgl. § 167 Abs. 1 S. 1 VwGO: „soweit sich aus diesem Gesetz nichts anderes ergibt", ebenso § 173 S. 1 VwGO).[380] **320**

III. Soll die **weitere Vollstreckung verhindert** werden, kommen nach h.M. vielmehr folgende **Rechtsschutzmöglichkeiten** in Betracht:

- Der Vollstreckungsschuldner muss seine materiellen Einwendungen zunächst bei der Behörde geltend machen um die Vollstreckung **durch VA** für unzulässig erklären zu lassen. Bei Urteilen werde die Unzulässigkeit der Vollstreckung durch Urteil (§ 767 ZPO) festgestellt, entsprechend müsse dies bei VAen durch VA erfolgen (jeweils durch den „Autor" des Vollstreckungstitels). Wird dieser VA von der Behörde abgelehnt, so ist – ggf. nach erfolglosem Vorverfahren – **Verpflichtungsklage** (§ 42 Abs. 1 Fall 2 VwGO) zu erheben.[381] **321**

  Die Klage hat aber nur Erfolg, wenn die Einwendungen erst nach Erlass des GrundVA entstanden sind und mit förmlichen Rechtsbehelfen nicht mehr geltend gemacht werden können. Teilweise sieht das Landesrecht derartige behördliche Entscheidungen ausdrücklich vor (z.B. Art. 21 S. 1 BayVwZVG, § 29 Abs. 2 S. 2 HmbVwVG, § 16 Abs. 2 S. 1 LVwVG RP, ebenso § 7 Abs. 2 S. 1 VwVG NRW für die Vollstreckung aus Leistungsbescheiden).

- Der Bürger kann im Wege der **(vorbeugenden) Unterlassungs- bzw. Feststellungsklage** die Unzulässigkeit einzelner (künftiger) Vollstreckungsakte aussprechen lassen.[382] **322**

  Dies gilt nicht, soweit das LVwVG Sonderregelungen für die Geltendmachung von Einwendungen enthält (s.o.). In diesem Fall stehen dem Betroffenen nur die dort geregelten Möglichkeiten zur Verfügung.[383]

---

378 Vgl. AS-Skript Öffentliches Baurecht (2016), Rn.169.

379 Zur Vollstreckungsabwehrklage im Verwaltungsprozess vgl. Guckelberger NVwZ 2004, 662.

380 OVG Koblenz NVwZ 2012, 15, 16; Sodan/Ziekow VwGO § 42 Rn. 82; Kopp/Schenke VwGO § 167 Rn. 18 m.w.N.; a.A. die frühere Rspr. OVG NRW OVGE 23, 247, 248; Gaul JZ 1979, 496, 499 m.w.N.

381 OVG Koblenz, Urt. v. 27.07.2011 – 8 A 10394/11, NVwZ-RR 2012, 15, 16; Weber DVBl. 2012, 1130, 1133.

382 BVerwG NVwZ 1984, 168; Erichsen/Rauschenberg Jura 1998, 323, 325; a.A. Schenke/Baumeister NVwZ 1993, 1, 10.

383 OVG Koblenz, Beschl. v. 24.07.2014 – 8 B 10591/14, NVwZ-RR 2014, 871.

323 ■ Außerdem kommt eine Verpflichtungsklage auf **Wiederaufgreifen des Verwaltungsverfahrens** (§ 51 Abs. 1 Nr. 1 VwVfG) und Erlass eines den Erstbescheid abändernden oder aufhebenden VA in Betracht (s.o. Rn. 178 ff.).[384]

IV. In der Lit. und teilweise auch in der Rspr. wird zudem eine **allgemeine Feststellungsklage** (§ 43 Abs. 1 Fall 1 VwGO) für statthaft gehalten.

324 1. Dabei wird zum Teil angenommen, dass die Klage auf die Feststellung gerichtet sei, dass der im VA **titulierte Anspruch** nicht mehr bestehe. [385] Die h.M. verneint dagegen zurecht die Zulässigkeit einer solchen Feststellungsklage.[386] Denn die Vollstreckbarkeit des VA als ein von der Behörde geschaffener Titel besteht unabhängig von dem Bestehen des materiell-rechtlichen Anspruchs. Es geht nämlich nicht um eine Abänderung der dem Titel zugrunde liegenden Sachentscheidung (dazu dient das Wiederaufgreifen des Verfahrens nach § 51 VwVfG), sondern lediglich um die **Beseitigung der Vollstreckbarkeit** des VA.

325 2. Zum Teil wird deshalb die **Feststellungsklage** auf die Feststellung bezogen, dass es der Behörde nicht gestattet ist, Vollstreckungsmaßnahmen zu ergreifen.[387] Da die Feststellung der Unzulässigkeit der Vollstreckung jedoch mit der Verpflichtungsklage verfolgt werden kann (s.o. Rn. 321), scheitert eine solche Klage an der Subsidiarität gemäß § 43 Abs. 2 VwGO.[388]

---

326 ***Klausurhinweise:*** *Der Verwaltungszwang ist typischerweise in zwei Konstellationen Gegenstand von Examensklausuren:*

- *Rechtmäßigkeit einer (mit dem GrundVA verbundenen)* ***Androhung*** *eines Zwangsmittels*
- *Rechtmäßigkeit eines* ***Kostenbescheides*** *nach durchgeführter Vollstreckung*

Die folgenden Checklisten sollen zur Verdeutlichung und Zusammenfassung der dabei auftretenden Probleme dienen. Sie stellen ***kein zwingendes Aufbauschema*** *dar; in der Falllösung sind nur die Punkte anzusprechen, die tatsächlich einschlägig sind. Die Frage nach dem „richtigen" Aufbauschema ist müßig. Entscheidend sind Gesichtspunkte der Logik und der Zweckmäßigkeit. Demzufolge finden sich in der Literatur völlig unterschiedliche Aufbauempfehlungen. So werden die Voraussetzungen der Androhung gemäß § 13 VwVG teils bereits im Rahmen der formellen Rechtmäßigkeit erörtert,[389] teils als besondere Vollstreckungsvoraussetzungen in der materiellen Rechtmäßigkeit.[390] Auch Vollstreckungshindernisse werden teilweise als (besondere) Vollstreckungsvoraussetzungen geprüft, teilweise als selbstständiger Punkt nach dem Vollstreckungsverfahren (s.o. Rn. 308).*

---

384 Vgl. BVerwG NVwZ 1993, 476, 477; OVG NRW, Beschl. v. 20.01.2012 – 4 B 1425/11; Erichsen/Ebber Jura 1997, 424, 426.

385 OVG NRW DÖV 1976, 673, 675; Schenke/Baumeister NVwZ 1993, 1, 9; Kopp/Schenke VwGO § 167 Rn. 19 b.

386 OVG Koblenz NVwZ 2012, 15, 16; Pietzner/Möller in: Schoch/Schneider/Bier VwGO § 167 Rn. 71 m.w.N.

387 VG Sigmaringen, Beschl. v. 19.05.2016 – 5 K 1636/16, RÜ2 2016, 187 f.; Ehlers, JK 03 VwVG, § 6/1.

388 Kopp/Schenke VwGO § 167 Rn. 19 b; Pietzner/Möller in: Schoch/Schneider/Bier VwGO § 167 Rn. 71; Erichsen/Rauschenberg Jura 1998, 323, 326.

389 Vgl. z.B. Brühl JuS 1997, 926, 927; Pieroth/Schlink/Kniesel § 24 Rn. 23 ff.

390 Müller-Franken NWVBl. 2008, 197, 200 Fn 36 u. 202; Muckel/Ogorek JuS 2010, 57, 63.

Aufbauschema: Rechtmäßigkeit der Androhung eines Zwangsmittels

Ermächtigungsgrundlage: § 13 VwVG

I. Formelle Rechtmäßigkeit

1. **Zuständigkeit**, §§ 7, 8 VwVG
2. **Verfahren**: Anhörung entbehrlich, § 28 Abs. 2 Nr. 5 VwVfG
3. **Schriftform** (§ 13 Abs. 1 S. 1 VwVG) mit Begründung (§ 39 VwVfG)

II. Materielle Rechtmäßigkeit

1. **Vollstreckungsvoraussetzungen**:

   Androhung i.d.R. nur im gestreckten Verfahren, § 6 Abs. 1 VwVG

   a) GrundVA auf Handlung, Duldung oder Unterlassung

   b) Vollstreckbarkeit

   - bei Erlass der Androhung noch nicht erforderlich, arg. e. § 13 Abs. 2 VwVG
   - bei Fristablauf unanfechtbar oder sofort vollziehbar (§ 80 Abs. 2 VwGO)

   c) Rechtmäßigkeit des GrundVA irrelevant (h.M.)

2. **Ordnungsgemäßes Vollstreckungsverfahren**

   a) Auswahl des richtigen Zwangsmittels

   b) Spezielle Voraussetzungen der Androhung, § 13 VwVG

   Fristsetzung, Bestimmtheit, ggf. Veranschlagung der Kosten etc.

3. **Keine Vollstreckungshindernisse**
4. **Rechtsfolge: Ermessen** (bzgl. „ob" und „wie")

Zum weitgehend inhaltsgleichen **Landesrecht** (s.o. Rn. 263):

20	36	13	28	17	8	69	87 SOG	70 SOG	63	66	19	20	59 SOG	236 LVwG	46

Aufbauschema: Rechtmäßigkeit eines Kostenbescheides

Ermächtigungsgrundlage (§§ 10, 19 VwVG bzw. entspr. Landesrecht)

I. Formelle Rechtmäßigkeit des Kostenbescheids

1. Zuständigkeit, §§ 7, 8 VwVG
2. Verfahren: Anhörung grds. erforderlich, § 28 Abs. 2 Nr. 5 VwVfG gilt nicht
3. Schriftform (arg. e. § 3 Abs. 2 lit. a VwVG).

II. Materielle Rechtmäßigkeit des Kostenbescheids

1. **Anspruch** auf Kostenerstattung, wenn **Vollstreckung rechtmäßig**, insbes.
   - a) **Vollstreckungsvoraussetzungen**
     - aa) **Gestrecktes Verfahren**, § 6 Abs. 1 VwVG
       - (1) **GrundVA** auf Handlung, Duldung oder Unterlassung
         - Rechtmäßigkeit des GrundVA unstr. irrelevant, wenn unanfechtbar
         - str., ob auf der Sekundärebene Rechtmäßigkeit des GrundVA Voraussetzung für Kostenerstattung, wenn GrundVA im Zeitpunkt der Vollstreckung noch anfechtbar (Rechtswidrigkeitszusammenhang)
       - (2) **Vollstreckbarkeit**
         - GrundVA unanfechtbar
         - GrundVA sofort vollziehbar (§ 80 Abs. 2 VwGO)
     - bb) **Sofort-Vollzug**, § 6 Abs. 2 VwVG
       - (1) drohende/gegenwärtige Gefahr
       - (2) Handeln innerhalb der gesetzlichen Befugnisse (= Rechtmäßigkeit eines hypothetischen/fiktiven GrundVA)
   - b) **Ordnungsgemäßes Vollstreckungsverfahren**
     - aa) Richtiges Zwangsmittel (§ 9 Abs. 1 VwVG)
     - bb) Androhung (§ 13 VwVG)
     - cc) ggf. Festsetzung (§ 14 VwVG)
     - dd) ordnungsgemäße Anwendung (§ 15 Abs. 1 VwVG), insbes. VHMK
   - c) **keine Vollstreckungshindernisse** (z.B. § 15 Abs. 3 VwVG)
   - d) **Rechtsfolge: Ermessen** bzgl. „ob" und „wie" der Vollstreckung
2. **Kostentragungspflicht**
   - a) **Kostenschuldner** = Pflichtiger, also Verhaltens- oder Zustandsstörer
   - b) Kostenforderung nach **Art und Höhe** gerechtfertigt
   - c) **Rechtsfolge:**
     - aa) i.d.R. **gebundene Entscheidung** (str.)
     - bb) **VA-Befugnis**?

VERWALTUNGSZWANG

gestrecktes Verfahren § 6 I VwVG	**Sofort-Vollzug** § 6 II VwVG

Vollstreckungsvoraussetzungen

gestrecktes Verfahren	Sofort-Vollzug
■ **GrundVA** auf Handlung, Duldung oder Unterlassung ■ **Vollstreckbarkeit** des GrundVA – VA unanfechtbar – sofort vollziehbar gem. § 80 II VwGO ■ **Rechtmäßigkeit** des GrundVA irrelevant (str.)	■ ohne GrundVA möglich, erst recht wenn VA vorliegt ■ Handeln „innerhalb ihrer gesetzlichen Befugnisse" = **Rechtmäßigkeit eines (fiktiven) GrundVA** auf Handlung, Duldung oder Unterlassung ■ **gegenwärtige Gefahr**

Vollstreckungsverfahren

- **richtiges Zwangsmittel**
  - Ersatzvornahme (vertretbare Handlung), § 10 VwVG
  - Zwangsgeld (i.d.R. unvertretbare Handlungen), § 11 VwVG
  - unmittelbarer Zwang (ultima ratio), § 12 VwVG i.V.m. UZwG

gestrecktes Verfahren	Sofort-Vollzug
■ **Androhung**, § 13 VwVG – bestimmtes Zwangsmittel, § 13 III – grds. schriftlich, § 13 I 1 – unter Fristsetzung, § 13 I 2 – u.U. verbunden mit GrundVA, § 13 II – bei Ersatzvornahme: Kostenvoranschlag, § 13 IV – bei Zwangsgeld: bestimmte Höhe, § 13 V	■ **Androhung** entbehrlich, § 13 I VwVG
■ **Festsetzung**, § 14 VwVG – nur im Bundesrecht und in einigen Ländern obligatorisch – selbstständiger VA (str.)	■ **Festsetzung** entfällt, § 14 S. 2 VwVG

- ordnungsgemäße **Anwendung** des Zwangsmittels (§ 15 VwVG), insbes. Verhältnismäßigkeit (§ 9 II VwVG)
  - Geeignetheit
  - Erforderlichkeit:
    - Verwaltungszwang als solcher
    - ggf. Notwendigkeit des sofortigen Vollzuges
  - Angemessenheit

Vollstreckungshindernisse

- rechtliche Unmöglichkeit (z.B. entgegenstehende Rechte Dritter)
- nachträgliche materielle Einwendungen gegen den GrundVA

3. Abschnitt: Der öffentlich-rechtliche Vertrag

A. Begriffsmerkmale des öffentlich-rechtlichen Vertrages

327 Die Behörde kann auf dem Gebiet des öffentlichen Rechts Rechtsfolgen nicht nur einseitig durch VA, sondern auch durch **vertragliche Vereinbarungen** herbeiführen. Nach § 54 S. 1 VwVfG kann ein Rechtsverhältnis auf dem Gebiet des öffentlichen Rechts durch **Vertrag** begründet, geändert oder aufgehoben werden, soweit Rechtsvorschriften nicht entgegenstehen, d.h. der öffentlich-rechtliche Vertrag ist grds. ein neben dem VA stehendes, diesem **gleichwertiges Handlungsmittel** der Verwaltung.

Beispiele: Vertrag zwischen dem Dienstherrn und einem Beamten über die Rückzahlung von Ausbildungskosten bei vorzeitigem Ausscheiden des Beamten aus dem Dienst; Vertrag über die Vorbereitung und Durchführung städtebaulicher Maßnahmen; Vertrag über die Gewährung einer Subvention.

Begriffsmerkmale des öffentlich-rechtlichen Vertrages
■ **Regelung**
■ **auf dem Gebiet des öffentlichen Rechts**
■ **vertraglich**

I. Regelung

328 Der Begriff der Regelung deckt sich mit dem für den VA geltenden Regelungsbegriff. Die Vereinbarung muss **unmittelbar auf die Herbeiführung von Rechtsfolgen gerichtet** sein.[391] § 54 S. 1 VwVfG nennt als Regelungsinhalte insbes. die Begründung, Änderung oder Aufhebung eines öffentlich-rechtlichen Rechtsverhältnisses.

Beispiele: Begründung von Zahlungsverpflichtungen, Gewährung eines Rechts (z.B. einer Erlaubnis oder Genehmigung), Gestaltung eines Rechts (z.B. Aufhebung einer Erlaubnis), Feststellung einer streitigen Rechtslage.

II. Auf dem Gebiet des öffentlichen Rechts

329 Die Regelung muss auf dem Gebiet des **öffentlichen Rechts** erfolgen. Da die Behörde sowohl öffentlich-rechtlich als auch privatrechtlich handeln kann, richtet sich die Abgrenzung des öffentlich-rechtlichen Vertrages vom privatrechtlichen Vertrag nach den allgemeinen Kriterien. Öffentlich-rechtlich ist der Vertrag, wenn der **Vertragsgegenstand** öffentlich-rechtlich ist, d.h. wenn er sich auf einen Sachbereich bezieht, der nach öffentlich-rechtlichen Vorschriften zu beurteilen ist.[392]

Beispiele:

- Der Vertrag dient dem Vollzug einer öffentlich-rechtlichen Vorschrift (z.B. städtebauliche Verträge nach § 11 BauGB; Sanierungsvertrag nach § 13 Abs. 4 BBodSchG).

---

391 Vgl. dazu AS-Skript Verwaltungsrecht AT 1 (2017), Rn. 199 ff.

392 GmS-OGB BGHZ 97, 312, 313 f.; BVerwG, Beschl. v. 26.05.2010 – BVerwG 6 A 5.09, RÜ 2010, 531, 532; BGH NVwZ 2013, 96; Gurlit Jura 2001, 659, 661; Ruffert Jura 2003, 633, 634; Singer/Mielke JuS 2007, 1111, 1112; zu den verschiedenen Abgrenzungstheorien Scherzberg JuS 1992, 205, 207.

- Durch den Vertrag werden öffentlich-rechtliche Beziehungen unmittelbar gestaltet (z.B. Ablösungsvertrag über Erschließungsbeiträge nach § 133 Abs. 3 S. 5 BauGB; Vertrag zwischen Dienstherrn und Beamten über Studienförderung).
- Begründung eines Anspruchs auf eine Leistung, die nur kraft öffentlichen Rechts gewährt werden kann (z.B. Vertrag, kraft dessen der Bürger eine Baugenehmigung verlangen kann).
- Enger Sachzusammenhang des Vertragsinhalts bzw. Vertragszwecks mit öffentlich-rechtlich zu erfüllenden Aufgaben (z.B. Schuldanerkenntnis, um eine Einbürgerung zu ermöglichen).[393]

Problematisch ist die Einordnung, wenn **nur eine** der getroffenen Regelungen das öffentliche Recht betrifft und im Übrigen eine üblicherweise privatrechtliche Vereinbarung vorliegt. 330

Beispiele: B veräußert einen Teil seines Grundstücks an die Gemeinde (z.B. zum Zwecke des Straßenbaus), um im Gegenzug von der Gemeinde einen baurechtlichen Dispens (§ 31 Abs. 2 BauGB) zu erhalten.[394] – Die Stadt veräußert ein Grundstück an X und dieser übernimmt die Verpflichtung, das Grundstück innerhalb von drei Jahren zu bebauen.[395]

Teilweise wird angenommen, es handele sich um **gemischte Verträge**, die privatrechtliche und öffentlich-rechtliche Elemente verbinden. Die Rechtsnatur sei für jeden Vertragsteil gesondert zu beurteilen.[396] Nach der Gegenansicht kann durch Vertrag nur ein **einheitliches Rechtsverhältnis** begründet werden. Wenn die Leistung dem öffentlichen Recht angehöre, gelte dies auch für die Gegenleistung. Anders sei dies nur bei zusammengesetzten Verträgen, die sich in separate Vereinbarungen aufspalten ließen.[397] Überwiegend wird deshalb auf den **Schwerpunkt** der Vereinbarung abgestellt. Entscheidend sei, welcher Teil dem Vertrag das **entscheidende Gepräge** gibt.[398] Wenn der Vertrag schwerpunktmäßig ein Grundstückskaufvertrag ist, der lediglich zusätzlich öffentlich-rechtliche Elemente enthält, handelt es sich danach um einen privatrechtlichen Vertrag.[399] 331

In den obigen Beispielen ist wesentlicher Inhalt des Vertrages jeweils die Übertragung des Eigentums an einem Grundstück gegen Zahlung des vereinbarten Kaufpreises. Es handelt sich deshalb um Grundstückskaufverträge, die dem Zivilrecht zuzuordnen sind. Die Regelungen zum Dispens bzw. zur Bebauung haben nur untergeordnete Bedeutung und ändern nichts daran, dass der Vertrag seinen Schwerpunkt im Zivilrecht hat. Wird mit der Veräußerung unmittelbar eine öffentliche Aufgabe verfolgt, gelten zwar die Grundsätze des Verwaltungsprivatrechts,[400] d.h. neben dem Privatrecht gelten öffentlich-rechtliche Bindungen, insbes. die Grundrechte und der Grundsatz der Verhältnismäßigkeit.[401] Das ändert aber nicht die privatrechtliche Rechtsnatur eines Grundstückskaufvertrages.[402]

Gegenbeispiel: Wird in einem „Mietvertrag" der Mietzins nach den Vorgaben eines öffentlich-rechtlichen Gesetzes subventioniert und ist eine Anpassung des Mietzinses auf das ortsübliche Niveau vorgesehen, wenn der Mieter die anerkannte Förderungswürdigkeit verliert oder die Förderung unionsrechtlich unzulässig ist, liegt im Schwerpunkt ein öffentlich-rechtlicher Vertrag vor.[403]

---

393 BVerwG NJW 1994, 2909; NJW 1995, 1104.

394 BVerwGE 41, 331, 333; Butzer/Clever Jura 1995, 325; anders OLG Schleswig NJW 2004, 1052.

395 BGH NVwZ 2004, 253, 254.

396 OVG Schleswig NVwZ-RR 2002, 793; Pieper DVBl. 2000, 160, 162; Gurlit Jura 2001, 659, 661.

397 Ehlers/Schneider in: Schoch VwGO § 40 Rn. 349 f.

398 Vgl. BVerwG, Urt. v. 18.07.2012 – BVerwG 8 C 4.11, RÜ 2013, 189, 190; BGH NVwZ 2013, 96; NJW 2003, 888, 889.

399 BGH NJW 2003, 888, 889.

400 Vgl. AS-Skript Verwaltungsrecht AT 1 (2017), Rn. 84 ff.

401 Vgl. BGH, Urt. v. 06.11.2009 – V ZR 63/09, RÜ 2010, 115, 116 f. und AS-Skript Verwaltungsrecht AT 1 (2017), Rn. 86 ff.

402 BGH NVwZ 2013, 96.

403 Vgl. VG Berlin, Beschl. v. 17.01.2012 – VG 20 K 394.10; OVG Bln-Bbg, Beschl. v. 21.03.2012 – OVG 6 L 66.12 und die Darstellung in RÜ 2017, 243, 244.

III. Vertragliche Regelung

332 Eine vertragliche Regelung ist anzunehmen, wenn der Bürger **rechtlich** einen **gleichberechtigten Einfluss** auf den Inhalt der Regelung nehmen kann. Unerheblich ist ebenso wie im Privatrecht der tatsächliche Einfluss. Ob eine vertragliche Regelung i.S.d. § 54 VwVfG vorliegt, ist im Wesentlichen eine Frage der Abgrenzung zum **mitwirkungsbedürftigen VA**, bei dessen Erlass zwar die Mitwirkung des Bürgers erforderlich ist, dieser aber lediglich die Möglichkeit hat, durch Verweigerung der Zustimmung den Erlass der Regelung zu verhindern, ohne aber auf dessen Inhalt Einfluss nehmen zu können.

Daher ist z.B. eine Einigung zwischen Behörde und Bürger über die Höhe der Enteignungsentschädigung eine vertragliche Regelung, weil die Höhe gesetzlich nicht genau vorgeschrieben ist und der Bürger deshalb einen Einfluss darauf nehmen kann (vgl. § 110 BauGB). Dagegen hat der Bürger bei der Einstellung als Beamter nur die Möglichkeit, ja oder nein zu sagen. Auf den Inhalt seiner Rechte und Pflichten als Beamter hat er keinen Einfluss, weil diese gesetzlich festgelegt sind (§§ 33 ff. BeamtStG; §§ 60 ff. BBG), in diesem Falle ist deshalb ein mitwirkungsbedürftiger VA gegeben. Weitere Beispiele für mitwirkungsbedürftige VAe sind die Einbürgerung, die Fahrerlaubnis und die Baugenehmigung.

B. Die Arten des öffentlich-rechtlichen Vertrages

Die §§ 54 ff. VwVfG unterscheiden koordinationsrechtliche und subordinationsrechtliche Verträge.

333 ■ **Koordinationsrechtlich** sind öffentlich-rechtliche Verträge zwischen Rechtsträgern, die prinzipiell **gleichgeordnet** sind, weil keiner dem anderen gegenüber Weisungen erteilen oder VAe erlassen darf (auch horizontaler Vertrag genannt).

Beispiele: Vertrag zwischen Gemeinde und Kreis zur Übertragung der Abfallbeseitigungspflicht; Gebietsänderungsverträge zwischen Gemeinden.

334 ■ Um einen **subordinationsrechtlichen** Vertrag (§ 54 S. 2 VwVfG) handelt es sich bei einer Vereinbarung zwischen Parteien, die sonst im Verhältnis der **Über-/Unterordnung** stehen, der Vertrag also an die Stelle eines VA tritt (z.B. Verträge zwischen Behörde und Bürger).

Auch der **Prozessvergleich** nach § 106 VwGO ist der Sache nach ein öffentlich-rechtlicher Vertrag. Er hat eine **Doppelnatur:** Er ist materiell-rechtlicher Vertrag, zugleich aber auch Prozesshandlung.[404]

335 Im VwVfG geregelte **Unterfälle** des subordinationsrechtlichen Vertrages sind der **Vergleichsvertrag** (§ 55 VwVfG) und der **Austauschvertrag** (§ 56 VwVfG), ohne dass dadurch andere Vertragstypen ausgeschlossen werden. Es besteht **kein numerus clausus** verwaltungsrechtlicher Verträge.

336 Vom Gesetz vorausgesetzt, aber nicht näher geregelt, ist die Unterscheidung zwischen Verpflichtungsverträgen und Verfügungsverträgen. Der **Verpflichtungsvertrag** begründet eine Pflicht der Beteiligten, die vereinbarte Rechtsänderung vorzunehmen (z.B. Verpflichtung der Behörde zum Erlass einer Baugenehmigung), während der **Verfügungsvertrag** die Rechtsänderung als solche bereits unmittelbar herbeiführt (z.B. Erteilung der Genehmigung im Vertrag selbst).[405]

---

404 BVerwG, Urt. v. 18.07.2012 – BVerwG 8 C 4.11, DVBl. 2013, 40, 41; RÜ 2013, 189, 191; HessVGH, Beschl. v. 17.01.2017 – 3 E 2889/16; Höfling/Krings JuS 2000, 625, 629; Budach/Johlen JuS 2002, 371.

405 BVerwG, Urt. v. 18.07.2012 – BVerwG 8 C 4.11, RÜ 2013, 189, 191; zur Unterscheidung Hellriegel DVBl. 2007, 1211, 1212.

C. Zustandekommen eines öffentlich-rechtlichen Vertrages

Anders als beim VA gibt es beim öffentlich-rechtlichen Vertrag hinsichtlich der **Rechtsfolgen** keine Unterscheidung zwischen Nichtigkeit und Rechtswidrigkeit. Werden Ansprüche aus einem bereits geschlossenen öffentlich-rechtlichen Vertrag geltend gemacht, so kommt es nur darauf an, ob der Vertrag **wirksam** oder nichtig ist. 337

I. Die Rechtmäßigkeit eines öffentlich-rechtlichen Vertrages

Die Rechtmäßigkeit des öffentlich-rechtlichen Vertrages spielt in der Praxis nur dann eine Rolle, wenn der Vertrag **noch abgeschlossen** werden soll. Da auch beim Vertrag der Grundsatz der Gesetzmäßigkeit der Verwaltung (Art. 20 Abs. 3 GG) zu beachten ist, gelten hier dieselben Rechtmäßigkeitsanforderungen wie bei sonstigem Verwaltungshandeln. 338

Aufbauschema: Rechtmäßigkeit eines öffentlich-rechtlichen Vertrages

- **Ermächtigungsgrundlage** grds. nicht erforderlich, aber ggf. Handlungsformverbote
- **Formelle Rechtmäßigkeit**
  - Zuständigkeit
  - Schriftform (§ 57 VwVfG)
  - Mitwirkung Dritter und anderer Behörden (§ 58 VwVfG)
- **Materielle Rechtmäßigkeit**
  - spezielle gesetzliche Erfordernisse (z.B. im Baurecht, §§ 11 ff. BauGB)
  - für Vergleichsverträge: § 55 VwVfG
  - für Austauschverträge: § 56 VwVfG
  - allgemeine Rechtmäßigkeitsanforderungen
  - ggf. Ermessen

1. Ermächtigungsgrundlage

Eine Ermächtigungsgrundlage für die Handlungsform des Vertrages ist grds. nicht erforderlich. Es gilt nur der Grundsatz vom **Vorrang des Gesetzes**, nicht der Vorbehalt des Gesetzes, und zwar selbst dann nicht, wenn der Vertrag Belastungen des Bürgers zur Folge hat. Denn der Bürger geht die vertragliche Bindung freiwillig ein.[406] 339

Allerdings ist umstritten, ob dies auch für den **Inhalt** des Vertrages gilt. Hier wird teilweise eine gesetzliche Grundlage gefordert, wenn die Belastung über eine selbst auferlegte Bindung des Grundrechtsträgers hinausgeht.[407]

406 Vgl. BayVGH, Urt. v. 02.08.2016 – 22 B 16.619; Höfling/Krings JuS 2000, 625, 627; Ogorek JA 2003, 436, 438; Kopp/Ramsauer VwVfG § 54 Rn. 44.

407 Scherzberg JuS 1992, 205, 211; Gersdorf JuS 1994, 955, 959; Bleckmann NVwZ 1990, 601, 603: soweit sich aus Grundrechten eine Schutzpflicht des Staates ergibt; Gurlit Jura 2001, 659, 664: bei wesentlichen Fragen, die dem Parlamentsvorbehalt unterliegen; ausführlich Höfling/Krings JuS 2000, 625, 630.

340 Jedoch enthalten einige Rechtsnormen Beschränkungen (als „entgegenstehende Vorschriften" i.S.d. § 54 S. 1 VwVfG), die es verbieten, dass eine Behörde bestimmte Fragen durch Vertrag regelt (sog. **Handlungsformverbote**).

Beispiel: Verbot der Vereinbarung einer höheren Beamtenbesoldung (§ 2 Abs. 2 BBesG) oder -versorgung (§ 3 Abs. 2 BeamtVG);[408] während andererseits bestimmte Vorschriften eine Regelung durch Vertrag ausdrücklich vorsehen (z.B. §§ 11, 110, 111 BauGB).[409]

Derartige Handlungsformverbote sind nicht nur bei einem **ausdrücklichen Verbot** anzunehmen, sondern können sich auch durch **Auslegung** gesetzlicher Vorschriften nach ihrem Sinn und Zweck sowie aus dem Gesamtzusammenhang der Regelung ergeben. Ein öffentlich-rechtlicher Vertrag ist insbes. dann unzulässig, wenn das Gesetz **abschließend** ist oder **nur eine Regelung durch VA** vorsieht.[410]

Beispiel: Im Beamtenrecht ist der Gesetzgeber für die Regelung des Beamtenverhältnisses und der sich daraus ergebenden Rechte und Pflichten allein zuständig und verantwortlich. Daher können Beamtenpflichten zwar ggf. durch VA konkretisiert werden. Im Übrigen ist die gesetzliche Regelung aber zwingend und abschließend, sodass eine vertragliche Vereinbarung, durch die beamtenrechtliche Pflichten geändert oder gesetzlich nicht vorgesehene Pflichten begründet werden, grds. unzulässig ist.[411]

341 Der Bereich der Handlungsformverbote (also die Frage nach dem „Ob") wird in Rspr. und Lit. allerdings zunehmend **eingeschränkt**. Auch in problematischen Bereichen (z.B. im Abgabenrecht) ist der öffentlich-rechtliche Vertrag nicht generell ausgeschlossen; vielmehr wird darauf abgestellt, ob der konkrete Inhalt des Vertrages (das „Wie") zulässig ist.[412] Im Unterschied zum Handlungsformverbot wird dann von „Vertragsinhaltsverbot"[413] oder „Regelungsinhaltsverbot"[414] gesprochen.

2. Formelle Anforderungen an öffentlich-rechtliche Verträge

342 In **formeller Hinsicht** sind beim öffentlich-rechtlichen Vertrag

- die **Zuständigkeit** der handelnden Behörde,
- die Einhaltung der **Schriftform** (§ 57 VwVfG) sowie
- etwaige **Mitwirkungserfordernisse** (§ 58 VwVfG) zu beachten.[415]

3. Materielle Anforderungen an öffentlich-rechtliche Verträge

343 Die **materiellen (inhaltlichen) Anforderungen** an öffentlich-rechtliche Verträge ergeben sich in erster Linie aus den vom Vertragsgegenstand betroffenen **Spezialgesetzen**, ergänzend aus §§ 54 ff. VwVfG.

---

408 Vgl. BVerfG NVwZ 2007, 802; BVerwG DVBl. 2005, 1138; OVG Koblenz NVwZ 2006, 1318 f.

409 Vgl. VGH Mannheim DVBl. 2010, 185, 186; Selmer JuS 2006, 382.

410 Maurer/Waldhoff § 14 Rn. 32; Kunig DVBl. 1992, 1193, 1196; Höfling/Krings JuS 2000, 625, 628.

411 BVerwG DVBl. 1993, 558, 559.

412 Knack/Henneke § 54 Rn. 17 u. 46; Stelkens/Bonk/Sachs § 54 Rn. 101 ff.; Maurer/Waldhoff § 14 Rn. 4 ff.; Budach/Johlen JuS 2002, 371, 373; näher unten Rn. 388.

413 Stelkens/Bonk/Sachs VwVfG § 54 Rn. 108.

414 Knack/Henneke VwVfG § 54 Rn. 22.

415 Dazu näher unten Rn. 352 ff.

a) Soweit der Vertrag ein Gebiet betrifft, für das **spezielle gesetzliche Regelungen** vorhanden sind, was regelmäßig im Bereich des Besonderen Verwaltungsrechts (z.B. im Beamten-, Bau- oder Immissionsschutzrecht) der Fall ist, muss der Vertrag mit diesen besonderen Vorschriften vereinbar sein (z.B. §§ 11 ff. BauGB).[416] **344**

b) Für subordinationsrechtliche **Vergleichs-** und **Austauschverträge** enthalten die §§ 55, 56 VwVfG ergänzende Regelungen.

c) Im Übrigen gelten für die Rechtmäßigkeit von Verträgen im Grundsatz dieselben **allgemeinen Rechtmäßigkeitsanforderungen** wie bei Verwaltungsakten. Vor allem ist der Grundsatz der Bestimmtheit der vertraglichen Regelungen zu beachten. **345**

d) Soweit keine gesetzlichen Vorschriften bestehen oder wenn der Behörde nach den gesetzlichen Vorschriften **Ermessen** zusteht, richtet sich die Rechtmäßigkeit des Vertrages nach den Regeln über den fehlerfreien Ermessensgebrauch.[417] **346**

Dabei sind u.a. auch die Grundrechte zu beachten. Insbesondere darf durch vertragliche Regelungen nicht der Gleichheitssatz des Art. 3 Abs. 1 GG verletzt werden. Außerdem ist der aus den Abwehrrechten folgende Verhältnismäßigkeitsgrundsatz zu beachten.[418]

Bzgl. des Grundrechtsschutzes besteht allerdings die **Besonderheit**, dass sich der Bürger auf den Vertragsinhalt **freiwillig einlässt**. Der Vertragsschluss beruht gerade auf der Betätigung seiner durch Art. 2 Abs. 1 GG geschützten **Vertragsfreiheit**, sodass es insoweit an einem Eingriff fehlt. Im Übrigen kann der Bürger – jedenfalls in bestimmtem Umfang – über seine Grundrechte verfügen, sodass in diesem Umfang Grundrechtsbeeinträchtigungen durch sein mit dem Vertragsschluss zum Ausdruck gebrachtes Einverständnis gedeckt sind.[419] Bedeutung können die Grundrechte aber bei drittbelastenden Verträgen haben (z.B. Art. 12 GG im Hinblick auf den Konkurrentenschutz).[420] **347**

Beispiel: Ein öffentlich-rechtlicher Vertrag, der einen unzulässigen Verdrängungs- bzw. Auszehrungswettbewerb ermöglicht, kann gegen Art. 12 Abs. 1 GG verstoßen.[421]

II. Die Wirksamkeit des öffentlich-rechtlichen Vertrages

In der Praxis und in der Examensklausur geht es i.d.R. darum, dass Ansprüche aus einem **bereits geschlossenen öffentlich-rechtlichen Vertrag** geltend gemacht werden. Wie beim VA kommt es dann nicht auf die Rechtmäßigkeit des Vertrages, sondern allein auf seine **Wirksamkeit** an. **348**

Aufbauschema: Wirksamkeit eines öffentlich-rechtlichen Vertrages

- **Einigung** (§ 62 S. 2 VwVfG i.V.m. §§ 145 ff. BGB)
- **Schriftform** (§ 57 VwVfG)
- **Beteiligung Dritter** (§ 58 VwVfG)
- **keine Nichtigkeitsgründe** (§ 59 VwVfG)

416 Vgl. BVerwG NVwZ 1990, 665, 666.

417 Vgl. AS-Skript Verwaltungsrecht AT 1 (2017), Rn. 539 ff.

418 Vgl. Butzer/Clever Jura 1995, 325, 328 m.w.N.

419 Maurer/Waldhoff § 14 Rn. 41; Höfling/Krings JuS 2000, 625, 630; a.A. Gusy DVBl. 1983, 1222, 1228.

420 Vgl. z.B. OVG NRW NVwZ 1984, 522; Gurlit Jura 2001, 731, 732.

421 Zum sehr eingeschränkten Konkurrentenschutz aus Art. 12 Abs. 1 GG vgl. AS-Skript Grundrechte (2017), Rn. 465 ff.

1. Einigung

349 Wie beim privatrechtlichen Vertrag müssen sich die Parteien gemäß § 62 S. 2 VwVfG i.V.m. §§ 145 ff. BGB geeinigt haben.[422]

Für die Auslegung, ob und mit welchem Inhalt ein Vertrag zustande gekommen ist, gelten die §§ 133, 157 BGB.[423] Vor allem muss der Verwaltungsträger **wirksam vertreten** worden sein (§ 164 BGB). Wichtig sind hier vor allem die Vorschriften der Gemeindeordnung über Verpflichtungsgeschäfte (z.B. §§ 53, 54 GemO BW, Art. 38 BayGO, § 71 HGO, § 49 GemO RP, §§ 63, 64 GO NRW, §§ 59, 60 SächsGemO).

2. Schriftform (§ 57 VwVfG)

350 Nach § 57 VwVfG unterliegt ein öffentlich-rechtlicher Vertrag der **Schriftform** bzw. einer anderweitigen gesetzlich vorgeschriebenen strengeren Form, z.B. die notarielle Beurkundung bei Grundstücksgeschäften (§ 62 S. 2 VwVfG, § 311 b BGB).[424] Schriftform bedeutet entsprechend § 126 Abs. 2 BGB grds. die Unterzeichnung einer einheitlichen Urkunde **(Grundsatz der Urkundeneinheit)**, ein Schriftwechsel reicht nach h.Rspr. nicht aus.[425]

Das BVerwG hat allerdings bei Verwaltungsvereinbarungen zwischen den Ländern[426] und bei den Bürger einseitig verpflichtenden Verträgen auf die Urkundeneinheit verzichtet.[427] Nach der Gegenansicht soll es für die Schriftform stets genügen, wenn ein schriftliches Vertragsangebot und eine inhaltlich übereinstimmende Annahmeerklärung vorliegen und jeweils der Gegenseite zugegangen sind.[428]

351 Ein **Formverstoß** führt nach § 59 Abs. 1 VwVfG i.V.m. § 125 S. 1 BGB zur Nichtigkeit des Vertrages. Das bedeutet, dass der Vertrag von den Vertragsparteien nicht erfüllt werden muss. Eine Ausnahme hiervon gilt – wie im Zivilrecht – nur für den Fall, dass dies nach Maßgabe der Beziehungen der Beteiligten zueinander und unter Berücksichtigung aller Umstände des Einzelfalls nicht bloß unbefriedigend, sondern nach **Treu und Glauben** (§ 242 BGB analog) **schlechterdings unvertretbar** ist.[429]

3. Beteiligung Dritter oder anderer Behörden (§ 58 VwVfG)

352 **a)** Nach § 58 Abs. 1 VwVfG wird ein öffentlich-rechtlicher Vertrag, der in Rechte eines **Dritten** eingreift, erst wirksam, wenn der Dritte **schriftlich zustimmt**. Rechte Dritter können sich aus einfach-gesetzlichen Vorschriften oder aus Grundrechten ergeben.[430]

Beispiel: Die Baubehörde und der Bauherr schließen einen öffentlich-rechtlichen Vertrag über die Erteilung einer Baugenehmigung unter Abweichung von nachbarschützenden Vorschriften. Der Vertrag wird nach § 58 Abs. 1 VwVfG erst wirksam, wenn der Nachbar zustimmt. Voraussetzung ist allerdings, dass die Rechtsposition des Dritten unmittelbar durch den Vertrag oder durch dessen Umsetzung zu seinem Nachteil verändert wird. Bloße faktische Nachteile oder tatsächliche Beeinträchtigungen reichen nicht aus.[431]

---

422 Voßkuhle/Kaiser JuS 2013, 687, 688; Broscheit JA 2016, 840, 844.

423 BVerwG NJW 1990, 1926, 1928.

424 OVG Schleswig NJW 2008, 601; OVG Lüneburg BauR 2008, 57.

425 OVG Lüneburg NJW 2008, 2520; NJW 1998, 2921; OVG Hamburg DVBl. 2008, 1202; Ogorek JA 2003, 436, 437 m.w.N.

426 BVerwG NVwZ 2005, 1083.

427 BVerwG NJW 1996, 608, 610; DVBl. 1995, 675, 676; VG Berlin NJW 2000, 2040, 2041; VG Stuttgart, Urt. v. 06.07.2010 – 12 K 416/10, RÜ 2011, 130, 131 f. (Kostenerstattung für Klassenfahrt; anders VG Gelsenkirchen NJW 2002, 1818: ör GoA).

428 Kopp/Ramsauer VwVfG § 57 Rn. 10; Stelkens/Bonk/Sachs VwVfG § 57 Rn. 20; offen gelassen von BayVGH, Urt. v. 24.04.2015 – 4 BV 13.2391.

429 OVG Magdeburg, Beschl. v. 23.12.2010 - 4 L 205/10, NVwZ-RR 2011, 418.

430 Vgl. BVerwG, Urt. v. 18.07.2012 – BVerwG 8 C 4.11, RÜ 2013, 189, 192.

431 OVG Bln-Bbg NVwZ-RR 2016, 325; OVG Hamburg, Urt. v. 06.05.2015 – 2 Bf 2/12.

b) Nach § 58 Abs. 2 VwVfG wird ein öffentlich-rechtlicher Vertrag, der anstelle eines VA geschlossen wird, bei dessen Erlass nach einer Rechtsvorschrift die Genehmigung, die Zustimmung oder das Einvernehmen einer **anderen Behörde** erforderlich ist, erst wirksam, wenn die andere Behörde in der vorgeschriebenen Form mitgewirkt hat. Der wichtigste Fall ist die Mitwirkung in den Fällen des Einvernehmens. **353**

Beispiel: Die Baugenehmigungsbehörde schließt mit E einen öffentlich-rechtlichen Vertrag, wonach dem E die Baugenehmigung für ein Außenbereichsvorhaben (§ 35 BauGB) erteilt wird, wenn E die an dem Grundstück vorbeiführende Straße ausbaut. Da für die Baugenehmigung nach § 36 Abs. 1 BauGB das Einvernehmen der Gemeinde erforderlich ist, wird der Vertrag nach § 58 Abs. 2 VwVfG erst wirksam, wenn die Gemeinde in der vorgeschriebenen Form mitgewirkt hat.

c) Nach seinem Wortlaut gilt § 58 VwVfG nur für sog. Verfügungsverträge, bei denen der Vertrag unmittelbar in die Rechte eines Dritten eingreift (z.B. Erteilung eines Dispenses von nachbarschützenden Vorschriften unmittelbar durch den Vertrag). Die Vorschrift gilt aber **entsprechend für Verpflichtungsverträge** (z.B. Verpflichtung zur Erteilung einer dispensierenden Baugenehmigung), da nicht erst die Erfüllungshandlung einen Eingriff bewirkt, sondern schon die Verpflichtung zu einer solchen.[432] **354**

Beachte: Nicht unter § 58 Abs. 2 VwVfG fällt das Notifizierungsverfahren nach Art. 108 Abs. 3 AEUV bei Subventionen, da die EU-Kommission nicht als Behörde i.S.d. VwVfG zu qualifizieren ist.[433] Hier ist der unter Verstoß gegen das EU-Recht geschlossene Vertrag vielmehr nach § 59 Abs. 1 VwVfG i.V.m. § 134 BGB nichtig (s.u. Rn. 387).

4. Nichtigkeitsgründe (§ 59 VwVfG)

Damit ein öffentlich-rechtlicher Vertrag wirksam ist, dürfen schließlich **keine Nichtigkeitsgründe** (§ 59 VwVfG) vorliegen.

a) Rechtswidrige, aber nicht nichtige Verträge

Auch das vertragliche Verwaltungshandeln unterliegt dem aus dem Rechtsstaatsprinzip (Art. 20 Abs. 3 GG) folgenden **Grundsatz der Gesetzmäßigkeit der Verwaltung**.[434] Der **Vorrang des Gesetzes** spricht dafür, bei Rechtswidrigkeit des Vertrages auch Unwirksamkeit anzunehmen, weil andernfalls Behörde und Bürger zu einem Verhalten verpflichtet würden, das letztlich dem Gesetz widerspricht. Das **Prinzip der Vertragsverbindlichkeit** (pacta sunt servanda) spricht hingegen dafür, Verträge auch dann als wirksam anzusehen, wenn sie mit dem Gesetz nicht im Einklang stehen und deshalb nicht hätten abgeschlossen werden dürfen. Der Gesetzgeber hat in § 59 VwVfG grds. dem Prinzip der Vertragsverbindlichkeit den **Vorrang** eingeräumt: **355**

- **Nichtig** ist ein öffentlich-rechtlicher Vertrag nur bei Vorliegen einer der in § 59 VwVfG aufgeführten Nichtigkeitsgründe;
- im Übrigen ist der Vertrag zwar **rechtswidrig**, was jedoch die **Wirksamkeit** des Vertrages und die sich daraus ergebenden Ansprüche unberührt lässt.

---

432 BVerwG NJW 1988, 662, 663; OVG NRW NVwZ 1988, 370, 371; Gurlit Jura 2001, 731, 731 f.; Ogorek JA 2003, 436, 437; a.A. Hellriegel DVBl. 2007, 1211, 1213, da der Dritte die Möglichkeit habe, den ihn belastenden VA als Erfüllungsakt auch bei Wirksamkeit des (Verpflichtungs-)Vertrages anzufechten.

433 Haas/Hoffmann JA 2009, 119, 123; Oldiges NVwZ 2001, 626, 635; Maurer/Waldhoff § 14 Rn. 53; a.A. Schneider NJW 1992, 1197, 1199.

434 Vgl. Maurer/Waldhoff § 14 Rn. 31; Gurlit in: Ehlers/Pünder § 32 Rn. 4.

356 Das VwVfG nimmt daher Gesetzesverstöße sanktionslos hin mit der Folge, dass es **rechtswidrige, aber gleichwohl wirksame öffentlich-rechtliche Verträge** gibt.[435]

Beispiel: X und die Stadt S haben einen öffentlich-rechtlichen Vertrag geschlossen, in dem sich X verpflichtet, einen Grundstücksteil an S zum Zwecke des Straßenbaus zu übertragen, und im Gegenzug die Stadt S, dem X eine Baugenehmigung für ein bauplanungsrechtlich unzulässiges Vorhaben zu erteilen. Wird die (an sich rechtswidrige) Baugenehmigung erteilt, so ist sie als Erfüllungshandlung des wirksamen (wenn auch rechtswidrigen) Vertrages rechtmäßig.[436]

357 Diese Regelung der nur **eingeschränkten Nichtigkeit** öffentlich-rechtlicher Verträge hat in der Lit. erhebliche Kritik und vor allem auch verfassungsrechtliche Bedenken im Hinblick auf die Gesetzmäßigkeit der Verwaltung (Art. 20 Abs. 3 GG) und die Rechtsschutzgarantie des Art. 19 Abs. 4 GG hervorgerufen.[437] Die verfassungsrechtlichen Bedenken lassen sich aber dadurch ausräumen, dass § 59 Abs. 1 VwVfG i.V.m. § 134 BGB so auszulegen und anzuwenden ist, dass **alle schwerwiegenden Verstöße** zur Nichtigkeit führen.[438] Für die verbleibenden Fälle ist auf die Parallele zum VA zu verweisen, wo rechtswidrige Verwaltungsakte auch nicht generell zur Aufhebung gelangen und, soweit sie begünstigend sind, nach § 48 Abs. 2 VwVfG sogar zum Teil gar nicht aufgehoben werden dürfen.[439]

b) Nichtigkeitsgründe nach § 59 Abs. 2 VwVfG

358 § 59 Abs. 2 VwVfG regelt die **speziellen Nichtigkeitsgründe** für **subordinationsrechtliche** Verträge i.S.d. § 54 S. 2 VwVfG.

Beachte: *Die Nichtigkeitsgründe des § 59 Abs. 2 VwVfG sind als* ***lex specialis*** *grds. vor den allgemeinen Nichtigkeitsgründen gemäß § 59 Abs. 1 VwVfG zu prüfen,*[440] *schließen diese jedoch nicht aus. Vielmehr ist beim subordinationsrechtlichen Vertrag zusätzlich auch § 59 Abs. 1 VwVfG anwendbar (vgl. „ferner").*[441]

359 Ein **subordinationsrechtlicher Vertrag** liegt nach § 54 S. 2 VwVfG vor, wenn die Behörde mit einem Bürger einen öffentlich-rechtlichen Vertrag schließt, an den sie sonst einen VA richten würde. Die Formulierung „an den sie sonst den VA richten würde" ist nach allgemeiner Auffassung ungenau. Es kommt nicht darauf an, ob die Behörde gerade den Vertragsinhalt durch VA hätte regeln können; entscheidend ist vielmehr, ob innerhalb der betroffenen Rechtsbeziehung grds. der Erlass von VAen möglich ist.[442] Das ist immer der Fall, wenn ein **Über-/Unterordnungsverhältnis** besteht. Daher sind Verträge zwischen Staat und Bürger i.d.R.,[443] nach teilweise vertretener Ansicht sogar immer nach § 54 S. 2 VwVfG zu beurteilen.[444]

---

435 Vgl. BVerwG NJW 1990, 2700, 2702; DVBl. 1992, 372, 373 m.w.N.

436 Scherzberg JuS 1992, 205, 214.

437 Maurer/Waldhoff § 14 Rn. 57 ff.

438 Maurer/Waldhoff § 14 Rn. 49 u. 61.

439 Vgl. auch Knack/Henneke § 59 Rn. 3 ff.; Stelkens/Bonk/Sachs § 59 Rn. 8; Gurlit Jura 2001, 731, 735 m.w.N.; zu Reformüberlegungen zur Lockerung der Nichtigkeitsfolge vgl. Schmitz DVBl. 2005, 17, 23.

440 Gurlit in: Ehlers/Pünder § 32 Rn. 20; Stelkens/Bonk/Sachs § 59 Rn. 42; Voßkuhle/Kaiser JuS 2013, 687, 688 f.

441 Knack/Henneke § 59 Rn. 17; Kopp/Ramsauer VwVfG § 59 Rn. 18.

442 BVerwG DVBl. 2000, 1853, 1854; OVG Koblenz DVBl. 2003, 811, 812; VGH Mannheim NJOZ 2015, 1344, 1345; Voßkuhle/Kaiser JuS 2013, 687, 688; Broscheit JA 2016, 840, 845; Kopp/Ramsauer VwVfG § 54 Rn. 48.

443 Kopp/Ramsauer VwVfG § 54 Rn. 49; Knack/Henneke VwVfG § 54 Rn. 52.

444 Stelkens/Bonk/Sachs § 54 Rn. 61.

Nichtigkeit nach § 59 Abs. 2 VwVfG
■ **Nr. 1:** Nichtigkeit eines inhaltsgleichen VA
■ **Nr. 2:** Materielle Rechtswidrigkeit eines inhaltsgleichen VA und Kenntnis der Vertragsparteien
■ **Nr. 3:** Voraussetzungen für Vergleichsvertrag (§ 55 VwVfG) nicht erfüllt und VA mit entsprechendem Inhalt rechtswidrig
■ **Nr. 4:** unzulässige Gegenleistung des Bürgers beim Austauschvertrag (§ 56 VwVfG)

- Nach § 59 Abs. 2 **Nr. 1** VwVfG ist ein ör Vertrag nichtig, wenn ein **VA** mit entsprechen- **360** dem Inhalt **nichtig** wäre (§ 44 VwVfG).

  Dies gilt z.B. bei Sittenwidrigkeit (§ 44 Abs. 2 Nr. 6 VwVfG) oder bei besonders schwerwiegender und offensichtlicher Fehlerhaftigkeit (§ 44 Abs. 1 VwVfG).

- Nach § 59 Abs. 2 **Nr. 2** VwVfG ist ein ör Vertrag nichtig, wenn ein **VA** mit entsprechen- **361** dem Inhalt nicht nur wegen eines Verfahrens- oder Formfehlers i.S.d. § 46 VwVfG **rechtswidrig** wäre und dies den Vertragschließenden **bekannt** war.

  Hierdurch soll verhindert werden, dass die Vertragschließenden in bewusstem und gewolltem Zusammenwirken (Kollusion) einen rechtswidrigen Zustand herbeiführen wollen.

- Nach § 59 Abs. 2 **Nr. 3** VwVfG ist ein **Vergleichsvertrag** nichtig, wenn dessen Voraus- **362** setzungen nach § 55 VwVfG nicht vorlagen und ein VA mit entsprechendem Inhalt rechtswidrig wäre.

  Nichtigkeit kommt daher in Betracht, wenn überhaupt keine Vergleichslage (Ungewissheit) gegeben war oder kein gegenseitiges Nachgeben erfolgte. Da die Voraussetzungen für einen Vergleichsvertrag nach § 55 VwVfG aber sehr weit gefasst sind, wird Nichtigkeit nur selten vorliegen.[445] Ob **Ermessensfehler** beim Abschluss eines Vergleichsvertrages zur Nichtigkeit führen, ist umstritten. Dagegen spricht, dass das Ermessen zur Rechtsfolgenseite gehört und nicht zu den „Voraussetzungen" i.S.d. § 59 Abs. 2 Nr. 3 VwVfG.[446]

- Nach § 59 Abs. 2 **Nr. 4** VwVfG ist ein **Austauschvertrag** nichtig, wenn sich die Be- **363** hörde eine nach § 56 VwVfG unzulässige Gegenleistung versprechen lässt.

c) Nichtigkeitsgründe nach § 59 Abs. 1 VwVfG

Nach **§ 59 Abs. 1 VwVfG** gelten für **alle öffentlich-rechtlichen Verträge**, seien sie sub- **364** ordinationsrechtlich oder koordinationsrechtlich, die **Nichtigkeitsgründe des BGB** entsprechend, insbes. Nichtigkeit wegen

- **Formverstoßes** (§ 125 BGB),
- **Gesetzesverstoßes** (§ 134 BGB),
- **Sittenwidrigkeit** (§ 138 Abs. 1 BGB) oder
- **Anfechtung** (§ 142 Abs. 1 BGB).

---

445 Vgl. Höfling/Krings JuS 2000, 625, 630; Budach/Johlen JuS 2002, 371, 373.

446 Stelkens/Bonk/Sachs § 59 Rn. 36; Gurlit Jura 2001, 731, 735; abweichend Knack/Henneke § 55 Rn. 24.

III. Die Nichtigkeit öffentlich-rechtlicher Verträge

1. Spezielle Nichtigkeitsgründe gemäß § 59 Abs. 2 VwVfG

Fall 9: Folgenloser Verzicht

E hatte vor einigen Jahren aufgrund ordnungsgemäßer Baugenehmigung eine Garage unmittelbar an sein Einfamilienhaus gebaut. Nunmehr hat er eine Genehmigung beantragt, die Wand zur Garage durchbrechen zu dürfen, um so sein Wohnzimmer zu erweitern. Die Bauaufsichtsbehörde hat grds. keine Bedenken, möchte aber aus baugestalterischen Gründen schon jetzt verhindern, dass E später an anderer Stelle eine neue Garage errichtet. In mehreren Verhandlungen zwischen E und dem Bauamt wird diskutiert, wie man dies am besten erreichen kann. Schließlich verzichtet E in einer schriftlichen Vereinbarung, die von E und von dem zuständigen Beamten des Bauamts unterschrieben wird, „auf die Errichtung einer Garage auf dem Grundstück Gemarkung X Flur 12 Flurstück 213". Die Behörde erteilt daraufhin die Genehmigung für den Umbau. Als E kurze Zeit später eine Baugenehmigung für eine neue Garage beantragt, wird diese unter Hinweis auf die frühere Vereinbarung abgelehnt. Hat E einen Anspruch auf Erteilung der Baugenehmigung, wenn ansonsten weder bauordnungsrechtliche noch bauplanungsrechtliche Bedenken gegen die Errichtung einer neuen Garage bestehen?

Hinweis: § 75 LBauO (Landesbauordnung) lautet: „Die Baugenehmigung ist zu erteilen, wenn dem Bauvorhaben keine öffentlich-rechtlichen Vorschriften entgegenstehen, die im bauaufsichtlichen Verfahren zu prüfen sind."

365 Dem E könnte ein Anspruch auf Erteilung der Baugenehmigung für die neu zu errichtende Garage nach § 75 LBauO zustehen. An sich sind die Voraussetzungen erfüllt, da öffentlich-rechtliche Vorschriften dem Bauvorhaben nicht entgegenstehen. Der Anspruch könnte jedoch aufgrund des im früheren Verfahren erklärten **Verzichts** ausgeschlossen sein.

366 I. E hat in der Urkunde **ausdrücklich erklärt**, dass er auf die Errichtung einer Garage auf seinem Grundstück verzichtet.

II. Diese Erklärung müsste **wirksam** sein. Die Wirksamkeitsvoraussetzungen richten sich nach der **Rechtsnatur** des „Verzichts". Bei der damaligen Absprache könnte es sich um einen öffentlich-rechtlichen Vertrag handeln, sodass die Wirksamkeit nach § 59 VwVfG zu beurteilen ist.

1. Dann müsste zunächst ein **öffentlich-rechtlicher Vertrag** vorliegen.

367 a) Ein solcher Vertrag muss sich seinem Gegenstand nach auf eine **verwaltungsrechtliche** Materie beziehen. Entscheidend ist dabei der **Gesamtcharakter** der Vereinbarung. Deshalb reicht es aus, wenn zumindest eine der geregelten Rechtsbeziehungen dem Verwaltungsrecht angehört, wenn diese den **Schwerpunkt** der Vereinbarung bildet.[447]

447 BVerwG, Urt. v. 18.07.2012 – BVerwG 8 C 4.11, RÜ 2013, 189, 190; Maurer/Waldhoff § 14 Rn. 16 m.w.N. und oben Rn. 330 f.

Der Vertragsgegenstand bezieht sich insbes. dann auf einen öffentlich-rechtlich geregelten Sachbereich, wenn ein enger Zusammenhang mit einer anderen öffentlich-rechtlichen Verwaltungstätigkeit besteht. Hier stand der Verzicht des E im Sachzusammenhang mit der Erteilung der Genehmigung zum Umbau der alten Garage. Zwar ist die Erteilung der Baugenehmigung nicht ausdrücklich in die Absprache mit aufgenommen worden. Entscheidend ist aber nicht allein der unmittelbare **Vertragsgegenstand**, sondern auch der von den Parteien verfolgte **Zweck**. Der Verzicht war hier das Mittel, um die Baugenehmigung für die Vergrößerung des Wohnzimmers zu erhalten. Davon sind sowohl E als auch die Bauaufsichtsbehörde ausgegangen. Damit bezog sich die Erklärung des E auf einen öffentlich-rechtlich geregelten Sachbereich.

b) Dabei handelt es sich auch um eine **vertragliche Regelung**, da sowohl E als auch die Behörde einen gleichwertigen rechtlichen Einfluss auf die inhaltliche Gestaltung der Regelung hatten, wie sich aus dem Umstand mehrerer Verhandlungen ergibt, bei denen Handlungsalternativen diskutiert wurden.[448] **368**

2. Der öffentlich-rechtliche Vertrag muss **wirksam zustande gekommen** sein. Das Zustandekommen richtet sich nach den §§ 54 ff. VwVfG, ergänzend über § 62 S. 2 VwVfG nach den Vorschriften des BGB.

a) Hinsichtlich des ordnungsgemäßen Zustandekommens bestehen nur Bedenken wegen der **Schriftform** (§ 57 VwVfG). Zwar ist die Pflicht der Behörde zur Erteilung der Baugenehmigung nicht schriftlich niedergelegt worden. Die Genehmigung war jedoch nicht unmittelbar Vertragsgegenstand, sondern lediglich Folge des Vertrages. Der Verzicht als solcher bedurfte nicht der Schriftform.[449] **369**

b) Gründe für eine **schwebende Unwirksamkeit** nach § 58 VwVfG (Zustimmung Dritter oder anderer Behörden) sind nicht ersichtlich.

c) Die Vereinbarung ist unwirksam, wenn **Nichtigkeitsgründe** vorliegen. Dies ist nach § 59 Abs. 2 Nr. 4 VwVfG der Fall, wenn sich die Behörde bei einem Austauschvertrag eine nach § 56 VwVfG unzulässige Gegenleistung versprechen lässt. **370**

aa) § 59 Abs. 2 VwVfG gilt nur für den **subordinationsrechtlichen Vertrag** i.S.d. § 54 S. 2 VwVfG. Ein solcher Vertrag liegt hier vor, da die Behörde mit einem Bürger, an den sie sonst einen VA richten würde, einen öffentlich-rechtlichen Vertrag geschlossen hat. **371**

bb) § 59 Abs. 2 Nr. 4 VwVfG erfasst Austauschverträge. Ein **Austauschvertrag** nach § 56 VwVfG setzt grds. voraus, dass sich in dem Vertrag die Behörde zu einer Leistung und der Vertragspartner zu einer Gegenleistung verpflichten. Daran könnte es hier fehlen, da in der Urkunde lediglich die (Gegen-)Leistung des E in Form des Verzichts enthalten ist, dagegen von einer Leistung der Behörde (hier die Baugenehmigung für die Erweiterung des **372**

448 Vgl. aber OVG Lüneburg DVBl. 1978, 179, 181, wo ein öffentlich-rechtlicher Vertrag abgelehnt wurde, weil die Behörde den Verzicht durch eine Nebenbestimmung zur Baugenehmigung „erzwungen" hatte.

449 BVerwG DVBl. 1995, 675, 676; OVG Koblenz DVBl. 2003, 811, 812.

Wohnzimmers) in der schriftlichen Vereinbarung nicht die Rede ist. Jedoch ist anerkannt, dass der Nichtigkeitsgrund des § 59 Abs. 2 Nr. 4 VwVfG analog anwendbar ist, wenn der Vertrag lediglich eine einseitige Verpflichtung des Bürgers enthält, aber die behördliche Leistung stillschweigend voraussetzt (sog. **hinkender Austauschvertrag**). Auch in diesem Fall gilt es, unzulässige (Gegen-)Leistungen des Bürgers zu verhindern.[450]

373 cc) Der Vertrag ist demnach analog § 59 Abs. 2 Nr. 4 VwVfG nichtig, wenn sich die Behörde eine nach § 56 VwVfG **unzulässige** (Gegen-)**Leistung** hat versprechen lassen. Dabei ist zu unterscheiden, ob der Bürger einen **Anspruch** auf die von der Behörde versprochene Leistung hat oder ob diese im **Ermessen** der Behörde steht.

374 (1) Verspricht die Behörde eine Leistung, die in ihrem **Ermessen** steht, so ist die Gegenleistung des Bürgers nach § 56 Abs. 1 VwVfG unzulässig, wenn sie

- nicht für einen **bestimmten Zweck** vereinbart wird,
- **nicht der Erfüllung öffentlicher Aufgaben** dient,
- **unangemessen** ist
- oder mit der Leistung der Behörde **in keinem sachlichen Zusammenhang** steht (Koppelungsverbot).[451]

375 **Angemessen** ist eine Gegenleistung, wenn sie unter wirtschaftlichen Gesichtspunkten nicht außer Verhältnis zu der Bedeutung und dem Wert der von der Behörde zu erbringenden Leistung steht und die vertragliche Übernahme von Pflichten auch ansonsten zu keiner unzumutbaren Belastung für den Vertragspartner der Behörde führt.[452] Das Gebot der Angemessenheit ist Ausdruck des allgemeinen, verfassungsrechtlich verankerten **Grundsatzes der Verhältnismäßigkeit** (vgl. auch die Sonderregelung in § 11 Abs. 2 S. 1 BauGB).[453]

376 Nach dem **Koppelungsverbot** müssen Leistung und Gegenleistung in einem sachlichen, inneren Zusammenhang stehen. Außerdem dürfen hoheitliche Entscheidungen grds. nicht von wirtschaftlichen Gegenleistungen abhängig gemacht werden (kein „Verkauf" von Hoheitsakten).[454]

Beispiel: Eine Geldzahlung für die Übernahme in das Beamtenverhältnis steht im Widerspruch zum verfassungsmäßigen Leistungsgrundsatz des Art. 33 Abs. 2 GG. Eine entsprechende Vertragsklausel ist gemäß § 59 Abs. 2 Nr. 4 VwVfG nichtig.[455]

---

450 BVerwG DVBl. 2000, 1853, 1855; VGH Mannheim NJOZ 2015, 1344, 1345; Maurer/Waldhoff § 14 Rn. 22; Gurlit Jura 2001, 731, 734; Kemmler JA 2003, 136, 139; Ruffert Jura 2003, 633, 635.

451 Ausführlich VGH Mannheim NJOZ 2015, 1344, 1346; Breuer NVwZ 2017, 112 ff.

452 BVerwG LKV 2015, 271 (Ablösungsvertrag); BVerwG NVwZ 2012, 108, 110 (Erschließungsvertrag); BVerwG NVwZ 2011, 1132, 1133; DVBl. 2009, 782, 783 (Folgekostenverträge); BGH NJW 2003, 888, 890 (Grundstücksveräußerung an Einheimische); Stelkens/Bonk/Sachs VwVfG § 56 Rn. 54; Kopp/Ramsauer VwVfG § 56 Rn. 13.

453 VGH Mannheim NJOZ 2015, 1344, 1346.

454 BVerwG DVBl. 2000, 1853, 1855; VGH Mannheim NJOZ 2015, 1344, 1346; OLG Hamm, Urt. v. 04.02.2015 – 11 U 35/14; Ruffert Jura 2003, 633, 635; Ogorek JA 2003, 436, 438; Breuer NVwZ 2017, 112, 112 f.

455 BVerwG NdsVBl. 2003, 236, 237; abweichend OVG Lüneburg NordÖR 2002, 307, 308: Nichtigkeit gemäß § 59 Abs. 2 Nr. 1 VwVfG; Übungsfall bei Kleine Holthaus JuS 2005, 531 ff.

(2) Besteht auf die Leistung der Behörde ein **Anspruch**, so kann nach § 56 Abs. 2 VwVfG nur eine solche Gegenleistung vereinbart werden, die bei Erlass eines VA **Inhalt einer Nebenbestimmung** nach § 36 VwVfG sein könnte. Da es im Rahmen des § 56 Abs. 2 VwVfG gerade um einen VA geht, auf den ein Anspruch besteht, gilt **§ 36 Abs. 1 VwVfG**. Als Gegenleistung kann in diesen Fällen daher nur eine Verpflichtung des Bürgers vereinbart werden, die sicherstellt, dass die gesetzlichen Voraussetzungen für die Erteilung des VA erfüllt werden, oder die Inhalt einer gesetzlich zugelassenen Nebenbestimmung sein kann. **377**

Beispiel: Bürger B verpflichtet sich gegenüber der Gemeinde G zu einer Geldzahlung als Gegenleistung für die Erteilung des gemeindlichen Einvernehmens (§ 36 BauGB). – Der Vertrag ist in jedem Fall **nichtig**. Lagen die Voraussetzungen für die Erteilung der Baugenehmigung vor, bestand ein Anspruch des B, eine Gegenleistung hierfür durfte nicht vereinbart werden. Bestehende Baurechte dürfen nicht „verkauft" werden (vgl. auch § 11 Abs. 2 S. 2 BauGB). Lagen die baurechtlichen Voraussetzungen dagegen nicht vor, hätte auch die Geldleistung ein gesetzliches Hindernis nicht beseitigen können (§ 36 Abs. 1 VwVfG).[456] Zulässig wäre dagegen z.B. die Verpflichtung zur Übertragung eines Grundstücksteils, um die Erschließung des Baugrundstücks zu sichern.[457]

(3) Nach § 75 LBauO besteht ein **Anspruch** auf Erteilung der Baugenehmigung, wenn dem Vorhaben öffentlich-rechtliche Vorschriften nicht entgegenstehen. Gemäß §§ 56 Abs. 2, 36 Abs. 1 VwVfG ist daher nur eine solche Verpflichtung des E zulässig, die sicherstellt, dass **gesetzliche Hinderungsgründe in Bezug auf das Bauvorhaben** ausgeräumt werden. Zwar ist zweifelhaft, ob die Umwandlung einer Garage in ein Wohnzimmer überhaupt genehmigungsfähig war, sodass die Voraussetzungen für die Baugenehmigung wohl nicht vorlagen. Jedoch wurden durch den Verzicht auf eine neue Garage keinesfalls die gesetzlichen Voraussetzungen für die Zulässigkeit der Umwandlung der vorhandenen Garage gesichert. Der Verzicht bezog sich nicht auf Bedenken gegen den Umbau, sondern auf ein späteres Bauvorhaben. Daher handelt es sich um eine nach § 56 Abs. 2 VwVfG unzulässige Gegenleistung. **378**

§ 59 Abs. 2 Nr. 4 VwVfG erfasst nur die Gegenleistung des Bürgers und dient ausschließlich dessen Schutz. Ist dagegen nur die **Leistung der Behörde** rechtswidrig, so kann Nichtigkeit nur in den übrigen Fällen des § 59 Abs. 2 VwVfG oder nach § 59 Abs. 1 VwVfG vorliegen.[458] **379**

Die Verzichtserklärung des E ist nach § 59 Abs. 2 Nr. 4 VwVfG unwirksam und steht daher der Erteilung der Baugenehmigung für die neue Garage nicht entgegen. E hat damit einen **Anspruch auf Erteilung der Baugenehmigung** für die neu zu errichtende Garage gemäß § 75 LBauO.

---

456 Vgl. OVG Koblenz NVwZ 1992, 796; VG Darmstadt NJW 1998, 2073, 2074; weitere Beispiele bei Breuer NVwZ 2017, 112, 115.

457 Vgl. BVerwG, Urt. v. 01.12.2010 – BVerwG 9 C 8.09, NVwZ 2011, 690, 691.

458 Stelkens/Bonk/Sachs § 59 Rn. 40; Kopp/Ramsauer VwVfG § 59 Rn. 28 u. 28 a.

2. Nichtigkeit nach den Vorschriften des BGB (§ 59 Abs. 1 VwVfG)

Fall 10: Abgabenverzicht

K will seinen in der kreisfreien Stadt S gelegenen Gewerbebetrieb erweitern. Die Stadt ist an dem Vorhaben wegen der Schaffung neuer Arbeitsplätze sehr interessiert. K zögert noch, da ihm der Kanalanschlussbeitrag für das geplante Betriebsgelände zu hoch erscheint. Daraufhin beschließt der Rat der Stadt, er sei „bereit, für die neu zu errichtenden Betriebsgebäude des K auf den einmaligen Kanalanschlussbeitrag zu verzichten". Die vertretungsberechtigten Organe der Stadt S und K unterschreiben daraufhin eine Vereinbarung mit dem Inhalt, dass K bei Schaffung von zusätzlich 50 Arbeitsplätzen den Anschlussbeitrag nicht zu entrichten braucht. Als einige Zeit später das Bauvorhaben des K abgeschlossen ist, bemerkt die Stadt, dass sie durch den Beitragsverzicht erhebliche Mindereinnahmen hat. Daher erlässt sie an K einen Beitragsbescheid mit der Begründung, im Kommunalabgabengesetz und in der Beitragssatzung der Stadt S sei eine Befreiung von der Beitragszahlung nicht vorgesehen. K ist empört und erhebt (nach erfolglosem Vorverfahren) Klage vor dem Verwaltungsgericht. Ist die zulässige Klage begründet?

Hinweis: Vorschriften der AO sind nicht zu prüfen. Es gilt das VwVfG.

380 Die **zulässige Anfechtungsklage** des K (§§ 40 Abs. 1 S. 1, 42 Abs. 1 Fall 1 u. Abs. 2, 68 Abs. 1, 70 Abs. 1, 74 Abs. 1 VwGO) ist gemäß § 113 Abs. 1 S. 1 VwGO **begründet**, soweit der Beitragsbescheid rechtswidrig und K dadurch in seinen Rechten verletzt ist.

I. Der Bescheid entspricht den Bestimmungen des **Kommunalabgabengesetzes** (KAG) i.V.m. der einschlägigen Beitragssatzung.

II. Der Bescheid könnte aber dem vorherigen **„Verzicht"** widersprechen und wegen dessen Bindungswirkung rechtswidrig sein. Zur Rechtswidrigkeit des Beitragsbescheides kann der Verzicht allerdings nur führen, wenn er **wirksam** zustande gekommen ist. Die Wirksamkeit des Verzichts hängt von seiner Rechtsnatur ab. Dabei könnte es sich um einen **öffentlich-rechtlichen Vertrag** i.S.d. § 54 VwVfG handeln.

In den meisten Ländern wird bzgl. des Verfahrens der Abgabenerhebung im KAG auf die Vorschriften der AO verwiesen.[459] Daher sind nach h.M. gemäß § 2 Abs. 2 Nr. 1 VwVfG die §§ 54 ff. VwVfG auf abgabenrechtliche Verträge grds. nicht anwendbar. Die AO erwähnt den öffentlich-rechtlichen Vertrag nur beiläufig in § 78 Nr. 3 AO, ohne ihn näher zu regeln. Ob die §§ 54 ff. VwVfG analog anwendbar sind, ist umstritten.[460] Entsprechend dem **Bearbeitungsvermerk** sind hier nicht die Vorschriften der AO, sondern die Vorschriften des VwVfG zu prüfen (so i.d.R. auch in der Examensklausur).

381 1. Der Vertragsgegenstand ist schon seinem Inhalt nach eindeutig **öffentlich-rechtlich**, da er die Materie des Kommunalabgabenrechts betrifft, also einen Rechtsbereich, der nach der (modifizierten) Subjektstheorie einen Träger hoheitlicher Gewalt als solchen berechtigt.

---

459 Vgl. z.B. § 3 KAG BW, Art. 13 BayKAG, § 12 Bbg KAG, § 4 Hess KAG, § 12 KAG M-V, § 11 NKAG, § 12 KAG NRW, § 3 KAG RP, § 12 Saarl KAG, § 3 SächsKAG, § 13 KAG LSA, § 15 ThürKAG, abweichend § 11 KAG SH: LVwG, im Übrigen AO sinngemäß.

460 Dagegen VGH Kassel NVwZ 1997, 618, 620; Stelkens/Bonk/Sachs VwVfG § 54 Rn. 125; für eine analoge Anwendung OVG NRW NVwZ-RR 2003, 147, 148; Kopp/Ramsauer VwVfG § 54 Rn. 6; wiederum a.A. BayVGH NVwZ 1989, 167, 168: §§ 54 ff. VwVfG unmittelbar anwendbar; für einen Rückgriff auf §§ 54 ff. VwVfG in einem Spezialfall auch BVerwG NVwZ 2013, 218, 220; offen gelassen von OVG NRW, Beschl. v. 25.01.2016 – 9 A 1042/13.

2. Es handelt sich auch um eine **vertragliche**, d.h. zweiseitige **Regelung**, da aufgrund der Verhandlungen ein gleichwertiger rechtlicher Einfluss des K auf die inhaltliche Gestaltung anzunehmen ist.

3. Die **Schriftform** des § 57 VwVfG ist eingehalten. Daher kann dahinstehen, ob Verträge auf dem Gebiet des Abgabenrechts überhaupt der Schriftform unterliegen.[461]

4. Gründe für eine **schwebende Unwirksamkeit** nach § 58 VwVfG (fehlende Zustimmung Dritter oder anderer Behörde) liegen nicht vor.

5. Der Vertrag ist aber nur wirksam, wenn **keine Nichtigkeitsgründe** nach § 59 VwVfG vorliegen. **382**

   a) Spezielle Nichtigkeitsgründe nach **§ 59 Abs. 2 VwVfG** sind nicht ersichtlich.

   b) Nach **§ 59 Abs. 1 VwVfG** gelten für **alle** öffentlich-rechtlichen Verträge die Nichtigkeitsgründe des BGB entsprechend (z.B. §§ 125, 134, 138, 142 BGB).[462]

   Analog § 134 BGB ist ein Vertrag nichtig, der gegen ein **gesetzliches Verbot** verstößt. Dies könnte sich hier aus den Vorschriften des KAG ergeben. Umstritten ist jedoch, unter welchen Voraussetzungen im öffentlichen Recht ein gesetzliches Verbot vorliegt. **383**

   aa) Einigkeit besteht darin, dass **nicht jeder Gesetzesverstoß** die Voraussetzungen des § 134 BGB erfüllt. Denn wenn jede Rechtswidrigkeit zur Nichtigkeit führen würde, wäre die Aufzählung in § 59 Abs. 2 VwVfG überflüssig. Erforderlich ist daher ein **qualifizierter Rechtsverstoß**.[463] **384**

   bb) Von § 134 BGB werden nach h.M. jedenfalls die Fälle erfasst, in denen sich aus der gesetzlichen Regelung ein **Handlungsformverbot** ergibt.[464] **385**

   Nach der Gegenansicht bezieht sich die Nichtigkeit nach § 134 BGB nur auf den Inhalt des Vertrages, beim Handlungsformverbot ergebe sich die Nichtigkeit unmittelbar aus § 54 S. 1 VwVfG („soweit").[465] Da beide Auffassungen stets zum selben Ergebnis gelangen, ist eine Streitentscheidung nicht erforderlich.

   cc) Hinsichtlich des **Inhalts** des Vertrages wird von der h.M. ein Verbotsgesetz nur dann angenommen, wenn sich bei **Abwägung** zwischen dem Prinzip der Vertragsverbindlichkeit und dem von der verletzten Norm geschützten Interesse ergibt, dass die Gültigkeit des Vertrages **unerträglich** wäre und daher nicht hingenommen werden kann.[466] Das ist insbes. der Fall, wenn das Gesetz die vorgesehene vertragliche Regelung wegen ihres Inhalts oder ihrer Handlungsform klar und unmissverständlich verbietet.[467] **386**

---

461 Verneinend mangels Anwendbarkeit des § 57 VwVfG OVG NRW DÖV 1986, 889; VGH Kassel NVwZ 1997, 618, 620.

462 VGH Mannheim NVwZ 1991, 583, 585; Stelkens/Bonk/Sachs § 59 Rn. 41.

463 Maurer/Waldhoff § 14 Rn. 48; Stelkens/Bonk/Sachs § 59 Rn. 50; Scherzberg JuS 1992, 205, 213; Singer/Mielke JuS 2007, 1111, 1115.

464 Stelkens/Bonk/Sachs § 54 Rn. 102; Kopp/Ramsauer VwVfG § 54 Rn. 41 a; Kleine Holthaus JuS 2005, 531, 534.

465 Vgl. Erichsen Jura 1994, 47, 51; Gurlit Jura 2001, 731, 735; dagegen zutreffend Kopp/Ramsauer VwVfG § 54 Rn. 45; Knack/Henneke VwVfG § 54 Rn. 33, 34; vgl. auch die Sonderregelung in § 126 Abs. 3 S. 1 Nr. 2 LVwG SH.

466 BVerwG NJW 1996, 608, 609; OVG NRW NVwZ 1992, 988, 989; Höfling/Krings JuS 2000, 625, 631; Ogorek JA 2003, 436, 439; Singer/Mielke JuS 2007, 1111, 1115; Korte Jura 2017, 656, 664.

467 OVG NRW NVwZ 1984, 522, 524.

Maßgebende Kriterien sind insbesondere „der Wortlaut sowie der Sinn und Zweck der die Rechtswidrigkeit des Verwaltungsvertrages begründenden Rechtsnorm, die Erheblichkeit des Rechtsverstoßes, das im Einzelfall bestehende öffentliche Interesse an der Erhaltung der durch den rechtswidrigen Verwaltungsvertrag verletzten Rechtsordnung oder umgekehrt das (öffentliche oder private) Interesse am Bestand des Vertrages trotz seiner Rechtswidrigkeit, was letzten Endes zur Abwägung führt".[468]

387 Verbotsgesetze i.S.d. § 134 BGB können danach nur solche Vorschriften sein, die sich **gegen den Inhalt des Vertrages als solchen** richten und diesen missbilligen.[469]

Beispiel: Ein Subventionsvertrag ist nichtig, soweit er gegen die Regelungen in Art. 107, 108 AEUV, z.B. gegen das Durchführungsverbot nach Art. 108 Abs. 3 S. 3 AEUV verstößt.[470]

388 Im vorliegenden Fall könnte der Abgabenverzicht gegen zwingende Vorschriften des Abgabenrechts verstoßen. Die h.M. hält **Vereinbarungen in Abgabenangelegenheiten** im Hinblick auf den Grundsatz der Gesetzmäßigkeit (Art. 20 Abs. 3 GG) und Gleichmäßigkeit der Abgabenerhebung (Art. 3 Abs. 1 GG) grds. für **unzulässig**. Abgaben sind streng nach dem Gesetz zu erheben (vgl. § 85 AO), was abweichende Vereinbarungen ausschließt, es sei denn, sie sind ausnahmsweise gestattet (z.B. für Erschließungsbeiträge § 133 Abs. 3 S. 5 BauGB).[471] Dieser Grundsatz ist für einen Rechtsstaat so fundamental, dass seine Verletzung als Verstoß gegen ein gesetzliches Verbot anzusehen ist, die die Nichtigkeit des Vertrages nach § 134 BGB zur Folge hat.[472]

Unklar ist, ob es sich hierbei bereits um ein durch Auslegung der Abgabenvorschriften zu ermittelndes **Handlungsformverbot** handelt, das den öffentlich-rechtlichen Vertrag generell ausschließt, oder lediglich um ein auf den Inhalt des Vertrages bezogenes **Verbotsgesetz** (sog. Vertragsinhaltsverbot).[473]

389 Da hier das KAG nach dem Sachverhalt den Beitragsverzicht nicht zulässt, ist der Verzicht nach § 59 Abs. 1 VwVfG i.V.m. § 134 BGB **unwirksam** und steht daher einer nachträglichen Abgabenerhebung durch die Stadt S nicht entgegen.

Zulässig ist im Abgabenrecht allerdings eine **„Verständigung über die tatsächlichen Grundlagen"** der Abgabenerhebung. An eine solche Verständigung über Tatsachen (nicht über Rechtsfragen) sind die Beteiligten unter bestimmten Voraussetzungen nach dem Grundsatz von Treu und Glauben (§ 242 BGB) gebunden.[474]

Ergebnis: Der angefochtene Abgabenbescheid ist danach rechtmäßig und die Anfechtungsklage damit unbegründet.

---

468 Maurer/Waldhoff § 14 Rn. 49.

469 Kopp/Ramsauer VwVfG § 59 Rn. 10 ff.

470 BVerwG, Urt. v. 26.10.2016 – BVerwG 10 C 3.15, RÜ 2017, 243, 246; Voßkuhle/Kaiser JuS 2013, 687, 689; Maurer/Waldhoff § 14 Rn. 53; differenzierend Korte Jura 2017, 656, 664: ggf. nur teilnichtig bis zur Positiventscheidung der Kommission, s.o. Rn. 160; a.A. Oldiges NVwZ 2001, 634 f.: Nichtigkeit nur bei Verfälschung des Wettbewerbs.

471 BVerwG NVwZ 2013, 218, 222; NVwZ-RR 2013, 383, 384 f.; OVG Bln-BBg, Urt. v. 05.06.2014 – OVG 5 B 1.14; Knack/Henneke § 54 Rn. 46; Stelkens/Bonk/Sachs § 54 Rn. 124; Maurer/Waldhoff § 14 Rn. 38; Ogorek JA 2003, 436, 439; Selmer JuS 2013, 1053.

472 BVerwG NVwZ 2013, 218, 222; OVG Bln-BBg, Urt. v. 05.06.2014 – OVG 5 B 1.14.

473 Für Handlungsformverbot Erichsen VerwArch 1979, 356; Butzer/Clever Jura 1995, 325, 328; Ogorek JA 2003, 436, 439; für Inhaltsverbot Knack/Henneke § 54 Rn. 46 m.w.N.; dazu ausführlich Tiedemann DÖV 1996, 594 ff.

474 Vgl. z.B. BFH DStR 2004, 1647; Selmer JuS 2005, 86, 87; Kopp/Ramsauer VwVfG § 54 Rn. 5.

Weiteres Beispiel: Ein öffentlich-rechtlicher Vertrag ist nach § 59 Abs. 1 VwVfG i.V.m. § 134 BGB unwirksam, wenn sich die Gemeinde verpflichtet, einen Bebauungsplan zu erlassen (§ 1 Abs. 3 S. 2 Hs. 2 BauGB). Eine solche Verpflichtung würde in unzulässiger Weise das Planungsermessen ausschließen und die Verfahrensvorschriften des BauGB umgehen.[475] Zulässig sind jedoch Vereinbarungen im Vorfeld oder als Folge der Planung (sog. städtebauliche Verträge nach § 11 BauGB).[476] Dann hat die Gemeinde u.U. über die Einleitung des Bebauungsplanverfahrens nach pflichtgemäßem Ermessen zu entscheiden (vgl. § 12 Abs. 2 S. 1 BauGB).[477] Das Abhängigmachen des Vorantreibens der Bauleitplanung von der Veräußerung eines Grundstücks verstößt dagegen gegen das Koppelungsverbot nach § 56 Abs. 1 S. 2 VwVfG.[478] **390**

3. Rechtsfolgen der Nichtigkeit

Der nichtige Vertrag entfaltet **keine Rechtswirkungen**, aus ihm können **keine Ansprüche** hergeleitet werden. Betrifft die Nichtigkeit nur einen Teil des Vertrages, so ist der Vertrag grds. **insgesamt unwirksam**, es sei denn, es ist anzunehmen, dass er auch ohne den nichtigen Teil geschlossen worden wäre (§ 59 Abs. 3 VwVfG).[479] Im Zweifel ist daher von der **Nichtigkeit des gesamten Vertrages** auszugehen.[480] Abweichungen richten sich wie bei § 139 BGB nach dem mutmaßlichen Willen der Vertragsparteien. **391**

Ist aufgrund des nichtigen Vertrages eine Leistung erbracht worden, kann die Leistung nach den Grundsätzen des **allgemeinen öffentlich-rechtlichen Erstattungsanspruchs** zurückgefordert werden (s.u. Rn. 624 ff.).[481] **392**

Beispiel: Bauherr B hat sich gegen Erteilung einer Baugenehmigung vertraglich zur Erstattung von nicht umlagefähigen Erschließungskosten i.H.v. 10.000 € verpflichtet. Nach Zahlung des Betrages hat B die erstrebte Baugenehmigung erhalten. Nunmehr verlangt B die gezahlten 10.000 € zurück, da die Vereinbarung nichtig sei.

Der Vertrag ist wegen **Verstoßes gegen das Kopplungsverbot** nach §§ 59 Abs. 2 Nr. 4, 56 VwVfG nichtig. Hoheitliche Entscheidungen dürfen grds. nicht von wirtschaftlichen Gegenleistungen abhängig gemacht werden (s.o. Rn. 376). Die Zahlung des B erfolgte ohne Rechtsgrund, sodass B ein öffentlich-rechtlicher Erstattungsanspruch zusteht. Auch wenn die Behörde ihre Leistung bereits erbracht hat, steht dem Erstattungsanspruch des B der Grundsatz von Treu und Glauben (§ 242 BGB analog) i.d.R. nicht entgegen. Nur wenn **besondere Umstände** in der Person oder im Verhalten des die Erstattung begehrenden Bürgers hinzutreten, kann das Rückforderungsbegehren **treuwidrig** erscheinen.[482] Das hat das BVerwG z.B. angenommen, wenn der Erstattungsberechtigte aufgrund von Leistungen Dritter im Ergebnis keinen Vermögensnachteil erlitten hat, die Rückforderung also praktisch zu einer doppelten Begünstigung führen würde.[483]

Beispiel: Bauträger K hat sich in einem städtebaulichen Vertrag gegenüber der Gemeinde G zur Übernahme der Kosten für den Bau eines Kindergartens und einer Schule verpflichtet (§ 11 Abs. 1 S. 2 Nr. 3 BauGB). Nachdem G einen Bebauungsplan erlassen und K die Kosten gezahlt hat, stellt sich heraus, dass der Vertrag formunwirksam ist. Die Rückforderung der Kosten ist treuwidrig, wenn K diese auf die Erwerber der Grundstücke abgewälzt hat und ihm tatsächlich kein wirtschaftlicher Nachteil entstanden ist.

---

475 Vgl. Voßkuhle/Kaiser JuS 2013, 687, 689; Maurer/Waldhoff § 14 Rn. 42; Stelkens/Bonk/Sachs § 54 Rn. 141 m.w.N.

476 Dazu BVerwG NVwZ 2011, 1132, 1133 f.; BGH NJW 2003, 888, 889 und oben Rn. 377.

477 Vgl. Grziwotz JuS 1999, 245 ff:; Brohm JZ 2000, 321 ff.

478 OLG Hamm, Urt. v. 04.02.2015 – 11 U 35/14.

479 Vgl. OVG Lüneburg, Urt. v. 10.07.2007 – 1 LC 200/05 zu einem Fall der Teilnichtigkeit bei Formverstoß.

480 Kopp/Ramsauer VwVfG § 59 Rn. 29; Knack/Henneke VwVfG § 59 Rn. 45; missverständlich BVerwG NVwZ 2012, 108, 111, das die Gesamtnichtigkeit als Ausnahme formuliert.

481 BVerwG, Urt. v. 29.01.2009 – BVerwG 4 C 15.07, RÜ 2009, 530, 533; VGH Mannheim, Urt. v. 25.03.2015 – 3 S 2016/14.

482 BVerwG DVBl. 2009, 782, 783 NVwZ 2003, 993, 994; DVBl. 2000, 1853, 1857; OVG Hamurg DVBl. 2008, 1202; OVG Lüneburg BauR 2008, 57, 64; VGH Mannheim VBlBW 2004, 52, 54 f.; Ruffert Jura 2003, 633, 635; Ogorek JA 2003, 436, 439.

483 Vgl. BVerwG, Urt. v. 29.01.2009 – BVerwG 4 C 15.07, RÜ 2009, 530, 533; OVG Lüneburg BauR 2008, 57, 65; Mager JA 2010, 918 ff.

D. Leistungsstörungen beim öffentlich-rechtlichen Vertrag

393 Bei Leistungsstörungen richten sich die Rechtsfolgen auch bei öffentlich-rechtlichen Verträgen gemäß § 62 S. 2 VwVfG nach den **Vorschriften des BGB**. Insbesondere gelten die Regeln über Pflichtverletzungen und die sich daraus ergebenden Rechtsfolgen (§§ 280 ff., 323 ff. BGB), aber auch über die Sorgfaltspflichten gemäß § 241 Abs. 2 BGB, die gemäß § 311 Abs. 2 BGB auch schon vor Vertragsschluss bestehen (sog. c.i.c.).[484]

Beispiel: Auf Initiative des Investors I hatte die Gemeinde G zunächst ein Verfahren zur Aufstellung eines vorhabenbezogenen Bebauungsplans eingeleitet (§ 30 Abs. 2 BauGB). Zum Abschluss eines Durchführungsvertrages zum Vorhaben- und Erschließungsplan (§ 12 BauGB) kam es jedoch nicht, da die Gemeinde ihre Planungsabsichten später aufgegeben hat. Ein Schadensersatzanspruch des Investors aus öffentlich-rechtlicher c.i.c. (ebenso aus Amtshaftung gemäß Art. 34 GG, § 839 BGB) scheidet mangels Pflichtverletzung i.d.R. aus, da es der Gemeinde aufgrund ihrer Planungshoheit grds. freisteht, ein eingeleitetes Planaufstellungsverfahren wieder einzustellen (arg e § 1 Abs. 3 S. 2 Hs. 2 BauGB).[485]

394 Den Sonderfall einer Änderung der für den Vertrag maßgeblichen rechtlichen oder tatsächlichen Verhältnisse **(Wegfall der Geschäftsgrundlage)** regelt § 60 VwVfG (sodass ein Rückgriff auf § 313 BGB nicht erforderlich ist). Bei Störungen der Geschäftsgrundlage ist der Vertrag grundsätzlich **anzupassen.**[486] Soweit dies nicht möglich oder zumutbar ist, kann der Vertrag **gekündigt** werden (§ 60 Abs. 1 S. 1 VwVfG). Darüber hinaus kann nach § 60 Abs. 1 S. 2 VwVfG die **Behörde** den Vertrag kündigen, um schwere Nachteile für das Gemeinwohl zu verhüten oder zu beseitigen.

395 Im Übrigen können die Beteiligten – wie im Zivilrecht – ein **ordentliches Kündigungsrecht** oder ein **vertragliches Rücktrittsrecht** vereinbaren.

Beispiel: Vertragliches Rücktrittsrecht bei Nichtteilnahme an einer Klassenfahrt, allerdings mit der Verpflichtung zur Erstattung der Stornokosten.[487]

E. Die Durchsetzung von Ansprüchen aus einem ör Vertrag

396 Bei **Nichterfüllung** der vertraglichen Verpflichtungen steht jeder Vertragspartei die **verwaltungsgerichtliche Klage** zur Verfügung. § 40 Abs. 2 S. 1 Hs. 1 Fall 3 Alt. 2 VwGO gilt nicht nur für Erfüllungsansprüche aus öffentlich-rechtlichen Verträgen, sondern auch für Sekundäransprüche bei Leistungsstörungen.

Beispiel: Schadensersatzansprüche und Erstattungsansprüche, die auf einem nichtigen öffentlich-rechtlichen Vertrag beruhen. **Gegenbeispiel:** Für den Anspruch wegen vorvertraglicher Pflichtverletzung (§§ 311 Abs. 2, 241 Abs. 2 i.V.m. §§ 280 Abs. 1, 282 BGB) ist nach der Rspr. der Verwaltungsrechtsweg nur eröffnet, wenn der Anspruch neben einem Erfüllungsanspruch geltend gemacht wird, während nach § 40 Abs. 2 S. 1 Hs. 1 Fall 3 Alt. 1 VwGO der Zivilrechtsweg gegeben ist, wenn der Schadensersatzanspruch im Sachzusammenhang mit Amtshaftungsansprüchen steht.[488] Die Gegenansicht bejaht demgegenüber wegen des vertragsähnlichen Charakters bei einer sog. c.i.c. generell den Verwaltungsrechtsweg.[489]

---

484 BVerwG DÖV 1974, 133, 134; Diederichsen JuS 2006, 60, 63; Singer/Mielke JuS 2007, 1111, 1116.

485 BGH NVwZ 2006, 1207 f.; Waldhoff JuS 2007, 580 f.; Schlick DVBl. 2007, 457, 458.

486 BVerwG, Urt. v. 18.07.2012 – BVerwG 8 C 4.11, RÜ 2013, 189, 192; BVerwG NVwZ 2015, 1463, 1465.

487 Vgl. z.B. VG Stuttgart, Urt. v. 06.07.2010 – 12 K 416/10, RÜ 2011, 130, 131 f.

488 BVerwG NJW 2002, 2894, 2895; NVwZ 2003, 1383; BGH NJW 1986, 1109; VGH Mannheim NJW 2005, 2636, 2637; Clausing JuS 2003, 795, 797; Diederichsen JuS 2006, 60, 65; Singer/Mielke JuS 2007, 1111, 1113.

489 ThürOVG NJW 2002, 386; Kopp/Schenke VwGO § 40 Rn. 71; Dötsch NWVBl. 2002, 140, 142; NJW 2003, 1430, 1431; Graulich ZAP 2005, 849, 854; noch anders Ehlers Jura 2008, 359, 361 f.: immer Zivilrechtsweg.

Die Abgrenzung zwischen öffentlich-rechtlichem und privatrechtlichem Vertrag ist in der Klausur i.d.R. bereits im Rahmen des **Rechtsweges** vorzunehmen (s.o. Rn. 329 ff.). 397

„Ob eine Streitigkeit öffentlich-rechtlich oder bürgerlich-rechtlich ist, richtet sich nach der Rechtsnatur des Rechtsverhältnisses, aus dem der Klageanspruch hergeleitet wird. Die Rechtsnatur eines Vertrages bestimmt sich danach, ob der Vertragsgegenstand dem öffentlichen oder dem bürgerlichen Recht zuzurechnen ist. Dabei ist für den öffentlich-rechtlichen Vertrag zwischen einem Träger öffentlicher Verwaltung und einer Privatperson typisch, dass er an die Stelle einer sonst möglichen Regelung durch Verwaltungsakt tritt (vgl. § 54 S. 2 VwVfG)."[490]

Regelmäßig handelt es sich um eine **Leistungsklage** (z.B. auf Geldzahlung).[491] Schuldet die Behörde den Erlass eines VA (z.B. eine Baugenehmigung), ist die **Verpflichtungsklage** gemäß § 42 Abs. 1 Fall 2 VwGO statthaft. Soll das Nichtbestehen einer vertraglichen Leistungspflicht festgestellt werden (z.B. wegen vermeintlicher Unwirksamkeit des Vertrages) kann (negative) **Feststellungsklage** nach § 43 Abs. 1 VwGO erhoben werden. Auch übergangene „Drittbetroffene" i.S.d. § 58 Abs. 1 VwVfG haben die Möglichkeit einer Feststellungsklage. 398

Beispiel: Konkurrent K klagt auf Feststellung der Nichtigkeit eines zwischen der Stadt S und D geschlossenen öffentlich-rechtlichen Vertrages über die Gewährung einer Subvention, die die Wettbewerbsfreiheit (Art. 12 Abs. 1 GG) berührt.[492]

Nach § 61 VwVfG kann sich bei einem subordinationsrechtlichen öffentlich-rechtlichen Vertrag jeder Vertragschließende der **sofortigen Vollstreckung unterwerfen**. In diesem Fall kann die Behörde unmittelbar aus dem Vertrag nach dem Verwaltungsvollstreckungsgesetz vorgehen, § 61 Abs. 2 S. 1 VwVfG. Für die Vollstreckung einer Privatperson (gegen die Behörde) gelten nach § 61 Abs. 2 S. 2 u. 3 VwVfG die §§ 170, 172 VwGO. 399

Dagegen kann die Behörde vertragliche Ansprüche grds. **nicht durch VA** durchsetzen. Ein öffentlich-rechtlicher Vertrag ist keine Ermächtigungsgrundlage für den Erlass eines VA, da die Behörde, die sich auf die Ebene der Gleichordnung begibt, nicht im Nachhinein die „Waffengleichheit" verletzen darf.[493] 400

Etwas anderes gilt allerdings dann, wenn der Behörde im Vertrag ausdrücklich die Befugnis eingeräumt wird, einseitig Regelungen für die Abwicklung des Vertrages zu treffen. Dies ergibt sich aus § 62 S. 2 VwVfG i.V.m. § 315 BGB, wonach die einseitige Leistungsbestimmung durch eine Vertragspartei gestattet werden kann.[494]

---

490 BGH NVwZ 2009, 1054, 1055; vgl. auch BVerwG, Urt. v. 18.07.2012 – BVerwG 8 C 4.11, RÜ 2013, 189, 190; BVerwG, Beschl. v. 26.05.2010 – BVerwG 6 A 5.09, RÜ 2010, 531, 532; Singer/Mielke JuS 2007, 1111,1112.

491 BVerwG, Urt. v. 18.07.2012 – BVerwG 8 C 4.11, RÜ 2013, 189, 193: Leistungsklage auf Anpassung eines öffentlich-rechtlichen Vertrages.

492 OVG NRW NVwZ 1984, 522.

493 BVerwG NJW 1990, 2700, 2702; NVwZ 1992, 769: VA-Befugnis bei ör Vertrag nur bei besonderer Ermächtigungsgrundlage; Maurer/Waldhoff § 10 Rn. 33 u. § 14 Rn. 65; Odendahl Jura 2002, 563, 565; Ogorek JA 2003, 436, 440.

494 BayVGH, Urt. v. 02.08.2016 – 22 B 16.619.

Ansprüche aus öffentlich-rechtlichem Vertrag

I. Entstehen des Anspruchs

1. **wirksamer öffentlich-rechtlicher Vertrag** i.S.d. §§ 54 ff. VwVfG
   a) **Vorliegen** eines öffentlich-rechtlichen Vertrages
      aa) **verwaltungsrechtlich** geregelte Materie
         -> abzustellen auf Vertragsgegenstand
         - **Inhalt:** bestehendes öffentlich-rechtliches Rechtsverhältnis wird begründet, geändert, aufgehoben; öffentlich-rechtliche Rechtsgrundlage für (mindestens) eine Hauptleistungspflicht
         - **Gesamtcharakter:** öffentlich-rechtlicher Zweck, Umstände, Sachzusammenhang mit öffentlich-rechtlicher Regelung
      bb) **vertragliche** (zweiseitige) Regelung
         gleichberechtigter rechtlicher Einfluss auf Inhalt – abzugrenzen vom mitwirkungsbedürftigem VA
   b) **Vertrag** wirksam zustande gekommen
      aa) **Einigung** (§ 62 S. 2 VwVfG, §§ 145 ff. BGB)
      bb) **Schriftform**, § 57 VwVfG (ggf. auch § 62 S. 2 VwVfG, § 311 b BGB)
      cc) **Beteiligung Dritter** bzw. anderer Behörden, § 58 VwVfG
      dd) **keine Nichtigkeitsgründe**, § 59 VwVfG
         (1) nur für **subordinationsrechtliche** Verträge i.S.d. § 54 S. 2 VwVfG: **§ 59 Abs. 2 VwVfG**
            - Nr. 1: Nichtigkeit eines inhaltsgleichen VA
            - Nr. 2: (materielle) Rw eines inhaltsgleichen VA und Kenntnis
            - Nr. 3: Voraussetzungen für Vergleichsvertrag (§ 55) nicht erfüllt und inhaltsgleicher VA rw
            - Nr. 4: unzulässige Gegenleistung des Bürgers beim Austauschvertrag
         (2) für **alle** öffentlich-rechtlichen Verträge gilt **§ 59 Abs. 1 VwVfG**
            - §§ 125, 138, 142 BGB
            - § 134 BGB: gesetzliches Verbot nur bei Handlungsformverbot oder wenn Inhalt als solcher missbilligt
2. **Rechtsfolgen**
   a) Haupt-, Nebenleistungs-, Sorgfaltspflichten
   b) inhaltliche Änderung durch **Anpassung** bei WGG (§ 60 Abs. 1 S. 1 Hs. 1 VwVfG)

II. Untergang des Anspruchs

1. Erfüllung, Erfüllungssurrogate, § 62 S. 2 VwVfG, §§ 362 ff. BGB
2. bei Pflichtverletzungen, § 62 S. 2 VwVfG i.V.m. §§ 241, 275 ff., 280 ff., 311 ff., 323 ff. BGB u.a.
3. Kündigung, insbes. § 60 Abs. 1 S. 1 Hs. 2 u. § 60 Abs. 1 S. 2 VwVfG

III. Durchsetzbarkeit des Anspruchs

1. keine **Einreden**, § 62 S. 2 VwVfG, §§ 214, 273, 320 BGB u.a.
2. kein Entgegenstehen von Treu und Glauben, § 62 S. 2 VwVfG, § 242 BGB

4. Abschnitt: Verwaltungsrechtliche Ansprüche

A. Anspruchsgrundlagen

I. Unterscheidung zwischen Primär- und Sekundärebene

Im Verwaltungsrecht geht es vor allem um die **Rechtmäßigkeit** und die **Abwehr von hoheitlichen Maßnahmen.** 401

- Der Bürger kann rechtswidrige Eingriffe in seine Rechte in erster Linie abwehren (sog. **Primärebene**).

  Beispiele: Der Adressat eines belastenden VA (z.B. einer Ordnungsverfügung) kann diesen mit Widerspruch und Anfechtungsklage anfechten. – Wird ein begünstigender VA (z.B. eine Baugenehmigung) abgelehnt, kann der Antragsteller Widerspruch und Verpflichtungsklage erheben.

- Häufig reicht die Abwehr des Verwaltungshandelns zur Wahrung der Rechte des Bürgers aber nicht aus. Hat die Maßnahme der Verwaltung bereits zu Nachteilen beim Bürger geführt, stellt sich die Frage, ob und inwieweit der Bürger einen Ausgleich verlangen kann (sog. **Sekundärebene**).

  Beispiele: Die (rechtswidrige) Ablehnung einer Baugenehmigung führt dazu, dass der Bauherr das zu errichtende Gebäude nicht gewinnbringend vermieten kann. – Bei der Verfolgung eines Straftäters wird ein Unbeteiligter durch Schusswaffeneinsatz der Polizei verletzt. – Durch den (rechtmäßigen) Bau einer Straße werden unzumutbare Lärmimmissionen hervorgerufen.

II. Regelungsbereiche des Staatshaftungsrechts

Auf der Sekundärebene geht es um die Verpflichtung des Staates, den rechtmäßigen Zustand (wieder-)herzustellen oder zumindest die entstandenen **Nachteile auszugleichen.** Dieser Bereich wird gemeinhin als **Staatshaftungsrecht** bezeichnet. Das Staatshaftungsrecht bildet kein in sich geschlossenes Rechtsgebiet, sondern hat sich historisch aus verschiedenen Aspekten entwickelt. Vor allem geht es hierbei um zwei Bereiche: 402

- **Ansprüche auf Geldersatz** und
- **Ansprüche auf Beseitigung und Unterlassung.**

1. Ansprüche auf Geldersatz

Den Kernbereich des Staatshaftungsrechts bildet die Haftung des Staates auf **Schadensersatz** für rechtswidriges Verhalten (sog. **Unrechtshaftung**), insbes. aus Amtshaftung (§ 839 BGB, Art. 34 GG) sowie nach Spezialvorschriften im Polizei- und Ordnungsrecht. Hinzu treten **Entschädigungsansprüche** bei Eingriffen in das Eigentum (insb. im Fall der **Enteignung** gemäß Art. 14 Abs. 3 GG). Für diese Bereiche ist historisch bedingt der Rechtsweg zu den ordentlichen Gerichten eröffnet (Art. 34 S. 3 GG, Art. 14 Abs. 3 S. 4 GG). 403

Rechtspolitisch wird zurzeit diskutiert, auch für diese Ansprüche aus Gründen des Sachzusammenhangs durch Änderung des Grundgesetzes den Verwaltungsrechtsweg zu eröffnen.

Dieser Bereich wird in den Prüfungsordnungen üblicherweise als **Recht der öffentlichen Ersatzleistungen** bezeichnet und unten im 5. Abschnitt dargestellt.

2. Beseitigungs- und Unterlassungsansprüche

404 Soll die Rechtsbeeinträchtigung des Bürgers **nicht durch Geld**, sondern durch Verwaltungshandeln ausgeglichen werden, geht es um verwaltungsrechtliche Ansprüche. Im Vordergrund stehen hier gewohnheitsrechtlich anerkannte **Abwehr-, Unterlassungs- und Beseitigungsansprüche.**

Beispiele: K verlangt die Rückgabe einer zu Unrecht beschlagnahmten Sache. E verlangt Unterlassung und Widerruf ehrbeeinträchtigender Äußerungen des Bürgermeisters.

405 Eine ähnliche Funktion wie der Folgenbeseitigungsanspruch hat der **öffentlich-rechtliche Erstattungsanspruch**. Er dient der Rückabwicklung ungerechtfertigter Vermögensverschiebungen im Öffentlichen Recht (Rechtsgedanke des § 812 BGB).

Beispiel: B hat aufgrund eines nichtigen öffentlich-rechtlichen Vertrages die vereinbarte Geldzahlung an die Gemeinde erbracht, die er nunmehr zurückfordert.

406 Aufwendungsersatzansprüche können sich schließlich aus **öffentlich-rechtlicher Geschäftsführung ohne Auftrag** (GoA) ergeben.

Beispiel: Tierarzt T verlangt von der als Fundbehörde zuständigen Gemeinde Aufwendungsersatz für die Behandlung und Unterbringung eines Fundtieres.[495]

Diese verwaltungsrechtlich geprägten und gemäß § 40 Abs. 1 S. 1 VwGO vor den **Verwaltungsgerichten** geltend zu machenden Ansprüche werden nachfolgend behandelt.

B. Der Folgenbeseitigungsanspruch (FBA)

I. Das Rechtsinstitut des FBA

407 Erleidet der Bürger durch rechtswidriges hoheitliches Handeln einen Vermögensnachteil, so geht es ihm häufig nicht (nur) um Geldersatz, sondern (auch) um die **Wiederherstellung des früheren Zustandes.**

Beispiele: Eine Sache des B wird sichergestellt. Nach Aufhebung der Sicherstellungsverfügung begehrt B Rückgabe der Sache. – In die Wohnung des Eigentümers E werden Obdachlose eingewiesen. Nach Ablauf der Einweisungszeit verlangt E Räumung der Wohnung. – Bei Straßenbauarbeiten wird der Gehweg versehentlich 50 cm auf dem Grundstück des G angelegt. G verlangt Wiederherstellung seines Vorgartens.

408 Diese Fälle sind über den Amtshaftungsanspruch (§ 839 BGB, Art. 34 GG) und über Entschädigungsansprüche nicht sachgerecht zu lösen, da diese Anspruchsgrundlagen auf **Geldersatz**, nicht aber auf Wiederherstellung gerichtet sind. Es geht vielmehr um eine den §§ 985, 1004 BGB vergleichbare Situation; es sollen die **Folgen des Verwaltungshandelns** beseitigt werden. Da es im öffentlichen Recht hierfür i.d.R. keine besondere gesetzliche Anspruchsgrundlage gibt, haben Rspr. und Lit. das Rechtsinstitut des **Folgenbeseitigungsanspruchs** (FBA) entwickelt.

Spezialgesetzliche Folgenbeseitigungsansprüche finden sich z.B. für die Herausgabe sichergestellter Sachen im Polizeirecht (vgl. Art. 28 BayPAG, § 43 HSOG, § 29 Nds SOG, § 46 PolG NRW, § 30 ThürPAG und unten Rn. 455) und für die Berichtigung und Löschung von personenbezogenen Daten (vgl. z.B. Art. 16, 17 EU-DSGVO).

---

495 Vgl. SächsOVG NVwZ-RR 2017, 314; OVG Lüneburg KommJur 2012, 338; OVG MV, Urt. v. 12.01.2011 – 3 L 272/06, RÜ 2011, 605; dazu unten Rn. 607 ff.

II. Begründung des FBA

1. Vollzugsfolgenbeseitigungsanspruch

Ausgangspunkt der rechtlichen Entwicklung war die Anerkennung eines sog. **Vollzugsfolgenbeseitigungsanspruchs**. Er erfasst die Situation, dass ein rechtswidriger VA vollzogen wird. Dem Betroffenen steht in diesem Fall nicht nur ein Anspruch auf Aufhebung des VA zu (§ 113 Abs. 1 S. 1 VwGO), sondern auch auf Beseitigung der mit dem Vollzug verbundenen rechtswidrigen Folgen. 409

Beispiele: Rückgabe einer rechtswidrig beschlagnahmten Sache, Rückgängigmachung von Maßnahmen der Verwaltungsvollstreckung (vgl. hierzu auch die spezialgesetzliche Regelung in Art. 39 BayVwZVG).

Dass es einen Vollzugs-FBA gibt, folgt z.B. aus § 113 Abs. 1 S. 2 VwGO, der von der **Rückgängigmachung der Vollziehung** eines (aufgehobenen) VA spricht, also die Beseitigung der Folgen eines VA regelt. 410

Beispiel: K hat einen rechtswidrigen Abgabenbescheid angefochten. Da die Klage keine aufschiebende Wirkung entfaltet (§ 80 Abs. 2 S. 1 Nr. 1 VwGO) hat er den geforderten Betrag gleichwohl gezahlt. K kann neben der Aufhebung des Abgabenbescheids (§ 113 Abs. 1 S. 1 VwGO) Rückzahlung des Geldes verlangen (§ 113 Abs. 1 S. 2 VwGO).

Einigkeit besteht jedoch darüber, dass § 113 Abs. 1 S. 2 VwGO den FBA nicht begründet, sondern die Existenz des Anspruchs voraussetzt. § 113 Abs. 1 S. 2 VwGO betrifft als prozessuale Vorschrift nur die **prozessuale Durchsetzung** des FBA im Zusammenhang mit Anfechtungsklagen, stellt aber **keine materiellrechtliche Anspruchsgrundlage** dar.[496]

2. Allgemeiner Folgenbeseitigungsanspruch

Allgemein anerkannt ist, dass nicht nur bei Verwaltungsakten, sondern auch bei schlichtem Verwaltungshandeln ein Bedürfnis nach Folgenbeseitigung bestehen kann. Man spricht dann vom **allgemeinen Folgenbeseitigungsanspruch**.[497] 411

Beispiele: Beseitigung der Folgen schädlicher Umwelteinwirkungen (z.B. Immissionen beim Betrieb hoheitlicher Einrichtungen), Widerruf ehrbeeinträchtigender Äußerungen.

Der Anspruch selbst und seine Voraussetzungen sind bei Eingriffen durch VA dieselben wie bei Beeinträchtigungen durch schlichtes Verwaltungshandeln. Deswegen hat die Unterscheidung nur noch terminologische Bedeutung, praktisch ist sie überflüssig. Beide Ansprüche sind in einem **einheitlichen FBA** aufgegangen.[498]

III. Dogmatische Herleitung

Die dogmatische Begründung des FBA wird in Rspr. und Lit. unterschiedlich vorgenommen. Als **Grundlagen** werden insbesondere genannt: Analogie zu §§ 1004, 862 BGB, das Rechtsstaatsprinzip, der Grundsatz der Gesetzmäßigkeit der Verwaltung (Art. 20 Abs. 3 GG), die Freiheitsgrundrechte und die Rechtsschutzgarantie des Art. 19 Abs. 4 GG.[499] 412

---

496 VG Hamburg, Beschl. v. 09.02.2017 – 17 E 7585/16, RÜ 2017, 396, 400 (zur vergleichbaren Regelung in § 80 Abs. 5 S. 3 VwGO); Kopp/Schenke VwGO § 113 Rn. 81; Voßkuhle/Kaiser JuS 2012, 1079, 1080.

497 Grundlegend BVerwG DVBl. 1971, 858, 860; Bettermann DÖV 1955, 528 ff.; Weyreuther, Gutachten 47. DJT (1968), B 78 ff.

498 Vgl. BVerwG, Urt. v. 19.02.2015 – BVerwG 1 C 13.14, RÜ 2015, 391, 394; Voßkuhle/Kaiser JuS 2012, 1079, 1080; Mehde Jura 2017, 783, 784.

499 Vgl. z.B. OVG Lüneburg NdsVBl. 2004, 213; VG Berlin NVwZ 2009, 124, 127; Maurer/Waldhoff § 30 Rn. 5.

413 ■ Die Rspr., insbes. das BVerwG, hat in einer Reihe von Entscheidungen den FBA unmittelbar aus **Art. 20 Abs. 3 GG** hergeleitet. Da die vollziehende Gewalt an Gesetz und Recht gebunden sei, ergebe sich daraus auch die Verpflichtung des Staates, die rechtswidrigen Folgen einer Amtshandlung zu beseitigen.[500]

414 ■ In der Lit. wird die Herleitung aus Art. 20 Abs. 3 GG überwiegend abgelehnt. Da Art. 20 Abs. 3 GG die Gesetzmäßigkeit der Verwaltung lediglich als objektiv-rechtliches Prinzip der Verfassung normiere, könne er nicht Grundlage subjektiver Ansprüche des Bürgers gegen den Staat sein. Vielmehr ergebe sich der FBA unmittelbar aus der **Abwehrfunktion der Freiheitsgrundrechte**: Dieser sog. status negativus gibt dem Bürger einen Anspruch darauf, dass der Staat Grundrechtseingriffe unterlässt. Ist Folge eines Eingriffs eine rechtswidrige Beeinträchtigung des Grundrechts, so richtet sich der Anspruch auch auf Beseitigung der Eingriffsfolgen. Der FBA ist damit letztlich eine **spezielle Ausprägung des grundrechtlichen Abwehranspruchs**.[501]

Auch das BVerwG hat zuweilen auf die Grundrechte als zusätzliche oder alleinige Grundlage des FBA abgestellt[502] oder die Frage offengelassen.[503]

415 In der Klausurlösung kommt es zumeist auf die konkrete Herleitung nicht an, sodass diese Frage nicht entschieden zu werden braucht. Es reicht aus, darauf hinzuweisen, dass der FBA inzwischen allgemein Anerkennung gefunden hat und damit als **gewohnheitsrechtlicher Grundsatz** des Verwaltungsrechts anzusehen ist.[504]

IV. Voraussetzungen des FBA

416 Nach allgemeiner Auffassung kommt ein Anspruch auf Folgenbeseitigung in Betracht, wenn durch einen hoheitlichen Eingriff in ein subjektives Recht ein rechtswidriger, noch andauernder Zustand geschaffen wurde.[505]

Voraussetzungen des FBA

- **hoheitlicher Eingriff in ein subjektives Recht**
  - hoheitliche Maßnahme
  - subjektives Recht aus einfach-gesetzlichen Vorschriften oder Grundrechten
- **Schaffung eines rechtswidrigen andauernden Zustandes**
  - rechtswidriger Zustand
  - haftungsbegründende Kausalität zwischen Eingriff und Zustand
  - Fortdauer des rechtswidrigen Zustandes

500 BVerwGE 69, 366, 370; BVerwG NJW 1985, 817, 818; OVG NRW NVwZ 2000, 217, 218; BayVGH BayVBl. 2016, 590.

501 Maurer/Waldhoff § 30 Rn. 5; Remmert Jura 2007, 736, 742; Brosius-Gersdorf JA 2010, 41, 42; Voßkuhle/Kaiser JuS 2012, 1079, 1080.

502 BVerwG NJW 1989, 2484, 2484 f.; BVerwGE 82, 24, 25; 82, 76, 95; ebenso schon BVerwG DVBl. 1971, 858, 859.

503 BVerwG NJW 1989, 2272, 2277.

504 BVerwG NVwZ 2016, 541; BayVGH BayVBl. 2016, 590; VGH Mannheim NVwZ 2016, 1658, 1659; OVG Lüneburg NVwZ-RR 2014, 415 (nur LS); Maurer/Waldhoff § 30 Rn. 5; Bumke JuS 2005, 22, 22; Mehde Jura 2017, 783, 784.

505 BVerwG, Urt. v. 19.02.2015 – BVerwG 1 C 13.14, RÜ 2015, 391, 395; HessVGH, Beschl. v. 01.11.2010 – 11 A 686/10, RÜ 2011, 191, 194; OVG NRW, Beschl. v. 25.01.2017 – 11 A 1701/16; Maurer/Waldhoff § 30 Rn. 7 ff.

1. Hoheitlicher Eingriff in ein subjektives Recht

a) Hoheitliches Handeln

In Abgrenzung zum zivilrechtlichen Anspruch aus § 1004 BGB muss ein **hoheitliches Handeln** vorliegen. Die Unterscheidung richtet sich nach den allgemeinen Kriterien zur Abgrenzung zwischen öffentlichem Recht und Privatrecht.[506] Besondere Bedeutung hat hierbei das Kriterium des **Sachzusammenhangs**, insbesondere beim Betrieb öffentlicher Einrichtungen. 417

Beispiel: Die Beseitigung eines hoheitlich betriebenen Spielplatzes ist Gegenstand des FBA, für die Abwehr einer privatrechtlich betriebenen Einrichtung ist § 1004 BGB maßgebend.[507]

Unerheblich ist die **Rechtsnatur des Handelns**. Vom FBA erfasst werden Verwaltungsakte ebenso wie schlichtes Verwaltungshandeln (Realakte, Äußerungen etc.), also alle Beeinträchtigungen durch **öffentlich-rechtliche Maßnahmen**.[508] 418

Beispiele: Beschlagnahme oder Sicherstellung von Gegenständen; Erteilung einer den Nachbarn beeinträchtigenden Baugenehmigung; Immissionen hoheitlich betriebener Einrichtungen; Einwirkungen von Straßenbäumen auf angrenzende Grundstücke; ehrbeeinträchtigende Äußerungen, die im Sachzusammenhang mit hoheitlicher Tätigkeit stehen.

Da der FBA dazu dient, einen früher bestehenden Zustand wiederherzustellen, greift er grds. nicht bei einem **Unterlassen** der Verwaltung ein. Auch bei einem sog. qualifizierten Unterlassen, wenn die Behörde eine Rechtspflicht zum Handeln hat, scheidet der FBA in der Regel aus, da mit ihm keine Erweiterung der Rechte verlangt werden kann, sondern nur der Eingriff in bestehende Rechte.[509] 419

Gegenbeispiel: Nachbar N verlangt von der Gemeinde Maßnahmen gegen die missbräuchliche Nutzung eines Bolzplatzes. Hier wird zwar durch die Untätigkeit der Behörde in die Rechtssphäre des Bürgers eingegriffen. Anknüpfungspunkt ist jedoch nicht das Unterlassen, sondern das positive Tun, nämlich die Errichtung und der Betrieb des Platzes.[510]

b) Eingriff in ein subjektives Recht

Subjektive Rechte können sich aus einfach-gesetzlichen Vorschriften, aber auch aus Grundrechten ergeben. 420

Beispiele: Nachbarschützende Vorschriften im Baurecht, z.B. das Rücksichtnahmegebot aus § 15 Abs. 1 S. 2 BauNVO, das Recht am eingerichteten und ausgeübten Gewerbebetrieb (Art. 14 Abs. 1 bzw. Art. 12 Abs. 1 GG), die Gesundheit (Art. 2 Abs. 2 GG), das allgemeine Persönlichkeitsrecht (Art. 2 Abs. 1 i.V.m. Art. 1 Abs. 1 GG).

2. Rechtswidriger andauernder Zustand

Durch den Eingriff muss ein **rechtswidriger Zustand** geschaffen worden sein, der noch **andauert**.[511] 421

---

506 Vgl. AS-Skript Verwaltungsrecht AT 1 (2017), S. 10 ff.

507 Vgl. OVG NRW ZUR 2016, 249: § 1004 BGB bei Beeinträchtigung von Bäumen auf einem Spielplatz.

508 BVerwG DVBl. 1971, 858, 860; BayVGH NVwZ-RR 1991, 57, 58; Schoch Jura 1993, 478, 482 m.w.N.

509 BVerwG, Beschl. v. 13.03.2008 – BVerwG 7 B 7.08, ZUR 2008, 316, 318; Bumke JuS 2005, 22, 22.

510 Bumke JuS 2005, 22, 23; Voßkuhle/Kaiser JuS 2012, 1079, 1080; Mehde Jura 2017, 783, 785.

511 Voßkuhle/Kaiser JuS 2012, 1079, 1080.

a) Rechtswidrigkeit des Zustands

422 **Rechtswidrig** ist der Zustand, wenn den Bürger **keine Duldungspflicht** trifft. Eine Duldungspflicht kann sich insbes. ergeben aus

- **gesetzlichen Vorschriften**,
- einem **Verwaltungsakt**,
- einem **öffentlich-rechtlichen Vertrag** oder
- einer **Einwilligung** des Betroffenen.

423 **Gesetzliche Vorschriften** können eine Duldungspflicht ausdrücklich oder aufgrund des Regelungszusammenhangs begründen.

Beispiele: Duldungspflicht gegenüber Beeinträchtigungen von Straßenbäumen nach den straßenrechtlichen Vorschriften;[512] Duldungspflicht gegenüber nicht schädlichen Umwelteinwirkungen nach §§ 22 Abs. 1, 3 Abs. 1 BImSchG.[513]

424 Beim sog. Vollzugs-FBA ist der Zustand solange gerechtfertigt, wie er von einem **wirksamen VA** gedeckt ist. Auch wenn der VA rechtswidrig ist, reicht dies zur Begründung des FBA nicht aus. Denn auch ein rechtswidriger VA ist grds. wirksam (§§ 43, 44 VwVfG) und legitimiert den seiner Regelung entsprechenden Zustand. Deshalb ist vor Geltendmachung des FBA die Aufhebung des VA erforderlich (durch die Behörde nach § 48 VwVfG oder durch das Gericht nach § 113 Abs. 1 S. 1 VwGO).[514]

Beispiel: Solange eine wirksame (vollziehbare) Einweisungsverfügung vorliegt, ist ein FBA auf Räumung der zur Vermeidung von Obdachlosigkeit beschlagnahmten Wohnung ausgeschlossen.[515]

425 Liegt kein den Zustand rechtfertigender VA vor, so ist die Frage nach dem Anknüpfungspunkt der Rechtswidrigkeit entscheidend. Früher wurde teilweise angenommen, der FBA werde durch die Rechtswidrigkeit der hoheitlichen Maßnahme begründet. Es wurde also auf das Handlungsunrecht abgestellt. Nach heute h.M. ist beim FBA aber das **Erfolgsunrecht** entscheidend, da es um die Beseitigung der „Folgen", also des eingetretenen Zustandes geht. Es kommt daher nicht darauf an, ob der Eingriff rechtswidrig war, sondern ob der **Zustand**, dessen Beseitigung verlangt wird, **rechtswidrig** ist.[516]

b) Haftungsbegründende Kausalität

426 Der rechtswidrige Zustand muss **durch den hoheitlichen Eingriff** geschaffen worden sein. Es muss also eine **(haftungsbegründende) Kausalität** zwischen Eingriff und Beeinträchtigung bestehen.[517] Dabei reicht nicht jede Ursächlichkeit aus, erforderlich ist vielmehr eine „besondere Nähebeziehung" zum Eingriff.[518] Die Rspr. zieht hierfür unterschiedliche Kriterien heran.

---

512 OVG NRW, Beschl. v. 25.01.2017 – 11 A 1701/16 zu § 32 StrWG NRW; OVG Lüneburg, Beschl. v. 10.12.2013 – 7 LA 179/12 zu § 32 NStrG; vgl. auch OVG NRW ZUR 2016, 249: Privatrecht bei Beeinträchtigung von Bäumen auf einem Spielplatz.

513 VGH Mannheim NVwZ-RR 2017, 566: Abwehr von Lärmimmissionen durch einen gemeindlichen Brunnen; VGH Mannheim NVwZ 2016, 1658: Entfernung von Altglassammelbehältern und unten Rn. 582 ff.

514 BGH DNotZ 2010, 220, 225; Maurer/Waldhoff § 30 Rn. 11; Mehde Jura 2017, 783, 786.

515 OVG Saarland, Beschl. v. 14.04.2014 – 1 B 213/14; siehe aber unten Rn. 463.

516 BVerwG DVBl. 2001, 726, 732; BayVGH RÜ 2012, 323, 324; Maurer/Waldhoff § 30 Rn. 9; Kemmler JA 2005, 908, 908.

517 VG München, Urt. v. 02.02.2010 – M 2 K 09.3679; Sachs/Blasche NWVBl. 2005, 78, 80.

518 BayVGH, Urt. v. 08.05.2008 – 22 B 06.3184.

So wird teilweise darauf abgestellt, ob der Zustand „unmittelbare" Folge des Eingriffs ist, ob der Zustand „zwangsläufig" oder aufgrund eines „typischen Geschehensablaufs" eingetreten ist (dazu unten Rn. 467 f.). **Beispiel:** Das Zuparken der Zufahrt zum Nachbargrundstück durch Benutzer einer öffentlichen Einrichtung, kann nicht dem hoheitlichen Betrieb der Einrichtung zugerechnet werden.[519]

c) Fortdauer der Beeinträchtigung

Schließlich setzt der FBA – in Abgrenzung zu Schadensersatzansprüchen, die auch abgeschlossene Beeinträchtigungen erfassen – voraus, dass der rechtswidrige **Zustand andauert**.[520] Hieran fehlt es z.B., wenn die rechtswidrigen Folgen erledigt sind oder der Zustand nachträglich (z.B. durch eine Genehmigung) legalisiert worden ist.[521] **427**

V. Rechtsfolge des FBA

Rechtsfolgen des FBA
■ **Wiederherstellung des früheren Zustandes**
■ **Kein Schadensersatz**
■ **Haftungsausfüllende Kausalität:** Beseitigung der zurechenbaren Folgen

1. Wiederherstellung des früheren Zustandes

Seiner **Rechtsfolge** nach richtet sich der Folgenbeseitigungsanspruch – wie der Name schon sagt – auf die **Beseitigung der Folgen** des Verwaltungshandelns, d.h. der **Wiederherstellung des früheren Zustandes** (des status quo ante).[522] **428**

Beispiele: Rückgabe beschlagnahmter Gegenstände, Rückzahlung rechtswidrig erhobener Abgaben, Widerruf ehrverletzender Äußerungen.

Unerheblich ist, ob die Folgenbeseitigung **durch schlichtes Verwaltungshandeln** oder **durch VA** erfolgen muss. Ist eine regelnde Entscheidung erforderlich, so ist die Behörde aufgrund des FBA zum Erlass eines entsprechenden VA verpflichtet.[523] **429**

Beispiel: Nach Ablauf der Einweisungszeit hat der Eigentümer einen Folgenbeseitigungsanspruch auf Erlass einer Räumungsverfügung gegen die bislang eingewiesenen Personen (s.u. Fall 12).

2. Kein Schadensersatz

Der FBA ist nur auf die **Beseitigung der rechtswidrigen Folgen** des hoheitlichen Handelns gerichtet und gibt dem Betroffenen daher nichts, was dieser vor dem Eingriff nicht schon gehabt hat. Der FBA ist **kein allgemeiner Wiedergutmachungsanspruch**, insbes. dient er **nicht zum Ausgleich von Schäden**, die durch das Behördenhandeln entstanden sind. **430**

Beispiel: Wird ein Ausländer rechtswidrigerweise abgeschoben (§ 58 AufenthG), hat er einen FBA auf Wiedereinreise.[524] Die Bezahlung des Flugtickets für die Wiedereinreise ist von der Folgenbeseitigung da-

519 Vgl. OVG Berlin NVwZ-RR 1988, 16.

520 Sachs/Blasche NWVBl. 2005, 78, 80; Bumke JuS 2005, 22, 24; Will JuS 2004, 701, 705.

521 Vgl. VG Cottbus, Urt. v. 14.08.2008 – 4 K 123/05; Mehde Jura 2017, 783, 786.

522 BVerwG, Urt. v. 19.02.2015 – BVerwG 1 C 13.14, RÜ 2015, 391, 395; VGH Mannheim NVwZ 2016, 1658, 1660.

523 Kopp/Schenke VwGO § 113 Rn. 83 m.w.N.

gegen nicht umfasst.[525] Die Aufwendungen hierfür können nur im Wege eines Schadensersatzanspruchs aus Amtshaftung (§ 839 BGB, Art. 34 GG) geltend gemacht werden.

431 Der FBA ist deshalb auch **nicht auf Naturalrestitution** gerichtet. Denn Naturalrestitution bedeutet nicht Wiederherstellung des früheren Zustandes, sondern des jetzigen Zustandes, der bestehen würde, wenn der zum Ersatz verpflichtende Umstand nicht eingetreten wäre (vgl. § 249 Abs. 1 BGB). Der hypothetische Kausalverlauf ist daher für den FBA irrelevant. Der FBA ist ein bloßer **Restitutionsanspruch**, sodass kein Schadensersatz und auch keine Entschädigung verlangt werden kann **(Restitution, nicht Kompensation)**.

Beispiele: Der Anspruch auf Ausgleich besoldungsrechtlicher Nachteile wegen unterbliebener Einstellung als Beamter kann nur als Schadensersatzanspruch, nicht als FBA geltend gemacht werden.[526] Auf den FBA kann auch kein Anspruch auf Gewährung einer Subvention gestützt werden, selbst wenn die Ablehnung rechtswidrig war.[527]

3. Haftungsausfüllende Kausalität

432 Beseitigt werden müssen die Folgen des Verwaltungshandelns, soweit diese dem Hoheitsträger **zurechenbar** sind **(haftungsausfüllende Kausalität)**.

Beachte: *Die Kausalitätsfrage kann sich, wie im Schadensersatzrecht, nicht nur im haftungsausfüllenden Tatbestand, sondern schon im Rahmen der Haftungsbegründung stellen.[528] Dort geht es insbes. um Fälle, in denen der rechtswidrige Zustand nicht unmittelbar durch die hoheitliche Maßnahme geschaffen wird, sondern auf dem Verhalten Dritter beruht.*

a) Unmittelbare Folgen

433 **Zurechenbar** sind unproblematisch die unmittelbaren Folgen, d.h. solche, auf deren Herbeiführung die hoheitliche Maßnahme gerichtet war.[529]

Beispiel: Die Anbringung eines Kreuzes in den Unterrichtsräumen einer staatlichen Schule verstößt bei Widerspruch eines Betroffenen gegen die aus Art. 4 Abs. 1 GG folgende staatliche Neutralitätspflicht in Glaubensfragen.[530] Deshalb besteht grds. ein Anspruch auf Entfernung des auf staatliche Anordnung angebrachten Kreuzes, wenn sich anders zwischen den Interessen der Betroffenen kein Ausgleich schaffen lässt.[531]

b) Mittelbare Folgen

434 Mittelbare Folgen sind dagegen nur zurechenbar, wenn sie für den Eingriff **typisch** sind, also aus der Eigenart der hoheitlichen Maßnahme resultieren. Nicht zurechenbar sind Folgen, die durch das eigenverantwortliche Verhalten des Betroffenen oder eines Drit-

---

524 OVG NRW NVwZ-RR 2007, 492, 493; VGH Mannheim VBlBW 2009, 149, 150; VG Berlin NVwZ 2009, 124, 127; einschränkend für den vorläufigen Rechtsschutz OVG Magdeburg NVwZ 2009, 403.

525 VG München, Beschl. v. 18.09.2008 – M 4 E 08.4523.

526 BVerwG NVwZ 1999, 424.

527 HessVGH, Beschl. v. 01.11.2010 – 11 A 686/10, RÜ 2011, 191, 194.

528 BVerwGE 69, 366, 372; Bethge/Detterbeck Jura 1991, 550, 554; Bumke JuS 2005, 22, 24 und unten Fall 12.

529 BVerwGE 69, 366, 373; BGH DNotZ 2010, 220, 224; Bumke JuS 2005, 22, 24.

530 BVerfG NJW 1995, 2477, 2478; anders EGMR NVwZ 2011, 737 zu Art. 9 EMRK; vgl. auch BayVerfGH NVwZ 1998, 57; BVerwG NJW 1999, 3063.

531 Vgl. BayVGH, Beschl. v. 12.01.2010 – 3 ZB 08.2634; BayVGH NVwZ 2002, 1000 zum Anspruch eines Lehrers und HessVGH NJW 2006, 1227; NJW 2003, 2471 zum Anspruch auf Entfernung eines Kreuzes aus dem Sitzungssaal des Kreistages.

ten verursacht worden sind.[532] Notwendig ist ein **innerer Zusammenhang** mit der Maßnahme, d.h. es muss sich eine besondere Gefahr verwirklichen, die bereits in der hoheitlichen Maßnahme selbst angelegt ist.[533]

Beispiel: Mit dem FBA kann die Exmittierung des Obdachlosen nach Ablauf der Einweisungszeit verlangt werden (s.u. Fall 12). Hat der Eingewiesene die Wohnung beschädigt, kann die Beseitigung der Schäden als bloß mittelbare, dem Staat nicht zurechenbare Folge nicht über den FBA verlangt werden. Der Eigentümer ist hier auf Schadensersatz- bzw. Entschädigungsansprüche verwiesen.[534]

VI. Ausschlussgründe

Ausschlussgründe
Der FBA ist **ausgeschlossen**, wenn die Folgenbeseitigung
■ **tatsächlich oder rechtlich unmöglich** oder
■ **unzumutbar** ist oder
■ sich das Verlangen als **unzulässige Rechtsausübung** darstellt.

1. Rechtliche und tatsächliche Unmöglichkeit

Die Behörde muss tatsächlich und rechtlich **in der Lage sein**, die Folgenbeseitigung durchzuführen (vgl. auch § 113 Abs. 1 S. 3 Hs. 1 VwGO).

- **Tatsächliche Unmöglichkeit** der Folgenbeseitigung ist beispielsweise anzunehmen 435 beim Widerruf ehrverletzender Werturteile. Anders als Tatsachenbehauptungen können Werturteile nur falsch oder richtig, nicht aber wahr oder unwahr sein. Daher kann mit dem FBA der Widerruf unrichtiger Tatsachenbehauptungen verlangt werden, während bei Werturteilen nur ein Unterlassungsanspruch in Betracht kommt.[535]
- **Rechtliche Unmöglichkeit** liegt vor, wenn die Folgenbeseitigung nach der Rechts- 436 ordnung unzulässig ist.[536] Sie spielt vor allem in Drittbeteiligungsfällen eine Rolle, wenn mit der Folgenbeseitigung die Belastung eines Dritten verbunden ist. Hier besteht ein FBA nur, wenn die Behörde zum Einschreiten gegen den Dritten berechtigt ist (s.u. Fall 12).

2. Unzumutbarkeit der Folgenbeseitigung

Der FBA ist ausgeschlossen, wenn dem Verwaltungsträger die **Beseitigung nicht zu- 437 mutbar** ist (Rechtsgedanke des § 74 Abs. 2 S. 3 VwVfG, § 906 Abs. 2 BGB). Das Kriterium der Zumutbarkeit wird von der Rspr. insbes. dann herangezogen, wenn die Folgenbeseitigung einen extrem hohen Aufwand erfordert und daher unverhältnismäßig ist.[537] Die Lit. kritisiert hieran, dass der Verhältnismäßigkeitsgrundsatz als grundrechtliches Prinzip nicht zum Schutze des Staates eingreifen könne.[538]

532 BVerwGE 69, 366, 370; BVerwG DVBl. 2001, 744, 745; OVG Lüneburg NdsVBl. 2004, 213, 214; Bumke JuS 2005, 22, 24 f.
533 OVG Lüneburg NdsVBl. 2004, 213, 214.
534 Vgl. BGH DVBl. 1996, 561; NVwZ 2006, 963; Voßkuhle/Kaiser JuS 2012, 1079, 1081.
535 OVG NRW RÜ 2012, 525, 530 und unten Rn. 573.
536 BayVGH, Beschl. v. 17.02.2009 – 14 ZB 08.2919.
537 BVerwG DVBl. 1993, 1357, 1361 ff.; BayVGH BayVBl. 2013, 473; BayVBl. 2016, 590, 591; Maurer/Waldhoff § 30 Rn. 17.
538 Fiedler NVwZ 1986, 969, 976; Schoch Jura 1993, 478, 485 f.; Erbguth JuS 2000, 336, 337; Mehde Jura 2017, 783, 789.

Beispiel: Ein nur wenige Zentimeter breiter Grundstücksstreifen des E ist rechtswidrigerweise für den Straßenbau in Anspruch genommen worden. Die Verlegung der Straße würde Kosten verursachen, die in keinem Verhältnis zu der geringen Beeinträchtigung des E stehen würden.[539] Den Vermögensinteressen des E kann durch einen Geldausgleich ausreichend Rechnung getragen werden (s.u. Rn. 448 ff.).

3. Unzulässige Rechtsausübung

438 Schließlich ist der FBA ausgeschlossen, wenn das Verlangen auf Folgenbeseitigung eine **unzulässige Rechtsausübung** darstellt, z.B. bei widersprüchlichem Verhalten (venire contra factum proprium)[540] oder wenn die Beseitigung eines (noch) rechtswidrigen Zustandes verlangt wird, obwohl sicher zu erwarten ist, dass der Zustand nachträglich legalisiert wird. Die bloße Möglichkeit der Legalisierung reicht dagegen nicht aus.[541]

VII. Verjährung

439 Der Folgenbeseitigungsanspruch unterliegt der regelmäßigen (dreijährigen) **Verjährung** (§ 195 BGB analog).[542]

Beispiel: Die Straßenbaubehörde hatte bei der Verbreiterung einer Gemeindestraße im Jahr 2007 rechtswidrigerweise einen Teil des Gehwegs auf dem Grundstück des E errichtet. Als E das Grundstück Anfang 2017 veräußern will, wird bei einer Neuvermessung der Überbau festgestellt. E verlangt Beseitigung des Überbaus durch die Gemeinde, hilfsweise Duldung der Beseitigung. Die Gemeinde beruft sich auf Verjährung.

Der FBA ist analog §§ 195, 199 BGB mit Ablauf des Jahres 2010 verjährt. E kann daher keine Beseitigung des Überbaus durch die Gemeinde verlangen. Trotz Verjährung bleibt der geschaffene Zustand aber weiterhin rechtswidrig. E kann seinen Beseitigungsanspruch zwar nicht mehr durchsetzen, ist aber auch nicht zur Duldung des Überbaus verpflichtet. Im Hinblick auf Art. 14 GG verjähren Duldungsansprüche nicht (im Zivilrecht vgl. § 902 BGB). E kann den rechtswidrigen Zustand daher auf eigene Kosten beseitigen.[543]

Fall 11: Totenruhe

K ist Inhaberin einer Familiengrabstätte, die aus drei Grabstellen besteht und in der bereits ihre Schwester und der vor einigen Jahren verstorbene Ehemann der K beigesetzt sind. Die dritte, bislang noch freie Stelle grenzt an die Grabstätte der Familie B. Frau B ist verstorben und wird aufgrund eines Irrtums der Friedhofsverwaltung F in der Grabstätte der K beigesetzt. Als K dies bemerkt, verlangt sie von F die Umbettung des Leichnams der B. F lehnt dies unter Hinweis auf den Schutz der Totenruhe ab. Auch habe der Ehemann der B einer Umbettung ausdrücklich widersprochen. K hält es für unzumutbar, dass ihr Ehemann neben einer fremden Frau ruht und fragt daher nach der Rechtslage.

---

539 Vgl. z.B. BayVGH NVwZ 1999, 1237; OVG NRW NWVBl. 1994, 109; Bumke JuS 2005, 22, 25 f.

540 BayVGH, Urt. v. 05.10.2009 – 4 B 08.2877, juris Rn. 28.

541 Vgl. BVerwG NJW 1989, 118; VGH Kassel NVwZ 1995, 300, 303; Schoch Jura 1993, 478, 486; Bumke JuS 2005, 22, 26; Mehde Jura 2017, 783, 786.

542 BVerwG, Beschl. v. 12.07.2013 – BVerwG 9 B 12.13, RÜ 2013, 668; BayVGH, Urt. v. 08.02.2012 – 4 B 11.175, RÜ 2012, 323, 326; VG Neustadt, Urt. v. 10.07.2014 – 4 K 1105/13.NW; ebenso BGH, Urt. v. 28.01.2011 – V ZR 141/10, NJW 2011, 1068 zum Anspruch aus § 1004 BGB; a.A. Mansell NJW 2002, 89, 91; Heselhaus DVBl. 2004, 411, 412: kraft Gewohnheitsrechts 30 Jahre; offen gelassen von BayVGH BayVBl. 2016, 590, 591.

543 BVerwG, Beschl. v. 12.07.2013 – BVerwG 9 B 12.13, RÜ 2013, 668; vgl. auch BGH, Urt. v. 28.01.2011 – V ZR 141/10, RÜ 2011, 283, 284; vgl. auch OVG Saarlouis, Beschl. v.18.06.2014 – 1 A 20/14, NVwZ-RR 2014, 672.

A. K könnte ein Anspruch auf Umbettung aus dem Gesichtspunkt der **Folgenbeseitigung** zustehen.

I. Der **gesetzlich nicht geregelte** Folgenbeseitigungsanspruch (FBA) wird überwiegend aus der Abwehrfunktion der Grundrechte oder aus dem Rechtsstaatsprinzip (Art. 20 Abs. 3 GG, Grundsatz der Gesetzmäßigkeit der Verwaltung) hergeleitet. Andere greifen auf den Rechtsgedanken der §§ 1004, 862 BGB zurück. Diese Begründungsansätze schließen sich jedoch nicht aus, sondern ergänzen sich gegenseitig. Jedenfalls ist der FBA heute als gewohnheitsrechtlicher Grundsatz anerkannt. **440**

II. **Voraussetzungen des FBA** **441**

Nach allgemeiner Auffassung kommt ein Anspruch auf Folgenbeseitigung in Betracht, wenn durch einen hoheitlichen Eingriff in ein subjektives Recht ein rechtswidriger, noch andauernder Zustand geschaffen wurde.[544]

1. Es muss ein **hoheitlicher Eingriff in ein subjektives Recht** vorliegen.

a) Die Bestattung der B in der Grabstätte der K stand im Sachzusammenhang mit dem öffentlich-rechtlichen Friedhofswesen, sodass ein **hoheitliches Handeln** vorliegt. **442**

b) **Subjektive Rechte** können sich aus einfach-gesetzlichen Vorschriften, aber auch aus Grundrechten ergeben. Das Grabstättennutzungsrecht fällt unter den Eigentumsschutz nach Art. 14 Abs. 1 GG.[545] Zwar handelt es sich hierbei um eine öffentlich-rechtliche Rechtsposition. Diese wird jedoch vom Schutz des Art. 14 GG erfasst, wenn sie – wie hier – auf nicht unerheblichen Eigenleistungen des Einzelnen beruht.[546] Durch die Fehlbelegung wird der K dieses **subjektive Recht** zumindest teilweise entzogen. **443**

2. Durch den Eingriff muss ein **rechtswidriger Zustand** geschaffen worden sein, der noch **andauert**. **444**

a) Rechtswidrig ist der Zustand, wenn den Bürger **keine Duldungspflicht** trifft. Eine Rechtfertigung für die Fehlbelegung ist nicht ersichtlich.

b) Der rechtswidrige Zustand muss auf dem hoheitlichen Eingriff beruhen. Es muss also eine **(haftungsbegründende) Kausalität** zwischen Eingriff und der Beeinträchtigung bestehen.[547] Der rechtswidrige Zustand beruht hier unmittelbar auf der hoheitlich veranlassten Fehlbelegung der Grabstätte.

c) Da die Fehlbelegung des Grabes **andauert**, sind die Voraussetzungen des FBA erfüllt.

III. Seiner **Rechtsfolge** nach richtet sich der Folgenbeseitigungsanspruch auf die Beseitigung der zurechenbaren Folgen des rechtswidrigen Verwaltungshandelns, d.h. auf **Wiederherstellung des früheren Zustandes**. **445**

---

544 BVerwG NVwZ 1998, 1292, 1294; OVG NRW NWVBl. 2007, 431, 432; NVwZ 2000, 217, 218; Maurer/Waldhoff § 30 Rn. 7 ff.

545 Vgl. OVG NRW, Beschl. v. 28.10.2016 – 19 A 2345/15 (jedenfalls Art. 2 Abs. 1 GG); abweichend OVG Schleswig ZEV 2016, 409 (öffentlich-rechtliches Sondernutzungsrecht); offen gelassen von BVerwG, Beschl. v. 03.08.2016 – BVerwG 1B 91.16.

546 Jarass/Pieroth, GG, Art. 14 Rn. 11 ff.

547 Vgl. Sachs/Blasche NWVBl. 2005, 78, 80.

446 Beseitigt werden müssen die Folgen des Verwaltungshandelns, soweit diese dem Hoheitsträger zurechenbar sind **(haftungsausfüllende Kausalität)**.

Vorliegend hatte die Fehlbelegung **unmittelbar** zur Folge, dass das Nutzungsrecht der K beeinträchtigt wurde, da sie die bis dahin freie Grabstelle ihrer Grabstätte nicht mehr für eine Bestattung entsprechend ihrer Wahl nutzen kann. Die **Folgenbeseitigung** bestünde daher in der Freimachung der rechtswidrig belegten Grabstätte durch Umbettung des dort bestatteten Leichnams der B.

447 IV. Der FBA könnte aus **rechtlichen Gründen** wegen Verstoßes gegen Art. 1 Abs. 1 GG **ausgeschlossen** sein. Art. 1 Abs. 1 GG fordert mit dem Schutz der unantastbaren **Würde des Menschen** auch den Schutz der Totenruhe des Verstorbenen. Daher kann die Umbettung eines einmal beigesetzten Leichnams grds. nur aus **wichtigen Gründen** verlangt werden.[548]

Zwar hat K ein erhebliches Interesse an der uneingeschränkten Nutzung der Grabstelle. Der Schutz der Totenruhe ist gegenüber dem Grabstättennutzungsrecht der K indes vorrangig. Dies gilt umso mehr, als K das Nutzungsrecht nur teilweise entzogen wurde und ihr das Grabgestaltungsrecht im Übrigen verblieben ist.

„Auszugehen ist davon, dass der den Schutz der Totenruhe gewährleistende Art. 1 Abs. 1 GG aufgrund des durch Art. 79 Abs. 3 GG geschaffenen Wertsystems einen besonderen unantastbaren Rang hat, wodurch Art. 1 GG zu den ‚tragenden Konstitutionsprinzipien' gehört. Die Rücksichtnahme auf die Gefühle der Hinterbliebenen verbieten es der Friedhofsverwaltung in der Regel, gegen den Willen des Ehegatten oder eines anderen nahen Verwandten des Verstorbenen … der Umbettung zuzustimmen oder diese zu bewirken."[549]

Damit ist der **FBA** auf Umbettung des Leichnams der B wegen rechtlicher Unmöglichkeit **ausgeschlossen**.

448 B. Ist die Folgenbeseitigung in Form der Wiederherstellung nicht möglich oder nicht zumutbar, könnte dem Betroffenen nach dem Rechtsgedanken des § 251 BGB ein **Anspruch auf Geldausgleich** zustehen.

I. Vom BVerwG ist ein solcher Anspruch für den Fall bejaht worden, dass dem Betroffenen ein **Mitverschulden** an den ihn belastenden Folgen des Verwaltungshandeln trifft.

1. Ist der Umfang der Folgenbeseitigung **teilbar**, so wird der FBA nach h.Rspr. entsprechend dem Mitverschulden analog § 254 BGB **reduziert**.[550] § 254 BGB enthält einen allgemeinen Rechtsgedanken, der im Zivilrecht wie im öffentlichen Recht sowohl bei verschuldensabhängigen als auch verschuldensunabhängigen Ansprüchen gelte.

Die Gegenansicht lehnt die Anwendung des § 254 BGB auf den FBA ab, da die Vorschrift auf das Schadensersatzrecht zugeschnitten sei. Der grundrechtliche FBA könne mangels gesetzlicher Grundlage einfachgesetzlich nicht beschränkt werden.[551] Dagegen spricht, dass § 254 BGB auch im Rahmen des § 1004 BGB entsprechend anzuwenden ist.[552]

---

548 OVG NRW NVwZ-RR 2010, 281, 283; OVG NRW, Urt. v. 12.12.2012 - 19 A 2207/11; SächsOVG LKV 2014, 551, 552; VG München, Urt. v. 29.09.2016 – M 12 K 16.1874; vgl. auch VGH BW NJW 2017, 583, 586 (Eilantrag gegen Urnenbestattung); allgemein Wedekind DVBl 2015, 1365 ff.

549 OVG NRW NVwZ 2000, 217, 218.

550 BVerwG NJW 1989, 2484, 2485; VGH Mannheim NJW 1985, 1482; Maurer/Waldhoff § 30 Rn. 20.

551 Schenke JuS 1990, 370, 375; Schoch VerwArch 1988, 1, 54.

2. Ist die Folgenbeseitigung dagegen **unteilbar**, ist der FBA bei Mitverschulden aus rechtlichen Gründen **ausgeschlossen**. In diesem Fall schlägt die Wiederherstellungspflicht nach Auffassung des BVerwG analog § 251 BGB in einen **Geldanspruch** gegen den Staat um, der entsprechend dem Mitverschuldensanteil des Betroffenen zu kürzen ist.[553] **449**

Beispiel: Aufgrund von Straßenbauarbeiten ist eine auf dem Grundstück des E stehende Mauer zerstört worden. Der FBA ist auf die Errichtung einer gleichwertigen Mauer gerichtet.[554] Hat E die Zerstörung durch Abgrabungen auf seinem Grundstück mitverursacht, hat er nur einen um sein Mitverschulden gekürzten Ausgleichsanspruch in Geld.[555]

II. Von einer im Vordringen befindlichen Meinung wird ein solcher Anspruch auf **Geldausgleich** immer dann bejaht, wenn die Folgenbeseitigung unmöglich oder unzumutbar ist (Rechtsgedanke des § 251 BGB, sog. **Folgenersatzanspruch**, „verlängerter Folgenbeseitigungsanspruch"). Denn es wäre unbillig, wenn der an sich zur Folgenbeseitigung Verpflichtete ganz aus der Verantwortung entlassen würde.[556] Die Gegenansicht kritisiert hieran zu Recht, dass durch die Anerkennung des Folgenersatzanspruchs die Grenze zum **Folgenentschädigungsanspruch** überschritten wird. Anerkanntermaßen kann der FBA nicht zum Ausgleich von Schäden führen. Eine Erweiterung des FBA würde zu einem verschuldensunabhängigen Geldanspruch führen und damit die Grenze zur Amtshaftung und zur Aufopferungsentschädigung verwischen. Scheitert der FBA an der Unmöglichkeit oder Unzumutbarkeit der Folgenbeseitigung, so kommt bei rechtswidrig schuldhaftem Handeln nur ein Anspruch aus Amtshaftung (§ 839 BGB, Art. 34 GG), bei schuldlosen Eingriffen ein Anspruch aus Aufopferung in Betracht.[557] **450**

C. Prozessuale Situation

I. Für die Durchsetzung des FBA ist gemäß § 40 Abs. 1 S. 1 VwGO der **Verwaltungsrechtsweg** eröffnet, weil es sich um einen öffentlich-rechtlichen Anspruch handelt.[558] Soweit ein **Folgenersatzanspruch** in Betracht kommt, ist auch hierfür nach § 40 Abs. 1 S. 1 VwGO der Verwaltungsrechtsweg eröffnet.[559] **451**

Die abdrängende Zuweisung an die Zivilgerichte gemäß § 40 Abs. 2 S. 1 VwGO gilt nur für Geldansprüche des Bürgers; nicht darunter fallen Ansprüche auf Folgenbeseitigung, selbst wenn sie ausnahmsweise auf Geldleistung gerichtet sind.[560]

II. Der Klageart nach handelt es sich um eine **allgemeine Leistungsklage**, wenn die Folgenbeseitigung durch schlicht hoheitliches Handeln zu erfolgen hat. Erfordert die Folgenbeseitigung ausnahmsweise den Erlass eines Verwaltungsakts, so ist die **Verpflichtungsklage** statthaft (§ 42 Abs. 1 Fall 2 VwGO). **452**

---

552 Vgl. BGHZ 135, 235, 239; OLG Zweibrücken KommJur 2004, 71, 72.

553 BVerwG DVBl. 1993, 1357, 1362; NJW 1989, 2484, 2485 unter Hinweis auf § 74 Abs. 2 S. 3 VwVfG; Bumke JuS 2005, 22, 26.

554 Bumke JuS 2005, 22, 24.

555 BVerwG NJW 1989, 2484.

556 OVG NRW NVwZ 2000, 217, 219; BayVGH NVwZ 1999, 1237, 1238; Maurer/Waldhoff § 30 Rn. 19; Erbguth JuS 2000, 336, 338; Voßkuhle/Kaiser JuS 2012, 1079, 1081; Mehde Jura 2017, 783, 790; offengelassen von BVerwG DVBl. 1993, 1357, 1362 (Anspruch „naheliegend").

557 OVG NRW NVwZ 1994, 795, 796; Kopp/Schenke VwGO § 113 Rn. 89.

558 BVerfGE 61, 149, 173; Maurer/Waldhoff § 30 Rn. 21; Graulich ZAP 2005, 849, 850.

559 BayVGH NVwZ 1999, 1237; Franckenstein NVwZ 1999, 158, 159; vgl. auch Kopp/Schenke VwGO § 113 Rn. 89, der den Folgenersatzanspruch allerdings ablehnt.

560 Kopp/Schenke VwGO § 40 Rn. 73 m.w.N.

453 Für den **Vollzugsfolgenbeseitigungsanspruch** erleichtert § 113 Abs. 1 S. 2 u. S. 3 VwGO die prozessuale Durchsetzung. Danach kann der FBA als **Annexantrag** mit der Anfechtungsklage verbunden werden.[561]

Beispiel: K hat gegen einen Beitragsbescheid über 3.000 € Widerspruch und Anfechtungsklage erhoben. Da seine Rechtsbehelfe keine aufschiebende Wirkung entfalten (§ 80 Abs. 1 S. 1 VwGO), hat K zunächst unter Vorbehalt gezahlt. Wird der Beitragsbescheid gemäß § 113 Abs. 1 S. 1 VwGO aufgehoben, kann das Gericht die Behörde zugleich zur Erstattung des gezahlten Betrages verurteilen (§ 113 Abs. 1 S. 2 VwGO).

454 K kann somit den Folgenbeseitigungsanspruch sowie einen etwaigen Folgenentschädigungsanspruch im Wege der **allgemeinen Leistungsklage** vor dem Verwaltungsgericht geltend machen. Die Klage ist allerdings unbegründet (s.o.).

Aufbauschema: Folgenbeseitigungsanspruch

I. Rechtsgrundlage

Art. 20 Abs. 3 GG, Grundrechte, § 1004 BGB analog, Gewohnheitsrecht

II. Voraussetzungen

1. hoheitlicher Eingriff in ein subjektives öffentliches Recht
   a) **hoheitliche** Maßnahme
   b) **subjektives Recht** beeinträchtigt
2. Schaffung eines rechtswidrigen fortdauernden Zustandes
   a) **rechtswidriger Zustand**
   b) **haftungsbegründende Kausalität** zwischen Eingriff und Zustand
   c) **Fortdauer** des rechtswidrigen Zustandes

III. Rechtsfolge

1. **Wiederherstellung des früheren Zustandes**
   a) Beseitigung der zurechenbaren Folgen (haftungsausfüllende Kausalität)
   b) kein Schadensersatz, keine Folgenentschädigung
2. bei Mitverschulden § 254 BGB analog, ggf. Folgenersatzanspruch

IV. Ausschlussgründe → (ggf. Folgenersatzanspruch)

1. rechtliche, tatsächliche Unmöglichkeit
2. Unzumutbarkeit der Wiederherstellung
3. unzulässige Rechtsausübung

---

561 Vgl. AS-Skript VwGO (2017) Rn. 185.

Fall 12: Obdachlos

E hat im Jahre 2014 ein Zweifamilienhaus in der Stadt S gebaut und die Obergeschosswohnung an die Familie F (Vater, Mutter mit 6 Kindern) vermietet. Ende 2016 kündigt E das Mietverhältnis wegen erheblichen Mietrückstandes wirksam zum 31.03.2017. Als Familie F aufgrund der schlechten Wohnungsmarktlage Ende März 2017 noch keine neue Wohnung gefunden hat, weist die Stadtverwaltung S die Familie F zunächst befristet bis zum 31.05.2017 in ihre bisherige Wohnung ein. Diesen an E gerichteten Bescheid begründet sie damit, dass – was zutrifft – der gesamte der Stadt S zur Verfügung stehende Wohnraum durch Flüchtlinge und Asylbewerber belegt sei. Weder im Obdachlosenheim noch in anderen, von S angemieteten Wohnungen sei Platz für eine 8-köpfige Familie. Weiterer Wohnraum könne kurzfristig nicht beschafft werden. Als die Stadt S der Familie F im Juni 2017 geeigneten anderweitigen Wohnraum nachweist, weigert sich die F, ihre bisherige Wohnung zu verlassen, um ihren Kindern keinen Schulwechsel zuzumuten. Als die F im August 2017 immer noch in der Wohnung des E verweilen, ohne dass die Stadtverwaltung weitere Maßnahmen veranlasst hat, verlangt E, der die Einweisung selbst widerspruchslos hingenommen hatte, von S Räumung der Wohnung. Zu Recht?

A. Der Anspruch auf Räumung der Wohnung könnte sich aus der Vorschrift des Polizei- und Ordnungsrechts über die **Herausgabe** von sichergestellten Sachen ergeben.[562] Dann müsste es sich bei der Einweisungsverfügung um eine **Sicherstellung** handeln. 455

I. **Sicherstellungsfähig** sind auch Grundstücke und Gebäude(teile).[563] Daher wird teilweise angenommen, dass auch die „Beschlagnahme“ von Wohnraum zur Vermeidung drohender Obdachlosigkeit unter den Begriff der Sicherstellung falle. Der hierfür erforderliche behördliche Gewahrsam könne auch durch einen Dritten ausgeübt werden.[564] 456

II. Dagegen spricht jedoch, dass die Sicherstellung darauf gerichtet ist, den Gewahrsam des bisherigen Gewahrsamsinhabers zu beenden und **neuen Gewahrsam** zu begründen. Eine Maßnahme, die an den Gewahrsamsverhältnissen nichts ändert, stellt keine Sicherstellung i.S.d. PolG dar.[565] Außerdem wird der Eigentümer – anders als bei einer Sicherstellung – durch die Einweisung nicht von der Nutzung ausgeschlossen, er muss lediglich die Unterbringung dulden.[566] 457

Deshalb erfolgt die Einweisung auch nicht als Sicherstellung, sondern grds. aufgrund der polizei- bzw. ordnungsrechtlichen Generalklausel.[567] Eine Sicherstellung kommt nur ausnahmsweise in Betracht, wenn die Verfügung auf eine Besitzbegründung durch die Ordnungsbehörde gerichtet ist. Das ist insbes. der Fall, wenn die Behörde leerstehenden Wohnraum in Beschlag nimmt, um im Bedarfsfall über Unterbringungsmöglichkeiten zu verfügen.[568]

---

562 Vgl. z.B. Art. 28 BayPAG, § 41 ASOG Bln, § 28 Bbg PolG, § 26 BremPolG, § 43 HSOG, § 61 Abs. 2 SOG M-V, § 29 Nds SOG, § 46 PolG NRW, § 25 POG RhPf, § 24 SPolG, § 48 SOG LSA, § 25 Thür OBG, § 30 Thür PAG.

563 Vgl. OVG Koblenz NJW 2013, 184, 185; Lisken/Denninger, Polizeirecht, E Rn. 671.

564 Fischer NVwZ 2015, 1644, 1645; Beaucamp JA 2017, 728, 730; Pieroth/Schlink/Kniesel, Polizeirecht, § 19 Rn. 5;

565 OVG NRW NVwZ-RR 1991, 556; Erichsen/Biermann Jura 1998, 371, 376 f.; Volkmann JuS 2001, 888, 890; Cremer/Wolf/Gurzam Jura 2010, 773, 776; Linke JuS 2015, 247, 249; Singler Jura 2017, 975, 976.

566 Cremer/Wolf/Gurzam Jura 2010, 773, 776; Singler Jura 2017, 975, 976.

567 OVG Lüneburg, Beschl. v. 01.12.2015– 11 ME 230/15, RÜ 2016, 116, 118; OVG Lüneburg NJW 2010, 1094, 1095; Kanther NVwZ 2002, 828; Ewer/v.Detten NJW 1995, 353; Günter/Traumann NVwZ 1993, 130; Singler Jura 2017, 975, 976.

568 So z.B. ausdrücklich § 27 Abs. 3 S. 2 SächsPolG. Die Spezialregelungen für die Sicherstellung privater Grundstücke, Gebäude oder Gebäudeteile in § 26a BremPolG und § 14a HmbSOG waren bis zum 31.03.2017 befristet.

458 Vorliegend ist aufgrund der Einweisungsverfügung nur der durch das ursprüngliche Mietverhältnis begründete Besitz aufrechterhalten worden, sodass eine Sicherstellung nicht vorliegt. Daher scheidet der spezialgesetzlich geregelte Herausgabeanspruch für sichergestellte Sachen aus.

B. Der Räumungsanspruch könnte sich indes aus einem **Anspruch auf Folgenbeseitigung** ergeben.

459 I. Fraglich ist bereits, ob der FBA in Drittbeteiligungsfällen überhaupt als **Anspruchsgrundlage** in Betracht kommt. Denn E begehrt Räumung der Wohnung, was nur durch Erlass einer Räumungsverfügung gegen die Familie F möglich ist, die bei Nichtbefolgung im Wege der Verwaltungsvollstreckung durchgesetzt werden könnte. Insoweit ist umstritten, ob der (ungeschriebene) FBA als Grundlage für einen **drittbelastenden VA** ausreicht oder ob hierfür eine spezielle Rechtsgrundlage erforderlich ist.

Neben der Exmittierung von Obdachlosen taucht das Problem vor allem beim Anspruch des Nachbarn auf Beseitigung eines Bauvorhabens nach Aufhebung der Baugenehmigung auf.[569]

460 1. Ein Teil der Rspr. und Lit. verneint die Anwendbarkeit des FBA unter Hinweis auf das Prinzip vom **Vorbehalt des Gesetzes**. Danach bedürfen belastende Maßnahmen einer besonderen gesetzlichen Ermächtigung. Der FBA sei nicht gesetzlich geregelt und könne daher keinen Anspruch auf Einschreiten gegen einen Dritten vermitteln. Der Sache nach handele es sich vielmehr um einen **Anspruch auf Einschreiten** aufgrund der behördlichen Ermächtigungsgrundlage. Dies folge auch daraus, dass die Ansprüche, die der gestörte Bürger gegen die Behörde hat, nicht weiter gehen können als die Eingriffsgrundlage der Behörde gegen den Störer reicht. Ein Anspruch des Betroffenen könne sich in diesen Fällen nur aus der **materiellen Ermächtigungsgrundlage** der Behörde auf Einschreiten gegen den Dritten ergeben.[570]

Beispiele: Die Exmittierung eines Obdachlosen erfolgt nach dieser Auffassung aufgrund der polizeilichen Generalklausel, der Erlass einer Beseitigungsverfügung gegenüber dem Bauherrn nach der bauordnungsrechtlichen Ermächtigungsgrundlage.

461 2. Überwiegend wird jedoch darauf abgestellt, dass die Einschaltung eines Dritten in die Folgenbeseitigung nichts an dem Verhältnis des betroffenen Bürgers zum Staat ändere. Aus der **Folgenbeseitigungspflicht** der Behörde wegen der Folgen des von ihr erlassenen VA ergebe sich auch ein Rechtsverhältnis zu dem Dritten. Die nunmehr verlangte Belastung folge als Kehrseite aus der ursprünglichen Begünstigung. Damit kann der FBA auch im Verhältnis zum Dritten als **Anspruchsgrundlage** dienen. Erst im Rahmen der rechtlichen Möglichkeit der Folgenbeseitigung wird die Frage relevant, ob die Behörde die Befugnis hat, zur Folgenbeseitigung gegen den Dritten einzuschreiten.[571]

---

569 Vgl. dazu AS-Skript Öffentliches Baurecht (2016), Rn. 239 ff.

570 VGH Mannheim NJW 1997, 2832, 2833; NJW 1990, 2770, 2771; Deubert/Müller JA 1993, 195, 198; Walther JA 1994, 199, 205; offengelassen von BVerwG NVwZ 1995, 272.

571 Kopp/Schenke VwGO § 113 Rn. 83; Schenke DVBl. 1990, 328, 331; Schoenenbroicher MDR 1993, 97, 98; Bumke JuS 2005, 22, 26 f.; Voßkuhle/Kaiser JuS 2012, 1079, 1081; ebenso im Ergebnis BGH DVBl. 1995, 1131, 1132; OVG NRW NWVBl. 1991, 199; VGH Kassel NVwZ 1995, 300, 302.

II. Voraussetzungen des FBA

1. Es muss ein **hoheitlicher Eingriff in ein subjektives Recht** des E vorliegen. Hier wurde durch die hoheitliche Beschlagnahme der Wohnung in das Eigentumsrecht des E aus Art. 14 GG eingegriffen. **462**

2. Durch den hoheitlichen Eingriff muss ein **rechtswidriger Zustand** geschaffen worden sein, der noch andauert. Rechtswidrig ist der Zustand, wenn keine Duldungspflicht besteht.

   a) Eine **Duldungspflicht** könnte sich aus der (bestandskräftigen) Einweisungsverfügung ergeben. Diese rechtfertigt den Zustand aber nur für die in ihr geregelte Einweisungszeit (§§ 36 Abs. 2 Nr. 1, 43 Abs. 2 VwVfG). Nach Ablauf der Frist braucht E den Aufenthalt der Familie F in seiner Wohnung jedoch auf keinen Fall mehr zu dulden. Ob die Verfügung seinerzeit rechtmäßig ergangen ist, ist daher unerheblich. Denn der Staat ist nach Art. 20 Abs. 3 GG auch dann zur Beseitigung eines rechtswidrigen Zustandes verpflichtet, wenn dieser zunächst rechtmäßig war und erst später rechtswidrig geworden ist.[572] **463**

   Ein VA kann eine Duldungspflicht also nur im Rahmen seines **Regelungsgegenstandes** begründen. **Beispiel:** Die Widmung einer Straße betrifft nur die Nutzung durch die Allgemeinheit (§ 35 S. 2 VwVfG), sagt aber nichts über das zulässige Maß des Straßenlärms aus. Eine unanfechtbare Widmung steht daher dem FBA auf Lärmminderung nicht entgegen.[573] Ebenso ist die Widmung gegenüber dem Grundstückseigentümer nicht geeignet, den aufgrund einer fehlerhaften Planung rechtswidrig geschaffenen Zustand zu heilen. Die Widmung hindert deshalb nicht den Anspruch auf Folgenbeseitigung.[574]

   Daher ist unerheblich, dass E die Einweisung nicht angefochten hat. Denn die Verfügung konnte nur den Zustand bis zum 31.05.2017 rechtfertigen.[575] Weitere Duldungspflichten sind nicht ersichtlich. Der derzeitige Zustand ist damit rechtswidrig.

   Umgekehrt besteht der FBA bei einem ursprünglich rechtswidrigen Eingriff nicht (mehr), wenn der Zustand **zwischenzeitlich legalisiert** worden ist, z.B. durch Erlass einer neuen Einweisungsverfügung.[576] Die bloße Legalisierungsmöglichkeit schließt den Tatbestand des FBA dagegen nicht aus, möglicherweise aber die Rechtsfolge (s.o. Rn. 438).

   b) Voraussetzung ist allerdings, dass das hoheitliche Handeln kausal für den rechtswidrigen Zustand ist **(haftungsbegründende Kausalität)**. Zwischen der Amtshandlung der Behörde und den eingetretenen rechtswidrigen Folgen muss ein **„Vollzugszusammenhang“** bestehen.[577] Dies ist hier zweifelhaft, weil das Verbleiben der F in der Wohnung auf ihrer **eigenverantwortlichen Entscheidung** beruht. **464**

---

572 BVerwGE 69, 366, 370; BGH DVBl. 1995, 1131, 1132; Bumke JuS 2005, 22, 23; Mehde Jura 2017, 783, 786.

573 Bumke JuS 2005, 22, 24.

574 BayVGH, Urt. v. 14.09.2009 – 8 B 08.2829, RÜ 2010, 329, 332; VG Neustadt, Urt. v. 10.07.2014 – 4 K 1105/13.NW; vgl. auch BayVGH BayVBl. 2016, 590: FBA bei Inanspruchnahme einer nicht gewidmeten Fläche.

575 Vgl. BayVGH, Beschl. v. 16.06.2008 – 11 ZB 08.189; OVG Saarland, Beschl. v. 14.04.2014 – 1 B 213/14.

576 Maurer/Waldhoff § 30 Rn. 12; Mehde Jura 2017, 783, 786.

577 So VGH Kassel NVwZ 1995, 300, 302.

465 aa) Unproblematisch ist die Zurechnung, wenn der rechtswidrige Zustand **unmittelbar** durch das hoheitliche Handeln hervorgerufen wird.[578]

Beispiel: Sichergestellte Gegenstände werden von der Polizei in amtliche Verwahrung genommen.

466 Dem steht gleich die **freiwillige Befolgung** eines VA durch den Adressaten. Denn derjenige, der einem staatlichen Ge- oder Verbot freiwillig nachkommt, darf hinsichtlich der Folgenbeseitigung nicht schlechter stehen als bei zwangsweiser Durchsetzung. Im Rahmen des Regelungsgehaltes des VA wird das Verhalten des Adressaten oder Dritter dem behördlichen Vollzug gleichgestellt.

Beispiele: Der Bürger zahlt den mit einem Abgabenbescheid geforderten Geldbetrag.[579] Ebenso wird die Verwirklichung der Baugenehmigung durch den Bauherrn der Behörde zugerechnet;[580] anders wenn ohne Baugenehmigung oder unter Abweichung von der erteilten Genehmigung „schwarz" gebaut wird.[581]

467 bb) Zurechnungsprobleme ergeben sich dann, wenn die unmittelbaren Beeinträchtigungen – wie hier – durch **Dritte** hervorgerufen werden. Wie im Rahmen des § 1004 BGB ist anerkannt, dass der Staat **(mittelbarer) Störer** ist, wenn durch seinen maßgeblichen Willen ein rechtswidriger Zustand geschaffen wird.[582] Deshalb sind dem Staat Handlungen Dritter zuzurechnen, wenn der Hoheitsträger das Verhalten des unmittelbaren Störers steuert oder durch sein Verhalten eine **typische Gefährdungssituation** für die subjektiven Rechte des Betroffenen schafft oder aufrechterhält.[583] Das gilt z.B. für alle Störungen, die sich aus der bestimmungsgemäßen Benutzung einer öffentlichen Einrichtung ergeben.

468 **Beispiele:** Immissionen bei der Benutzung von Sport- und Spielplätzen,[584] eines Grillplatzes[585] oder bei der Benutzung von Wertstoffcontainern.[586]

Keine Zurechnung erfolgt dagegen bei **Missbrauch** der Sachen oder Exzessen Einzelner. In diesem Fall sind allein die privaten Störer und nicht der Hoheitsträger verantwortlich (s.u. Rn. 589 ff.).[587]

Beispiele: Betreibt die Gemeinde einen Badesee, so werden ihr die üblichen Lärmimmissionen des Badebetriebs zugerechnet. Sie hat aber nicht dafür einzustehen, wenn Besucher angrenzende Grundstücke verschmutzen, Grundstückseinfahrten zuparken oder nachts Lärm verursachen.[588]

578 BVerwGE 69, 366, 372 m.w.N.

579 Kopp/Schenke VwGO § 113 Rn. 80.

580 VGH Kassel NVwZ 1995, 300, 302; Horn DöV 1989, 976, 977; Bumke JuS 2005, 22, 26.

581 VGH Kassel NVwZ 1995, 300, 302.

582 Zum mittelbaren Störer bei § 1004 BGB vgl. Schreiber Jura 2013, 111, 115.

583 VGH Mannheim NVwZ 2012, 837, 640; zur vergleichbaren Situation bei § 1004 BGB vgl. BGH NJW 2005, 1366.

584 BayVGH ZUR 2015, 691, 692; HessVGH, Urt. v. 25.07.2011 – 9 A 125/11, RÜ 2011, 810; OVG Koblenz DVBl. 2012, 1052; OVG NRW, Beschl. v. 18.05.2009 – 10 E 289/09.

585 VGH Mannheim NVwZ-RR 2017, 653, 654.

586 HessVGH NVwZ-RR 2000, 668, 669; OVG Lüneburg, Urt. v. 17.09.1997 – 7 L 4944/96; BayVGH, Beschl. v. 04.03.2010 – 22 ZB 09.1785; VG Augsburg, Urt. v. 27.05.2009 – Au 4 K 08.57; VG Saarland LKRZ 2010, 230.

587 VGH Mannheim NVwZ-RR 2017, 653, 654; NVwZ 2012, 837, 839; HessVGH, Urt. v. 25.07.2011 – 9 A 125/11, RÜ 2011, 810, 813; NVwZ-RR 2000, 668, 669; Bumke JuS 2005, 22, 23.

588 OVG Berlin NVwZ-RR 1988, 16.

cc) Die Beeinträchtigung wäre hier **unmittelbare** Folge des hoheitlichen Handelns, wenn das jetzige Verweilen der F in der Wohnung von der Einweisungsverfügung gedeckt wäre. Das ist aber gerade nicht der Fall; die Behörde hatte die Wohnung lediglich für 2 Monate beschlagnahmt. Das weitere Verbleiben stellt damit lediglich eine **mittelbare** Folge dar, die auf einem eigenen Willensentschluss der Familie F beruht. **469**

(1) Deshalb wird der FBA in der vorliegenden Situation teilweise abgelehnt. Das rechtswidrige Verweilen des Eingewiesenen über den von der Behörde verfügten Zeitraum hinaus könne dieser nicht mehr zugerechnet werden. Der von den Eingewiesenen nach Ablauf der Frist ausgeübte Besitz sei **nicht Folge der behördlichen Einweisung**. Durch die Einweisungsverfügung sei lediglich die Rückgabe der Wohnung durch die (ehemaligen) Mieter verzögert worden. Die damit für den Eigentümer verbundene weitere Vorenthaltung des Besitzes und der Nutzung sei lediglich eine mittelbare, **nicht zurechenbare** Folge des hoheitlichen Handelns.[589] **470**

(2) Dagegen spricht jedoch, dass auch mittelbare Folgen der Behörde zuzurechnen sind, wenn sie entweder zwangsläufige Folge der behördlichen Maßnahme sind (z.B. Verwirklichung des Bauvorhabens aufgrund einer Baugenehmigung) oder sich die Beeinträchtigung als **Realisierung** einer von der Behörde geschaffenen oder aufrechterhaltenen **typischen Gefahrensituation** darstellt. Letzteres lässt sich hier damit bejahen, dass die Unterbringung von Obdachlosen typischerweise das Risiko beinhaltet, dass die Eingewiesenen auch nach Ablauf der Einweisungszeit in der Wohnung bleiben im Vertrauen darauf, dass die Behörde den weiteren Zustand billigen wird. Damit beruht der jetzige rechtswidrige Zustand zumindest auch noch auf der hoheitlichen Einweisung.[590] **471**

Lag vor der Beschlagnahme bereits ein vollstreckbares Räumungsurteil vor, so reicht nach der Rspr. für die Zurechnung folgender Gedanke aus: „Den rechtswidrigen Zustand hat die Behörde durch ihre Verfügung verursacht; die Beschlagnahme der Wohnung hinweggedacht, wäre die Wohnung aufgrund des vollstreckbaren Räumungstitels nämlich längst geräumt."[591]

c) Die Beeinträchtigung **dauert an**, da sich Familie F noch immer in der Wohnung des E aufhält. **472**

Damit sind die **Voraussetzungen des FBA erfüllt**.

III. Der FBA ist **ausgeschlossen**, wenn die Folgenbeseitigung tatsächlich oder **rechtlich unmöglich** ist.

---

589 OLG Köln NJW 1994, 1012, 1013; Schenke DVBl. 1990, 328, 337; Roth DVBl. 1996, 1401, 1406; Erichsen/Biermann Jura 1998, 371, 379 m.w.N.: Zurechnung nur bei Einweisung in eine leerstehende Wohnung.

590 OVG NRW DVBl. 1991, 1372; i. E. ebenso BGH DVBl. 1995, 1131, 1132; OVG Berlin NVwZ 1992, 501, 502; Götz VBlBW 1987, 424; Rüfner JuS 1997, 309; Bumke JuS 2005, 22, 27; Heusch/Schönenbroicher OBG NRW § 19 Rn. 11.

591 VGH Mannheim NJW 1997, 2832, 2833; NJW 1990, 2770, 2771; zustimmend Detterbeck Jura 1990, 38, 41; Bumke JuS 2005, 22, 27.

473 1. Da E ein Einschreiten der Behörde gegen F begehrt, könnte die rechtliche Möglichkeit davon abhängen, ob der Behörde eine **Eingriffsbefugnis** gegen den Dritten zusteht.

474 a) Teilweise wird in der Lit. eine zusätzliche Befugnis **nicht gefordert**. Denn sonst könnte der Gesetzgeber durch Nichterlass einer Ermächtigungsgrundlage den FBA umgehen. Die Ermächtigung zum Einschreiten gegen den Dritten durch Rückgängigmachung der rechtswidrigen Begünstigung ergebe sich unmittelbar aus den Grundrechten des Betroffenen und aus Art. 20 Abs. 3 GG.[592]

475 b) Das würde jedoch dazu führen, dass eine Grundrechtsbeeinträchtigung beim Anspruchsteller allein zur Rechtfertigung für Grundrechtseingriffe zulasten des Dritten herangezogen wird. Das erschwert nicht nur die bei Grundrechtskollisionen erforderliche **Interessenabwägung** (immanente Schranken), sondern löst diese auch vollständig von jeder gesetzlichen Vorgabe. Gerade im Bereich von **Grundrechtskollisionen** fordert der Grundsatz vom Vorbehalt des Gesetzes, dass die Grundentscheidung vom Gesetzgeber getroffen werden muss. Daraus folgt, dass der FBA jedenfalls **allein keine Rechtsgrundlage für Eingriffe in Rechte Dritter** bietet. Der Anspruch ist daher nur zu bejahen, wenn für die Behörde aufgrund einer Ermächtigungsgrundlage die **rechtliche Möglichkeit der Durchsetzung des Anspruchs** besteht.[593]

Die Rechtmäßigkeit der begehrten Ordnungsverfügung gegen den Dritten wird also **inzident** im Rahmen der „rechtlichen Möglichkeit" beim FBA geprüft. Kann eine solche Verfügung rechtmäßigerweise nicht erlassen werden, ist die Folgenbeseitigung rechtlich unmöglich, der FBA scheidet aus. Der Bürger ist auf Amtshaftungsansprüche verwiesen, die allerdings ein Verschulden voraussetzen.

476 2. Die rechtliche Möglichkeit zur Folgenbeseitigung hängt hier davon ab, ob die Stadt S gegen F eine **Räumungsverfügung** erlassen kann. Als Rechtsgrundlage hierfür kommt nur die polizei-/ordnungsrechtliche **Generalklausel** in Betracht.

a) Dann müsste eine **Gefahr für die öffentliche Sicherheit** bestehen.

477 aa) Diese Gefahr könnte sich aus einem Verstoß gegen § 123 StGB **(Hausfriedensbruch)** ergeben. In der verwaltungsgerichtlichen Rspr. wird dies teilweise ohne nähere Begründung bejaht.[594]

Dagegen spricht jedoch, dass dem Mieter auch nach Kündigung des Mietverhältnisses das **Hausrecht** bis zur tatsächlichen Räumung der Wohnung zusteht. Daher ist z.B. anerkannt, dass sich der Mieter auch nach Ablauf des Mietverhältnisses beim Verbleiben in der Wohnung keines Hausfriedensbruchs schuldig macht.[595]

---

592 Schenke DVBl. 1990, 328, 331 m.w.N.; vgl. auch Schloer JA 1992, 39, 44.

593 Vgl. VGH Kassel NVwZ 1995, 300, 301; Kraft BayVBl. 1992, 456, 457; Kemmler JA 2005, 908, 909.

594 VGH Mannheim NVwZ 1987, 1101; Detterbeck Jura 1990, 38, 42; Drews/Wacke/Vogel/Martens § 22, 3 c, S. 340.

595 Fischer StGB § 123 Rn. 3; Schäfer in: MK-StGB § 123 Rn. 36; Erichsen/Biermann Jura 1998, 371, 380.

bb) Schutzgut der öffentlichen Sicherheit sind jedoch auch die Individualrechtsgüter des Einzelnen, hier das Eigentum des E an der Wohnung. Bei einer Verletzung von Individualrechtsgütern gilt indes der **Grundsatz der Subsidiarität** des behördlichen Einschreitens. Zum Schutz privater Rechte darf die Behörde nur tätig werden, wenn gerichtliche Hilfe nicht oder nicht rechtzeitig möglich ist.[596] Hier könnte E vor dem Amtsgericht auf Räumung klagen und das Urteil später durch den Gerichtsvollzieher vollstrecken lassen, sodass ein behördliches Einschreiten zum Schutz des privaten Eigentums nicht zulässig wäre. **478**

cc) Die Rspr. stellt deshalb ergänzend auf die Nichtbefolgung der **Folgenbeseitigungspflicht** durch die Behörde ab. Die Einweisung rechtfertigt sich aus der **Notstandspflicht** des Eigentümers, wenn die Behörde die Gefahr der Obdachlosigkeit nicht auf andere Weise abwehren kann (s.u. Rn. 486). Damit korrespondiert ein Anspruch des Betroffenen, dass die Maßnahme **nur solange** aufrechterhalten bleibt, bis eine andere Möglichkeit der Gefahrenabwehr besteht. Durch die Exmittierung der Eingewiesenen wird somit die im öffentlichen Interesse zu vermeidende **Gefahr einer Nichterfüllung des Anspruchs** des Eigentümers auf Folgenbeseitigung ausgeräumt.[597] **479**

Die Behörde ist daher berechtigt, auf der Grundlage der Generalklausel gegen die Eingewiesenen einzuschreiten, um dem Eigentümer wieder den Besitz an den Räumen zu verschaffen.

b) **Sonstige Bedenken** gegen den Erlass einer Räumungsverfügung bestehen nicht. Familie F ist als Verhaltensstörer **richtiger Adressat**. Zwar steht das Einschreiten gegen den Dritten grds. im Ermessen der Behörde. Jedoch führt die **Folgenbeseitigungslast** regelmäßig zu einer **Ermessensreduzierung**.[598] Aufgrund der überwiegenden Eigentümerinteressen des E erweist sich die Räumungsverfügung auch als **verhältnismäßig**. **480**

Die Folgenbeseitigungslast besteht unabhängig davon, ob der private Eigentümer über einen Räumungstitel gegen den eingewiesenen früheren Mieter verfügt. Der öffentlich-rechtliche Anspruch ist nicht subsidiär gegenüber der privaten Vollstreckung.[599]

Damit ist die Folgenbeseitigung durch Erlass einer Räumungsverfügung **rechtlich möglich**. Da sonstige Einschränkungen nicht ersichtlich sind, ist der FBA gegeben.

IV. Seiner **Rechtsfolge** nach richtet sich der Folgenbeseitigungsanspruch grds. auf die **Wiederherstellung des früheren Zustandes**. **481**

---

596 Pieroth/Schlink/Kniesel POR § 5 Rn. 42, vgl. z.B. § 1 Abs. 4 ASOG Bln, § 3 Abs. 3 HmbSOG, § 1 Abs. 3 HSOG.

597 OVG NRW DVBl. 1991, 1372; VGH Mannheim NJW 1997, 2832, 2833; NJW 1990, 2270, 2271; Volkmann JuS 2001, 888, 892; ebenso i. E. BGH DVBl. 1995, 1131, 1132; a.A. Erichsen/Biermann Jura 1998, 371, 380.

598 BGH DVBl. 1995, 1131, 1132; VGH Mannheim NJW 1997, 2832, 2833; NJW 1990, 2270, 2271; Kemmler JA 2005, 908, 909; Voßkuhle/Kaiser JuS 2012, 1079, 1081 f.; ebenso Kopp/Schenke VwGO § 113 Rn. 83: Ermessensreduzierung aus allgemeinen Erwägungen, ohne dass es eines Rückgriffs auf die Folgenbeseitigungslast bedarf.

599 VGH Mannheim NJW 1997, 2832, 2833; NJW 1990, 2770, 2771; OVG NRW NVwZ 1991, 405; OVG Berlin NVwZ 1992, 501, 502; Rüfner JuS 1997, 309, 310 FN 8 m.w.N.

482 1. Zum Teil wird in den Einweisungsfällen angenommen, der FBA könne nur bestehen, wenn die Eingewiesenen zuvor noch **keinen Besitz** an der Wohnung gehabt hätten. Haben sie dagegen die Wohnung, wie im vorliegenden Fall, schon vor Erlass der Beschlagnahmeverfügung, z.B. aufgrund eines zwischenzeitlich beendeten Mietverhältnisses, in Besitz gehabt, habe der Eigentümer nur einen Anspruch auf Wiederherstellung des vor der Einweisung gegebenen Zustandes, also **Herausgabe der (noch) bewohnten Räume**, sodass es Sache des Eigentümers wäre, zivilrechtlich für die Räumung zu sorgen.[600]

483 2. Dem folgt die h.M. nicht: Durch die Beschlagnahme erhalte die Behörde die Rechtsmacht, über die Räume wie ein Nutzungsberechtigter zu verfügen. Die Nutzung der Räume durch die eingewiesenen Personen sei gleichzeitig Nutzung der Räume durch die Behörde. Diese Nutzung dauert nach Beendigung der Einweisung an, solange die Wohnung nicht geräumt ist. Mit dem Ende der Einweisungszeit entfalle nur der Rechtsgrund der behördlichen Nutzung, nicht die Nutzung selbst.[601]

484 Für die h.M. spricht, dass das öffentlich-rechtliche Nutzungsverhältnis, das durch die Einweisung begründet wird, zwischen der Behörde und dem Eigentümer besteht. Aus diesem Nutzungsverhältnis ist folglich die Behörde zur Räumung verpflichtet, unabhängig von einer zivilrechtlichen Räumungspflicht des Eingewiesenen. Außerdem wurde die Wohnung beschlagnahmt, damit der Räumungsschuldner dort wohnen bleiben konnte. Gegenstand der Inanspruchnahme war nicht eine bewohnte, sondern eine freiwerdende, verfügbare Wohnung. Deshalb hat E einen FBA auf **Herausgabe der geräumten Wohnung**. Diesen Anspruch kann er im Wege der Verpflichtungsklage und ggf. einer einstweiligen Anordnung nach § 123 VwGO durchsetzen.

Nach h.M. handelt es sich um eine Verpflichtungsklage, da zur Räumung der Erlass eines VA gegen den Dritten erforderlich ist.[602] Nach der Gegenansicht ist eine allgemeine Leistungsklage einschlägig, da der Eigentümer die Herausgabe der Wohnung, also schlichtes Verwaltungshandeln, begehrt. Ob die Behörde als Zwischenschritt gegen den Dritten eine Räumungsverfügung erlassen müsse, sei für die Klageart des Eigentümers unerheblich.[603] Dagegen spricht jedoch, dass gegenüber dem Dritten eine regelnde Entscheidung durch VA i.S.d. § 35 VwVfG erlassen werden muss, um dessen Handlungspflicht zu begründen.

Der Gewährung vorläufigen Rechtsschutzes nach § 123 VwGO steht das Verbot der Vorwegnahme der Hauptsache ausnahmsweise nicht entgegen, da der Eigentümer vor irreparablen Schäden bewahrt werden soll.[604] Außerdem kann der Eigentümer nach h.M. gegen den ehemaligen Mieter zivilrechtlich auf Räumung klagen und ggf. auch einen vorhandenen Räumungstitel vollstrecken.[605]

---

600 OLG Köln NJW 1994, 1012, 1013; Rietdorf/Böckenförder/Heise/Strehlau § 19 OBG Rn. 18; Roth DVBl. 1996, 1401, 1408.

601 Vgl. BGH NVwZ 2006, 963, 964; DVBl. 1995, 1131, 1132; VGH Mannheim NJW 1997, 2832, 2833; NJW 1990, 2770, 2771; OVG Berlin NVwZ 1992, 501, 502; OVG NRW NVwZ 1991, 905, 906; Knemeyer JuS 1988, 696, 698; Detterbeck Jura 1991, 38, 41; Schoenenbroicher MDR 1993, 97, 98; Rinne/Schlick NVwZ 1997, 34, 40; Volkmann JuS 2001, 888, 892.

602 Würtenberger/Heckmann, PolR in BW, Rn. 481 m.w.N.

603 Kemmler JA 2005, 908, 910.

604 BGH DVBl. 1995, 1131, 1133.

605 Günther/Traumann NVwZ 1993, 130, 135; Schoenenbroicher MDR 1993, 97, 98 ff. m.w.N. auf die Gegenansicht, die davon ausgeht, der Titel sei aufgrund der Beschlagnahme verbraucht.

Ergänzung zu Fall 12:

Die Einweisung bei drohender Obdachlosigkeit erfolgt i.d.R. auf der Grundlage der polizei-/ordnungsrechtlichen **Generalklausel,**[606] bei leerstehendem Wohnraum ggf. als Sicherstellung oder Beschlagnahme (s.o. Rn. 455 ff.). **485**

Bei der massenhaften Einweisung von Flüchtlingen ist umstritten, ob nach dem Grundsatz vom Vorbehalt des Gesetzes (Wesentlichkeitstheorie) die Generalklausel als Ermächtigungsgrundlage reicht oder ob hierfür eine Spezialregelung erforderlich ist.[607]

Aus dem SGB XII (Sozialhilfe) können sich zwar Ansprüche des Obdachlosen auf Unterkunft gegen die Sozialhilfebehörde ergeben (vgl. §§ 27, 29, 34 SGB XII).[608] Das SGB XII berechtigt aber nicht zur Inanspruchnahme Dritter.[609]

Allerdings sind Obdachlose als Störer in erster Linie selbst verpflichtet, sich um eine Unterkunft zu bemühen.[610] Erst wenn sie dazu nicht in der Lage sind, kommt als ultima ratio eine Inanspruchnahme des bisherigen Vermieters als sog. **Notstandspflichtiger** (Nichtstörer) in Betracht,[611] und zwar selbst dann, wenn dadurch ein zivilgerichtliches **Räumungsurteil** unterlaufen wird.[612] Der Eingriff in das durch Art. 14 GG geschützte Eigentumsrecht ist aber nur in Notlagen und auch nur für einen eng begrenzten Zeitraum zulässig, solange die Behörde der Gefahr nicht auf andere Weise abhelfen kann, insbes. ist die Behörde gehalten, geeigneten Ersatzwohnraum zu beschaffen.[613] **486**

Dabei nimmt die h.M. i.d.R. eine Höchstfrist für die Einweisung von zwei bis sechs Monaten an;[614] vgl. auch die gesetzlichen Höchstfristen in § 33 Abs. 4 S. 2 BW PolG, § 27 Abs. 3 S. 2 SächsPolG.

Unter den genannten Voraussetzungen hat der Obdachlose einen (ggf. im Wege der einstweiligen Anordnung nach § 123 VwGO durchsetzbaren) **Anspruch auf ermessensfehlerfreie Entscheidung** über die (Wieder-)Einweisung in die bisherige Wohnung bzw. Zuweisung einer Notunterkunft.[615] **487**

Die vorübergehende Einweisung in eine Notunterkunft begründet keinen Besitzstand und keinen Rechtsanspruch des Eingewiesenen, in der Unterkunft verbleiben zu dürfen. Die Behörde kann daher die bisherige Einweisungsverfügung aufheben und den Betroffenen nach Ermessen in eine andere Unterkunft einweisen.[616] Voraussetzung ist allerdings, dass die (neue) Unterkunft den Anforderungen an eine menschenwürdige Unterbringung im Sinne eines einfachen „Obdach" genügt.[617]

---

606 OVG Saarland, Beschl. v. 14.04.2014 – 1 B 213/14; OVG Lüneburg NJW 2010, 1094, 1095; OVG MV NJW 2010, 1096, 1097; OVG Bremen NVwZ-RR 2013, 361, 362; OVG Bln- Bbg KommJur 2016, 275, 277; VG Kassel WuM 2016, 241, 242; Ruder NVwZ 2012, 1283, 1284; ders. NDV 2017, 162, 164; ebenso BayVGH BayVBl. 2017, 276 zu Art. 7 Abs. 2 Nr. 3 BayLStVG.

607 Dazu OVG Lüneburg, Beschl. v. 01.12.2015 – 11 ME 230/15, RÜ 2016, 116, 119; Singler Jura 2017, 975, 977 f.

608 Vgl. z.B. BVerwG NJW 2005, 310; OVG Bremen NVwZ-RR 2013, 361.

609 Vgl. Volkmann JuS 2001, 888, 890; Ruder NVwZ 2012, 1283, 1287 m.w.N.

610 VGH Kassel NVwZ-RR 2011, 474, 475; OVG Lüneburg NJW 2010, 1094, 1095; OVG MV NJW 2010, 1096, 1097; OVG Bln-Bbg KommJur 2016, 275, 277; Ruder NVwZ 2012, 1283, 1285; ders. NDV 2017, 205, 206 f.

611 BGH NVwZ 2006, 963; BayVGH BayVBl. 2017, 276; Volkmann JuS 2001, 888, 891; Linke JuS 2015, 247, 251; Heusch/Schönenbroicher OBG NRW § 19 Rn. 11; vgl. auch OVG Lüneburg, Beschl. v. 01.12.2015 – 11 ME 230/15, RÜ 2016, 116, 120 zur Beschlagnahme privater Gebäude zwecks Unterbringung von Flüchtlingen; dazu Klüver ZMR 2016, 1; Götz VR 2017, 158.

612 OVG Lüneburg NJW 2010, 1094, 1095, RÜ 2010, 391 ff.; OVG NRW NVwZ 1991, 692; VG Oldenburg, Beschl. v. 03.07.2012 – 7 B 3696/12; Volkmann JuS 2001, 888, 891; einschränkend VG Frankfurt, Beschl. v. 06.06.2011 – 8 L 1441/11.

613 OVG Saarland, Beschl. v. 14.04.2014 – 1 B 213/14; OVG Lüneburg NJW 2010, 1094, 1095; VG Kassel WuM 2016, 241; Volkmann JuS 2001, 888, 891; Ruder NVwZ 2012, 1283, 1287; Singler Jura 2017, 975, 980; vgl. auch OVG Lüneburg, Beschl. v. 01.12. 2015 – 11 ME 230/15, RÜ 2016, 116, 121 f. zur Unterbringung von Flüchtlingen; Fischer NVwZ 2016, 1644, 1646.

614 OVG Lüneburg NJW 2010, 1094, 1095; VG Kassel WuM 2016, 241, 242 (i.d.R. zwei Monate).

615 Vgl. BayVGH NVwZ-RR 2017, 309; OVG Bremen NVwZ-RR 2013, 361; OVG MV NJW 2010, 1096, 1097; Kuhla in: Beck-OK VwGO § 123 Rn. 114 b; Ruder NVwZ 2012, 1283, 1286; ders. NDV 2017, 205: i.d.R. Ermessensreduzierung auf Null.

616 HessVGH NVwZ-RR 2011, 474, 475; anders

617 OVG Bln- Bbg KommJur 2016, 275, 276; HessVGH NVwZ-RR 2011, 474, 475; VG Würzburg, Beschl. v. 16.02.2016 – W 5 E 16. 161; Ruder NDV 2017, 205, 205 f.; vgl. BayVGH NVwZ-RR 2017, 575 (Anspruch auf ganztägige Unterbringung).

488 Der in Anspruch genommene Eigentümer kann **gegen die Einweisungsverfügung** Widerspruch (§ 68 Abs. 1 VwGO) und/oder Anfechtungsklage (§ 42 Abs. 1 Fall 1 VwGO) erheben. Soweit die Einweisungsverfügung für sofort vollziehbar erklärt wird (was in der Praxis regelmäßig geschieht), wird vorläufiger Rechtsschutz nach § 80 a Abs. 1 Nr. 2, Abs. 3 S. 1 i.V.m. § 80 Abs. 5 S. 1 VwGO gewährt.

489 Die Einweisungsverfügung ist nach herrschendem Verständnis ein **Verwaltungsakt mit Doppelwirkung**.[618] Zwar wird der Obdachlose durch die Einweisung weder dazu verpflichtet, die Unterkunft tatsächlich zu nutzen, noch begründet sie für ihn einen Anspruch, in der zugewiesenen Unterkunft bleiben zu können.[619] Sie begründet jedoch den rechtlichen Vorteil, die zugewiesene Unterkunft vorübergehend nutzen zu dürfen. Nimmt der Obdachlose die ihm zugewiesene (menschenwürdige) Unterkunft nicht an, ist er nicht mehr „unfreiwillig" obdachlos. Die freiwillige Obdachlosigkeit berechtigt (von Ausnahmefällen der staatlichen Schutzpflicht abgesehen) aber grundsätzlich nicht zu einem behördlichen Einschreiten, da der freiwillig Obdachlose von seinem Grundrecht auf Selbstverwirklichung aus Art. 2 Abs. 1 GG Gebrauch macht.[620]

490 Als Notstandspflichtiger hat der Eigentümer einen **Ausgleichsanspruch** nach dem Polizei- und Ordnungsrecht.[621] Der Anspruch umfasst den Mietzinsausfall, die Räumungskosten und Ersatz für Beschädigungen, soweit diese der Behörde zurechenbar sind.[622]

Die Zurechenbarkeit hat der BGH bejaht, wenn die Einweisung zu erheblichen Spannungen im Verhältnis zwischen dem (bisherigen) Vermieter und dem Mieter führt, die situationsbedingt das Risiko eines unsachgemäßen Gebrauchs bis hin zur mutwilligen Beschädigung der Wohnung erhöhen.[623]

491 Ergänzend kommen **Amtshaftungsansprüche** (§ 839 BGB i.V.m. Art. 34 GG) in Betracht, wenn die Behörde nach Ablauf der (rechtmäßigen) Einweisungszeit ihrer Folgenbeseitigungspflicht nicht nachkommt.[624] Eine Haftung **analog § 280 BGB** scheidet dagegen mangels schuldrechtsähnlicher Sonderbeziehung aus (dazu unten Rn. 759).[625]

492 Umstritten ist, ob die Gemeinde gegen den eingewiesenen Obdachlosen einen **Anspruch auf Nutzungsentschädigung** hat.[626] Soweit fremder Wohnraum im Wege der Notstandspflicht in Anspruch genommen wird, besteht teilweise ausdrücklich ein Rückgriffsanspruch gegen den Eingewiesenen als Störer (vgl. z.B. § 57 PolG BW, § 42 Abs. 2 OBG NRW).[627] Ein öffentlich-rechtlicher Erstattungsanspruch scheidet dagegen aus, da die Einweisungsverfügung den Rechtsgrund für die Nutzung bildet.[628] Ebenso scheidet ein Anspruch aus ör GoA aus, da die Behörde mit der Einweisung kein fremdes, sondern ein ausschließlich eigenes Geschäft zur Gefahrenabwehr führt.[629] Außerdem sind die Vorschriften des Polizeirechts vorrangig.[630] Bei Einweisung in eine gemeindeeigene Obdachlosenunterkunft kommt eine Benutzungsgebühr in Betracht (Benutzung einer öffentlichen Einrichtung).[631] Dies setzt allerdings eine wirksame Gebührensatzung voraus.[632]

---

618 VG München, Beschl. v. 24.07.2017 – M 22 S 17.3263; Ruder NVwZ 2012, 1283, 1286.

619 VGH Kassel NVwZ-RR 2011, 474; VG München, Beschl. v. 02.01.2017 – M 22 S 16.5528.

620 OVG Bln-Bbg KommJur 2016, 275, 277; Ruder NVwZ 2012, 1283, 1284; ders. NDV 2017, 162, 163.

621 Vgl. z.B. § 55 Abs. 1 S. 1 PolG BW, Art. 70 Abs. 1 BayPAG, § 59 Abs. 1 Nr. 1 ASOG Bln, § 64 Abs. 1 S. 1 HSOG, § 39 Abs. 1 a OBG NRW, § 68 Abs. 1 S. 1 POG RP, § 68 Abs. 1 SPolG, § 52 Abs. 1 SächsPolG, § 221 Abs. 1 LVwG SH, § 68 Abs. 1 S. 1 ThürPAG.

622 BGH NVwZ 2006, 963, 964; NJW 1996, 315, 316.

623 Von BGH NJW 1996, 315, 316 bejaht bei Vorliegen eines Räumungsitels und anschließender Räumungsvollstreckung; von BGH NVwZ 2006, 963, 964 verneint bei bloßem Vorliegen einer Kündigung wegen Mietrückständen.

624 Vgl. BGH NJW 1996, 315; NJW 1995, 2918; Volkmann JuS 2001, 888, 892 ff. m.w.N.

625 BGH NVwZ 2006, 963, 964.

626 Vgl. ausführlich Kanther NVwZ 2002, 828 ff.

627 Zur Rechtslage in Bayern vgl. BayVGH BayVBl. 2017, 276: Auslagenersatz nach Art. 10 Abs. 1 Nr. 5 i.V.m. Art. 20 KG.

628 BayVGH BayVBl. 2017, 276, 277; Kanther NVwZ 2002, 828, 830; Riedl BayVBl. 1993, 522, 523; a.A. früher BayVGH NVwZ-RR 1991, 196; vgl. unten Rn. 633 f.

629 BayVGH BayVBl. 2017, 276, 277.

630 Vgl. VGH Mannheim NVwZ-RR 1997, 123, 124.

631 BayVGH BayVBl. 2017, 276, 277; OVG Lüneburg NVwZ-RR 2004, 777; a.A. Kanther NVwZ 2002, 828, 829 f.

632 OVG Lüneburg NVwZ-RR 2004, 777; VGH Mannheim NVwZ-RR 1997, 123, 124.

C. Der sozialrechtliche Herstellungsanspruch

I. Unterschied zum FBA

Unabhängig vom verwaltungsrechtlichen FBA ist im Sozialrecht der ebenfalls gesetzlich nicht geregelte **sozialrechtliche Herstellungsanspruch** entwickelt worden. Gerade im Sozial(versicherungs)recht ergeben sich Konstellationen, die weder mit Amtshaftungs- noch mit Folgenbeseitigungsansprüchen angemessen gelöst werden können. **493**

Beispiele: Aufgrund einer falschen Auskunft der Behörde reicht Rentner R einen Antrag auf Rentenleistungen verspätet ein, die nach Ablauf der Frist nicht mehr gewährt werden. – Der Versicherungsträger informiert den B falsch über die Höhe der freiwilligen Rentenversicherungsbeiträge. Da B zu geringe Beiträge zahlt, hat er später keinen Anspruch auf Rentenzahlung.

Ein Schadensersatzanspruch aus Amtshaftung (Art. 34 GG, § 839 BGB) kommt nur bei schuldhaftem Handeln in Betracht. Der FBA kann nur zur Wiederherstellung des früheren Zustandes führen; in den Beispielsfällen also nicht zu einem Anspruch auf Rentenzahlung, da dies nicht die Wiederherstellung des früheren, sondern des Zustandes wäre, der jetzt bestehen würde, wenn der Pflichtverstoß unterblieben wäre.[633]

Ausgangspunkt der Entwicklung war die Erkenntnis, dass im Sozialversicherungsrecht ein auf **intensive, längerfristige Rechtsbeziehungen angelegtes Rechtsverhältnis** zwischen Bürger und Staat besteht. Da das geltende Recht für solche Dauerrechtsverhältnisse keine angemessenen Sanktionen bereit hält, hat das Bundesozialgericht (BSG) im Wege richterlicher Rechtsfortbildung den **sozialrechtlichen Herstellungsanspruch** entwickelt.[634] **494**

II. Dogmatische Grundlage des Anspruchs

Die **dogmatische Grundlage** des sozialrechtlichen Herstellungsanspruchs ist nach wie vor umstritten. Teils wird er als Weiterentwicklung des FBA oder als Parallelerscheinung des FBA im Bereich des Leistungsrechts angesehen, teils als Nebenpflicht des sozialrechtlichen Leistungsverhältnisses begründet, teils aus dem Grundsatz von Treu und Glauben abgeleitet, teils als Sonderfall materiell-rechtlicher Wiedereinsetzung in den vorigen Stand bewertet und teils einfach als Rechtsinstitut sui generis qualifiziert.[635] Jedenfalls ist seine Geltung als richterrechtlich entwickeltes und mittlerweile auch **gewohnheitsrechtlich anerkanntes Rechtsinstitut** praktisch unstreitig.[636] **495**

III. Voraussetzungen des sozialrechtlichen Herstellungsanspruchs

Der sozialrechtliche Herstellungsanspruch greift ein, wenn ein Leistungsberechtigter in einem Sozialrechtsverhältnis, das auf einem Anspruch auf Sozialleistung beruht, durch die Verletzung sozialbehördlicher Pflichten einen Nachteil erlitten hat,[637] im Einzelnen: **496**

- Bestehen eines **konkreten Sozialrechtsverhältnisses**

---

633 OVG NRW, Beschl. v. 05.04.2012 – 3 A 2663/09.

634 BSGE 61, 175, 176; 65, 21, 26; 73, 19, 25; 83, 30; NZS 2001, 599; BVerwG NJW 1997, 2966, 2967.

635 Maurer/Waldhoff § 30 Rn. 24; ausführlich zur Herleitung Wallerath DÖV 1994, 757, 759 ff.; Waßer JA 2001, 137 ff.

636 Schmitz/Schmitz JA 2005, 372, 373 m.w.N.

637 Vgl. BSGE 55, 261, 263; BSG NZS 2008, 274; NJW 2011, 2907; BVerwG NJW 2012, 168, 169; NJW 1997, 2966, 2968; Maurer/Waldhoff § 30 Rn. 24; Schmitz/Schmitz JA 2005, 372, 373 ff.

- **Pflichtverletzung** der Behörde (Handeln oder Unterlassen)

  insbes. durch falsche oder pflichtwidrig unterlassene Beratung oder Auskunft, sonstige Irreführung, mangelnde Aufklärung etc.

- **kausaler Nachteil** beim Bürger (z.B. Verlust von Ansprüchen, erhöhte Aufwendungen.

497 Wie der Folgenbeseitigungsanspruch ist der sozialrechtliche Herstellungsanspruch **verschuldensunabhängig.**[638]

IV. Rechtsfolgen des sozialrechtlichen Herstellungsanspruchs

498 Seiner **Rechtsfolge** nach ist der sozialrechtliche Herstellungsanspruch gerichtet auf Herstellung des Zustandes, der (jetzt) bestehen würde, wenn die Verwaltung rechtmäßig gehandelt hätte (anders als der FBA, der nur auf die Wiederherstellung des früheren Zustandes gerichtet ist).[639] Der Bürger wird so gestellt, wie er stünde, wenn die Verwaltung von Anfang an pflichtgemäß gehandelt hätte. Praktisch wird also eine im Gesetz vorgesehene, dem Betroffenen durch behördliches Fehlverhalten **entgangene Sozialleistung** nunmehr lediglich **mit einer anderen rechtlichen Begründung** gewährt. Deshalb ist der Herstellungsanspruch nur auf die Erbringung **gesetzlich vorgesehener Leistungen** gerichtet und umfasst nicht den Ausgleich sonstiger (mittelbarer) Nachteile[640] und ist auch nicht auf Schadensersatz oder Entschädigung gerichtet.[641]

Beispiel: Hat die behördliche Pflichtverletzung die Versäumung von Anträgen oder Antragsfristen zur Folge, darf sich der Sozialleistungsträger nicht auf die eingetretenen Rechtsfolgen berufen, sondern muss den Betroffenen so behandeln, als sei sein Antrag rechtzeitig und ordnungsgemäß gestellt worden.[642] In den o.g. Beispielsfällen (Rn. 493) heißt das: Der Antrag des R muss als fristgemäß behandelt werden. Dem B muss die Möglichkeit zur Nachzahlung von Rentenversicherungsbeiträgen gegeben werden.

499 **Ausgeschlossen** ist der Herstellungsanspruch insbesondere, wenn die begehrte Amtshandlung jetzt **rechtlich unzulässig** ist. Darf die Behörde die Leistung von Rechts wegen nicht (mehr) gewähren, kommt nur noch ein Schadensersatzanspruch in Betracht.

Aufbauschema: Sozialrechtlicher Herstellungsanspruch

I. Rechtsgrundlage: Art. 20 Abs. 3 GG, § 242 BGB analog, Gewohnheitsrecht u.a.

II. Voraussetzungen

1. Bestehen eines konkreten Sozialrechtsverhältnisses
2. Pflichtverletzung der Behörde
3. kausaler Nachteil beim Bürger
4. kein Verschulden erforderlich

III. Rechtsfolge

1. **Herstellung** des Zustandes, der bei rechtmäßigem Handeln (jetzt) bestünde
2. **Ausschluss** bei rechtlicher Unzulässigkeit der Amtshandlung

---

638 BSGE 49, 76, 77; BVerwG NJW 1997, 2966, 2967; Waßer JA 2001, 137, 140; Schmitz/Schmitz JA 2005, 372, 374 f.

639 BVerwG NJW 2012, 168, 170; Kemmler JA 2005, 908, 910; Schmitz/Schmitz JA 2005, 372, 375 m.w.N.

640 Zusammenfassend BSGE 50, 88, 91; BVerwG NJW 1997, 2966, 2967; Maurer/Waldhoff § 30 Rn. 24.

641 Schmitz/Schmitz JA 2005, 372, 375.

642 BSGE 62, 179, 182; BVerwG NJW 2012, 168, 170.

V. Übertragbarkeit auf das allgemeine Verwaltungsrecht

Eine Übertragung des sozialrechtlichen Herstellungsanspruchs auf das **allgemeine Verwaltungsrecht** wird überwiegend abgelehnt, da er auf den oben skizzierten Besonderheiten des Sozial(versicherungs)rechts beruht.[643] 500

Die Gegenansicht bejaht bei **falscher behördlicher Auskunft** (§ 25 Abs. 1 S. 2 VwVfG) einen FBA auf Herstellung. Der Bürger sei so zu stellen, wie er stünde, wenn die Behörde die Auskunft richtig erteilt hätte.[644] Dagegen spricht jedoch, dass der FBA nicht auf Naturalrestitution gerichtet ist, sondern auf Wiederherstellung des früheren Zustandes (s.o. Rn. 407 f.). Der FBA ist insbes. kein allgemeiner Wiedergutmachungsanspruch, sodass mit dem FBA nicht die Einräumung einer Rechtsposition begehrt werden kann, die der Bürger bisher nicht innehatte.[645] Deshalb hat die Rspr. z.B. einen Herstellungsanspruch bei falscher Beratung im Rahmen der Subventionsgewährung zu Recht abgelehnt.[646]

Allerdings hat das BVerwG die Übertragbarkeit auf das allgemeine Verwaltungsrecht bejaht, wenn es um im Verwaltungsrecht begründete **besondere Sozialleistungsansprüche** geht.[647] 501

D. Öffentlich-rechtlicher Abwehr- und Unterlassungsanspruch

I. Begründung des Abwehr- und Unterlassungsanspruchs

1. Abwehr des Eingriffs, nicht der Folgen

Der Folgenbeseitigungsanspruch ist auf die Beseitigung eines **rechtswidrigen Zustandes** (der Folgen des Verwaltungshandelns) gerichtet. Häufig geht es dem Bürger aber bereits darum, einen bevorstehenden oder andauernden **rechtswidrigen Eingriff** abzuwehren. 502

Beispiele: Der Nachbar will verhindern, dass dem Gaststättenbetreiber eine rechtswidrige Sperrzeitverkürzung erteilt wird (§ 18 GaststG). Der Ausländer will die drohende rechtswidrige Abschiebung verhindern (§ 58 AufenthG).

Wehrt sich der Bürger gegen einen **Eingriff durch VA**, so folgt ein Abwehranspruch aus einfach-gesetzlichen subjektiven Rechten und aus der Abwehrfunktion der Grundrechte (zumindest Art. 2 Abs. 1 GG). Der Durchsetzung des Abwehranspruchs gegen (rechtswidrige) Verwaltungsakte dienen **Widerspruch** und **Anfechtungsklage**. 503

Grundrechte schützen aber nicht nur vor Verwaltungsakten, sondern auch vor rechtswidrigen Eingriffen durch **schlichtes Verwaltungshandeln** (Realakte, tatsächliche Verrichtungen, hoheitliche Äußerungen). Daher ist anerkannt, dass es einen (allgemeinen, schlichten) **öffentlich-rechtlichen Abwehr- und Unterlassungsanspruch** gibt.[648] 504

---

643 BVerwG NWVBl. 1990, 373, 374; NVwZ 1998, 1292, 1294; NJW 1997, 2966, 2967; HessVGH RÜ 2011, 191, 194; Schoch Jura 1993, 478, 484; Kemmler JA 2005, 908, 910; offengelassen von VGH Mannheim DVBl. 1999, 176, 180.

644 VGH Mannheim, Urt. v. 08.05.2013 – 1 S 206/12, RÜ 2013, 604, 608; VG Frankfurt, Urt. v. 18.03.2010 – 1 K 3847/09; OVG MV, Beschl. v. 28.05.2008 – 1 O 51/08, NordÖR 2008, 540.

645 OVG NRW, Beschl. v. 05.04.2012 – 3 A 2663/09; BayVGH, Beschl. v. 27.01.2010 – 3 ZB 08.1569; VG Frankfurt, Urt. v. 12.02. 2009 – 1 K 1791/08.

646 HessVGH, Beschl. v. 01.11.2010 – 11 A 686/10, RÜ 2011, 191, 194; VGH Mannheim NVwZ- RR 2014, 806.

647 BVerwG NJW 2012, 168, 169 für Ausgleichsleistungen nach dem Gesetz über berufliche Rehabilitierung; anders dagegen OVG Koblenz NVwZ 1985, 509, 510 für Sozialhilfe; ablehnend auch BVerwG NJW 1997, 2966 für Wohngeld.

648 Vgl. Maurer/Waldhoff § 30 Rn. 6; Ossenbühl/Cornils, S. 366.

Die Terminologie ist unterschiedlich. Ist die Störung bereits eingetreten, spricht man in Abgrenzung vom Folgenbeseitigungsanspruch teilweise auch vom „Störungs-Beseitigungsanspruch".[649] Der Sache nach handelt es sich um einen Unterfall des ör Abwehr- und Unterlassungsanspruchs (s.u. Rn. 521).

2. Anwendungsfälle

505 Die **wichtigsten Anwendungsfälle** des öffentlich-rechtlichen Abwehr- und Unterlassungsanspruchs sind:

- **Staatliches Informationshandeln**

  Beispiele: Warnung vor schädlichen Lebensmitteln oder unsicheren Produkten;[650] amtliche Veröffentlichungen im Internet;[651] Benotung und Smileys für Lebensmittelbetriebe und Gaststätten.[652]

- **Ehrschutz** gegen Hoheitsträger

  Beispiele: Äußerungen eines Hoheitsträgers über sog. Jugendsekten;[653] negative Äußerungen über Parteien[654] oder politische Versammlungen.[655]

- **Immissionen** durch hoheitlich betriebene Einrichtungen[656]

  Beispiele: Sport- und Spielplätze, Kindergarten, Wertstoffsammelanlage, Grillplatz, Feueralarmsirene, Kirchturmuhr, Glockengeläut, Straßenlaterne.

3. Dogmatische Herleitung

506 Die **dogmatische Herleitung** des öffentlich-rechtlichen Abwehr- und Unterlassungsanspruchs ist – ähnlich wie beim FBA – umstritten. Überwiegend wird auf die **Abwehrfunktion der Grundrechte** abgestellt. Diese umfasse nicht nur die Verpflichtung des Staates, rechtswidrige Folgen von Amtshandlungen wieder zu beseitigen, sondern schließe auch ein, rechtswidrige Eingriffe in subjektive Rechte von vornherein zu unterlassen.[657] Allerdings ist der öffentlich-rechtliche Unterlassungsanspruch seiner Grundstruktur nach dem zivilrechtlichen Beseitigungs- und Unterlassungsanspruch ähnlich, sodass teilweise (auch) auf eine **analoge Anwendung des § 1004 BGB** zurückgegriffen wird.[658]

507 Beide Begründungen schließen sich nicht aus, sondern ergänzen sich gegenseitig. Im Ergebnis ist **gewohnheitsrechtlich** anerkannt, dass der Staat rechtswidrige hoheitliche Eingriffe in subjektive Rechte unterlassen muss.[659]

---

649 Vgl. z.B. OVG Hamburg, Urt. v. 25.02.2014 – 3 Bf 338/09, RÜ 2014, 656, 660; dazu BVerwG, Beschl. v. 26.01.2015 – 3 B 35.14.

650 BVerfG NJW 2002, 2621, 2622; OVG NRW DVBl. 2012, 781, 782.

651 BVerwG, Urt. v. 19.02.2015 – BVerwG 1 C 13.14, RÜ 2015, 391, 395; VGH Mannheim, Beschl. v. 28.01.2013 – 9 S 2423/12, RÜ 2013, 243, 244; OVG NRW, Beschl. v. 30.10.2014 – 8 B 721/14, NVwZ 2015, 304, 305.

652 OVG NRW NVwZ-RR 2017, 447; OVG NRW, Urt. v. 12.12.2016 – 13 A 939/15, RÜ 2017, 250; OVG Bln-Bbg, Beschl. v. 28.05.2014 – OVG 5 S 21.14, RÜ 2014, 591; VG Berlin LKV 2013, 131; VG Düsseldorf LMuR 2015, 95 und unten Fall 13.

653 BVerfG NJW 2002, 2626; BVerwG NJW 1998, 2919.

654 HessVGH, Beschl. v. 24.11.2014 – 8 A 1605/14; OVG Lüneburg, Beschl. v. 25.07.2014 – 13 ME 97/14; zur Äußerungsbefugnis des Bundespräsidenten bzw. von Regierungsmitgliedern vgl. BVerfG, Urt. v. 10.06.2014 – 2 BvE 4/13, RÜ 2014, 449; NVwZ 2014, 1156 („Spinner"); BVerfG, Urt. v. 16.12.2014 – 2 BvE 2/14, RÜ 2015, 111; NVwZ 2015, 209 (Fall Schwesig).

655 OVG NRW, Urt. v. 04.11.2016 – 15 A 2293/15, RÜ 2017, 122; OVG NRW NWVBl 2015, 195; VG Düsseldorf NWVBl 2015, 201 (DÜGIDA); VG München MMR 2016, 71 (BAGIDA); vgl. auch BVerfG NVwZ-RR 2016, 241; Gärditz NWVBl. 2015, 165.

656 Vgl. z.B. VGH Mannheim NVwZ-RR 2017, 653 (Grillplatz); VGH Mannheim NVwZ-RR 2017, 566 (Brunnen); VGH Mannheim, Urt. v. 23.05.2014 – 10 S 249/14, RÜ 2014, 603, 605 (Bolzplatz); BayVGH ZUR 2015, 691, 692; OVG Koblenz DVBl. 2012, 1052; HessVGH, Urt. v. 25.07.2011 – 9 A 125/11, RÜ 2011, 810, 813 (Kinderspielplatz) und unten Fall 14.

657 BVerwG NVwZ 2016, 541; NVwZ-RR 2015, 425, 425; OVG NRW NVwZ 2015, 304; OVG Hamburg DVBl. 2014, 1069, 1070; VGH Mannheim DVBl. 2013, 1063, 1064; Remmert Jura 2007, 736, 742.

658 BayVGH, Beschl. v. 30.06.2014 – 5 ZB 14.118; Laubinger VerwArch 1989, 261, 291 m.w.N.

659 NVwZ 2016, 541; OVG NRW NVwZ-RR 2000, 599, 600; Kühling/Klar JuS 2012, 1111, 1113.

4. Unterschied zum Folgenbeseitigungsanspruch

a) Abwehr des Eingriffs

Anders als beim Folgenbeseitigungsanspruch geht es beim Abwehr- und Unterlassungsanspruch **nicht um die Beseitigung der Folgen des Eingriffs**, sondern um die **Abwehr bzw. Verhinderung des Eingriffs** selbst. Durchgesetzt wird der Anspruch mittels der allgemeinen Leistungsklage, zumeist in Form der Unterlassungsklage. **508**

Begrifflich lassen sich je nach dem **Zeitpunkt** des hoheitlichen Handelns unterscheiden: **509**

- der **vorbeugende Unterlassungsanspruch**, wenn **künftiges** Verwaltungshandeln abgewehrt werden soll (z.B. Unterlassen künftiger VAe oder ehrbeeinträchtigender Äußerungen),
- der **(schlichte) Abwehr- und Unterlassungsanspruch**, wenn es um die Beseitigung einer bereits eingetretenen Störung geht (z.B. Unterlassen des Betriebs einer emittierenden Anlage).

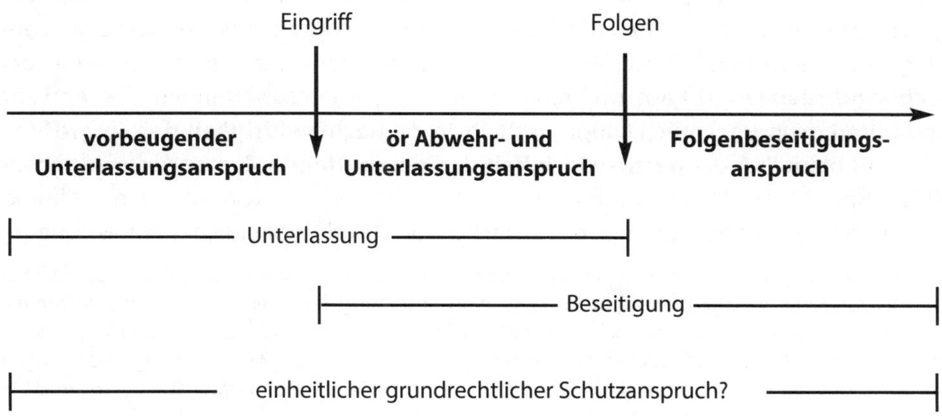

In Rspr. und Lit. wird überwiegend von einem **einheitlichen** öffentlich-rechtlichen Unterlassungsanspruch gesprochen, ohne materiell zwischen dem schlichten und dem vorbeugenden Unterlassungsanspruch zu unterscheiden. Lediglich prozessual ergeben sich Unterschiede beim **Rechtsschutzbedürfnis**. **510**

Beispiel: Richtet sich der vorbeugende Unterlassungsanspruch gegen **schlichtes Verwaltungshandeln**, so muss eine Wiederholungs- oder Erstbegehungsgefahr bestehen (Rechtsgedanke des § 1004 Abs. 1 S. 2 BGB). Geht es um die Abwehr **künftiger Verwaltungsakte**, ist eine vorbeugende Unterlassungsklage nur zulässig, wenn die Verweisung auf den nach Erlass des VA möglichen Rechtsschutz **unzumutbar** ist (z.B. bei Eintritt irreparabler Nachteile).[660]

b) Abgrenzung Eingriff und Folgen

Da die Tatbestandsvoraussetzungen und Rechtsfolgen des FBA einerseits und des öffentlich-rechtlichen Abwehr- und Unterlassungsanspruchs andererseits gesetzlich nicht geregelt sind, werden in Lit. und Rspr. **unterschiedliche Auffassungen** für die Abgrenzung der beiden Ansprüche vertreten. **511**

660 Ehlers Jura 2007, 179, 188; Kopp/Schenke VwGO Vorb § 40 Rn. 33 m.w.N. (prozessuale Lösung); a.A. Sproll JuS 1990, 313, 314: kein prozessuales, sondern materielles Problem; vgl. auch AS-Skript VwGO (2017), Rn. 396 ff.

So wird z.B. bei öffentlich-rechtlichen Immissionen zwischen Beseitigung der Störungsquelle (dann FBA) und Abwehr bzw. Unterlassung der Immissionen (dann ör Unterlassungsanspruch) unterschieden. „Auf den Folgenbeseitigungsanspruch und nicht auf den öffentlich-rechtlichen Abwehranspruch ist immer dann abzustellen, wenn das Unterbinden der unmittelbaren Beeinträchtigung wegen der tatsächlichen Untrennbarkeit von Störungsquelle und Störungsfolgen eine Beseitigung auch der Störungsquelle erfordert."[661] Bedeutung hat dies vor allem für die Geltung der Ausschlussgründe (rechtliche und tatsächliche Unmöglichkeit oder Unzumutbarkeit), die nur beim FBA, nicht aber beim ör Unterlassungsanspruch eingreifen, s.u. Rn. 520.

512 Teilweise wird in der Lit. auf eine **Unterscheidung** zwischen dem Folgenbeseitigungsanspruch und dem öffentlich-rechtlichen (Abwehr- und) Unterlassungsanspruch ganz **verzichtet**. Sieht man den FBA wie den Unterlassungsanspruch als Ausprägung der Abwehrfunktion der Grundrechte, zielen beide auf die (Wieder-)Herstellung eines rechtmäßigen Zustandes. Danach handelt es sich beim FBA und beim Unterlassungsanspruch nur um verschiedene Ausprägungen eines **einheitlichen Abwehr- und Beseitigungsanspruchs**. Er ist primär ein Unterlassungsanspruch gegen den Staat und wandelt sich in einen (Folgen-)Beseitigungsanspruch, wenn der Eingriff erfolgt ist.[662]

513 Zwar hängen beide Ansprüche eng miteinander zusammen, sie unterscheiden sich aber gleichwohl. Während der FBA auf die Beseitigung der **Folgen eines Eingriffs** gerichtet ist, geht es beim öffentlich-rechtlichen Abwehr- und Unterlassungsanspruch darum, den **rechtswidrigen Eingriff** abzuwehren bzw. von vornherein zu verhindern. Der Abwehr- und Unterlassungsanspruch knüpft deshalb an die **Rechtswidrigkeit des Eingriffs** an, während beim FBA die **Rechtswidrigkeit des geschaffenen Zustandes** maßgebend ist (s.o. Rn. 422 ff.). Gleichwohl lassen sich FBA und Unterlassungsanspruch nicht immer eindeutig voneinander abgrenzen, insbes. bei der Abwehr hoheitlicher Immissionen.

Beispiel: Der Kläger wendet sich gegen die Nutzung des an sein Grundstück grenzenden öffentlichen Spielplatzes. Sieht man das hoheitliche Handeln in der Errichtung des Spielplatzes, so sind die Immissionen „Folgen" des Verwaltungshandelns, die mit dem FBA abzuwehren sind. Sieht man den Schwerpunkt dagegen mit der h.Rspr. im Betrieb der Einrichtung, dann wehrt sich der Betroffene gegen den gegenwärtigen hoheitlichen Eingriff mit einem öffentlich-rechtlichen Abwehr- und Unterlassungsanspruch.[663]

514 Damit ergibt sich folgende **Anspruchssystematik**:

- **ör Abwehr-/Unterlassungsanspruch**: Verhinderung eines rechtswidrigen hoheitlichen Eingriffs,
- **Folgenbeseitigungsanspruch**: Beseitigung der rechtswidrigen Folgen eines hoheitlichen Eingriffs,
- **Entschädigungsansprüche** wegen enteignungsgleichen Eingriffs (bei rechtswidrigen Eingriffen in das Eigentum, Art. 14 Abs. 1 GG) oder aus **Aufopferung** (bei Eingriffen in die Rechtsgüter aus Art. 2 Abs. 2 GG),[664]
- **Schadensersatzansprüche** bei Verschulden, insbes. Amtshaftung (§ 839 BGB i.V.m. Art. 34 GG).[665]

661 VG Cottbus, Urt. v. 14.08.2008 – 4 K 123/05; OVG NRW DÖV 1983, 1020; kritisch Schwabe DÖV 1984, 387.

662 Ossenbühl/Cornils, S. 351 ff. sprechen von einem einheitlichen „grundrechtlichen Schutzanspruch auf Unterlassung, Beseitigung und Herstellung"; ähnlich Schoch Jura 1993, 478, 481: „übergreifender grundrechtlicher Integritätsanspruch"; Sproll JuS 1996, 313, 318 ff.: „allgemeiner Anspruch auf Bewältigung hoheitlicher Unrechtslasten". Auch die Rspr. geht zuweilen von einem einheitlichen Anspruch aus (vgl. z.B. VGH Mannheim NJW 1997, 754, 755).

663 So z.B. OVG NRW NWVBl. 2004, 480, 481; zur Abgrenzung vgl. Laubinger VerwArch 80 (1989), 261, 298 ff.; Maurer/Waldhoff § 30 Rn. 12; Sproll JuS 1996, 313, 314 m.w.N.

664 Vgl. unten Rn. 785 ff. (enteignungsgleicher Eingriff) und Rn. 822 ff. (Aufopferung).

II. Voraussetzungen und Rechtsfolgen des ör Abwehr- und Unterlassungsanspruchs

1. Anspruchsvoraussetzungen

Voraussetzung des allgemeinen ör Abwehr- und Unterlassungsanspruchs ist ein **rechtswidriger hoheitlicher Eingriff in ein subjektives Recht** des Betroffenen, wobei der **Eingriff andauert oder bevorsteht.**[666] Ist der Eingriff abgeschlossen bzw. beendet, kommen nur Folgenbeseitigungs-, Schadensersatz- oder Entschädigungsansprüche in Betracht. **515**

Aufbauschema: Voraussetzungen des ör Unterlassungsanspruchs

- **hoheitlicher Eingriff in ein subjektives Recht**
  - hoheitliche Maßnahme
  - subjektives Recht aus einfach-gesetzlichen Vorschriften oder Grundrechten
- **Eingriff rechtswidrig**
  - keine Duldungspflicht
  - Eingriff dauert an oder steht bevor

a) Hoheitlicher Eingriff in ein subjektives Recht

Für den hoheitlichen Eingriff in ein subjektives Recht gelten dieselben Grundsätze wie beim FBA. Subjektive Rechte können sich aus einfach-gesetzlichen Vorschriften und aus Grundrechten ergeben. **516**

Beispiele: Eingriff in die Wettbewerbsfreiheit als Teil der Berufsfreiheit (Art. 12 Abs. 1 GG) durch hoheitliche Produktwarnungen, Eingriff in das Eigentum (Art. 14 Abs. 1 GG) und die Gesundheit (Art. 2 Abs. 2 GG) durch Immissionen einer öffentlichen Einrichtung, Eingriff in das allgemeine Persönlichkeitsrecht (Art. 2 Abs. 1 i.V.m. Art. 1 Abs. 1 GG) durch ehrbeeinträchtigende hoheitliche Äußerungen.

Wie beim FBA ergeben sich **Zurechnungsprobleme** vor allem dann, wenn die unmittelbaren Beeinträchtigungen durch **Dritte** hervorgerufen werden. Auch hier werden dem Staat im Rahmen der haftungsbegründenden Kausalität nur die **typischen Beeinträchtigungen** zugerechnet (s.u. Fall 14). **517**

Beispiel: Beim Betrieb von Sport- und Spielplätzen werden dem Hoheitsträger die Auswirkungen der bestimmungsgemäßen Benutzung zugerechnet, nicht aber die missbräuchliche Nutzung.[667]

b) Rechtswidrigkeit des Eingriffs

Rechtswidrig ist der Eingriff, wenn den Bürger **keine Duldungspflicht** trifft. Wie beim FBA können sich Duldungspflichten insbesondere aus Gesetz und aufgrund eines Verwaltungsakts ergeben (s.o. Rn. 422 ff.). **518**

---

665 Zur Amtshaftung unten Rn. 672 ff.

666 Vgl. z.B. BVerwG DVBl. 2008, 1242; NJW 2006, 1303; OVG NRW NWVBl. 2004, 151.

667 VGH Mannheim NVwZ-RR 2017, 653, 654; NVwZ 2016, 1658, 1659; NVwZ 2012, 837, 839; OVG Koblenz DVBl. 2012, 1052, 1053; VGH Kassel, Urt. v. 25.07.2011 – 9 A 125/11, RÜ 2011, 810, 812; im Einzelnen unten Rn. 585 ff.

Beispiel: Bei hoheitlichen Immissionen kann sich eine Duldungspflicht aus §§ 22 Abs. 1, 3 Abs. 1 BImSchG bzw. analog § 906 BGB ergeben (s.u. Rn. 582 ff.).

519 Anders als beim FBA wird beim Unterlassungsanspruch aber nicht auf das Erfolgsunrecht, sondern auf das **Handlungsunrecht** abgestellt.[668] Denn der Bürger wehrt sich nicht gegen die (rechtswidrigen) Folgen des Eingriffs, sondern gegen den **rechtswidrigen Eingriff** selbst.

c) Keine Ausschlussgründe

520 Die **Ausschlussgründe** des FBA (rechtliche und tatsächliche Unmöglichkeit sowie Unzumutbarkeit) finden beim Unterlassungsanspruch **keine Anwendung**. Dies folgt aus der unterschiedlichen Rechtsfolge: Während der FBA auf positives Tun gerichtet ist, das den genannten Einschränkungen unterliegen kann, soll mit dem Unterlassungsanspruch lediglich rechtswidriges Verhalten abgewehrt werden. Ein Unterlassen ist stets möglich und zumutbar.[669]

2. Rechtsfolge

521 Seiner Rechtsfolge nach ist der Anspruch auf Unterlassung gerichtet, wenn es – wie im Regelfall – darum geht, dass ein rechtswidriger Eingriff verhindert werden soll **(Unterlassungsanspruch)**. Ist die Störung bereits eingetreten, so ist der Anspruch auf Beendigung des Eingriffs gerichtet **(Abwehranspruch)**, d.h. Beseitigung der Störung. Der Hoheitsträger ist verpflichtet, den Eingriff zu unterlassen und alle Maßnahmen zu treffen, die notwendig sind, damit die Rechtsbeeinträchtigung beendet wird.

Beispiele: Anspruch auf Beseitigung eines Straßenbaums, wenn das angrenzende Anliegergrundstück unzumutbar verschattet wird. Davon ist allerdings nur in gravierenden Ausnahmefällen auszugehen, etwa bei vollständiger Verschattung des gesamten Grundstücks während des ganz überwiegenden Teils des Tages.[670] Auch besteht i.d.R. kein Anspruch auf Beseitigung einer vor dem Anliegergrundstück errichteten Straßenlaterne, weil die damit typischerweise verbundenen Immissionen von den Nachbarn als ortsübliche Beleuchtung der Verkehrsflächen hinzunehmen ist.[671]

522 Nach richtiger Ansicht handelt es sich in diesen Fällen gar nicht um einen Abwehr- und Unterlassungsanspruch, sondern um einen FBA, wenn die **Beseitigung der Störungsquelle** (Baum, Laterne) verlangt wird (s.o. Rn. 511). Dafür spricht, dass die Errichtung der Anlage i.d.R. rechtmäßig sein wird und sich der Betroffene nur gegen die mit dem Betrieb verbundenen unzumutbaren **Folgen** zur Wehr setzt.

Ein Unterlassungsanspruch ist jedoch einschlägig, wenn der Schwerpunkt auf dem Betrieb der Anlage liegt (s.o. Rn. 511 ff.). So besteht im obigen Beispiel zwar kein Folgenbeseitigungsanspruch auf Entfernung der Straßenlaterne, jedoch kann bei unzumutbaren Beeinträchtigungen ein Anspruch auf Schutzmaßnahmen, z.B. auf Minderung der Lichteinstrahlung bestehen.[672]

---

668 Kemmler JA 2005, 908, 911.

669 Kemmler JA 2005, 908, 910.

670 VG Berlin, Urt. v. 13.04.2010 – 1 K 408/09; vgl. auch OVG NRW, Beschl. v. 25.01.2017 – 11 A 1701/16; OVG Lüneburg, Beschl. v. 10.12.2013 – 7 LA 179/12.

671 OVG Koblenz, Urt. v. 11.06.2010 – 1 A 10474/10.OVG, RÜ 2010, 734, 735; VG Koblenz, Urt. v. 23.11.2009 – 4 K 473/09.KO; VG Düsseldorf, Urt. v. 18.03. 2008 – 16 K 3722/07; zum Baurecht vgl. VGH Mannheim NVwZ-RR 2012, 636,

672 VG Koblenz, Urt. v. 23.11.2009 – 4 K 473/09.KO; einschränkend OVG Koblenz, Urt. v. 11.06.2010 – 1 A 10474/10.OVG.

III. Fallgruppen

1. Staatliches Informationshandeln

Fall 13: Hygiene-Ampel

A betreibt in der Stadt S im Land L eine Gaststätte. Zur Ermittlung der Kontrollhäufigkeit von Gastronomiebetrieben verwendet die Stadt S als zuständige Behörde ein Bewertungssystem, nach dem bei jeder Kontrolle in verschiedenen Kategorien Punkte vergeben werden. Je höher die Punktzahl ist, desto häufiger erfolgen behördliche Kontrollen. Zu den zu beurteilenden Kriterien gehören z.B. die Einhaltung lebensmittelrechtlicher Vorschriften, die bauliche Beschaffenheit und das Hygienemanagement. S ordnet die Punktwerte drei Ergebnisstufen zu, und zwar mit einem lachenden „Smiley" auf grünem Grund (0–40 Punkte), einem entspannten „Smiley" auf gelbem Grund (41–60 Punkte) und einem traurigen „Smiley" auf rotem Grund (61–80 Punkte). In dieser Form veröffentlicht S das Ergebnis auf ihrer Internetseite unter Nennung des Namens, der Anschrift des jeweiligen Betriebes und der konkreten Punktzahl. Etwaige frühere Kontrollergebnisse werden ebenfalls mit Datum, Punktzahl und mit einem entsprechendem „Smiley" vor farbigem Hintergrund veröffentlicht.

Bei einer Routinekontrolle des Betriebs des A am 07.06.2017 ergaben sich verschiedene Beanstandungen im Hygienebereich. Der Oberbürgermeister des Stadt S teilte dem A daraufhin mit Schreiben vom 26.06.2017 mit, dass er nach dem behördlichen Bewertungssystem 41 Punkte erzielt habe und dass dieses Ergebnis zum 01.08.2017 in der oben beschriebenen Weise im Internet veröffentlicht werde. A verlangt daraufhin die Unterlassung der Veröffentlichung, da diese mangels gesetzlicher Ermächtigungsgrundlage rechtswidrig sei. § 40 LMFG (Lebensmittel- und Futtermittelgesetzbuch) sowie § 6 VIG (Verbraucherinformationsgesetz) ließen nur die Veröffentlichung von Tatsachen, aber nicht behördlichen Bewertungen zu. Zu Recht?

A. Als Grundlage für das Unterlassungsbegehren des A kommt der **allgemeine öffentlich-rechtliche Abwehr- und Unterlassungsanspruch** in Betracht. Dieser gesetzlich nicht geregelte Anspruch wird überwiegend unmittelbar aus der Abwehrfunktion der Grundrechte hergeleitet. Andere greifen auf den Rechtsgedanken des § 1004 BGB zurück. Diese verschiedenen Begründungen schließen sich jedoch nicht aus, sondern ergänzen sich gegenseitig. Jedenfalls ist ein Unterlassungsanspruch bei andauernden oder drohenden hoheitlichen Maßnahmen allgemein anerkannt und wird heute überwiegend als **gewohnheitsrechtlicher Grundsatz** des Verwaltungsrechts qualifiziert.[673] Deshalb kann auch dahinstehen, ob es sich hierbei um einen eigenständigen Anspruch handelt oder lediglich um einen Aspekt eines einheitlichen grundrechtlichen Abwehr- und Beseitigungsanspruchs. **523**

B. **Voraussetzung** des Unterlassungsanspruchs ist das Vorliegen eines rechtswidrigen hoheitlichen Eingriffs in subjektive Rechte des Betroffenen, der andauert oder bevorsteht.[674] **524**

---

673 Vgl. BVerwG DVBl. 1989, 463, 464; OVG NRW OVGE 47, 183, 185; Dietlein/Heyers NWVBl. 2000, 77, 78; Kemmler JA 2005, 908, 910.

674 Vgl. beispielhaft BVerwG DVBl. 2008, 1242; NJW 2006, 1303; OVG NRW NWVBl. 2010, 355, RÜ 2012, 525, 527.

525 I. **Hoheitliche Maßnahme** ist die (beabsichtigte) Veröffentlichung auf den Internetseiten der Stadt S auf der Grundlage des § 40 LMFG und des § 6 VIG, die ausschließlich einen Hoheitsträger zur Veröffentlichung berechtigen und daher öffentlich-rechtlicher Natur sind.

II. Dadurch müsste in ein **subjektives Recht** des A eingegriffen werden. Insoweit kommt das Grundrecht des A auf Berufsfreiheit aus Art. 12 Abs. 1 GG und das Recht auf informationelle Selbstbestimmung (Art. 2 Abs. 1 GG i.V.m. Art. 1 Abs. 1 GG) in Betracht.

526 1. Dann müsste der **Schutzbereich** dieser Grundrechte betroffen sein.

a) **Beruf** i.S.v. Art. 12 Abs. 1 GG ist jede auf Dauer angelegte Tätigkeit, die der Schaffung und Erhaltung einer Lebensgrundlage dient.[675] Das Verhalten eines Unternehmers im wirtschaftlichen Verkehr ist Teil seiner unternehmerischen Betätigung und damit Teil der Berufsfreiheit.[676] Die Veröffentlichung von unternehmensbezogenen, wettbewerbsrelevanten Daten unterfällt daher dem Schutzbereich des Art. 12 Abs. 1 GG (bei juristischen Personen i.V.m. Art. 19 Abs. 3 GG).[677]

b) Das **Recht auf informationelle Selbstbestimmung** (Art. 2 Abs. 1 i.V.m. Art. 1 Abs. 1 GG) gewährleistet die Befugnis des Einzelnen, grundsätzlich selbst zu entscheiden, wann welche Angaben über seine persönlichen oder sachlichen Verhältnisse offenbart werden.[678] Dazu zählen hier neben dem Namen und der Anschrift des Betriebes auch der festgestellte Punktwert, da er sachliche Verhältnisse des Gastronomiebetriebes betrifft.[679] Die im Internet veröffentlichten Informationen fallen damit in den Schutzbereich des Rechts auf informationelle Selbstbestimmung (Art. 2 Abs. 1 GG i.V.m. Art. 1 Abs. 1 GG).[680]

527 2. Die Veröffentlichung im Internet müsste einen **Eingriff** darstellen.

a) Nach dem früher vertretenen **klassischen Eingriffsbegriff** entfalten die Grundrechte ihre Abwehrfunktion, wenn der Staat final und unmittelbar in Freiheitsrechte eingreift.[681] Ein solcher **unmittelbarer Eingriff** liegt hier nicht vor. Die Veröffentlichung im Internet dient in erster Linie der Information der Verbraucher. Die nachteiligen Wirkungen für A treten nicht unmittelbar aufgrund der hoheitlichen Maßnahme ein, sondern erst aufgrund der Reaktion der (potenziellen) Kunden.

---

675 Vgl. BVerfGE 105, 252, 265 m.w.N., ausführlich AS-Skript Grundrechte (2017), Rn. 452 ff.

676 BVerfG NJW 2002, 2621, 2622 (Glykol); BVerwG NVwZ-RR 2015, 425, 425; anders die frühere Rspr., die die Wettbewerbsfreiheit dem Schutzbereich des Art. 2 Abs. 1 GG zuordnete (so z.B. BVerwGE 30, 191, 198; 65, 167, 174); von OVG NRW, Urt. v. 12.12.2016 – 13 A 939/15, RÜ 2017, 250, 252 offen gelassen.

677 Becker/Sievers NVwZ 2016, 1456, 1458.

678 Vgl. ausführlich AS-Skript Grundrechte (2017), Rn. 136 ff.

679 OVG NRW, Urt. v. 12.12.2016 – 13 A 939/15, RÜ 2017, 250, 252.

680 Bei juristischen Personen Art. 2 Abs. 1 i.V.m. Art. 19 Abs. 3 GG, dazu OVG NRW, Urt. v. 12.12.2016 – 13 A 939/15, RÜ 2017, 250, 251.

681 BVerfG NJW 2002, 2626, 2628 (Jugendsekten).

b) Heute ist jedoch anerkannt, dass der Grundrechtsschutz nicht von der Art der Beeinträchtigung abhängt. Grundrechte schützen nicht nur vor unmittelbaren, sondern grds. auch vor **mittelbaren Beeinträchtigungen**, wenn auch nicht in gleicher Intensität (weiter Eingriffsbegriff).[682] Ab welcher Schwelle bei bloß mittelbaren Beeinträchtigungen ein Grundrechtseingriff anzunehmen ist, ist indes eine höchst umstrittene **Wertungsfrage**, bei der es entscheidend darauf ankommt, ob die nachteiligen Wirkungen dem Staat **zurechenbar** sind.[683] **528**

aa) Zunächst hat die Rspr. die Eingriffsqualität davon abhängig gemacht, dass der Maßnahme ein **„finaler"** und **„grundrechtsspezifischer"** Charakter zukommt („objektiv berufsregelnde Tendenz").[684] Heute wird überwiegend darauf abgestellt, ob das staatliche Handeln nach seiner **Zielsetzung** und/oder seinen **Wirkungen** einem klassischen Eingriff gleichkommt. Mittelbare Beeinträchtigungen sind dann als Grundrechtseingriff zu werten, wenn der Staat **529**

- eine Änderung der Rahmenbedingungen der Grundrechtsverwirklichung bezweckt **(Intention)**,
- oder in vorhersehbarer Weise **besonders schwerwiegend** auf das Umfeld der Grundrechtsausübung einwirkt (**Intensität**).[685]

Warnungen stellen danach i.d.R. einen Grundrechtseingriff dar, weil sie notwendigerweise individuelle Personen, Produkte oder Verhaltensweisen als gefährlich „brandmarken". Bei **Empfehlungen** liegt ein Eingriff nur vor, wenn sie sich auf konkrete oder konkretisierbare Personen oder Produkte beziehen („Prangerwirkung"). Demgegenüber sind bloße **Hinweise** nur Teil der allgemeinen Aufklärungstätigkeit des Staates und stellen i.d.R. keinen Grundrechtseingriff dar.

bb) Die Gegenansicht verweist darauf, dass die Kriterien der „Intention" und „Intensität" **konturenlos** und zu **unbestimmt** sind, um eine im Einzelfall nachvollziehbare Bestimmung des Eingriffscharakters vornehmen zu können. Mittelbare Beeinträchtigungen seien in erster Linie eine Frage der richtigen Interpretation des Schutzbereichs und nicht des Eingriffs. Der Schutzbereich des beeinträchtigten Grundrechts sei in diesen Fällen **eingriffsbezogen** zu bestimmen **(Lehre vom funktionalen Schutzbereich)**.[686] **530**

cc) Diesem Ansatz folgt teilweise auch die Rspr. Bestimmte staatliche Maßnahmen, die ein Grundrecht nur mittelbar beeinträchtigen, betreffen schon gar nicht den **Schutzbereich** des jeweiligen Grundrechts, weil das Grundrecht „davor" nicht schützt.[687] **531**

---

682 BVerfG NJW 2002, 2626, 2629 (Jugendsekten); OVG NRW NVwZ 2001, 824, 825; Schoch DVBl. 1991, 667, 669; Lege DVBl. 1999, 569, 571; Lenski ZJS 2008, 13, 14.

683 Allgemein Ossenbühl NVwZ 2011, 1357, 1359.

684 BVerwG DVBl. 1985, 857, 859: „objektiv berufsbezogener Eingriff"; BVerfG NJW 1999, 3404: „objektiv berufsregelnde Tendenz"; in diesem Sinne auch BayVGH NZS 2012, 227, 227.

685 Grundlegend BVerwGE 82, 76, 79; allgemein Ossenbühl NVwZ 2011, 1357, 1359.

686 Grundlegend Gusy JZ 1989, 1003, 1005; Schulte DVBl. 1988, 512, 517; Kemmler JA 2005, 908, 911.

687 Vgl. grundlegend BVerfG NJW 2002, 2621, 2622 (Glykol-Wein); BVerfG NJW 2002, 2626, 2627 (Warnung vor Jugendsekten); ebenso BVerwG, Urt. v. 19.02.2015 – BVerwG 1 C 13.14, RÜ 2015, 391, 395 (Lost-Art-Datenbank).

So verbürgt Art. 12 Abs. 1 GG kein Recht des Unternehmers, von anderen nur so dargestellt zu werden, wie er gesehen werden möchte oder wie er sich und seine Produkte selber sieht. Wer an den Markt geht, muss sich dessen Kritik gefallen lassen.[688] Allerdings muss die hoheitliche Information die rechtlichen Vorgaben für staatliches Handeln einhalten.[689] Voraussetzung ist insbes., dass sich der Hoheitsträger im Rahmen der ihm zugewiesenen Aufgaben bewegt und die rechtsstaatlichen Anforderungen an die Richtigkeit, Sachlichkeit und Verhältnismäßigkeit der Information eingehalten werden.[690]

Beispiel: Art. 12 Abs. 1 GG schützt nicht „vor der Verbreitung zutreffender und sachlich gehaltener Informationen am Markt, die für das wettbewerbliche Verhalten der Marktteilnehmer von Bedeutung sein können, selbst wenn die Inhalte sich auf einzelne Wettbewerbspositionen nachteilig auswirken".[691]

Gegenbeispiele: Ein Eingriff in Art. 12 Abs. 1 GG liegt dagegen vor, wenn eine Information sich als unrichtig erweist und dennoch weiter verbreitet oder nicht korrigiert wird.[692] Ein Eingriff in Art. 4 Abs. 1 GG ist zu bejahen bei einer diffamierenden, diskriminierenden oder verfälschenden Darstellung einer religiösen oder weltanschaulichen Gemeinschaft. Das hat das BVerfG z.B. bejaht bei der Verwendung der Attribute „destruktiv" und „pseudoreligiös" für die Osho-/Bhagwan-Bewegung.[693]

532 dd) Unstreitig liegt ein **Eingriff** dann vor, wenn das hoheitliche Handeln sich nach seiner Zielsetzung und seinen Wirkungen als **Ersatz** für eine staatliche Maßnahme darstellt, die als unmittelbarer Grundrechtseingriff zu qualifizieren wäre, also das Informationshandeln insbesondere behördliche Anordnungen ersetzt. Durch Wahl eines **funktionalen Äquivalents** darf das Erfordernis einer gesetzlichen Grundlage nicht umgangen werden.[694] Das gilt insbes. dann, wenn die staatliche Maßnahme **eindeutig auf einen nachteiligen Effekt abzielt** und dieser nicht nur zufällig eintritt oder unvorhersehbare Folge des staatlichen Handelns ist.[695]

Beispiele: Bejaht hat dies die Rspr. z.B. bei der Warnung vor E-Zigaretten[696] und für die Benotung von Lebensmittelbetrieben und Gaststätten.[697] Ebenso bedarf die Veröffentlichung des Verfassungsschutzberichts einer gesetzlichen Ermächtigung,[698] während für die Herausgabe einer Informationsbroschüre gegen Rechtsextremismus keine besondere gesetzliche Ermächtigung erforderlich sein soll.[699]

---

688 BVerfG NJW 2002, 2621, 2622 u. 2624.

689 BVerfG NJW 2002, 2621, 2622; BVerwG, Urt. v. 19.02.2015 – BVerwG 1 C 13.14, RÜ 2015, 391, 395.

690 BVerfG NJW 2002, 2621, 2624; BVerwG, Urt. v. 19.02.2015 – BVerwG 1 C 13.14, RÜ 2015, 391, 395 f; OVG NRW NVwZ 2013, 1562, 1563 mit Anm. Kühl.

691 BVerfG NJW 2002, 2621, 2622; ebenso Schink DVBl. 2011, 253, 255; Voland DVBl. 2011, 1262, 1264; kritisch Huber JZ 2003, 291, 292; Murswiek NVwZ 2003, 1, 3; Wollenschläger VerwArch 102 (2011), 20, 37 ff.; Becker/Sievers NVwZ 2016, 1456, 1458.

692 BVerfG NJW 2002, 2621, 2624.

693 BVerfG NJW 2002, 2626, 2627; BayVGH NVwZ 2003, 998.

694 BVerwG, Urt. v. 19.02.2015 – BVerwG 1 C 13.14, RÜ 2015, 391, 396; BVerwG NVwZ-RR 2015, 425, 425; OVG Bln-Bbg, Beschl. v. 28.05.2014 – OVG 5 S 21.14, RÜ 2014, 591, 595; OVG NRW, Beschl. v. 23.04.2012 – 13 B 127/12, RÜ 2012, 525, 528 f.

695 BVerwG NVwZ-RR 2015, 425, 426.

696 BVerwG NVwZ-RR 2015, 425, 426; OVG NRW NVwZ 2013, 1562, 1564; OVG NRW, Beschl. v. 23.04.2012 – 13 B 127/12, RÜ 2012, 525, 528 f.

697 OVG Bln-Bbg, Beschl. v. 28.05.2014 – OVG 5 S 21.14, RÜ 2014, 591, 594.

698 Vgl. BVerwG DVBl. 2008, 1242, 1243 und BVerwG, Urt. v. 26.06.2013 – BVerwG 6 C 4.12, NVwZ 2014, 233, 235.

699 VerfGH RP NVwZ 2008, 897, 898.

Hier begnügt sich S nicht damit, die Öffentlichkeit über betriebliche Mängel allgemein zu informieren. Mit der Veröffentlichung der Bewertung im Internet wird das betroffene Unternehmen vielmehr an den „Pranger" gestellt, was deutlich belastender ist als eine behördliche Anordnung zur Beseitigung der gerügten Mängel. Bei einem solchen **funktionalen Äquivalent** liegt stets ein (mittelbarer) **Grundrechtseingriff** vor, so dass es einer Entscheidung des obigen Streites nicht bedarf. **533**

Klausurhinweis: *Im Ergebnis dürften zwischen den o.g. Auffassungen keine großen Unterschiede bestehen. Entweder man bejaht einen Eingriff in den Schutzbereich aufgrund der Intention und/oder Intensität der Maßnahme und prüft die „rechtlichen Vorgaben" im Rahmen der verfassungsrechtlichen Rechtfertigung oder man prüft – wie das BVerfG und (neuerdings) das BVerwG – die „rechtlichen Vorgaben" bereits als Schutzbereichsbegrenzung.*[700] *Gegen den Prüfungsansatz des BVerfG spricht allerdings, dass damit eine klare Abgrenzung zwischen Elementen des Eingriffs und der verfassungsrechtlichen Rechtfertigung aufgegeben wird. Denn ist die Veröffentlichung nach den vom BVerfG entwickelten Kriterien nicht gerechtfertigt, liegt ein Grundrechtseingriff vor, der automatisch rechtswidrig ist.*[701] *Nach herkömmlichem Grundrechtsverständnis sind Eingriff und dessen Rechtswidrigkeit indes streng zu trennen. Dies spricht dafür, den Eingriffscharakter mit der bislang h.Rspr. zu bejahen, wenn die Grundrechtsbeeinträchtigung typische, objektiv vorhersehbare oder in Kauf genommene Nebenfolge des staatlichen Handelns ist.*[702] **534**

3. Der Unterlassungsanspruch setzt voraus, dass der **Eingriff rechtswidrig** ist. Grundrechtseingriffe sind nur rechtmäßig, wenn sie **verfassungsrechtlich gerechtfertigt** sind. Sowohl die Berufsfreiheit (Art. 12 Abs. 1 S. 2 GG) als auch das Recht auf informationelle Selbstbestimmung (Art. 2 Abs. 1 GG) können durch Gesetz eingeschränkt werden. Erforderlich ist daher eine **gesetzliche Ermächtigungsgrundlage**, und zwar unabhängig von der Qualität des Eingriffs.[703] **535**

   Die wichtigsten Ermächtigungsgrundlagen für staatliches Informationshandeln finden sich in § 40 LFGB, § 6 VIG, § 10 UIG und § 26 ProdSG.

   a) Als Ermächtigungsgrundlage kommt **§ 40 LFBG** in Betracht. Die Vorschrift ermächtigt zur Information der Öffentlichkeit, wenn ein hinreichender Gefahrenverdacht (z.B. für eine Gesundheitsgefährdung oder Verbrauchertäuschung) besteht (Abs. 1) oder bei hinreichendem Verdacht insbes. eines Verstoßes gegen hygienerechtliche Vorschriften (Abs. 1a).[704] **536**

---

700 Vgl. Kemmler JA 2005, 908, 911; Hellmann NVwZ 2005, 163, 165.

701 BVerfG NJW 2002, 2621, 2624: „Mit der Feststellung der Beeinträchtigung des Schutzbereichs steht in solchen Fällen auch die Rechtswidrigkeit fest, ..."; vgl. auch die Kritik von Huber JZ 2003, 290, 294; Ossenbühl NVwZ 2011, 1357, 1360, die die Rspr. des BVerfG als „dogmatisch verfehlt" bezeichnen.

702 Im Ergebnis ebenso Huber JZ 2003, 290, 293 f.; Murswiek NVwZ 2003, 1, 5; Volkmann JZ 2005, 261, 267; Remmert Jura 2007, 736, 741; Ossenbühl NVwZ 2011, 1357, 1360; vgl. auch EGMR NVwZ 2010, 177, 180: Warnung vor Sekten greift in die durch Art. 9 EMRK geschützte Religionsfreiheit ein.

703 BVerwG DVBl. 2008, 1242, 1243; DVBl. 1996, 807, 807; NJW 1992, 2496, 2499; Schoch DVBl. 1991, 667, 670; Leidinger DÖV 1993, 925, 930; Lege DVBl. 1999, 569, 571; Remmert Jura 2007, 736, 740; Ossenbühl NVwZ 2011, 1357, 1360.

704 Ausführlich Theis DVBl. 2013, 627 ff.; Möstl GewArch 2015, 1 ff.

537 Voraussetzung ist jedoch stets ein **Bezug zu konkreten Lebensmitteln** oder Futtermitteln („unter Nennung der Bezeichnung des Lebensmittels oder Futtermittels"). Eine Information ohne Bezug auf konkrete Erzeugnisse sieht § 40 LFGB nicht vor.[705] Außerdem erfasst die Vorschrift nur die Veröffentlichung festgestellter Verstöße und Tatsachen, **nicht dagegen behördliche Bewertungen**, wie hier das Smiley-System.[706]

Im Übrigen bestehen gegen § 40 LFGB verfassungsrechtliche Bedenken im Hinblick auf Bestimmtheit und Verhältnismäßigkeit wegen der „Prangerwirkung".[707]

538 b) Als Ermächtigungsgrundlage kommt vielmehr **§ 6 Abs. 1 S. 3 VIG** in Betracht. Danach kann die informationspflichtige Stelle Informationen, zu denen nach § 2 Abs. 1 VIG Zugang zu gewähren ist, auch unabhängig von einem Antrag (§ 4 Abs. 1 VIG) über das Internet oder in sonstiger öffentlicher Weise zugänglich machen.

539 Dann müsste es sich bei der beabsichtigten Veröffentlichung um **Informationen** handeln, zu denen nach § 2 Abs. 1 VIG Zugang zu gewähren ist. Nach § 2 Abs. 1 S. 1 VIG hat jeder Anspruch auf freien Zugang zu allen Daten über die in Nr. 1 bis 7 genannten Fälle. Unter **Daten** versteht man Gegebenheiten, Tatsachen oder Ereignisse. Die Übertragung der Ergebnisse der Betriebsprüfung in das Smiley-System ist indes kein „Datum", sondern eine behördliche Bewertung.[708] Auch stellt das Smiley-System **keine Auswertung** einer Betriebskontrolle i.S.d. § 2 Abs. 1 S. 1 Nr. 7 VIG dar, sondern eine davon nicht erfasste **Bewertung**.[709] § 6 Abs. 1 S. 3 VIG lässt daher nur die Verlautbarung über festgestellte Verstöße zu, rechtfertigt aber **nicht behördliche Bewertungen**, wie hier das Smiley-System.

§ 10 Abs. 1 UIG ermächtigt zur aktiven Information der Öffentlichkeit über Umweltinformationen i.S.d. § 2 Abs. 3 UIG.[710] § 10 Abs. 2 UIG bestimmt den Mindestumfang, die Veröffentlichung kann auch im Internet erfolgen (§ 10 Abs. 3 S. 2, Abs. 4 UIG).

§ 26 Abs. 2 S. 2 ProdSG regelt Maßnahmen bei (unsicheren oder gefährlichen) Produkten i.S.d. § 2 Nr. 22 ProdSG. Als ultima ratio kann die zuständige Behörde eine hoheitliche Warnung aussprechen (§ 26 Abs. 2 S. 2 Nr. 9 Hs. 2 ProdSG).[711] Ebenso § 28 Abs. 4 S. 2 MPG (Medizinproduktegesetz) für Warnungen bei gefährlichen Medizinprodukten.

540 c) Soweit **keine besondere Ermächtigungsgrundlage** vorhanden ist, ist umstritten, welche Anforderungen für behördliches Informationshandeln gelten.

---

705 OVG RP, Beschl. v. 13.02.2013 – 6 B 10035/13; BayVGH, Beschl. v. 18.03.2013 – M 18 E 12.4654; Theis DVBl. 2013, 627, 632 f.; anders Waldhoff JuS 2013, 860 f.; Wrase JuS 2015, 926, 930; vgl. auch die Nachw. in RÜ 2013, 243, 248.

706 OVG Bln-Bbg, Beschl. v. 28.05.2014 – OVG 5 S 21.14 u. Beschl. v. 03.06.2014 – OVG 5 N 2.13, RÜ 2014, 591; VG Berlin, Beschl. v. 19.03.2014 – 14 L 35.14; VG Düsseldorf LMuR 2015, 95; anders OVG NRW NVwZ 2015, 304, 306 f. zu § 52 a Abs. 5 BImSchG: Bewertung zulässig.

707 VGH Mannheim, Beschl. v. 28.01.2013 – 9 S 2423/12, RÜ 2013, 243, 245; BayVGH, Beschl. v. 18.03.2013 – 9 CE 12.2755; OVG Lüneburg NVwZ-RR 2013, 831, 832; OVG NRW DVBl. 2013, 923; Waldhoff JuS 2013, 860, 862; Schoch NVwZ 2013, 1033, 1034; Wrase JuS 2015, 926, 930 f.; zur Vereinbarkeit mit Unionsrecht vgl. EuGH NJW 2013, 1725.

708 OVG Bln-Bbg, Beschl. v. 28.05.2014 – OVG 5 S 21.14, RÜ 2014, 591, 594; offen gelassen von OVG NRW, Urt. v. 12.12.2016 – 13 A 939/15, RÜ 2017, 250, 255: jedenfalls keine festgestellte nicht zulässige Abweichung i.S.d. § 2 Abs. 1 S. 1 Nr. 1 VIG.

709 OVG NRW, Urt. v. 12.12.2016 – 13 A 939/15, RÜ 2017, 250, 255; OVG NRW NVwZ-RR 2017, 447, 453.

710 Vgl. Karg in: Gersdorf/Paal BeckOK Informations- und Medienrecht, UIG § 10 Rn. 1 ff.; Kümper/Wittmann NuR 2011, 840 ff.

711 Vgl. dazu Tremmel/Luber NJW 2013, 262 ff.; Schucht NVwZ 2017, 434 ff.

aa) Die Rspr. hat vereinzelt versucht, hoheitliche Erklärungen ohne gesetzliche Grundlage allein aufgrund kollidierenden Verfassungsrechts zu rechtfertigen **(grundrechtsimmanente Schranken)**. Warnungen und Hinweise könnten sich als Erfüllung einer staatlichen Schutzpflicht und damit als Konkretisierung eines mit Verfassungsrang ausgestatteten Gemeinwohlinteresses darstellen.[712] **541**

Diese Auffassung ist in der Lit. zu Recht auf Ablehnung gestoßen. Die Rspr. missachte den Gesetzesvorbehalt in Art. 12 Abs. 1 S. 2 GG, der einer Konkretisierung **durch den Gesetzgeber** bedürfe. Der Gesetzgeber sei gehalten, alle für die Verwirklichung der Grundrechte „wesentlichen" Fragen grds. selbst zu regeln. Wesentlich in diesem Sinne sei auch die Konkretisierung verfassungsimmanenter Schranken der Grundrechte, die dem Gesetzgeber vorbehalten bleiben müsse. Ansonsten könnte die Verwaltung unter Berufung auf die ihr zukommenden Schutzpflichten die Voraussetzungen für einen Grundrechtseingriff selbst festlegen.[713] **542**

bb) Überwiegend wird die Befugnis für grundrechtsrelevantes Informationshandeln **aus dem Sachzusammenhang mit dem Aufgabenbereich** des Hoheitsträgers abgeleitet, ohne dass es darüber hinaus einer besonderen gesetzlichen Eingriffsermächtigung bedarf.[714] Aufgrund der Vielgestaltigkeit der denkbaren Eingriffslagen und -wirkungen lasse sich bei mittelbaren Eingriffen ein strenger Gesetzesvorbehalt nicht verwirklichen. Ob eine Maßnahme im Einzelfall rechtmäßig ist, sei sodann vor allem eine Frage der **Verhältnismäßigkeit**. **543**

cc) Die Gegenansicht sieht hierin einen **unzulässigen Schluss von der Aufgabe auf die Befugnis**. Wenn der Staat eine bestimmte Aufgabe wahrnehmen dürfe, heiße das noch nicht, dass ihm hierfür auch sämtliche Mittel zur Verfügung stünden, die er für die Durchführung der Aufgabe für erforderlich halte. Hierüber zu entscheiden, sei Sache des Gesetzgebers. Liege ein Grundrechtseingriff vor, so sei stets eine **gesetzliche Befugnisnorm** erforderlich, unabhängig davon, ob es um einen unmittelbaren oder mittelbaren Eingriff gehe.[715] **544**

dd) Stellt die Maßnahme – wie hier – ein **funktionales Äquivalent** eines unmittelbaren Eingriffs dar, scheidet unstreitig auch nach der Rspr. das Abstellen auf die Aufgabenzuweisung aus, weil andernfalls durch die Wahl der Handlungsform die verfassungsrechtlichen Anforderungen an einen Grundrechtseingriff umgangen werden könnten.[716] **545**

---

712 BVerwG NJW 1991, 1766, 1769; OVG NRW NVwZ 1991, 176, 177; Heintschel v.Heinegg/Schäfer DVBl. 1991, 1341, 1347; ähnlich BVerfG NJW 1989, 3269, 3270; auch BVerwG DVBl. 1996, 807 greift diesen Gedanken auf.

713 Schoch DVBl. 1991, 667, 672; Leidinger DÖV 1993, 925, 930; Gusy NJW 2000, 977, 980; Jeand'Heur/Cremer JuS 2000, 991, 995; i.E. ebenso BVerwG NJW 1991, 1170, 1170; NJW 1992, 2496, 2499.

714 BVerfG NJW 2011, 511, 512; NJW 2002, 2621, 2623; NJW 2002, 2626, 2629; BVerwG NJW 2006, 1303, 1304; OVG NRW NWVBl. 2006, 32; ähnlich EGMR NVwZ 2010, 177, 180

715 OVG Lüneburg NJW 1992, 192, 194; Lege DVBl. 1999, 569, 574; Huber JZ 2003, 290, 294; Hellmann NVwZ 2005, 163, 166; Ossenbühl NVwZ 2011, 1357, 1360.

716 BVerwG NVwZ-RR 2015, 425, 426 m.w.N.

546 Die streitige Veröffentlichung im Internet stellt nicht nur eine allgemeine, sich typischerweise der Normierung entziehende Informationstätigkeit der Behörde dar, sondern ist ein **Akt staatlicher Wirtschaftslenkung**, der in die durch Art. 12 Abs. 1 GG geschützte unternehmerische Betätigungsfreiheit des A eingreift. Daher bedarf die in Rede stehende Veröffentlichung einer über die Aufgabenzuweisung hinausgehenden gesetzlichen Grundlage, deren Schaffung dem Gesetzgeber angesichts der Finalität des Eingriffs auch möglich ist.[717]

Mangels gesetzlicher Ermächtigungsgrundlage ist die (beabsichtigte) Veröffentlichung der Bewertung des Betriebes des A nach dem Smiley-System **rechtswidrig**.

547 4. Der Unterlassungsanspruch setzt – wie der Anspruch aus § 1004 BGB – voraus, dass der rechtswidrige Eingriff **andauert oder bevorsteht**. Letzteres ergibt sich hier aus der behördlichen Ankündigung. A hat daher einen Anspruch auf Unterlassung der Veröffentlichung des Kontrollergebnisses.

Etwas anderes sollte in NRW nach dem Kontrollergebnis-Transparenz-Gesetz (KTG)[718] gelten, das nach einer dreijährigen Übergangszeit ab März 2020 nicht nur die Anbringung des Kontrollergebnisses an der Eingangstür des Betriebes vorsieht, sondern für die Behörde auch die Möglichkeit der Veröffentlichung eines sog. Kontrollbarometers u.a. für Lebensmittel- und Gastronomiebetriebe im Internet. Allerdings bestehen Bedenken gegen die Gesetzgebungskompetenz des Landes (LFGB bzw. VIG als abschließende bundesgesetzliche Regelungen i.S.d. Art. 72 Abs. 1 GG) und im Hinblick auf die Verhältnismäßigkeit des Grundrechtseingriffs wegen der damit verbundenen „Prangerwirkung".[719] Deshalb soll das Gesetz nach den Vorstellungen der neue Landesregierung NRW bereits vor seinem Inkrafttreten wieder aufgehoben werden.

Auch der Entwurf der neuen europäischen Lebensmittelkontrollverordnung sieht in Art. 10 Abs. 3 eine Befugnis der zuständigen Behörden vor, Angaben über die Einstufung einzelner Unternehmer aufgrund der Ergebnisse der amtlichen Kontrollen zu veröffentlichen, wobei die Einzelheiten allerdings noch ungeklärt sind.[720]

---

548 **Prozessual** ist der Unterlassungsanspruch i.d.R. im Wege der allgemeinen Leistungsklage in Form der (vorbeugenden) Unterlassungsklage durchzusetzen. Die Leistungsklage ist zwar in der VwGO nicht ausdrücklich geregelt, aber mehrfach erwähnt (z.B. in §§ 43 Abs. 2, 111 VwGO) und gewohnheitsrechtlich anerkannt.[721] Etwas anderes gilt, wenn dem abzuwehrenden Informationshandeln eine Entscheidung durch Verwaltungsakt vorgeschaltet ist, der mit der Anfechtungsklage anzufechten ist.[722] Steht die Veröffentlichung unmittelbar bevor, kommt ein Antrag auf Erlass einer einstweiligen Anordnung (§ 123 Abs. 1 S. 1 VwGO) in Betracht.[723]

717 OVG Bln-Bbg, Beschl. v. 03.06.2014 – OVG 5 N 2.13, RÜ 2014, 591, 595.

718 Gesetz vom 07.03.2017 in GVBl. NRW 2017, 334; dazu Becker/Sievers NVwZ 2016, 1456 ff.

719 Becker/Sievers NVwZ 2016, 1456, 1457 f.

720 Becker/Sievers NVwZ 2016, 1456, 1457; Dauses/Ludwigs, EU-Wirtschaftsrecht, C Rn. 319.

721 Vgl. Kopp/Schenke VwGO Vorb § 40 Rn. 4; ausführlich AS-Skript VwGO (2017), Rn. 246 ff.

722 Vgl. z.B. OVG NRW, Urt. v. 12.12.2016 – 13 A 939/15, RÜ 2017, 250, 251; OVG NRW NVwZ-RR 2017, 447, 447 f.

723 Vgl. z.B. OVG Bln-Bbg, Beschl. v. 28.05.2014 – OVG 5 S 21.14, RÜ 2014, 591, 592; OVG NRW, Beschl. v. 23.04.2012 – 3 B 127/12, RÜ 2012, 525, 526.

Ergänzender Hinweis:

Bei **Informationshandeln der Regierung** hat die Rspr. die Ermächtigung zuweilen aus der Befugnis der Regierung nach **Art. 65 GG** (bzw. der entsprechenden Regelung in der LVerf) abgeleitet. 549

Beispiele: Informationstätigkeit der Bundesregierung im Bereich des Verbraucherschutzes (Glykol), [724] und über religiöse und weltanschauliche Vereinigungen (Osho/Bhagwan),[725] Schutzerklärungen gegen Scientology.[726]

1. Diese Vorschriften decken zwar die **normale Öffentlichkeitsarbeit** der Regierung (z.B. Information über aktuelle Gesetzgebungsvorhaben). Staatliche Warnungen und Empfehlungen gehen aber darüber hinaus. Denn sie bezwecken anders als bloße Informationen bereits eine Verhaltenssteuerung. Deshalb reichen sie nach Auffassung der h.Lit. als Ermächtigung für staatliches Informationshandeln im eigentlichen Sinne nicht aus.[727] 550

2. Nach Ansicht der Rspr. können dagegen auch Warnungen und Empfehlungen **Ausdruck staatsleitender Kompetenzen** sein. Zur Aufgabe der Regierung gehöre es auch, durch rechtzeitige öffentliche Information die Bewältigung von Konflikten in Staat und Gesellschaft zu erleichtern, auf Krisen schnell und sachgerecht zu reagieren und den Bürgern mit Warnungen oder Empfehlungen Orientierungshilfen zu geben. Daher könnten die Vorschriften über die Regierungstätigkeit grds. auch mittelbar-faktische Grundrechtsbeeinträchtigungen rechtfertigen, ohne dass es einer besonderen Ermächtigungsgrundlage bedürfe.[728] 551

3. Dies gilt allerdings nicht, wenn die Maßnahme ein **funktionales Äquivalent** eines unmittelbaren Eingriffs darstellt. In diesen Fällen bedarf es stets einer **besonderen gesetzlichen Grundlage**. Dies wiederum hat zur Konsequenz, dass Voraussetzungen und Umfang des Eingriffs im Einzelnen durch Gesetz festzulegen sind. Eine allgemein gehaltene Vorschrift wie Art. 65 GG (bzw. die entsprechende Regelung in der LVerf) kann den Grundrechtseingriff im Fall eines funktionalen Äquivalents daher nicht rechtfertigen.[729] 552

4. Bedenken gegen die Rspr. bestehen bei Maßnahmen von **Bundesministerien** überdies im Hinblick auf Art. 83 GG. Die h.Lit. verweist darauf, dass die Ausführung von Gesetzen (z.B. des LFGB oder des VIG) grds. **Sache der Länder** ist. Eine Notkompetenz der Bundesregierung kraft Natur der Sache sei nicht erforderlich.[730] Die Rspr. geht dagegen davon ausgeht, dass Regierungstätigkeit nicht Verwaltung i.S.d. Art. 83 ff. GG ist und dass das Recht zur Information aus Art. 65 GG eine „andere Regelung" i.S.d. Art. 30 GG darstellt. Soweit Art. 65 GG als Ermächtigungsgrundlage für „schlichte" Informationstätigkeit ausreicht, ergeben sich dann auch keine bundesstaatlichen Bedenken.[731] 553

---

724 BVerfG NJW 2002, 2621, 2623.

725 BVerfG NJW 2002, 2626, 2630.

726 BVerwG NJW 2006, 1303, 1304.

727 Vgl. Gusy NJW 2000, 977, 981; Dietlein/Heyers NWVBl. 2000, 77, 80; Schoch DVBl. 1991, 667, 671; Lege DVBl. 1999, 569, 575; Huber JZ 2003, 290, 295.

728 BVerfG NJW 2011, 511, 512; NJW 2002, 2621, 2623; NJW 2002, 2626, 2630; BVerwG NJW 2006, 1303, 1304; OVG NRW, Urt. v. 17.09.2013 – 13 A 2541/12, NVwZ 2013, 1562, 1563; VG Hamburg DVBl. 2013, 193, 195.

729 BVerwG NVwZ-RR 2015, 425, 426; OVG NRW NVwZ 2013, 1562, 1564; OVG NRW, Beschl. v. 23.04.2012 – 13 B 127/12, RÜ 2012, 525, 528 (Warnung vor E-Zigaretten).

730 Schoch DVBl. 2001, 667, 673; Lege DVBl. 1999, 569, 574; Hellmann NVwZ 2005, 163, 166; Remmert Jura 2007, 736, 741.

731 BVerfG NJW 2002, 2626, 2630 (Jugendsekten); NJW 2002, 2621, 2623 (Glykol).

Rechtmäßigkeit staatlichen Informationshandelns
■ **Ermächtigungsgrundlage erforderlich**, wenn Grundrechtseingriff vorliegt ▪ kein unmittelbarer (finaler) Grundrechtseingriff ▪ aber ggf. mittelbarer Grundrechtseingriff: eingriffsgleiche Wirkung bei Zurechenbarkeit (Kriterien str.: Intention, Intensität, Vorhersehbarkeit u.a.) ■ **Spezielle Ermächtigungsgrundlagen** im LFGB, VIG, UIG, ProdSG u.a. ■ **im Übrigen** Anforderungen des Vorbehalts des Gesetzes umstritten: ▪ frühere Rspr.: Konkretisierung der grundrechtsimmanenten Schranken ▪ h.Lit: immer gesetzliche Befugnisnorm erforderlich ▪ h.Rspr: i.d.R. reicht **Sachzusammenhang mit Aufgabenbereich** und VHMK, **anders** nur bei **funktionalem Äquivalent** ■ in jedem Fall: **Richtigkeit, Sachlichkeit** und **Verhältnismäßigkeit**

2. Ehrschutz gegen Hoheitsträger

a) Anspruchsgrundlagen

554 Einen wichtigen Anwendungsfall des öffentlich-rechtlichen Abwehr- und Unterlassungsanspruchs bildet der Ehrschutz gegen hoheitliche Äußerungen. Zur Abwehr ehrbeeinträchtigender Äußerungen unter Privaten ist von Rspr. und Lit. der sog. **quasinegatorische Beseitigungs- und Unterlassungsanspruch** (analog §§ 823, 1004 BGB) entwickelt worden.[732] Dieser Anspruch greift auch bei **privatrechtlicher Verwaltungstätigkeit** ein.

Beispiel: Bürgermeister B behauptet in einer Ratssitzung, Bauunternehmer U sei ein Betrüger und habe den Auftrag für Straßenbauarbeiten nur aufgrund großzügiger Geschenke an den Leiter des Tiefbauamtes erhalten.

555 Steht die abzuwehrende Äußerung dagegen im **Sachzusammenhang** mit der Erfüllung **hoheitlicher Aufgaben**, ist auf öffentlich-rechtliche Anspruchsgrundlagen zurückzugreifen, über die im Verwaltungsrechtsweg zu entscheiden ist (§ 40 Abs. 1 S. 1 VwGO).

Beispiele: Äußerungen eines Ministers im Rahmen seines Geschäftsbereichs;[733] amtliche Äußerungen eines Bürgermeisters im hoheitlichen Bereich.[734]

556 Die Anspruchsgrundlage hängt in diesen Fällen vom jeweiligen Begehren ab:

- Verlangt der Kläger **Widerruf** der Äußerung (= Beseitigung), ist Anspruchsgrundlage der **Folgenbeseitigungsanspruch**.
- Geht es um die **Unterlassung** (künftiger) Äußerungen, ist auf den allgemeinen Abwehr- und **Unterlassungsanspruch** abzustellen.[735]

---

732 Vgl. BGH NJW 2008, 2262, 2263 und AS-Skript Schuldrecht BT 4 (2017), Rn. 106 ff.
733 OVG NRW NVwZ 1997, 302; vgl. auch BVerfG NJW 2011, 3706.
734 HessVGH NVwZ-RR 2012, 781; Kerst JA 2011, 617, 624.
735 Vgl. beispielhaft HessVGH, Beschl. v. 11.07.2017 – 8 B 1144/17.

Anspruchsgegner ist in diesen Fällen nicht der handelnde Beamte, sondern der Hoheitsträger, dem die Äußerungen seiner Amtswalter zugerechnet werden.[736] Etwas anderes gilt nur dann, wenn die Äußerung so sehr **Ausdruck einer persönlichen Meinung** ist, dass sie dem Hoheitsträger nicht mehr zugerechnet werden kann. In diesem Ausnahmefall ist der Amtsträger selbst (vor dem Zivilgericht) zu verklagen.[737] 557

Gegenbeispiel: B hat Äußerungen im obigen Beispiel nicht in seiner Funktion als Bürgermeister getätigt, sondern als (einfaches) Ratsmitglied. Äußerungen von Ratsmitgliedern werden nicht der Körperschaft zugerechnet, da diese bei der Amtsausübung nicht weisungsgebunden sind und daher nicht in einem dem Beamtenverhältnis vergleichbaren Verhältnis zur Gemeinde stehen. Anspruchsgegner sind hier stets die Ratsmitglieder persönlich.[738] 558

b) Voraussetzungen

Der öffentlich-rechtlicher Abwehr- und Unterlassungsanspruch setzt auch bei ehrbeeinträchtigenden Äußerungen voraus, dass durch **hoheitliches Handeln rechtswidrig in ein subjektives Recht eingegriffen** wird. Mit Blick auf das allgemeine Persönlichkeitsrecht (Art. 2 Abs. 1 i.V.m. Art. 1 Abs. 1 GG) kann der Betroffene daher **Unterlassung** verlangen, 559

- bei amtlichen Äußerungen, die geeignet sind, seinen Ruf oder sein Ansehen zu beeinträchtigen **(hoheitlicher Eingriff)**,
- sofern diese Äußerungen rechtswidrig sind **(Rechtswidrigkeit des Eingriffs)** und
- eine **Wiederholungsgefahr** besteht.[739]

aa) Hoheitlicher Eingriff in ein subjektives Recht

Der Unterlassungsanspruch wie der Widerrufsanspruch setzen einen **hoheitlichen Eingriff in ein subjektives Recht** voraus. Bei Äußerungen von Staatsorganen kann vor allem ein Eingriff in das **allgemeine Persönlichkeitsrecht** aus Art. 2 Abs. 1, Art. 1 Abs. 1 GG vorliegen. 560

Im gewerblichen und unternehmerischen Bereich kommen zudem Eingriffe in die Berufsausübungsfreiheit (Art. 12 Abs. 1 GG) und in das Recht am eingerichteten und ausgeübten Gewerbebetrieb (Art. 14 Abs. 1 GG) in Betracht.[740]

Art. 2 Abs. 1 i.V.m. Art. 1 Abs. 1 GG schützen nicht nur die Ehre, sondern allgemein den **sozialen Geltungsanspruch** des Einzelnen (bei juristischen Personen Art. 2 Abs. 1 i.V.m. Art. 19 Abs. 3 GG).[741] Ein Eingriff in das Persönlichkeitsrecht liegt daher **nicht nur bei ehrverletzenden Äußerungen** vor, sondern auch bei Äußerungen, die geeignet sind, sich abträglich auf das Ansehen des Einzelnen in der Öffentlichkeit auszuwirken.[742] 561

---

736 BVerwG NJW 1987, 2529, 2530; HessVGH NVwZ-RR 1994, 700; VGH Mannheim VBlBW 1999, 93; OVG Lüneburg, Beschl. v. 17.12.2009 – 2 ME 313/09; abweichend HessVGH LKRZ 2012, 423, 424 für den Fall eines Kommunalverfassungsstreits.

737 Vgl. OVG Bln-Bbg, Beschl. v. 14.09.2012 – OVG 1 S 127.12, RÜ 2013, 114, 116; zur Abgrenzung RhPfVerfGH, Beschl. v. 21.05. 2014 – VGH A 39/14.

738 OLG Brandenburg, Urt. v. 05.12.2016 – 1 U 5/16; OLG Köln NVwZ 2000, 351; vgl. auch OVG Saarland, Urt. v. 17.10.2013 – 2 A 303/12, NJOZ 2015, 274 (Klage einer Gemeinde auf Unterlassung ehrenrühriger Äußerungen durch ein Ratsmitglied); allgemein Dietlein/Heyers NWVBl. 2000, 77 f.

739 BVerwG, Beschl. v. 11.11.2010 – BVerwG 7 B 54.10; OVG Lüneburg NordÖR 2014, 502.

740 Vgl. z.B. VGH Mannheim, Beschl. v. 28.01.2013 – 9 S 2423/12, RÜ 2013, 243, 244 f.

741 VGH Mannheim DVBl. 2013, 1063, 1064 f.; OVG NRW NWVBl. 2013, 191; NWVBl. 2014, 120.

562 Hoheitliche Äußerungen stellen zwar häufig **keinen unmittelbaren Eingriff** im klassischen Sinne dar (s.o. Rn. 527).[743] Auch ist nicht jede Teilnahme des Staates am öffentlichen Meinungsbildungsprozess als (mittelbarer) Grundrechtseingriff zu werten. Entscheidend ist vielmehr, ob eine **eingriffsgleiche Wirkung** vorliegt.[744] Bei **gezielten Äußerungen** über konkrete Personen ist dies aufgrund der individuellen Betroffenheit i.d.R. zu bejahen.[745]

An einem Eingriff fehlt es beispielsweise bei Äußerungen, die sich nicht in nennenswerter Weise auf das Persönlichkeitsbild des Betroffenen auswirken können. Insbesondere hat der Träger des Persönlichkeitsrechts keinen Anspruch darauf, von anderen nur so dargestellt zu werden, wie er sich selbst sieht oder gesehen werden möchte.[746]

bb) Rechtswidrigkeit des Eingriffs

563 Ehrbeeinträchtigende Äußerungen sind nach den von der Rspr. entwickelten Kriterien **rechtmäßig**, wenn

- sich der Hoheitsträger **im Rahmen der ihm zugewiesenen Aufgaben** bewegt und
- die rechtsstaatlichen Anforderungen an die **Richtigkeit**, **Sachlichkeit** und **Verhältnismäßigkeit** der Äußerung gewahrt sind.[747]

(1) Kompetenzmäßige Äußerungen

564 Zwar ist es grds. unzulässig, von der **Kompetenznorm** (Aufgabenzuweisung) auf die Eingriffsbefugnis zu schließen. Bei hoheitlichen Äußerungen mit nur tatsächlichen Folgen ist jedoch eine großzügigere Betrachtung möglich. Die Vielgestaltigkeit der betroffenen Fälle macht es praktisch unmöglich, für jede denkbare Äußerung eine spezielle Ermächtigungsgrundlage zu verlangen (s.o. Rn. 543).[748]

Noch weitgehend ungeklärt ist die Frage, wann ehrbeeinträchtigende Äußerungen ein **funktionales Äquivalent** für einen unmittelbaren Eingriff darstellen, bei dem stets eine Ermächtigungsgrundlage erforderlich ist.[749]

Weitere Beispiele: Äußerungen von kommunalen Amtsträgern (z.B. dem Bürgermeister) sind nur zulässig, wenn Angelegenheiten der örtlichen Gemeinschaft (Art. 28 Abs. 2 S. 1 GG) betroffen sind.[750]Daraus folgt die Befugnis z.B. für den Bürgermeister zu kommunalpolitischen (nicht allgemeinpolitischen) Stellungnahmen, die die örtliche Gemeinschaft betreffen (z.B. negative Äußerungen zum Parteitag in der Gemeinde oder Aufforderung zur Teilnahme an einer Gegendemonstration).[751]

---

742 BVerfG NJW 2011, 511 zur Kritik der Bundeszentrale für politische Bildung an einem wissenschaftlichen Aufsatz; dazu Muckel JA 2011, 315 f.

743 BVerfG NJW 2011, 511, 512; VGH Mannheim DVBl. 2013, 1063, 1064 f.

744 OVG NRW NWVBl. 2010, 355, 356 und oben Rn. 528

745 BVerfG NJW 2011, 511, 512; OVG NRW NWVBl. 2010, 355, 356; VGH Mannheim DVBl. 2013, 1063, 1065. und oben Rn. 529.

746 BVerfG NJW 2008, 747.

747 Vgl. z.B. OVG NRW, Beschl. v. 18.05.2017 – 15 B 97/17; NWVBl. 2014, 120, 121; OVG NRW NWVBl. 2013, 191, 192; VGH Mannheim DVBl. 2013, 1063, 1065; Gusy NVwZ 2014, 236 f.

748 BVerfG NJW 2011, 511, 512; NJW 2002, 2626, 2630; Gusy NVwZ 2015, 700, 704; a.A. Teile der Lit., die auch hier eine ausdrückliche Ermächtigungsgrundlage fordern, vgl. Dietlein/Heyers NWVBl. 2000, 77, 79 f.; Jeand´ Heur/Cremer JuS 2000, 991, 995 m.w.N.

749 Offen gelassen von VGH Mannheim DVBl. 2013, 1063, 1065.

750 OVG NRW, Beschl. v. 18.05.2017 – 15 B 97/17; OVG NRW, Urt. v. 04.11.2016 – 15 A 2293/15, RÜ 2017, 122, 126; NVwZ 2017, 1316, 1318; VG Köln, Beschl. v. 30.03.2017 – 4 L 750/17; Klausurfall bei Bätge JuS 2014, 535.

751 OVG NRW, Urt. v. 04.11.2016 – 15 A 2293/15, RÜ 2017, 122, 126; dazu Ferreau NVwZ 2017, 1259 ff.; zum Verstoß gegen die Chancengleichheit in diesem Fall BVerwG, Urt. v. 13.09.2017 – BVerwG 10 C 6.16 und unten Rn. 570.

Bei einer öffentlich-rechtlichen Zwangskörperschaft (IHK, Handwerkskammer u.a.) kann sich ein Abwehranspruch aus Art. 2 Abs. 1 GG ergeben. Aus dem Grundrecht folgt nicht nur das Recht, von der Mitgliedschaft in einem „unnötigen" Verband verschont zu bleiben, sondern auch ein Abwehrrecht gegen kompetenzwidrige Äußerungen der Organe der Körperschaft.[752]

(2) Sachlichkeitsgebot

Das **Sachlichkeitsgebot** verlangt, dass **Tatsachen** zutreffend wiedergegeben werden und **Werturteile** nicht auf sachfremden Erwägungen beruhen. Außerdem darf die Äußerung im Hinblick auf das mit ihr verfolgte Ziel und in Bezug auf die Grundrechte, in die eingegriffen wird, **nicht unverhältnismäßig** sein.[753] **565**

Eine **Tatsachenbehauptung** liegt vor, wenn die Aussage einer Überprüfung ihrer Richtigkeit mit den Mitteln des Beweises zugänglich ist.[754] **Werturteile** sind demgegenüber an der subjektiven Färbung der Aussage erkennbar, kennzeichnend sind die Merkmale der Stellungnahme, des Dafürhaltens oder Meinens, also eine Meinungsäußerung.[755] **566**

Für die Abgrenzung zwischen Tatsachenbehauptungen und Werturteilen kommt es nicht auf die subjektive Absicht des Äußernden oder das subjektive Verständnis einzelner Adressaten an, sondern auf den objektiven Sinn einer Äußerung und ihren Gesamtkontext.[756] Beim Bürger ist im Zweifel von einer Meinungsäußerung auszugehen, weil andernfalls eine Verkürzung des Grundrechtsschutzes droht.[757] Denn bei Werturteilen hat anders als bei Tatsachenbehauptungen eine Abwägung zwischen der Meinungsfreiheit und den Interessen des Betroffenen zu erfolgen. **Beispiel:** Die Bezeichnung eines Polizisten als „Spanner" ist keine Tatsachenbehauptung, sondern eine Bewertung des Beobachteten.[758]

- **Tatsachenbehauptungen** sind **rechtswidrig**, wenn sie **unwahr** sind.[759] **567**

  Wahre Tatsachenbehauptungen müssen dagegen i.d.R. hingenommen werden, auch wenn sie nachteilig für den Betroffenen sind. [760] Ausnahmsweise sind auch Tatsachenbehauptungen hinzunehmen, deren Wahrheitsgehalt noch nicht endgültig festgestellt werden kann. Wenn es um eine die Öffentlichkeit wesentlich berührende Angelegenheit geht, reicht es aus, wenn der Äußernde hinreichend sorgfältige Recherchen über den Wahrheitsgehalt angestellt hat.[761] Ein Widerrufsanspruch scheidet dann aus.

- **Werturteile** sind durch das Element der **wertenden Stellungnahme** geprägt. Wegen ihres subjektiven Einschlags entziehen sie sich der Überprüfung als wahr oder unwahr. Sie sind in ihrer subjektiven Färbung erkennbar und erheben keinen Anspruch auf Allgemeingültigkeit, sondern stellen nur eine von mehreren möglichen Meinungen dar, die man teilen oder ablehnen kann.[762] **568**

---

752 Vgl. BVerfG, Beschl. v. 12.07.2017 – 1 BvR 2222/12, RÜ 2017, 663, 667; BVerwG, Urt. v. 23.03.2016 – BVerwG 10 C 4.15, RÜ 2016, 603, 604 f.; BVerwG, Urt. v. 23.06.2010 – BVerwG 8 C 20.09, RÜ 2010, 662, 663; grundlegend BVerwGE 59, 331: keine allgemeinpolitischen Äußerungen des ASTA.

753 OVG NRW NWVBl. 2013, 191, 192; OVG NRW, Urt. v. 04.11.2016 – 15 A 2293/15, RÜ 2017, 122, 126; NVwZ 2017, 1316, 1318; dazu Hebeler JA 2017, 558 ff.; Putzer DVBl. 2017, 136 ff.; Ferreau NVwZ 2017, 1259 ff.; allgemein Gusy NVwZ 2015, 700, 701.

754 OVG NRW, Beschl. v. 18.05.2017 – 15 B 97/17; OVG NRW NWVBl. 2013, 191, 192; NWVBl 2014, 480.

755 Vgl. beispielhaft BVerfG, Beschl. v. 16.03.2017 – 1 BvR 3085/15; Beschl. v. 29.06.2016 – 1 BvR 2732/15, RÜ 2016, 650, 653.

756 OVG NRW, Beschl. v. 18.05.2017 – 15 B 97/17.

757 BVerfG, Beschl. v. 29.06.2016 – 1 BvR 2732/15, RÜ 2016, 650, 653.

758 BVerfG, Beschl. v. 29.06.2016 – 1 BvR 2732/15, RÜ 2016, 650, 653; dazu Hufen JuS 2017, 86.

759 BVerfG NJW 2006, 207, 209; OVG NRW OVGE 47, 182, 186 m.w.N.

760 BVerfG, Beschl. v. 29.06.2016 – 1 BVR 3487/14, RÜ 2016, 650, 655; BVerfG NJW 2013, 217, 218; NJW 2010, 1587, 1589; zu (seltenen) Ausnahmen bei unzulässiger Prangerwirkung vgl. BVerfG NJW 2011, 47; BGH NJW 2009, 2888, 2892.

761 BVerfG, Beschl. v. 28.06.2016 – 1 BVR 3388/14, RÜ 2016, 650, 655; OVG NRW NWVBl. 2014, 120, 121; Muckel JA 2017, 76, 77; Hufen JuS 2017, 86, 88.

762 Vgl. BVerfG DVBl. 2005, 106, 108.

569 Das bedeutet aber nicht, dass Aussagen dieser Art vom Betroffenen stets hinzunehmen sind. Wenn der Staat durch seine Funktionsträger abträgliche Werturteile über einen Bürger abgibt, bedarf er hierzu stets eines **legitimen Zwecks.**[763] Dieser kann sich zwar **nicht aus Art. 5 Abs. 1 S. 1 GG** (Meinungsfreiheit) ergeben, da sich der Staat nicht auf Grundrechte berufen kann.[764] Das Recht, Werturteile abzugeben, kann für Hoheitsträger aber aus der Befugnis zur **Öffentlichkeitsarbeit** oder aus der **Wahrnehmung berechtigter Interessen** analog § 193 StGB folgen. Amtliche Öffentlichkeitsarbeit ist integraler Bestandteil der allgemeinen Staats- und Behördenaufgaben. Hierbei darf der Staat auch deutliche Worte gebrauchen. Die Äußerungen müssen jedoch stets **verhältnismäßig** sein, dürfen also keine unnötige Herabsetzung oder besonders aggressive, unsachliche oder diffamierende Äußerungen enthalten (keine sog. **Schmähkritik**).[765]

Beispiele: Eine unnötige öffentliche Herabsetzung enthält z.B. die Äußerung eines Ministers, eine religiöse Sekte betreibe „Menschenfängerei übelster Art“[766] oder die Bezeichnung einer Jugendsekte als „destruktiv“ und „pseudoreligiös“.[767] Die Charakterisierung von Scientology als „menschenverachtendes Kartell der Unterdrückung“ soll dagegen noch zulässig sein[768] ebenso die Bezeichnung von NPD-Anhängern als „braune Brut“.[769]

570 Bei **politischen Parteien** ergibt sich aus dem Recht auf Chancengleichheit (Art. 21 Abs. 1 S. 1 GG) und dem Demokratieprinzip (Art. 20 Abs. 2 GG) für alle Staatsorgane eine strikte **Pflicht zur parteipolitischen Neutralität**, ohne dass es darauf ankommt, ob die betroffene Erklärung geeignet ist, bevorstehende Wahlen zu beeinflussen. Staatsorgane dürfen in amtlicher Funktion – auch außerhalb des Wahlkampfs – nicht zugunsten oder zulasten einer Partei in den politischen Wettbewerb eingreifen.[770] Dies gilt auch für Amtsträger auf kommunaler Ebene.[771] Außerhalb ihrer amtlichen Funktion dürfen sie zwar am politischen Meinungskampf teilnehmen, aber nicht auf die Ressourcen ihres Amtes zurückgreifen (unzulässig ist z.B. die Nutzung amtlicher Kommunikationswege).[772]

Beachte: Streiten in diesem Fall Parteien mit Verfassungsorganen (Bundesminister, Landesminister) liegt eine verfassungsrechtliche Streitigkeit vor, sodass der Verwaltungsrechtsweg nach § 40 Abs. 1 S. 1 VwGO nicht eröffnet ist. In Betracht kommt vielmehr ein Organstreitverfahren vor dem BVerfG (Art. 93 Abs. 1 Nr. 1 GG) bzw. dem LVerfG/VerfGH .[773] Im Verwaltungsrechtsweg sind dagegen z.B. amtliche Äußerungen von Kommunalorganen abzuwehren (z.B. eines Bürgermeisters).[774]

---

763 BVerfG NJW 2011, 511, 512; OVG NRW NWVBl. 2010, 355, 356; OVG Bremen NJW 2010, 3738.

764 OVG Bremen NJW 2010, 3738.

765 OVG NRW, Urt. v. 04.11.2016 – 15 A 2293/15, RÜ 2017, 122, 126; NVwZ 2017, 1316, 1318; HessVGH, Beschl. v. 11.07.2017 – 8 B 1144/17; allgemein BVerfG, Beschl. v. 29.06.2016 – 1 BvR 2646/15, RÜ 2016, 650, 652; Hufen JuS 2017, 181 u. 899.

766 OVG NRW NVwZ 1985, 123, 124.

767 BVerfG NJW 2002, 2626, 2627.

768 OVG NRW NVwZ 1997, 302; vgl. auch die Übersicht bei Abel NJW 2005, 114, 117.

769 SaarlVerfGH NVwZ-RR 2014, 905.

770 BVerfG, Urt. v. 16.12.2014 – 2 BvE 2/14, NVwZ 2015, 209; RÜ 2015, 111; weniger streng BVerfG, Urt. v. 10.06. 2014 – 2 BvE 4/13, NVwZ 2014, 1156; RÜ 2014, 449 für den Bundespräsidenten („Spinner“); ausführlich Gusy NVwZ 2015, 700 ff.; Barczak NVwZ 2015, 1014 ff.

771 BVerfG NVwZ-RR 2014, 538; BVerwG, Urt. v. 13.09.2017 – BVerwG 10 C 6.16; OVG NRW, Urt. v. 04.11.2016 – 15 A 2293/15, RÜ 2017, 122, 126; NVwZ 2017, 1316, 1318; HessVGH, Beschl. v. 11.07.2017 – 8 B 1144/17; Ferreau NVwZ 2017, 1259, 1261.

772 BVerfG NVwZ-RR 2016, 241; BVerfG, Urt. v. 16.12.2014 – 2 BvE 2/14, RÜ 2015, 111; ThürVerfGH NVwZ 2016, 1408; VerfGH RP NVwZ-RR 2014, 665; HessVGH, Beschl. v. 11.07.2017 – 8 B 1144/17; VG Köln, Beschl. v. 30.03.2017 – 4 L 750/17; kritisch Mandelartz DÖV 2015, 326 ff.

773 Vgl. z.B. BVerfG, Urt. v. 16.12.2014 – 2 BvE 2/14, RÜ 2015, 111; ThürVerfGH NVwZ 2016, 1408; VerfGH RP NVwZ-RR 2014, 665;

774 BVerwG, Urt. v. 13.09.2017 – BVerwG 10 C 6.16; OVG NRW, Urt. v. 04.11.2016 – 15 A 2293/15, RÜ 2017, 122; NVwZ 2017, 1316; OVG NRW, Beschl. v. 18.05.2017 – 15 B 97/17; VG Köln, Beschl. v. 30.03.2017 – 4 L 750/17.

cc) Wiederholungsgefahr

Die Wiederholungsgefahr hat beim Unterlassungsanspruch nicht nur Bedeutung für das Rechtsschutzbedürfnis (s.o. Rn. 510), sondern ist bei amtsbezogenen Äußerungen – ebenso wie im Zivilrecht – analog § 1004 Abs. 1 S. 2 BGB **tatbestandliche Voraussetzung** für den Unterlassungsanspruch.[775] 571

c) Rechtsfolgen

- Nach h.M. können mit **Widerrufsklagen nur Tatsachenbehauptungen** bekämpft werden, nicht jedoch subjektive Wertungen.[776] Der Ausschluss eines Anspruchs auf Widerruf von Meinungsäußerungen kann im öffentlichen Recht – anders als im Zivilrecht[777] – zwar nicht mit der durch Art. 5 Abs. 1 S. 1 GG geschützten Meinungsfreiheit begründet werden, weil der Staat als Grundrechtsverpflichteter nicht Träger von Grundrechten sein kann. Ansatz eines Anspruchs auf Widerruf ist indes, dass der Tatsachengehalt der Äußerung unwahr und damit unzutreffend ist.[778] 572
- Ein **Werturteil** kann dagegen nicht wahr oder unwahr sein. Anders als eine Tatsachenbehauptung kann eine unzulässige Wertung nicht durch eine spätere Aussage korrigiert werden. Der Äußernde kann sich lediglich entschuldigen, dadurch wird die Ehrverletzung aber nicht beseitigt. Der FBA ist auch **kein allgemeiner Wiedergutmachungsanspruch** und bietet daher keine Grundlage für eine „Entschuldigung". Bei Werturteilen kommt lediglich ein **Unterlassungsanspruch** in Betracht. 573

Ehrschutz gegen Hoheitsträger

- **Quasinegatorischer Beseitigungs- und Unterlassungsanspruch** analog §§ 823, 1004 BGB bei privatrechtlicher Tätigkeit
- **ör Abwehr- und Unterlassungsanspruch** bei hoheitlichen Äußerungen
  - **hoheitlicher Eingriff** in subjektives Recht, insbes. APR
  - **Rechtswidrigkeit** des Eingriffs
    - **Kompetenzmäßige** Äußerungen innerhalb des Aufgabenbereichs
    - **Sachlichkeitsgebot**
      - **Tatsachenbehauptungen** rechtswidrig, wenn unrichtig
      - **Werturteile** müssen zur Verfolgung eines legitimen Zwecks verhältnismäßig sein, deutliche Worte zulässig, aber keine unnötige Herabsetzung oder besonders aggressive, unsachliche oder diffamierende Äußerungen, parteipolitische Neutralität
  - **Wiederholungsgefahr** analog § 1004 Abs. 1 S. 2 BGB
- **Folgenbeseitigungsanspruch:** Widerruf hoheitlicher Tatsachenbehauptungen

775 BVerwG, Urt. v. 23.03.2016 – BVerwG 10 C 4.15, RÜ 2016, 603, 607; OVG Lüneburg, Beschl. v. 25.07.2014 – 13 ME 97/14, NordÖR 2014, 502; HessVGH, Beschl. v. 11.07.2017 – 8 B 1144/17; VG Köln, Beschl. v. 30.03.2017 – 4 L 750/17.

776 OVG NRW, Beschl. v. 23.04.2012 – 13 B 127/12, RÜ 2012, 525, 530.

777 Vgl. dazu BGH NJW 2008, 2262, 2264 zum Anspruch auf Richtigstellung.

778 BayVGH BayVBl. 2002, 759.

3. Öffentlich-rechtlicher Immissionsabwehranspruch

574 Ein weiterer Anwendungsfall des öffentlich-rechtlichen Abwehr- und Unterlassungsanspruchs ist die Abwehr von Immissionen, die von einer **hoheitlich betriebenen Einrichtung** ausgehen.

Fall 14: Kinderspielplatz

E ist Eigentümerin eines Grundstücks in der Stadt S im Land L, das seit 2014 mit einem Wohnhaus bebaut ist. Auf dem südwestlich angrenzenden Nachbargrundstück hat die Stadt 2015 einen Kinderspielplatz errichtet. Der Spielplatz ist mit Kletterstangen, zwei Wippen und Schaukeln sowie einem ca. 4,40 m hohen Kletterturm ausgestattet. Seit 2016 ist der Kinderspielplatz mit einem Zaun eingefriedet, der im Bereich der Grenze mit dem Grundstück der E eine Höhe von 2,00 m aufweist. Am Eingang des Kinderspielplatzes weist die Stadt durch ein entsprechendes Schild darauf hin, dass es sich um einen Spielplatz für Kinder unter 12 Jahren handelt und dass die Nutzung nach 19.00 h verboten ist.

E macht geltend, dass durch den vom Spielplatz ausgehenden Lärm die Grenzwerte der TA-Lärm und der Freizeitlärmrichtlinie überschritten würden. Deshalb verlangt E von S die Errichtung einer Lärmschutzwand von 2,50 m Höhe um den Spielplatz. Außerdem verweist E darauf, dass der Spielplatz häufig nach 19.00 h von Jugendlichen als Treffpunkt genutzt werde, die laut Musik abspielten, Flaschen zertrümmerten sowie Mofas mit sich führten. Deshalb verlangt E von S die Absperrung des Spielplatzes täglich um jeweils 19.00 h. Jedenfalls sei S verpflichtet, durch Kontrollgänge die missbräuchliche Nutzung des Spielplatzes durch Jugendliche zu unterbinden. S lehnt die geforderten Maßnahmen ab und verweist darauf, dass sie im Herbst 2016 die Sitzgelegenheiten auf dem Spielplatz abgebaut habe, um Jugendlichen den Anreiz zu nehmen, sich auf dem Spielplatz aufzuhalten. Während wöchentlich stattfindender Kontrollen habe eine Anwesenheit von Jugendlichen auf dem Spielplatz nicht festgestellt werden können. Das gemeindliche Ordnungsamt oder die Polizei seien von E zu keiner Zeit eingeschaltet worden. E hat nunmehr Klage vor dem Verwaltungsgericht erhoben, um die von ihr geforderten Maßnahmen durchzusetzen. Hat die zulässige Klage Erfolg?

Die **zulässige Leistungsklage**, die in der VwGO zwar nicht ausdrücklich geregelt, aber an mehreren Stellen erwähnt (vgl. §§ 43 Abs. 2, 111 VwGO) und gewohnheitsrechtlich anerkannt ist, hat Erfolg, wenn E einen Anspruch auf die geforderten Maßnahmen hat.

575 A. Ein Anspruch der E könnte sich aus **§ 22 Abs. 1 S. 1 BImSchG** ergeben. Danach sind nicht genehmigungsbedürftige Anlagen u.a. so zu errichten und zu betreiben, dass **schädliche Umwelteinwirkungen** verhindert werden, die nach dem Stand der Technik vermeidbar sind (Nr. 1) und nach dem Stand der Technik unvermeidbare schädliche Umwelteinwirkungen auf ein Mindestmaß beschränkt werden (Nr. 2).

576 I. Der Spielplatz stellt als sonstige ortsfeste Einrichtung eine **Anlage** i.S.d. § 3 Abs. 5 Nr. 1 BImSchG dar. Diese ist nach § 4 Abs. 1 BImSchG **nicht genehmigungsbedürftig**, weil Kinderspielplätze in der insofern konstitutiv wirkenden 4. BImSchV nicht aufgeführt sind (§ 4 Abs. 1 S. 3 BImSchG).

II. Unmittelbar aus § 22 Abs. 1 S. 1 BImSchG ergibt sich indes **kein Abwehranspruch** gegen den störenden Hoheitsträger. Zwar hat § 22 BImSchG über den Begriff der „schädlichen Umwelteinwirkungen" (§ 3 Abs. 1 BImSchG) drittschützende Wirkung und könnte damit anspruchsbegründenden Charakter haben.[779] Die Vorschrift gilt aber nur im Verhältnis zwischen der zuständigen Behörde und dem Betreiber der (nicht genehmigungsbedürftigen) Anlage, begründet aber keine Duldungspflichten oder Abwehransprüche im unmittelbaren Nachbarschaftsverhältnis zwischen Störer und Gestörtem, auch dann nicht, wenn der Störer ein Hoheitsträger ist.[780] § 22 BImSchG scheidet daher als Anspruchsgrundlage aus. **577**

B. Als Anspruchsgrundlage könnte der allgemeine **Folgenbeseitigungsanspruch** (FBA) in Betracht kommen. Das könnte damit begründet werden, dass sich E gegen die Folgen der Errichtung des Spielplatzes zur Wehr setzt. Liegt der Schwerpunkt dagegen – wie hier – nicht in der Errichtung, sondern im Betrieb der Einrichtung, so wehrt sich der Betroffene nicht gegen die Folgen des Verwaltungshandelns, sondern gegen den gegenwärtigen hoheitlichen Eingriff selbst. Der FBA scheidet daher als Anspruchsgrundlage aus.[781] **578**

Auf den Folgenbeseitigungsanspruch ist in diesen Fällen nur abzustellen, wenn das Unterbinden der unmittelbaren Beeinträchtigung wegen der tatsächlichen Untrennbarkeit von Störungsquelle und Störungsfolgen nur durch Beseitigung der Störungsquelle möglich ist (s.o. Rn. 511).

C. Anspruchsgrundlage ist in diesen Fällen vielmehr der allgemeine **öffentlich-rechtliche Abwehr- und Unterlassungsanspruch** (in diesem Zusammenhang auch **öffentlich-rechtlicher Immissionsabwehranspruch** genannt).[782] Dieser setzt voraus, dass **579**

- durch **hoheitliches Handeln**
- **rechtswidrig in ein subjektives Recht eingegriffen** wird und
- der **Eingriff andauert** oder **bevorsteht**.

I. **Hoheitlich** sind Immissionen, wenn sie im Sachzusammenhang mit hoheitlichen Aufgaben oder Tätigkeiten stehen, was bei der Erfüllung öffentlicher Aufgaben im Zweifel anzunehmen ist.[783] **580**

Beispiele: Sportplatz, Kinderspielplatz, Wertstoff-Container (z.B. für Altglas und Altpapier), Straßenlaterne, Badeanstalt und sonstige öffentliche Einrichtungen.

Hoheitliche Maßnahme ist hier der Betrieb des Kinderspielplatzes als öffentliche Einrichtung der Daseinsvorsorge.

Hinweis: *In der Klausur ist der öffentlich-rechtliche Charakter der Immissionen bei prozessualem Aufbau bereits im Rahmen des Verwaltungsrechtswegs nach § 40 Abs. 1 S. 1 VwGO zu erörtern!*[784]

II. Durch die Lärmimmissionen wird das **subjektive Recht** des Nachbarn aus Art. 14 Abs. 1 GG (Eigentum), ggf. Art. 2 Abs. 2 GG (körperliche Unversehrtheit, Gesundheit) beeinträchtigt. **581**

779 OVG NRW DÖV 1983, 1020; VGH Mannheim DVBl. 1984, 881; BayVGH BayVBl. 1986, 690.

780 BVerwG NJW 1988, 2396; NJW 1989, 1291, 1294; VGH Mannheim, Urt. v. 23.05.2014 – 10 S 249/14, RÜ 2014, 603, 605.

781 Zur Abgrenzung zum FBA s.o. Rn. 511 ff. und Rn. 521 f.

782 Grundlegend BVerwG NJW 1989, 1291, 1292.

783 Kopp/Schenke VwGO § 40 Rn. 29.

784 Vgl. z.B. BVerwG NJW 1989, 1291; HessVGH, Urt. v. 25.07.2011 – 9 A 125/11, RÜ 2011, 810, 811.

582 III. Rechtswidrig sind hoheitliche Immissionen, wenn sie nicht zu dulden sind. Dabei ist anerkannt, dass auch durch hoheitliches Handeln **keine schädlichen Umwelteinwirkungen** i.S.d. §§ 22 Abs. 1, 3 Abs. 1 BImSchG hervorgerufen werden dürfen.[785]

Aus § 22 Abs. 1 BImSchG ergibt sich daher kein selbstständiger Abwehranspruch (s.o.), sondern nur der Maßstab für die Duldungspflicht.

583 1. Nach § 3 Abs. 1 BImSchG sind **Umwelteinwirkungen schädlich**, wenn sie geeignet sind, Gefahren, erhebliche Nachteile oder erhebliche Belästigungen herbeizuführen. Die Erheblichkeit beurteilt sich danach, ob die Immissionen das **zumutbare Maß** überschreiten. Die Zumutbarkeit ist insbes. dann zu bejahen, wenn normative **Grenzwerte** (z.B. 18. BImSchV – SportanlagenlärmschutzVO) eingehalten werden. Entsprechendes gilt für Grenz- bzw. Richtwerte in technischen Regelwerken (z.B. TA Lärm,[786] TA Luft,[787], GIRL[788]) die auch außerhalb ihres unmittelbaren Anwendungsbereichs als **Orientierungshilfe** für die Frage der Zumutbarkeit herangezogen werden können. Im Übrigen ist die Zumutbarkeit unter Berücksichtigung von Art, Intensität und Dauer der Immissionen durch eine **situationsbedingte Abwägung** zu bestimmen, wobei neben der Schutzbedürftigkeit und Schutzwürdigkeit auch wertende Elemente wie Herkömmlichkeit, Sozialadäquanz und allgemeine Akzeptanz zu berücksichtigen sind.[789]

- **Geräuschimmissionen** durch liturgisches Glockengeläut der Kirchen im herkömmlichen Rahmen sind regelmäßig keine erhebliche Belästigung i.S.d. § 3 Abs. 1 BImSchG, sondern eine zumutbare, sozialadäquate Einwirkung.[790] Dasselbe gilt für Geräusche eines gemeindlichen Brunnens.[791]
- Bei **Lichtimmissionen** (z.B. von einer Straßenlaterne) wird die Zumutbarkeit insbes. durch das Ausmaß der Beeinträchtigungen bestimmt. Maßgebliche Kriterien sind die „Raumaufhellung" und die „psychologische Blendung".[792]In der Regel müssen Anwohner Straßenlaternen vor ihrem Wohnhaus dulden, da sie weder die Nutzung des Grundstücks infrage stellen noch zu Gesundheitsgefahren für die Bewohner führen.[793]
- Die Zumutbarkeit von **Geruchsimmissionen** richtet sich vor allem nach der Gebietsart und den tatsächlichen Verhältnissen der Nachbarschaft. Die GIRL kann als Orientierungshilfe herangezogen werden, allerdings sind auch wertende Elemente wie Herkömmlichkeit, soziale Adäquanz und allgemeine Akzeptanz im Rahmen einer Gesamtabwägung zu berücksichtigen (z.B. bei landwirtschaftlichen Geruchsimmissionen).[794]

584 Insbesondere gilt auch bei hoheitlichen Immissionen die **Wertung des § 906 BGB analog**. Denn was der Betroffene gegenüber einem Privatmann zu dulden hat, muss er sich in gleicher Weise von der hoheitlich handelnden Verwal-

785 HessVGH, Urt. v. 25.07.2011 – 9 A 125/11, RÜ 2011, 810, 812; VGH Mannheim, Urt. v. 23.05.2014 – 10 S 249/14, RÜ 2014, 603, 606; VGH Mannheim NVwZ 2016, 1658, 1659 f.; NVwZ 2017, 566, 567.

786 Technische Anleitung zum Schutz gegen Lärm (Sartorius Ergänzungsband 296/100).

787 Technische Anleitung zur Reinhaltung der Luft (Sartorius Ergänzungsband 296/101).

788 Geruchsimmissions-Richtlinie, vgl. z.B. Nds MBl. 2009, S. 794; MBl. NRW. 2009, S. 533.

789 Vgl. z.B. BVerwG, Beschl. v. 31.01.2017 – BVerwG 7 B 2.16; VGH Mannheim NVwZ-RR 2017, 566, 567.

790 BVerwGE 68, 62, 66; BVerwG, Beschl. v. 31.01.2017 – BVerwG 7 B 2.16; Troidl DVBl. 2012, 925 ff.

791 VGH Mannheim NVwZ-RR 2017, 566, 567.

792 OVG NRW, Urt. v. 15.03.2008 – 10 A 998/06, RÜ 2008, 530, 533; VG Düsseldorf, Urt. v. 12.02.2010 – 25 K 4079/09; vgl. auch die Lichtrichtlinie des LAI, abgedruckt in Landmann/Rohmer, Umweltrecht II, Nr. 4.3.

793 VGH Mannheim NVwZ-RR 2012, 636, 638 f.; OVG Koblenz, Urt. v. 11.06.2010 – 1 A 10474/10.OVG, RÜ 2010, 734, 736 f.

794 OVG NRW NWVBl 2015, 415; NWVBl 2016, 455; OLG Hamm MDR 2017, 25; OVG Lüneburg, Beschl. v. 06.09.2016 – 12 LA 153/15; BayVGH UPR 2017, 32; allgemein Arnold NVwZ 2017, 497, 500.

tung gefallen lassen. Nach § 906 Abs. 1 S. 1 BGB hat der Eigentümer **unwesentliche Beeinträchtigungen** zu dulden. Eine unwesentliche Beeinträchtigung liegt nach § 906 Abs. 1 S. 2 u. S. 3 BGB i.d.R. vor, wenn Grenz- oder Richtwerte aus Gesetzen, RechtsVOen oder Verwaltungsvorschriften i.S.d. § 48 BImSchG (z.B. TA Luft und TA Lärm) nicht überschritten werden.[795] Da die Erheblichkeitsschwelle nach §§ 3, 22 BImSchG damit weitgehend mit dem Maßstab des § 906 BGB identisch ist, bedarf es keiner Entscheidung, ob § 906 BGB im öffentlichen Recht neben den §§ 3, 22 BImSchG überhaupt anwendbar ist.[796]

Beispiel: Immissionen eines traditionellen Volksfestes werden gewohnheitsrechtlich in höherem Maße akzeptiert als sonstige Immissionen.[797] Im Rahmen der situationsbedingten Abwägung ist daher auch der Traditionswert der betroffenen Veranstaltung zu berücksichtigen. Je gewichtiger der Anlass der Veranstaltung ist, desto eher ist der Nachbarschaft zuzumuten, an wenigen Tagen im Jahr Ruhestörungen hinzunehmen.[798] Die Grenzwerte der sog. Freizeitlärmrichtlinie[799] können deshalb nur als Orientierungshilfe herangezogen werden, von denen im Einzelfall abgewichen werden kann.[800]

2. § 22 Abs. 1a) BImSchG stellt klar, dass Geräuscheinwirkungen, die von Kindertageseinrichtungen, **Kinderspielplätzen** und ähnlichen Einrichtungen hervorgerufen werden, **im Regelfall keine schädlichen Umwelteinwirkungen** sind. Bei der Beurteilung der Zumutbarkeit dürfen Immissionsgrenz- und -richtwerte nicht herangezogen werden. **585**

Ähnliche Einrichtungen sind z.B. wohngebietsnahe Ballspielplätze,[801] nicht dagegen Bolzplätze sowie Skater- und Streetballanlagen, die regelmäßig einen größeren Einzugskreis und ein anderes Lärmprofil haben.[802]

a) Die Vorschrift gilt zwar nur für den „Regelfall". Ein vom Regelfall abweichender Sonderfall liegt aber nur vor, wenn besondere Umstände gegeben sind, zum Beispiel bei unmittelbarer Nachbarschaft zu sensiblen Nutzungen, wie Krankenhäusern und Pflegeheimen.[803] Ansonsten sind die durch den **bestimmungsgemäßen Gebrauch** von Kinderspielplätzen hervorgerufenen Immissionen i.d.R. zu dulden.[804] **586**

Privilegiert sind alle Geräuscheinwirkungen, die mit der bestimmungsgemäßen Nutzung des Kinderspielplatzes verbunden sind (z.B. Rufen, Schreien, Benutzung der Spielgeräte). Nicht von der Privilegierung erfasst werden dagegen Luftverunreinigungen, Lichteffekte oder Geräusche, die von nicht ordnungsgemäß errichteten oder gewarteten Spielgeräten ausgehen.[805]

---

795 Vgl. dazu BGH JZ 2004, 1080 mit Anm. Röthel.

796 Bejahend z.B. OVG NRW DÖV 1983, 1020, 1022; VGH Mannheim DVBl. 1984, 881, 882.

797 Vgl. BGH NJW 2003, 3699, 3700; OVG NRW NVwZ-RR 2016, 849; BayVGH NVwZ-RR 2014, 955; OVG Schleswig NordÖR 2007, 370, 372; VGH Kassel NVwZ-RR 2006, 531, 535; OVG Koblenz NJW 2005, 772, 773; Ketteler DVBl. 2008, 220, 226 f.

798 VG Braunschweig NVwZ-RR 2009, 198, 199 f.

799 Abgedruck in Landmann/Rohmer, Umweltrecht II, Nr. 4.1.

800 Vgl. OVG NRW NVwZ-RR 2016, 849, 850; BayVGH NVwZ-RR 2014, 955; ausführlich Ketteler DVBl. 2008, 220 ff.

801 Vgl. Jarass BImSchG § 22 Rn. 44a.

802 VGH Mannheim, Urt. v. 23.05.2014 – 10 S 249/14, RÜ 2014, 603, 607 für Bolzplätze; vgl. aber nunmehr den Gesetzentwurf des Bundesrates vom 28.06.2017 in BT-Drs. 18/12949, wonach der von Sportanlagen ausgehende Kinderlärm generell privilegiert werden soll.

803 BVerwG, Beschl. v. 05.06.2013 – BVerwG 7 B 1.13; OVG Koblenz DVBl. 2012, 1052, 1053; Landmann/Rohmer, Umweltrecht, BImSchG § 22 Rn. 73 und BR-Dsr. 128/11, S. 7.

804 VGH Kassel, Urt. v. 25.07.2011– 9 A 125/11, RÜ 2011, 810, 812; OVG Koblenz DVBl. 2012, 1052, 1053; VGH Mannheim NVwZ 2012, 837, 839; BayVGH ZUR 2015, 691, 692

Vorliegend sind Abweichungen vom Regelfall nicht erkennbar. Mangels Rechtswidrigkeit des Eingriffs scheidet daher ein Anspruch der E auf **bauliche Veränderungen**, insb. auf Errichtung einer Lärmschutzwand, aus.

587 b) Rechtswidrig sind dagegen die Immissionen, die sich aus der Nutzung des Spielplatzes durch **Jugendliche** in den Abendstunden ergeben. Die Privilegierung des § 22 Abs. 1a) BImSchG gilt nur für Kinder, also Personen unter 14 Jahren (§ 7 Abs. 1 Nr. 1 SGB VIII), sie ist nicht anwendbar, wenn die Einrichtung auch Jugendlichen über 14 Jahren (§ 7 Abs. 1 Nr. 2 SGB VIII) offensteht.[806]

588 c) Zwischen der Beeinträchtigung und dem hoheitlichen Handeln muss jedoch eine **haftungsbegründende Kausalität** bestehen (s.o. Rn. 426). Dabei reicht nicht schon jede Ursächlichkeit aus, erforderlich ist vielmehr, dass die Beeinträchtigung dem hoheitlichen Handeln **zurechenbar** sein muss. Bei **Störungen durch Dritte** ist das nur der Fall, wenn der Hoheitsträger das Verhalten des unmittelbaren Störers steuert oder eine typische Gefährdungslage schafft oder aufrechterhält (s.o. Rn. 467 u. 517).

589 aa) Zugerechnet werden daher alle Störungen, die sich aus der **bestimmungsgemäßen Benutzung** einer öffentlichen Einrichtung ergeben. Für die durch eine **missbräuchliche Nutzung** hervorgerufenen Immissionen sind dagegen grundsätzlich die unmittelbaren Störer allein verantwortlich.[807]

Immissionen, die sich aus der üblichen Nutzung eines Wertstoff-Containers ergeben, muss sich die Behörde zurechnen lassen, nicht dagegen wilde Ablagerungen oder missbräuchliche Nutzungen in Ruhezeiten.[808]

590 bb) Etwas anderes gilt, wenn die Behörde durch ihr Verhalten eine **typische Gefährdungslage** geschaffen hat, sodass der Fehlgebrauch bei wertender Betrachtungsweise als zurechenbare Folge der Schaffung bzw. des Betriebs der Einrichtung anzusehen ist.[809]

Beispiel: Aufgrund einer Unterdimensionierung wird Altpapier neben dem Container abgestellt, von wo es auf das private Nachbargrundstück gelangt.

Zwar mag hier die für einen Spielplatz vergleichsweise attraktive Ausstattung mit einem Kletterturm einen **Anreiz** für eine bestimmungswidrige Nutzung bieten. Das reicht aber allein für eine Zurechnung nicht aus. Erforderlich ist vielmehr, dass die Ausstattung zu einer regelwidrigen Nutzung geradezu „einlädt" oder der Hoheitsträger den Missbrauch in irgendeiner Weise fördert.[810] Anhaltspunkte dafür sind hier nicht ersichtlich. Die Stadt hat im Gegenteil die Attraktivität des Spielplatzes für „Feiern" von Jugendlichen gerade dadurch gemindert, dass sie die Sitzgelegenheiten hat entfernen lassen.

---

805 BVerwG, Beschl. v. 05.06.2013 – BVerwG 7 B 1.13; Landmann/Rohmer, Umweltrecht, BImSchG § 22 Rn. 69.

806 VGH Mannheim, Urt. v. 23.05.2014 – 10 S 249/14, RÜ 2014, 603, 607; Landmann/Rohmer, Umweltrecht, BImSchG § 22 Rn. 66; Jarass BImSchG § 22 Rn. 44.

807 VGH Mannheim NVwZ-RR 2017, 653, 654; HessVGH, Urt. v. 25.07.2011 – 9 A 125/11, RÜ 2011, 810, 813; BayVGH ZUR 2015, 691, 692.

808 VGH Mannheim NVwZ 2016, 1658, 1659; HessVGH NVwZ-RR 2000, 668; VG Osnabrück NVwZ 2003, 1010, 1011.

809 VGH Mannheim NVwZ-RR 2017, 653; VBlBW 2012, 469; BayVGH ZUR 2015, 691.

810 BayVGH ZUR 2015, 691, 692.

cc) Eine Zurechnung kann aber auch dann erfolgen, wenn die Behörde zumutbare **Sicherungs- und Kontrollmaßnahmen unterlassen** hat.[811] Hier führt die Stadt regelmäßig Kontrollen des Spielplatzes durch, bei denen eine Anwesenheit von Jugendlichen auf dem Spielplatz nicht festgestellt werden konnte. Vereinzelten Missbräuchen ist ggf. mit polizei- und ordnungsrechtlichen Mitteln zu begegnen.[812] **591**

Mangels Zurechnung besteht daher auch **kein Abwehranspruch** hinsichtlich der missbräuchlichen Nutzung des Spielplatzes durch Jugendliche nach 19.00 Uhr, insbes. besteht kein Anspruch auf Absperrung des Spielplatzes. Die allgemeine Leistungsklage der E ist insgesamt unbegründet und bleibt erfolglos.

Abwehr hoheitlicher Immissionen

- **Kein Abwehranspruch** gegen störende Hoheitsträger aus § 22 Abs. 1 BImSchG
- **FBA**, wenn Beseitigung der Störungsquelle verlangt wird
- **allgemeiner ör Abwehr- und Unterlassungsanspruch**
  - **hoheitliches Handeln**: Sachzusammenhang mit der Erfüllung öffentlicher Aufgaben, insbes. Einrichtungen der Daseinsvorsorge
  - **Eingriff in ein subjektives Recht**, insbes. Art. 14 Abs. 1 GG (Eigentum) oder Art. 2 Abs. 2 GG (körperliche Unversehrtheit, Gesundheit)
  - **Rechtswidrigkeit** des Eingriffs, wenn schädliche Umwelteinwirkungen i.S.d. §§ 22 Abs. 1, 3 Abs. 1 BImSchG vorliegen – erheblich, wenn **unzumutbar**
    - Überschreitung **normativer Grenzwerte** (z.B. 18. BImSchV)
    - **Technische Regelwerke** (TA-Lärm, TA-Luft, GIRL) als Orientierungshilfe
    - Wertung des **§ 906 BGB analog**
    - **situationsbedingte Abwägung** nach Schutzwürdigkeit und Schutzbedürftigkeit unter Berücksichtigung der Herkömmlichkeit, Sozialadäquanz und allgemeinen Akzeptanz
    - Sonderregelung für **Kinderspielplätze** u.Ä. in § 22 Abs. 1a) BImSchG
  - **Problem: Störung durch Dritte**
    - **bestimmungsgemäße Nutzung** wird Hoheitsträger zugerechnet
    - **missbräuchliche Benutzung** wird nur zugerechnet, wenn der Hoheitsträger eine typische Gefahrenlage geschaffen hat oder zumutbare Sicherungs- und Kontrollmaßnahmen unterlässt
  - Eingriff **dauert an oder steht bevor**
  - **Rechtsfolge:** Beseitigung der Störung, d.h. i.d.R. durch Schutzmaßnahmen

---

811 HessVGH, Urt. v. 25.07.2011 – 9 A 125/11, RÜ 2011, 810, 813; BayVGH ZUR 2015, 691, 692.

812 Dazu BVerwG, Beschl. v. 29.05.1989 – BVerwG 4 B 26.89; BayVGH BayVBl 2015, 633; ZUR 2015, 691, 692.

Grundrechtlicher Abwehr- und Beseitigungsanspruch

Unterlassung	Folgenbeseitigung
Voraussetzungen	
■ **Eingriff in ein subjektives Recht** ▪ unmittelbarer Eingriff ▪ mittelbarer Eingriff, wenn zurechenbar ■ durch **hoheitliches Handeln** ▪ VA oder schlichtes Verwaltungshandeln ▪ Schaffung einer typischen Gefährdungslage reicht aus ■ **Eingriff rechtswidrig** wenn keine Duldungspflicht insbes. aus Gesetz oder VA **(Handlungsunrecht!)** ■ **Eingriff dauert an, steht bevor**	■ **Eingriff in ein subjektives Recht** ▪ unmittelbarer Eingriff ▪ mittelbarer Eingriff, wenn zurechenbar ■ durch **hoheitliches Handeln** ▪ VA oder schlichtes Verwaltungshandeln ▪ Schaffung einer typischen Gefährdungslage reicht aus ■ **Folgen rechtswidrig** wenn keine Duldungspflicht insbes. aus Gesetz oder VA **(Erfolgsunrecht!)** ■ **Folgen dauern an**
Ausschlussgründe	
	■ tatsächliche oder rechtliche **Unmöglichkeit** ■ Wiederherstellung **unzumutbar** ■ **unzulässige Rechtsausübung** ■ **Mitverschulden**, § 254 BGB analog
Rechtsfolge	
■ **Unterlassung/Beendigung des Eingriffs**	■ **Beseitigung der durch den Eingriff verursachten Folgen** ▪ (+) bei unmittelbaren Folgen ▪ i.d.R. (–) bei mittelbaren Folgen ■ **keine Folgenentschädigung** ■ bei Anspruchsausschluss ggf. **Folgenersatz** (analog § 251 BGB)

E. Geschäftsführung ohne Auftrag (GoA)

I. Das Rechtsinstitut der öffentlich-rechtlichen GoA

1. Rechtsgrundlage

Wie im Zivilrecht ist auch im Öffentlichen Recht denkbar, dass jemand ein **fremdes Geschäft für einen anderen** besorgt, ohne von ihm beauftragt oder ihm gegenüber sonst dazu berechtigt zu sein (Geschäftsführung ohne Auftrag – GoA). 592

Beispiele: Der Bürger beseitigt Schäden an der öffentlichen Kanalisation. Die Ordnungsbehörde räumt anstelle des Bürgers den Schnee vom Bürgersteig. Die gemeindliche Feuerwehr beseitigt Ölspuren auf einer Landstraße.

Deshalb ist anerkannt, dass das Rechtsinstitut der GoA grds. auch im Öffentlichen Recht 593 **anwendbar** ist, entweder analog §§ 677 ff. BGB (so die h.M.) oder jedenfalls als Ausdruck eines allgemeinen Rechtsgedankens.[813]

Ein Teil der Lit. will die Fälle lediglich über den allgemeinen ör Erstattungsanspruch (s.u. Rn. 625 ff.) erfassen, der die ör GoA verdränge. Dagegen spricht jedoch, dass die GoA-Regeln vorrangig sind, da eine berechtigte GoA den Rechtsgrund für eine Vermögensverschiebung darstellt.[814]

2. Abgrenzung

Problematisch und umstritten ist, wie die öffentlich-rechtliche GoA von der privat- 594 rechtlichen GoA **abzugrenzen** ist. Zum Teil wird hierbei auf das **Handeln des Geschäftsführers** abgestellt. Handele der Geschäftsführer privatrechtlich, gelten die §§ 677 ff. BGB unmittelbar, handele er öffentlich-rechtlich, wird eine ör GoA angenommen.[815] Die Gegenansicht stellt auf die Rechtsnatur des geführten Geschäfts ab. Die GoA ist mithin öffentlich-rechtlich, wenn das Geschäft, hätte es der **Geschäftsherr** selbst vorgenommen, öffentlich-rechtlicher Natur gewesen wäre.[816] Dafür spricht, dass nach § 677 BGB Anknüpfungspunkt für die Geschäftsführung ohne Auftrag das für einen anderen geführte **„Geschäft"** ist. Dieses bildet das Kriterium, nach dem die öffentlich-rechtliche von der privatrechtlichen Geschäftsführung zu unterscheiden ist.

Beispiel: Eine privatrechtliche GoA liegt vor, wenn die Polizei nach Beschlagnahme eines Leichnams (§159 StPO) für die Erstversorgung durch ein Bestattungsinstitut sorgt. Zwar stehen die Aufwendungen im Zusammenhang mit der Wahrnehmung öffentlicher Aufgaben. Die Totenfürsorge der Angehörigen hat jedoch privatrechtlichen Charakter (anders bei einer behördlichen Ersatzvornahme nach dem Bestattungsgesetz).[817]

Beachte: *Bei prozessualem Aufbau muss die Abgrenzung zwischen öffentlich-rechtlicher und privatrechtlicher GoA bereits in der Rechtswegprüfung (§ 40 VwGO, § 13 GVG) erfolgen, da sich die Rechtsnatur der Streitigkeit nach der Rechtsnatur des Rechtsverhältnisses richtet, aus dem der Klageanspruch hergeleitet wird, wenn eine ausdrückliche gesetzliche Rechtswegzuweisung fehlt.*[818]

---

813 BVerwG NVwZ 2017, 242, 243; BGH NVwZ 2016, 870, 871; OVG NRW, Urt. v. 14.03.2013 – 6 A 1760/11, RÜ 2013, 393, 394; HessVGH, Beschl. v. 17.05.2017 – 8 A 1064/14; Singer/Mielke JuS 2007, 1111, 1115; Oechsler JuS 2016, 215.

814 Zum Streitstand vgl. Singer/Mielke JuS 2007, 1111, 1115.

815 OVG Lüneburg OVGE 11, 307, 312; Staake JA 2004, 800, 802: Ossenbühl/Cornils, S. 417.

816 BVerwG NVwZ 2017, 242, 244; BGH NVwZ 2016, 870, 872; Gurlit in: Ehlers/Pünder § 35 Rn. 16; Singer/Mielke JuS 2007, 1111, 1113.

817 BGH NVwZ 2016, 870, 872 mit Anm. Waldhoff JuS 2016, 1050, 1051.

II. Die analoge Anwendung der §§ 677 ff. BGB

1. Regelungslücke

595 Voraussetzung für eine entsprechende Anwendung der §§ 677 ff. BGB ist zunächst, dass eine **Regelungslücke** besteht. Die GoA-Vorschriften gelten daher nicht, wenn im Öffentlichen Recht abschließende **Spezialvorschriften** vorhanden sind.[819]

Beispiele: Bei einer behördlichen Ersatzvornahme scheiden Ersatzansprüche aus GoA aus, weil die Kostenerstattungspflicht in diesen Fällen öffentlich-rechtlich abschließend geregelt ist (vgl. §§ 10, 19 VwVG bzw. LVwVG).[820] Dasselbe gilt für die Kosten der Beseitigung einer unerlaubten Sondernutzung (vgl. z.B. § 8 Abs. 7a S. 2 FStrG) und für die Kosten der Amtshilfe (§ 8 VwVfG).[821]

2. Vergleichbare Interessenlage

596 Für die Frage, ob eine **vergleichbare Interessenlage** besteht, bedarf es im Einzelfall der Prüfung, ob die Anwendung der Grundsätze der GoA mit dem geltenden Verfassungs- und Verwaltungsrecht in Einklang zu bringen sind. Dabei sind prinzipiell **vier Fallgruppen** zu unterscheiden:

- Ein Hoheitsträger wird für einen anderen Hoheitsträger tätig.
- Ein Bürger handelt für einen anderen Bürger.
- Ein Hoheitsträger besorgt ein Geschäft des Bürgers.
- Ein Bürger handelt für einen Hoheitsträger.

a) Hoheitsträger für einen anderen Hoheitsträger

597 Wird ein **Hoheitsträger für einen anderen Hoheitsträger** tätig, scheidet eine öffentlich-rechtliche GoA i.d.R. aus. Die Gesetzesbindung der Verwaltung (Art. 20 Abs. 3 GG) schließt es grds. aus, dass ein unzuständiger Hoheitsträger in den Zuständigkeitsbereich eines anderen Verwaltungsträgers übergreift und die **Kompetenzordnung** durchbricht. Im Übrigen darf durch Erstattungsansprüche die gesetzliche Verteilung der Verwaltungskosten nicht unterlaufen werden. Wer die Aufgaben wahrzunehmen hat, trägt grds. auch die Kosten („Die Ausgaben folgen den Aufgaben", vgl. z.B. Art.104 a Abs. 1 GG). Nach h.M. ist eine ör GoA zwischen Hoheitsträgern daher nur ausnahmsweise zulässig, wenn ein **Notfall** vorliegt, d.h. wenn ein Einschreiten des zuständigen Hoheitsträgers nicht möglich oder nicht erfolgversprechend ist.[822]

Beispiele: Die Wasserschutzpolizei des Landes beseitigt eine Öllache auf einer Bundeswasserstraße. Die Polizei löscht einen brennenden städtischen Papierkorb. Die gemeindliche Feuerwehr beseitigt Ölspuren auf einer Landstraße.

---

818 BVerwG NVwZ 2017, 242, 243; BGH NVwZ 2016, 870, 872; allgemein AS-Skript VwGO (2017), Rn. 38.

819 OVG NRW NWVBl. 2007, 437 m.w.N.

820 Vgl. z.B. BGH NVwZ 2016, 870, 872; NVwZ 2004, 373, 374; Linke NWVBl. 2007, 451, 453 f.

821 Vgl. BayVGH BayVBl. 2007, 274.

822 BVerwG NJW 1991, 2435; NJW 1986, 2524, 2525; OVG Hamburg NVwZ 1995, 369, 373; Maurer/Waldhoff § 29 Rn. 18; Gusy JA 1979, 69, 70; Bamberger JuS 1998, 706, 708 m.w.N.; großzügiger OVG Lüneburg NVwZ 2009, 1050, 1051 f.

Dabei ist allerdings zu beachten, dass auch in Notfällen die Fremdheit des Geschäfts bzw. das Merkmal „ohne Auftrag" zu verneinen ist, wenn die handelnde Behörde – wie in den obigen Beispielsfällen – aufgrund **eigener (Eilfall-)Kompetenz** (etwa die Polizei im Ordnungsrecht oder die Feuerwehr bei Pflichteinsätzen) tätig wird; dann scheidet ein Rückgriff auf die GoA aus.[823] Deshalb plädiert ein Teil der Lit. dafür, zwischen Verwaltungsträgern gänzlich auf das Rechtsinstitut der ör GoA zu verzichten.[824] **598**

b) Bürger für einen anderen Bürger

Im Verhältnis zwischen **zwei Privatpersonen** ist nach h.M. eine ör GoA **nicht denkbar**, auch wenn öffentlich-rechtliche Pflichten erfüllt werden. Dies ändert nichts daran, dass das zwischen Geschäftsherrn und Geschäftsführer bestehende Rechtsverhältnis dem **Zivilrecht** zuzuordnen ist. Hier kommt nur eine privatrechtliche GoA in Betracht.[825] **599**

Beispiel: Nimmt der Nachbar die nach dem Straßenreinigungsgesetz öffentlich-rechtliche Verpflichtung des Schneeräumens auf dem Bürgersteig für den Hauseigentümer wahr, liegt eine privatrechtliche GoA vor.

c) Hoheitsträger für den Bürger

Wird ein Hoheitsträger für den Bürger tätig, so ist eine öffentlich-rechtliche GoA zwar denkbar, wenn öffentlich-rechtliche Pflichten erfüllt werden. Gleichwohl ist umstritten, ob hier Ansprüche aus GoA entstehen können. **600**

Beispiele: Die Stadt S verlangt von dem Brandstifter B Ersatz der Aufwendungen, die durch den Einsatz der Feuerwehr entstanden sind. – Nach einem Selbstmordversuch wird der Untersuchungsgefangene U im Krankenhaus behandelt. Der Krankenhausträger verlangt Ersatz der Behandlungskosten von U.

aa) Nach der ständigen Rspr. des BGH sind die §§ 667 ff. BGB grundsätzlich auch im Verhältnis zwischen Verwaltung und Privatpersonen **anwendbar**. Das gelte selbst dann, wenn die Behörde primär zur Erfüllung eigener öffentlich-rechtlicher Pflichten tätig werde.[826] **601**

bb) Die Lit. lehnt diese Rspr. nahezu einhellig ab. Soweit eine Behörde eine ihr gesetzlich zugewiesene Aufgabe nach öffentlichem Recht wahrnehme, bestimme sich ihre Handlungsweise ausschließlich nach öffentlichem Recht und könne **nicht zugleich privatrechtlicher Natur** sein. Andernfalls würden die spezialgesetzlichen Eingriffsregelungen unterlaufen.[827] Dafür spricht, dass eine fehlende Eingriffsermächtigung nicht durch die Vorschriften der GoA ersetzt werden kann. Wenn die Behörde eigene Aufgaben wahrnimmt, hat sie ausschließlich **Eigengeschäftsführungswillen** und ist auch im Verhältnis zum Bürger in sonstiger Weise zur Wahrnehmung des Geschäfts „berechtigt" i.S.d. § 677 BGB. Ein Rückgriff auf die GoA-Vorschriften scheidet deshalb aus.[828] **602**

---

823 OVG NRW, Urt. v. 12.09.2013 – 20 A 433/11, RÜ 2014, 43, 45; OVG NRW NWVBl. 2007, 437, 439; OVG Lüneburg NVwZ 2009, 1050, 1051 f.; Maurer/Waldhoff § 29 Rn. 18; Schoch Jura 1994, 241, 243. Beachte aber die Sonderregelung in § 52 Abs. 3 BHKG NRW, dazu Kamp NWVBl. 2008, 14, 17 zur Vorgängerregelung in § 41 Abs. 2 S. 2 FSHG NRW.

824 Gurlit in: Ehlers/Pünder § 35 Rn. 12; MünchKomm-Schäfer BGB § 677 Rn. 106 m.w.N.

825 Vgl. BGH DVBl. 1974, 287, 288; Schoch Jura 1994, 241, 247; Bamberger JuS 1998, 706, 71; MünchKomm-Schäfer BGB § 677 Rn. 103.

826 BGH NVwZ 2016, 870, 871; NVwZ 2008, 349, 349; NVwZ 2004, 373, 374; grundlegend BGHZ 40, 28; 63, 167, 169 f.

827 Gurlit in: Ehlers/Pünder § 35 Rn. 13; Maurer/Waldhoff § 29 Rn. 16; Staake JA 2004, 800, 801; Thole NJW 2010, 1243, 1245 f.; MünchKomm-Schäfer BGB § 677 Rn. 100 u. 101; in diesem Sinne auch BGH NVwZ-RR 2012, 707, 709.

So erfüllt die Feuerwehr im obigen Beispiel ihre gesetzliche Aufgabe nach dem Feuerwehr- bzw. Brandschutzgesetz. Eine GoA scheidet daher grds. aus.[829] Ein Ersatzanspruch besteht nur bei entsprechender gesetzlicher Regelung.[830] Teilweise lässt das Landesrecht einen Rückgriff auf die „allgemeinen Vorschriften" zu, wozu auch die §§ 677 ff. BGB gehören können.[831]

603 **cc) Unstreitig** sind die GoA-Vorschriften **nicht anwendbar**, wenn eine **abschließende spezialgesetzliche Regelung** besteht.[832]

Vor allem gilt dies für §§ 10, 19 VwVG und die entspr. landesrechtlichen Vorschriften über den **Kostenersatz bei Ersatzvornahme** in der Verwaltungsvollstreckung. Die Kosten einer Ersatzvornahme können nur nach den öffentlich-rechtlichen Vorschriften im VwVG bzw. LVwVG geltend gemacht werden.[833] Ist die Ersatzvornahme rechtswidrig, so besteht kein Ersatzanspruch der Behörde aus den vollstreckungsrechtlichen Vorschriften (s.o. Rn. 285 ff.), aber auch nicht aus ör GoA, da ansonsten die besonderen Verfahrenserfordernisse der Verwaltungsvollstreckung unterlaufen würden.[834]

604 **dd)** Aber auch im Übrigen verbietet es das Rechtsstaatsprinzip (Art. 20 Abs. 3 GG), im Öffentlichen Recht eine fehlende Ermächtigungsgrundlage durch Rückgriff auf die GoA zu ersetzen. **Kostenfragen** sind **wesentlich** und unterfallen dem Grundsatz vom **Vorbehalt des Gesetzes.** Dies darf durch die Anwendung der GoA-Vorschriften nicht umgangen werden.[835] **Eine ör GOA scheidet daher bei Handeln eines Verwaltungsträgers für den Bürger grds. aus.**

Allerdings kann nach der Rspr. eine privatrechtliche GoA vorliegen, wenn das Geschäft, wenn es der Bürger vorgenommen hätte, privatrechtlicher Natur wäre (s.u. Rn. 608).[836]

d) Bürger für einen Hoheitsträger

605 **Hauptanwendungsfall** der ör GoA ist das Handeln des Bürgers anstelle des Hoheitsträgers, wenn dieser nicht tätig wird, obwohl er nach öffentlichem Recht dazu verpflichtet wäre. In diesen Fällen besteht eine mit den §§ 677 ff. BGB vergleichbare Interessenlage, sodass die Vorschriften über die GoA grds. anwendbar sind, wenn eine Regelungslücke besteht und Spezialvorschriften fehlen.[837]

Beispiele: Ausbesserung einer Straße, um die Erreichbarkeit eines Gewerbebetriebes sicherzustellen,[838] Maßnahmen zur Gewässerunterhaltung durch privaten Dritten,[839] Sicherung einer Stützmauer,[840] Anschaffung von Schulbüchern durch einen Lehrer.[841]

---

828 Nissen RÜ 2012, 467, 468; Schoch Jura 1994, 241, 245; abweichend VGH Mannheim NVwZ-RR 2004, 473, 474.

829 Schoch Jura 1994, 241, 245.

830 Vgl. z.B. § 34 Abs. 1 Nr. 1 FwG BW, Art. 28 Abs. 2 Nr. 4 BayFwG, § 17 Abs. 1 Nr. 2 BlnFwG, § 29 Abs. 2 Nr. 1 NBrandSchG, § 52 Abs. 2 Nr. 1 BHKG NRW und die Übersicht bei Stuttmann RÜ 2013, 254, 256 f.

831 So z.B. § 61 Abs. 3 HBKG, § 29 Abs. 1 S. 2 NBrandSchG, § 22 Abs. 1 S. 3 BrSchG LSA; vgl. dazu Franßen/Blatt NJW 2012, 1031 ff., vgl. auch BGH RÜ 2011, 627, 628; OLG Brandenburg NJW-RR 2011, 925 zu Schadensersatzansprüchen.

832 BVerfG NJW 2011, 3217, 3218; BGH NVwZ-RR 2012, 707, 709; NVwZ 2008, 349, 350; NVwZ 2004, 373, 375; BVerwGE 80, 170, 172; Ossenbühl/Cornils, S. 415; Schlick NJW 2013, 3142, 3143.

833 BGH NVwZ 2016, 870, 872 m.w.N.

834 BGH NVwZ 2004, 373, 375; VGH Mannheim VBlBW 2002, 252, 254; Gurlit in: Ehlers/Pünder § 35 Rn. 13 u. 14; Schoch Jura 1994, 241, 245; Linke NWVBl. 2007, 451, 453; anders noch BGHZ 65, 384, 388.

835 Gurlit in: Ehlers/Pünder § 35 Rn. 14; Bamberger JuS 1998, 706, 709; Schoch Jura 1994, 241, 245; Staake JA 2004, 800, 803; MünchKomm-Schäfer BGB § 677 Rn. 100.

836 BGH NVwZ 2016, 870, 872.

837 BVerwG NVwZ 2004, 764, 765; OVG NRW, Urt. v. 14.03.2013 – 6 A 1760/11, RÜ 2013, 393, 395; OVG Lüneburg KommJur 2012, 338, 339; Ossenbühl/Cornils, S. 409 f. m.w.N.; a.A Staake JA 2004, 800, 802: stets privatrechtliche GoA; die GoA auch in diesen Fällen generell ablehnend MünchKomm-Schäfer BGB § 677 Rn. 102.

838 OLG Koblenz, Urt. v. 16.06.2010 – 1 U 645/09, DVBl. 2011, 60 (nur LS).

839 BVerwG NVwZ 2004, 764, 765.

840 BayVGH NVwZ-RR 2012, 705.

841 OVG NRW, Urt. v. 14.03.2013 – 6 A 1760/11, RÜ 2013, 393; vgl. auch BAG, Urt. v. 12.03.2013 – 9 AZR 455/11, RÜ 2013, 503.

Zu beachten ist allerdings auch hier, dass hoheitliche Aufgaben nach Maßgabe gesetzlicher Kompetenzvorschriften ausschließlich bestimmten Hoheitsträgern zugewiesen sind. Diese Aufgabenverteilung würde unterlaufen, wenn ein Privater generell anstelle der an sich zuständigen Behörde öffentliche Aufgaben erfüllen und diese anschließend dem Staat auch noch in Rechnung stellen könnte. Deshalb ist eine ör GoA des Bürgers für den Staat **nur in besonderen Situationen zulässig**: Unter Berücksichtigung aller Umstände und unter Abwägung etwa widerstreitender öffentlicher Belange muss **gerade die Aufgabenwahrnehmung durch den Privaten dem öffentlichen Interesse** entsprechen.[842] Umstritten ist dabei jedoch, wie diese Situation im Einzelnen beschaffen sein muss. **606**

Fall 15: Katzentot

Tierarzt T hatte vor seiner Praxis eine völlig abgemagerte Hauskatze aufgefunden, die sich vor Schmerzen krümmte und jämmerlich schrie. Bei der Untersuchung des Tieres, das ein Halsband mit einem unleserlichen Anhänger trug, diagnostizierte T die regelmäßig tödlich verlaufende Infektionskrankheit Leukose. Die Krankheit war bereits derart fortgeschritten, dass T aus tierärztlicher Sicht nur die Möglichkeit der Einschläferung der Katze sah. Da es ihm standesrechtlich und ethisch nicht zumutbar erschien, angesichts des erheblichen Leidens der Katze zuzuwarten, schläferte er das Tier unmittelbar nach Abschluss der Untersuchung ein. T verlangt nunmehr von der Stadt S als Fundbehörde die Übernahme der Tierarztkosten für die Behandlung und die Einschläferung der Katze in Höhe von 100 EUR. Zu Recht?

A. **Vertragliche** Ansprüche bestehen nicht. **607**

B. Auch Ansprüche kraft **spezialgesetzlicher** Regelungen sind nicht ersichtlich, insbes. begründet das TierschutzG keinen Erstattungsanspruch.

C. T könnte gegen die Stadt S einen **Aufwendungsersatzanspruch** aus **Geschäftsführung ohne Auftrag** gemäß §§ 677, 683 S. 1, 670 BGB haben.

   I. Unmittelbar sind die §§ 677 ff. BGB nur anwendbar, wenn es sich um eine **privatrechtliche GoA** handelt. Hier könnte indes ein öffentlich-rechtliches Verhältnis vorliegen, weil T für die Stadt als Verwaltungsträger tätig geworden ist. Während für die Abgrenzung teilweise auf das Handeln des **Geschäftsführers** abgestellt wird, ist die GoA nach h.M. öffentlich-rechtlich, wenn das Geschäft, hätte es der **Geschäftsherr** selbst vorgenommen, öffentlich-rechtlicher Natur gewesen wäre.[843] Dafür spricht, dass für die Abgrenzung zwischen öffentlichem Recht und Privatrecht grds. die **Rechtsnatur des Rechtsverhältnisses** maßgebend ist, aus der sich der geltend gemachte Anspruch ergibt. Hier standen die Maßnahmen des T im Sachzusammenhang mit dem öffentlich-rechtlichen Vorschriften des Tierschutz- und Ordnungsrechts. Damit liegt eine öffentlich-rechtliche Rechtsbeziehung vor. Die §§ 677 ff. BGB sind daher **nicht unmittelbar** anwendbar. **608**

---

842 BVerwG NJW 1989, 922, 923; OVG NRW, Urt. v. 14.03.2013 – 6 A 1760/11, RÜ 2013, 393, 397; Gurlit in: Ehlers/Pünder § 35 Rn. 15; Ossenbühl/Cornils, S. 420 m.w.N.; a.A. MünchKomm-Schäfer BGB § 677 Rn. 102: Die staatliche Kompetenz zum Verwaltungshandeln stehe einer privaten Ersatzvornahme selbst dann entgegen, wenn ein Hoheitsträger ausnahmsweise nicht tätig wird, obwohl er nach öffentlichem Recht dazu verpflichtet wäre.

843 BVerwG NVwZ 2017, 242, 244; BGH NVwZ 2016, 870, 872; Gurlit in: Ehlers/Pünder § 35 Rn. 16; Oechsler JuS 2016, 215, 215 f.

Die h.M. hat zur Konsequenz, dass meist eine **ör GoA** vorliegt, wenn ein Privater **für einen Verwaltungsträger** handelt, da es in der Person des Verwaltungsträgers i.d.R. um die Wahrnehmung öffentlicher Aufgaben geht[844]

Umgekehrt soll nach der Rspr. ein hoheitliches Handeln der **Behörde** zugleich eine **privatrechtliche GoA** für eine Privatperson darstellen können (s.o. Rn. 601).[845] Dagegen spricht jedoch, dass ein und dieselbe Handlung nicht sowohl dem Privatrecht (GoA) als auch dem öffentlichen Recht (Erfüllung der hoheitlichen Aufgabe) zugeordnet werden kann. Der öffentlich-rechtliche Charakter eines Geschäfts schließt dessen privatrechtliche Wahrnehmung aus. Denn sonst könnte die Verwaltung mit Hilfe privatrechtlicher Normen öffentlich-rechtlich nicht vorgesehene Eingriffsbefugnisse und Erstattungsansprüche begründen.[846]

II. Der Aufwendungsersatzanspruch des T könnte sich aus ör GoA **analog §§ 677, 683 S. 1, 670 BGB** ergeben.

609 1. In Rspr. und Lit. ist grds. anerkannt, dass das Rechtsinstitut der GoA auch im öffentlichen Recht **anwendbar** ist, entweder analog §§ 677 ff. BGB oder jedenfalls als Ausdruck eines allgemeinen Rechtsgedankens.[847]

a) Mangels spezialgesetzlicher Vorschriften über die Kostenerstattung, insbes. im TierschutzG, besteht eine **Regelungslücke**.

610 b) Handelt wie hier ein Bürger für den Staat besteht auch eine mit den §§ 677 ff. BGB **vergleichbare Interessenlage**, sodass die Vorschriften über die GoA grds. analog anwendbar sind.[848]

Aufbauschema: Ansprüche aus ör GoA

1. **Anwendbarkeit:** §§ 677 ff. BGB gelten analog bei ör GoA durch den Bürger
2. **Voraussetzungen**
   a) fremdes Geschäft
   b) Fremdgeschäftsführungswille
   c) ohne Auftrag oder sonstige Berechtigung
   d) Interessen- und willensgemäß oder § 679 BGB analog
3. **Rechtsfolgen**
   - Aufwendungsersatz analog §§ 683 S. 1, 670 BGB
   - Herausgabe des Erlangten analog §§ 681 S. 2, 667 BGB
   - § 280 Abs. 1 BGB analog bei Pflichtverletzung

Das Prüfungsschema folgt weitgehend dem zivilrechtlichen Aufbau gemäß §§ 677 ff. BGB (dazu AS-Skript Schuldrecht BT 3 [2017], S. 18 ff.).

---

844 Vgl. Singer/Mielke JuS 2007, 1111, 1115 f.

845 So BGHZ 40, 28, 31; 63, 167, 169; 65, 354, 357; BGH NVwZ 2016, 870, 872; einschränkend BGH NVwZ 2004, 373, 374: „Eine dienstliche Tätigkeit des Beamten kann nicht zugleich eine private Handlung desselben sein".

846 Vgl. Maurer/Waldhoff § 29 Rn. 16; Schoch Jura 1994, 241, 247; Staake JA 2004, 800, 801; differenzierend Detterbeck/Windthorst/Sproll § 21 Rn. 35 mit Fn 41 u. Rn. 63; vgl. auch die Zusammenfassung bei Linke DVBl. 2006, 148, 149 f., der selbst allerdings eine abweichende Auffassung vertritt.

847 BVerwG NVwZ 2017, 242, 244; BGH NVwZ 2016, 870, 872; OVG NRW NWVBl. 2007, 437; Waldhoff JuS 2016, 1050 f.; Gurlit in: Ehlers/Pünder § 35 Rn. 10; Maurer/Waldhoff § 29 Rn. 13; Ossenbühl/Cornils, S. 416 ff.

848 BVerwG NVwZ 2004, 764, 765; BayVGH NJW 2016, 106; OVG MV, Urt. v. 12.01.2011 – 3 L 272/06, RÜ 2011, 605, 606; Ossenbühl/Cornils, S. 409 f.; Oechsler JuS 2016, 215; a.A. MünchKomm-Schäfer BGB § 677 Rn. 102.

2. **Voraussetzungen der ör GoA**

a) Die Behandlung und Einschläferung der Katze müsste ein **fremdes Geschäft** darstellen (§ 677 BGB analog), d.h. die Maßnahme müsste (zumindest auch) in den Aufgabenbereich der Stadt S fallen. **611**

aa) Das ist der Fall, wenn die Stadt als **zuständige Fundbehörde** (§ 965 Abs. 2 BGB) verpflichtet war, die Katze in ihre Obhut zu nehmen und zu versorgen. Die Zuständigkeit als Fundbehörde erstreckt sich auf **verlorene** Sachen (§ 965 Abs. 1 BGB). Tiere sind zwar keine Sachen (§ 90a S. 1 BGB), auf sie sind aber die für Sachen geltenden Vorschriften, und damit auch die §§ 965 ff. BGB entsprechend anzuwenden, soweit – wie hier – nichts anderes bestimmt ist (§ 90a S. 3 BGB).[849] Eine Sache ist verloren, wenn sie besitzlos, aber nicht herrenlos ist.[850] Fundsachen sind daher insbes. **verloren gegangene** oder **entlaufene Tiere**, nicht dagegen solche, die vom früheren Eigentümer ausgesetzt worden sind (§ 959 BGB), oder Wildtiere (§ 960 BGB). **612**

Vorliegend handelte es sich um eine Hauskatze. Eine Dereliktion (§ 959 BGB) ist bei Haustieren nach teilweise vertretener Ansicht wegen Verstoßes gegen § 134 BGB i.V.m. § 3 S. 1 Nr. 3 TierSchG generell unwirksam,[851] zumindest kann sie nur angenommen werden, wenn die Umstände eindeutig auf einen Willen zur Eigentumsaufgabe schließen lassen.[852] Daran fehlt es hier, da die Katze ein Halsband mit einem Anhänger trug, was dafür sprach, dass es sich um ein entlaufenes Tier und damit um eine **Fundsache** handelte.

bb) Nach § 966 Abs. 1 BGB ist allerdings primär der **Finder**, hier also T, zur Verwahrung der Sache verpflichtet. Im Umkehrschluss aus § 970 BGB ergibt sich, dass der Finder nicht nur zur Verwahrung, sondern auch zur Erhaltung der Sache verpflichtet ist, wozu erforderlichenfalls auch die tierärztliche Versorgung gehört.[853] Deshalb wird teilweise angenommen, dass eine Verpflichtung der Fundbehörde erst **mit der Ablieferung** der Fundsache gemäß § 967 BGB entsteht.[854] Überwiegend wird dagegen eine Verpflichtung der Behörde auch schon **vor der Ablieferung** bejaht.[855] Das muss jedenfalls dann gelten, wenn der Finder das Tier nicht bei der Fundbehörde abliefern kann, weil es der sofortigen tierärztlichen Behandlung bedarf.[856] In diesem Fall reicht es mit Blick auf Art. 20a GG aus, dass eine **Pflicht der Fundbehörde** zur Verwahrung besteht, um das Tier vor vermeidbaren Schmerzen, Leiden oder Schäden zu schützen (vgl. §§ 1 S. 2, 17, 18 TierSchG). **613**

---

849 OVG NRW NJW 2016, 3673; BayVGH NJW 2016, 1606; VG Aachen, Urt. v. 23.01.2017 – 4 K 864/14.

850 BayVGH NJW 2016, 1606; VG Aachen, Urt. v. 23.01.2017 – 4 K 864/14; MünchKomm-Oechsler BGB § 965 Rn. 3.

851 SächsOVG NVwZ-RR 2017, 314; OVG MV NordÖR 2013, 525; VG Stuttgart, Urt. v. 16.12.2013 – 4 K 29/13; VG München, Urt. v. 16.04.2015 – M 10 K 14.5098; Oechsler JuS 2016, 215, 216; offen gelassen von OVG NRW NJW 2016, 3673, 3674.

852 OVG NRW NJW 2016, 3673, 3674; BayVGH NJW 2016, 1606, 1607; OVG Lüneburg KomJur 2012, 338, 339; VG Aachen, Urt. v. 23.01.2017 – 4 K 864/14; vgl. auch OVG MV, Urt. v. 12.01.2011 – 3 L 272/06, RÜ 2011, 607, 607 f. („Anscheins-Fundsache"); a.A. HessVGH, Beschl. v. 17.05.2017 – 8 A 1064/14: Beweislast beim Finder.

853 BayVGH NJW 2016, 1606, 1607; VG Aachen, Urt. v. 23.01.2017 – 4 K 864/14; MünchKomm-Oechsler BGB § 966 Rn. 2.

854 Vgl. BayVGH NJW 2016, 1606, 1607; MünchKomm-Oechsler BGB § 966 Rn. 2.

855 Vgl. SächsOVG SächsVBl. 2013, 69, 70; OVG Lüneburg KomJur 2012, 338, 339; VG Saarlouis RdL 2013, 239 (Verwahrpflicht der Fundbehörde bei bloßem Willen zur Ablieferung); einschränkend VG Stuttgart RdL 2014, 337 (Verwahrpflicht der Fundbehörde mit Fundanzeige), bestätigt durch VGH BW, Beschl. v. 27.03.2015 – 1 S 570/14.

856 BayVGH NJW 2016, 1606, 1607: Kontrahierungszwang zum Abschluss eines Besitzkonstituts; a.A. VG Aachen, Urt. v. 23.01.2017 – 4 K 864/14: Ersatzanspruch gegen den Empfangsberechtigten nach § 970 BGB ist ausreichend.

614 T hat daher durch Behandlung und Einschläferung der Katze ein **fremdes Geschäft** für die Stadt S als Fundbehörde geführt. Auch wenn T aufgrund standesrechtlicher Vorgaben zur Behandlung des Tieres verpflichtet gewesen ist, liegt ein zumindest **auch-fremdes-Geschäft** vor, was im Rahmen des § 677 BGB ausreicht.[857]

Bei herrenlosen Tieren ist dagegen eine Zuständigkeit der Gemeinde als Fundbehörde nicht gegeben. Deshalb wird hier ein fremdes Geschäft überwiegend abgelehnt.[858] Die Gegenansicht nimmt bei verletzten bzw. leidenden Tieren eine Gefahr für die öffentliche Ordnung an, deren Abwehr in die Zuständigkeit der Gemeinde als allgemeine Ordnungsbehörde falle. Es sei mit den herrschenden ethischen Wertvorstellungen nicht vereinbar, ein solches Tier unversorgt in seinem qualvollen Zustand weiter leiden zu lassen.[859]

Gegenbeispiel: Eltern, die ihr Kind mangels Kita-Platzes selbst betreuen, führen kein (auch) fremdes Geschäft für den zuständigen Träger der Jugendhilfe nach § 24 SGB VIII, sondern nehmen eine originär ihnen selbst obliegende Pflicht wahr (Art. 6 Abs. 2 S. 1 GG, § 1631 Abs. 1 BGB).[860]

615 b) Bei einem „auch-fremden-Geschäft" wird der **Fremdgeschäftsführungswille** jedenfalls dann vermutet, wenn das Geschäft seiner äußeren Erscheinung nach nicht nur dem Geschäftsführer, sondern **auch dem Geschäftsherrn** zugutekommt.[861] Da ein Tierarzt im Rahmen seiner Tätigkeit die Behandlung von Tieren regelmäßig nicht für sich selbst vornimmt, sondern für denjenigen, der zur Versorgung des Tieres verpflichtet ist, ist dies hier der Fall.

Problematisch ist der Fremdgeschäftsführungswille allerdings, wenn ein Verwaltungsträger zugleich ein Geschäft für den Bürger führt. Denn bei einem Träger öffentlicher Verwaltung ist grds. zu vermuten, dass er ausschließlich zur Erfüllung seiner ihm gesetzlich übertragenen Aufgaben tätig wird.[862] Das spricht dann allerdings generell gegen die Konstruktion der Rspr., ein hoheitliches Handeln könne zugleich eine (privatrechtliche) GoA für den Bürger darstellen (s.o. Rn. 608).

616 c) Der Geschäftsführer muss **ohne Auftrag oder sonstige Berechtigung** handeln (§ 677 BGB analog). Daran fehlt es z.B., wenn die Behörde aufgrund gesetzlicher Ermächtigung gehandelt hat.[863] Vorliegend war T gegenüber der Stadt S weder durch Gesetz noch aufgrund Rechtsgeschäfts oder in sonstiger Weise zur Behandlung der Katze verpflichtet.

617 d) Die Geschäftsführung ist nur dann **berechtigt**, wenn sie dem **Interesse** und dem (wirklichen oder mutmaßlichen) **Willen** der Stadt S entsprach (§§ 677, 683 BGB analog). Analog § 679 BGB ist ein entgegenstehender Wille aber unbeachtlich, wenn die Geschäftsführung im öffentlichen Interesse liegt. Dafür ist

---

857 BVerwG NJW 1989, 922, 923; BayVGH NJW 2016, 1606, 1607; VG Gelsenkirchen NJW 2002, 1818; Gurlit in: Ehlers/Pünder § 35 Rn. 15; ausführlich zum „auch fremden"-Geschäft Thole NJW 2010, 1243 ff.

858 HessVGH, Beschl. v. 17.05.2017 – 8 A 1064/14; OVG NRW NWVBl. 1996, 393, 394; VG Gießen DÖV 2016, 536 („Streunerkatzen" sind keine Fundtiere); Stollenwerk KommJur 2010, 49, 50.

859 VG Gießen NVwZ-RR 1995, 144; vgl. auch § 36 des Gesetzentwurfes in BT-Drs. 17/9783.

860 BGH NJW 2017, 397, 398; Schlick NJW 2017, 2509, 2510; zum Anspruch des Kindes auf Aufwendungsersatz nach § 36a Abs. 3 SGB VIII vgl. BVerwG NJW 2014, 1256; BayVGH FamRZ 2016, 1891; VGH BW NZFam 2017, 138.

861 BGH NVwZ 2002, 511, 512; VG Münster, Urt. v. 18.05.2017 – 8 K 1942/16; kritisch Thole NJW 2010, 1243, 1245 ff.

862 Schoch Jura 1994, 241, 247; Linke NWVBl. 2007, 451, 454; Detterbeck/Windhorst/Sproll § 21 Rn. 63.

863 Maurer/Waldhoff § 29 Rn. 15; Drüen/Krumm NWVBl. 2004, 359, 366.; abweichend Linke DVBl. 2006, 154, 155 für die zivilrechtliche GoA.

zunächst erforderlich, dass überhaupt ein **öffentliches Interesse** an der Erfüllung der Aufgabe besteht. Da dies bei öffentlichen Aufgaben zumeist der Fall ist, ist des Weiteren zu fordern, dass außerdem ein öffentliches Interesse an der Wahrnehmung **gerade durch den privaten Geschäftsführer** besteht.[864]

In der Regel besteht **kein öffentliches Interesse** daran, dass Private in die gesetzliche Zuständigkeitsordnung eingreifen und anstelle der Behörde tätig werden. Ein öffentliches Interesse kann daher nur in **besonderen Fällen** bejaht werden. Umstritten ist, wie diese Fälle beschaffen sein müssen. **618**

aa) Teilweise wird das öffentliche Interesse nur in echten **Notfällen** bejaht, z.B. wenn eine dringende Gefahr für Leben, Gesundheit oder andere wichtige Rechtsgüter besteht und der Verwaltungsträger entweder zum Handeln außerstande ist oder pflichtwidrig nicht handelt.[865] **619**

bb) Die Rspr. stellt geringere Anforderungen. Ein öffentliches Interesse an der Geschäftsführung könne nicht nur bei einer Notlage bestehen, sondern auch dann, wenn bei Berücksichtigung aller Umstände und unter Abwägung etwaiger widerstreitender öffentlicher Belange ein Handeln des Bürgers **geboten** erscheint.[866] Dabei gelten jedoch folgende **Einschränkungen:** **620**

- Ein öffentliches Interesse gerade an der Wahrnehmung durch eine Privatperson kann nur bei Maßnahmen angenommen werden, die **keine spezifisch hoheitlichen Befugnisse** voraussetzen (z.B. keine GoA bei der Wahrnehmung polizeilicher Aufgaben oder beim Erlass von Verwaltungsakten). Eine ör GoA des Bürgers für den Staat ist daher **nur bei schlichtem Verwaltungshandeln** zulässig.

- Der Bürger darf mit seiner Geschäftsführung **nicht staatliches Ermessen unterlaufen**, d.h., eine GoA kommt grds. nur in Betracht, wenn der Staat zum Einschreiten **verpflichtet** gewesen ist. Durch die Tätigkeit des Privaten dürfen behördliche Entscheidungsspielräume nicht verkürzt werden. Denn sonst würde der Verwaltungsträger vor vollendete Tatsachen gestellt, wodurch auch erhebliche finanzielle Belastungen entstünden.[867]

  Dadurch wird die GoA im **Ermessensbereich** aber nicht gänzlich ausgeschlossen. Dies gilt insbes., wenn die Behörde sich für unzuständig hält oder ein eigenes Tätigwerden ausdrücklich ablehnt. In diesen Fällen lässt es die Rspr. genügen, dass das Handeln des Bürgers aufgrund objektiver Kriterien sachgerecht erscheint.[868]

- Schließlich ist der Bürger grds. gehalten, zuvor die **Rechtsschutzmöglichkeiten** auszuschöpfen, bevor er anstelle der Behörde tätig wird. Meint der Bürger, einen Anspruch gegen die Behörde zu haben, muss er Leistungsklage erheben und ggf. um vorläufigen Rechtsschutz nachsuchen.[869]

---

864 BVerwG NJW 1989, 922, 923; OVG Lüneburg KommJur 2012, 338, 340; OVG MV, Urt. v. 12.01.2011 – 3 L 272/06, RÜ 2011, 605, 608; OVG NRW, Urt. v. 14.03.2013 – 6 A 1760/11, RÜ 2013, 393, 396; ausführlich Oechsler JuS 2016, 215, 217.

865 Habermehl Jura 1987, 199, 203 f.; Gusy JA 1979, 69, 70 f.; Maurer/Waldhoff § 29 Rn. 17.

866 Grundlegend BVerwG NJW 1989, 922, 923; vgl. auch OLG Koblenz, Urt. v. 16.06.2010 – 1 U 645/09.

867 BVerwG, NJW 1989, 922, 923; HessVGH, Beschl. v. 17.05.2017 – 8 A 1064/14; OVG Lüneburg KommJur 2012, 338, 340.

868 Vgl. BVerwG, NJW 1989, 922, 923: „Eine Handlungsfreiheit, die von der Behörde nicht beansprucht wird, erscheint weniger schutzwürdig."

869 BGH NVwZ 2004, 764, 765; BVerwG NJW 1989, 922, 923; OLG Koblenz, Urt. v. 16.06.2010 – 1 U 645/09; OLG Köln NVwZ 1993, 1021, 1022; Schoch Jura 1994, 241, 246 m.w.N.

621 cc) Unstreitig besteht ein öffentliches Interesse an der Erfüllung der Aufgabe durch den Privaten jedenfalls dann, wenn es sich – wie hier – um eine **Notsituation** handelt. Der Zustand der Katze ließ es nicht zu, mit der Entscheidung über die Einschläferung abzuwarten, sodass auch staatliches Ermessen nicht unterlaufen wurde.[870] Damit lagen analog § 679 BGB die Voraussetzungen einer berechtigten GoA vor.

622 3. **Rechtsfolge** ist, dass T analog §§ 677, 683 S. 1, 670 BGB einen Anspruch auf Ersatz seiner **Aufwendungen** hat. Dazu gehören alle im sachlichen Zusammenhang mit der Geschäftsführung entstandenen Auslagen. Ausnahmsweise wird hiervon auch ein Ausgleich für die aufgewendete eigene Arbeitskraft umfasst, soweit die Tätigkeit wie hier zum Beruf oder Gewerbe des Geschäftsführers gehört (Rechtsgedanke des § 1835 Abs. 3 BGB).[871]

Der Anspruch des T ist daher aus ör GoA in vollem Umfang **begründet**.

623 Der Aufwendungsersatz umfasst im Übrigen auch sog. risikotypische Begleitschäden. Da die ör GoA ein gesetzliches Schuldverhältnis begründet, kommen außerdem Ansprüche analog § 280 BGB in Betracht, die ggf. neben einen Amtshaftungsanspruch (§ 839 BGB, Art. 34 GG) treten. Bei unberechtigter GoA kann ein Schadensersatzanspruch analog § 678 BGB bestehen.[872]

Der Geschäftsführer ist analog §§ 681 S. 2, 667 BGB verpflichtet, das aus der Geschäftsführung Erlangte herauszugeben. Teilweise bestehen hier allerdings spezialgesetzliche Ansprüche, z.B. der Anspruch des Dienstherrn gegen den Beamten auf Herausgabe von „Schmiergeldern“ gemäß § 71 Abs. 2 BBG, § 42 Abs. 2 BeamtStG.[873]

öffentlich-rechtliche GoA

Abgrenzung zur privatrechtlichen GoA:
- Rechtsnatur des Handels des Geschäftsführers
- Rechtsnatur des fiktiven Handelns des Geschäftsherrn
- Rechtsnatur des Rechtsverhältnisses zwischen Geschäftsführer und Geschäftsherrn

Hoheitsträger für Hoheitsträger	Hoheitsträger für Privatperson	Privatperson für Hoheitsträger	Privatperson für Privatperson
■ grds. (–), Rechtsgedanke Art. 104 a GG, Zuständigkeitsverteilung vorrangig ■ ör GoA nur im Notfall (aber fremdes Geschäft [–], wenn eigene Eilfallkompetenz)	i.d.R. (–) ■ bei gesetzl. Ermächtigung nicht „ohne Auftrag“ ■ i.Ü. Spezialregeln vorrangig ■ Kostenfragen unterfallen Vorbehalt des Gesetzes	§§ 677 ff. BGB analog anwendbar, aber Einschränkungen: ■ keine spezifisch hoheitl. Befugnis ■ Ermessen nicht unterlaufen ■ Rechtsschutz vorrangig	■ keine ör GoA, da Rechtsverhältnis privatrechtlich, auch wenn ör Pflichten betroffen ■ daher nur privatrechtl. GoA

870 Vgl. BayVGH NJW 2016, 1606, 1607; OVG Lüneburg KommJur 2012, 338, 340; OVG MV, Urt. v. 12.01.2011 – 3 L 272/06, RÜ 2011, 605, 608; einschränkend für Behandlungskosten SächsOVG SächsVBl. 2013, 69, 70; a.A. OVG NRW NWVBl. 1996, 393, 394; VG Gießen, Urt. v. 02.03.2016 – 4 K 84/15 für die Versorgung sog. Streunerkatzen.

871 OVG Lüneburg KommJur 2012, 338, 341; allgemein Bamberger/Roth BGB § 683 Rn. 4.

872 Maurer/Waldhoff § 29 Rn. 21.

873 Vgl. BVerwG DVBl. 2002, 1218 f.; OVG NRW NWVBl. 2009, 25; Zetzsche DÖD 2003, 225 ff.

F. Der öffentlich-rechtliche Erstattungsanspruch

I. Rechtsgrundlagen

1. Spezialgesetzliche Erstattungsansprüche

Wie im Privatrecht gemäß §§ 812 ff. BGB besteht auch im Öffentlichen Recht das Bedürfnis, **rechtsgrundlose Vermögensverschiebungen** rückgängig zu machen. Teilweise bestehen hierfür **spezialgesetzliche Erstattungsansprüche**: **624**

- Wichtigster Fall ist **§ 49 a Abs. 1 S. 1 VwVfG**: Sind aufgrund eines VA Leistungen erbracht worden, so sind diese zu erstatten, soweit der VA mit Wirkung für die Vergangenheit zurückgenommen oder widerrufen oder infolge Eintritts einer auflösenden Bedingung unwirksam geworden ist (s.o. Rn. 68 ff.).
- Im **Beamtenrecht** sind Zuvielleistungen und sonstige rechtsgrundlose Leistungen z.B. nach § 12 Abs. 2 BBesG (Besoldung), § 52 Abs. 2 BeamtVG (Versorgung) und § 84 a BBG (sonstige Leistungen) zu erstatten.

  Beachte: *Das BBesG und das BeamtVG gelten in der aktuellen Fassung nur für Bundesbeamte (§ 1 Abs. 1 BBesG, § 1 Abs. 1 BeamtVG). Im Landesrecht bestehen überwiegend vergleichbare Regelungen (z.B. § 12 Abs. 2 HBesG, § 70 Abs. 2 HBeamtVG, § 19 Abs. 2 NBesG, § 63 Abs. 2 NBeamtVG, § 15 Abs. 2 LBesG NRW, § 64 Abs. 2 LBeamtVG NRW). Fehlen solche, gilt für Landesbeamte das BBesG und das BeamtVG in der bis zum 31.08.2006 geltenden Fassung (vgl. Art. 125 a Abs. 1 GG, § 85 BBesG, § 108 BeamtVG).*

- **Weitere spezialgesetzliche Anspruchsgrundlagen** finden sich z.B. in § 37 Abs. 2 AO (im Steuerrecht), § 50 SGB X (für das Sozialrecht) und in § 20 BAföG.

2. Der allgemeine öffentlich-rechtliche Erstattungsanspruch

Soweit keine spezialgesetzlichen Regelungen bestehen, ist **gewohnheitsrechtlich anerkannt**, dass auch im öffentlichen Recht Leistungen ohne Rechtsgrund und sonstige rechtsgrundlose Vermögensverschiebungen rückgängig gemacht werden müssen. Umstritten ist jedoch, auf welcher **Grundlage** der Erstattungsanspruch beruht. Zum Teil wurde früher eine analoge Anwendung der §§ 812 ff. BGB befürwortet. Nach heute h.M. stellt der allgemeine öffentlich-rechtliche Erstattungsanspruch dagegen ein **eigenständiges Rechtsinstitut des öffentlichen Rechts** dar, das aus dem Grundsatz der Gesetzmäßigkeit der Verwaltung (Art. 20 Abs. 3 GG) resultiert.[874] Danach ist die Verwaltung verpflichtet, jede rechtswidrige Vermögensverschiebung rückgängig zu machen. **625**

Ebenso wie die ör GoA ist auch der allgemeine ör Erstattungsanspruch **nicht anwendbar**, wenn **spezialgesetzliche Sonderregelungen** bestehen. Dies gilt neben den o.g. spezialgesetzlichen Ausprägungen des Erstattungsanspruchs auch dann, wenn für einen Rechtsbereich eine **abschließende Regelung** besteht.[875] **626**

- So ist der ör Erstattungsanspruch insbes. subsidiär gegenüber etwaigen **Kostenerstattungsansprüchen** im Polizeirecht (z.B. nach Ersatzvornahme).

---

874 BGH NVwZ 2016, 870, 872; BVerwG NJW 2006, 3225, 3226; BSG NVwZ-RR 2014, 230, 232; VGH Mannheim NJOZ 2015, 1344, 1345; NJW 2010, 1898, 1899; Maurer/Waldhoff § 21 Rn. 29; Ossenbühl NVwZ 1991, 513, 516; Graulich ZAP 2005, 571, 576 f.; Singer/Mielke JuS 2007, 1111, 1116; Janzen Jura 2010, 624, 625.

875 VGH Mannheim NJW 2003, 1066; Gurlit in: Ehlers/Pünder § 35 Rn. 24.

- **§ 49 a VwVfG** erfasst nur die Fälle der rückwirkenden Aufhebung und des Eintritts einer auflösenden Bedingung. Die Vorschrift ist nicht anwendbar bei anfänglicher Nichtigkeit des Bewilligungsbescheides (§ 44 VwVfG) oder bei dessen Aufhebung im Rechtsbehelfsverfahren (Widerspruch oder Klage). In diesen Fällen ist auf den allgemeinen öffentlich-rechtlichen Erstattungsanspruch zurückzugreifen.[876]

3. Fallgruppen

627 Der ör Erstattungsanspruch kann sowohl dem **Bürger gegen den Staat** als auch dem **Staat gegen den Bürger** zustehen. Auch kann der Erstattungsanspruch **zwischen Hoheitsträgern** bestehen,[877] allerdings bestehen hier zumeist Spezialregelungen, die den allgemeinen öffentlich-rechtlichen Erstattungsanspruch verdrängen.

628 Im Verhältnis zwischen **Staat und Bürger** kann der ör Erstattungsanspruch **analog § 684 BGB** auch eingreifen, wenn die Voraussetzungen einer berechtigten GoA nicht vorliegen. Bei **berechtigter GoA** ist der öffentlich-rechtliche Erstattungsanspruch dagegen ausgeschlossen, weil die GoA einen Rechtsgrund für die Vermögensverschiebung darstellt.[878]

Ansprüche aus öffentlich-rechtlicher GoA sind deshalb stets vor öffentlich-rechtlichen Erstattungsansprüchen zu prüfen!

629 Wie im Zivilrecht ist der Erstattungsanspruch nach h.M. nicht nur in **Leistungsfällen** denkbar, sondern auch bei **Bereicherungen in sonstiger Weise**.[879]

Beispiel: A betreibt einen Stand in der städtischen Markthalle, deren Benutzungsverhältnis öffentlich-rechtlich ausgestaltet ist. Als die Zuweisung des Verkaufsstandes nicht verlängert wird, verlangt A von der Stadt Ersatz für die Kosten einer von ihm errichteten Trennwand.[880]

II. Voraussetzungen und Rechtsfolgen

1. Anwendbarkeit

630 Voraussetzung des allgemeinen ör Erstattungsanspruchs ist – in Abgrenzung zum Zivilrecht und damit den §§ 812 ff. BGB –, dass eine Vermögensverschiebung im Rahmen **öffentlich-rechtlicher Rechtsbeziehungen** erfolgt ist:

- Betrifft der Erstattungsanspruch eine Leistung, so ist maßgebend die **Rechtsnatur des weggefallenen bzw. hypothetischen Rechtsgrunds**. Erfolgt die Leistung öffentlich-rechtlich, so gilt dies auch für den Anspruch auf Rückgewähr (Kehrseitentheorie).
- Bei Bereicherungen in sonstiger Weise wird entweder auf die grundsätzliche Rechtsnatur der hoheitlichen Vergünstigung oder darauf abgestellt, ob die Beteiligten in einer **öffentlich-rechtlichen Beziehung** zueinander stehen.[881]

---

876 Gurlit in: Ehlers/Pünder § 35 Rn. 18.

877 BSG NVwZ-RR 2014, 230, 232; OVG NRW NWVBl. 2007, 16; Ossenbühl/Cornils, S. 533.

878 Ossenbühl NVwZ 1991, 513, 517; Bamberger JuS 1998, 706, 711; Singer/Mielke JuS 2007, 1111, 1116.

879 BVerwGE 71, 85, 87; BVerwG NJW 2006, 3225, 3226; Gurlit in: Ehlers/Pünder § 35 Rn. 25; Ossenbühl NVwZ 1991, 513, 514 u. 519 (mit weiteren Beispielen); Schoch Jura 1994, 82, 86; Ossenbühl/Cornils, S. 543.

880 OVG NRW DÖV 1971, 350.

881 BGH NVwZ 2016, 870, 872; Waldhoff JuS 2016, 1050, 1051; Ossenbühl/Cornils, S. 531 f. m.w.N.

Schwierigkeiten bereitet die Zuordnung insbesondere bei **Rückforderung fehlgeleiteter Leistungen.** **Beispiel:** In Unkenntnis des Todes des anspruchsberechtigten Beamten B werden rechtsgrundlose Leistungen an den Erben E erbracht. Teilweise wird auf den öffentlich-rechtlichen Zweck der Leistung abgestellt und ein öffentlich-rechtlicher Erstattungsanspruch bejaht.[882] Die Gegenansicht verweist darauf, dass zwischen dem tatsächlichen Empfänger und der Behörde keine öffentlich-rechtliche Beziehung bestehe, sodass eine zivilrechtliche Rückabwicklung nach den §§ 812 ff. BGB zu erfolgen habe.[883]

2. Anspruchsvoraussetzungen

Trotz der Eigenständigkeit des öffentlich-rechtlichen Erstattungsanspruchs besteht Einigkeit, dass die **Anspruchsvoraussetzungen** weitgehend dem zivilrechtlichen Bereicherungsanspruch entsprechen.[884] **631**

Aufbauschema: Öffentlich-rechtlicher Erstattungsanspruch

1. **Rechtsgrundlage**
   - Spezialgesetz: § 49 a Abs. 1 VwVfG, § 12 Abs. 2 BBesG, § 37 Abs. 2 AO u.a.
   - im Übrigen: Gewohnheitsrecht, nicht §§ 812 ff. BGB analog
2. **Voraussetzungen** des allgemeinen ör Erstattungsanspruchs
   a) ör Rechtsbeziehung, i.d.R. Kehrseite des Leistungsanspruchs
   b) Vermögensverschiebung durch Leistung oder in sonstiger Weise
   c) ohne Rechtsgrund (insb. VA, ör Vertrag, Gesetz)
3. **Rechtsfolgen**
   - Herausgabe des erlangten Vermögenswertes, ggf. Wertersatz
   - ggf. Wegfall der Bereicherung (Rechtsgedanke des § 818 Abs. 3 BGB).
     - zugunsten des Staates (–) wegen Gesetzesbindung (Art. 20 Abs. 3 GG)
     - zugunsten des Bürgers grds. (+) außer bei Kenntnis oder grober Fahrlässigkeit

a) Etwas erlangt

Der Anspruchsgegner muss etwas, d.h. einen **Vermögenswert**, durch Leistung oder in sonstiger Weise **erlangt** haben. Insoweit gelten beim öffentlich-rechtlichen Erstattungsanspruch die zu §§ 812 ff. BGB entwickelten Grundsätze. Zur Bestimmung des Leistungsverhältnisses ist daher auf den **Zweck der Zuwendung** abzustellen. Das gilt insbes. in Mehrpersonenverhältnissen. **632**

Beispiel: Das verkehrswidrig abgestellte Fahrzeug des H ist auf Anordnung der Polizeibehörde vom Abschleppunternehmer U abgeschleppt worden. H hat bei Abholung des Fahrzeugs die Abschleppkosten an U gezahlt. Nunmehr verlangt H Erstattung von der Behörde, da er die Abschleppmaßnahme für unverhältnismäßig hält. – Wer Leistungsempfänger ist, richtet sich beim öffentlich-rechtlichen Erstattungsanspruch nach den gleichen Grundsätzen wie im Bereicherungsrecht. Hier besteht daher keine Leistungsbeziehung zwischen H und U, vielmehr erbringt H durch die Zahlung an U als Leistungsmittler rechtlich gesehen eine (öffentlich-rechtliche) Leistung an die Behörde.[885]

882 BVerwG DVBl. 1990, 870; OVG Koblenz, NVwZ 1988, 1038; Schoch Jura 1994, 82, 87.

883 BVerwG NJW 1990, 2482; BayVGH NJW 1990, 933, 934; Ossenbühl NVwZ 1991, 513, 514 u. 517.

884 BVerwGE 71, 85, 88; BVerwG NVwZ 2008, 1369; BSG NVwZ-RR 2014, 230, 232; OVG NRW JuS 2009, 955, 956; Schoch Jura 1994, 82, 86; Graulich ZAP 2005, 571, 576; Maurer/Waldhoff § 29 Rn. 28.

b) Ohne Rechtsgrund

633 Die Vermögensverschiebung muss **ohne Rechtsgrund** erfolgt sein. Das ist vor allem der Fall, wenn die Vermögensverschiebung dem **materiellen Recht** widerspricht.

Beispiel: Soweit die gemeindliche Feuerwehr kraft Gesetzes unentgeltlich tätig wird, ist der durch die Tätigkeit begründete Vermögensvorteil auch nicht durch einen öffentlich-rechtlichen Erstattungsanspruch auszugleichen.[886]

634 Allerdings kann die Vermögensverschiebung im Öffentlichen Recht unabhängig von der materiellen Gesetzeslage durch einen **VA** gerechtfertigt sein. Denn ein VA ist **Rechtsgrund**, selbst wenn die Leistung im Gesetz keine Rechtfertigung findet. Es kommt nur darauf an, ob der VA **wirksam**, also nicht nichtig ist (§ 43 Abs. 3 VwVfG); unerheblich ist seine Rechtswidrigkeit, solange er nicht aufgehoben ist (§ 43 Abs. 2 VwVfG). Ist die Leistung aufgrund eines rechtswidrigen VA gefordert oder gewährt worden, entsteht ein Erstattungsanspruch daher erst, wenn der VA seitens der Behörde (§§ 48, 49 VwVfG) oder vom Gericht (§ 113 Abs. 1 S. 1 VwGO) aufgehoben worden ist.[887]

Beispiel: Die von der Behörde durch Kostenbescheid geltend gemachten Abschleppkosten hat F zunächst beglichen. Nunmehr fordert F das gezahlte Geld zurück, da die Abschleppmaßnahme und damit auch der Kostenbescheid rechtswidrig seien. – Ein Erstattungsanspruch besteht erst dann, wenn der Kostenbescheid von der Behörde oder durch das Gericht auf Anfechtungsklage des F aufgehoben wird.

635 Ist der VA dagegen nach § 44 VwVfG **nichtig**, kann er keine Rechtswirkungen entfalten (§ 43 Abs. 3 VwVfG), sodass Vermögensverschiebungen ohne Rechtsgrund erfolgt sind, wenn sie der **materiellen Rechtslage** widersprechen.

Fall 16: Rechtsgrundlose Bereicherung

Bauträger B ist Eigentümer einer ca. 20.000 qm großen unbebauten Fläche am Rand des Gemeindegebietes der Gemeinde G. Im Jahr 2013 schloss B mit G einen notariellen Vertrag mit folgendem Inhalt: Nach § 1 stellte G den Erlass eines Bebauungsplans mit Wohngebietsfestsetzungen für die im Eigentum des B stehenden Fläche in Aussicht, soweit dies planerisch vertretbar ist. Im Gegenzug verpflichtete sich B in § 2 die baureifen Grundstücke nach einer näher geregelten Sozialauswahl an private Bauherrn zu Wohnbauzwecken zu veräußern. Nach § 3 verpflichtete B sich außerdem, an die Gemeinde pauschal 250.000 EUR für Folgekosten der Bebauung zu zahlen. Im Mai 2015 wurde daraufhin der Bebauungsplan von der Gemeinde erlassen. Im August 2016 hat B zahlreiche Grundstücke verkauft und gemäß § 3 des Vertrages 250.000 EUR an die Gemeinde gezahlt. Im April 2017 erfährt B, dass die Folgekosten von der Gemeinde wesentlich zu hoch angesetzt worden sind, tatsächlich betrugen sie lediglich 50.000 EUR. B hält den Vertrag deshalb für nichtig und fordert von der Gemeinde die gezahlten 250.000 EUR zurück. Diese beruft sich darauf, dass sie das Geld bereits für den Bau öffentlicher Einrichtungen verwendet habe, die sie sonst nicht errichtet hätte. Wie ist die Rechtslage?

---

885 BGH NVwZ 2006, 964, 965; VGH Mannheim NJW 2010, 1898, 1898 f. ; OVG NRW NJW 1980, 1974; Werner JA 2000, 902, 911; vgl. auch BGH NJW 2012, 3373, 3374.

886 OVG NRW NWVBl. 2007, 437, 439.

887 OVG Mannheim NZI 2016, 918, 920; Maurer/Waldhoff § 29 Rn. 32; Gurlit in: Ehlers/Pünder § 35 Rn. 26; Schoch Jura 1994, 82, 87.

A. Ein Anspruch des B auf Rückzahlung aus **§ 812 Abs. 1 S. 1 Fall 1 BGB** kommt nur in Betracht, wenn es sich um einen zivilrechtlichen Bereicherungsanspruch handelt. Nach der sog. **Kehrseitentheorie** teilt die Rückforderung als actus contrarius die **Rechtsnatur** der vorangegangenen Leistung. Die Leistung ist nur dann zivilrechtlich, wenn ihr ein privatrechtliches **Rechtsverhältnis** zugrunde liegt. Dabei beurteilt sich die Rechtsnatur des hier vorliegenden Vertrages nach dem **Schwerpunkt** der Vereinbarung (s.o. Rn. 331). **636**

Dieser liegt im Hinblick auf den Erlass des Bebauungsplans durch die Gemeinde G und die Übernahme der Folgekosten durch B eindeutig auf dem öffentlichen Recht, sodass es sich um einen **öffentlich-rechtlichen Vertrag** handelt (vgl. § 11 Abs. 1 S. 2 Nr. 3 BauGB). Da die Leistung somit aufgrund eines öffentlich-rechtlichen Vertrages erbracht wurde, ist auch die Rückforderung öffentlich-rechtlich. Ein Anspruch aus § 812 Abs. 1 S. 1 Fall 1 BGB (Leistungskondiktion) scheidet damit aus.

Beachte: *Bei prozessualem Aufbau hat die Abgrenzung zwischen öffentlich-rechtlichem und privatrechtlichem Vertrag bereits bei der Prüfung des Rechtswegs (§ 40 Abs. 1 S. 1 VwGO, § 13 GVG) zu erfolgen.*

B. Es könnte der **allgemeine öffentlich-rechtliche Erstattungsanspruch** eingreifen.

I. Der allgemeine öffentlich-rechtliche Erstattungsanspruch ist **gewohnheitsrechtlich** als eigenständiges Rechtsinstitut des öffentlichen Rechts anerkannt, das sich aus dem Grundsatz der Gesetzmäßigkeit der Verwaltung (Art. 20 Abs. 3 GG) ergibt,[888] sodass eine analoge Anwendung der §§ 812 ff. BGB nicht erforderlich ist. Danach ist die Verwaltung verpflichtet, jede rechtswidrige Vermögensverschiebung rückgängig zu machen. **637**

II. Trotz der Eigenständigkeit des öffentlich-rechtlichen Erstattungsanspruchs besteht Einigkeit, dass die **Anspruchsvoraussetzungen** weitgehend dem zivilrechtlichen Bereicherungsanspruch entsprechen.[889] **638**

1. In Abgrenzung zu den §§ 812 ff. BGB ist Voraussetzung, dass es um eine Vermögensverschiebung im Rahmen einer **öffentlich-rechtlichen Beziehung** geht. Hier betraf die Zahlung des B eine vermeintlich öffentlich-rechtliche Zahlungspflicht aufgrund des öffentlich-rechtlichen Vertrages. **639**

2. Der Anspruchsgegner muss etwas, d.h. einen **Vermögenswert**, durch Leistung oder in sonstiger Weise **erlangt** haben. Insoweit gelten beim öffentlich-rechtlichen Erstattungsanspruch die zu §§ 812 ff. BGB entwickelten Grundsätze. Hier hat G durch die Zahlung der 250.000 EUR einen Vermögensvorteil durch Leistung des B erlangt. **640**

3. Die Leistung muss **ohne Rechtsgrund** erfolgt sein. B hat die Zahlung auf der Grundlage des § 3 des mit G geschlossenen Vertrages erbracht. Der Rechtsgrund fehlt daher, wenn § 3 des Vertrages **unwirksam** ist. **641**

---

888 BVerwG NJW 2006, 3225, 3226; DVBl. 2005, 781, 782; NJW 1999, 1201, 1202; NJW 1985, 2436; BGH NVwZ 1999, 801, 802; OVG NRW NWVBl. 2007, 16; OVG Lüneburg NordÖR 2002, 307, 308; Maurer/Waldhoff § 29 Rn. 28 f.; Schoch Jura 1994, 82, 84; Ossenbühl NVwZ 1991, 513, 516; Gellermann DVBl. 2003, 481, 486; Graulich ZAP 2005, 185, 192.

889 Vgl. OVG Bln-Bbg, Urt. v. 05.06.2014 – OVG 5 B 1.14; Gurlit in: Ehlers/Pünder § 35 Rn. 24 ff.; Schoch Jura 1994, 82, 86 m.w.N.

642 a) Eine **Einigung** zwischen den Parteien ist erfolgt.

b) Die nach § 57 VwVfG, § 11 Abs. 3 BauGB erforderliche **Schriftform** wird durch die notarielle Beurkundung ersetzt (§ 62 S. 2 VwVfG, § 126 Abs. 4 BGB).

c) § 3 des Vertrages ist unwirksam, wenn ein **Nichtigkeitsgrund** gemäß § 59 VwVfG vorliegt.

aa) § 1 des Vertrages könnte gemäß § 59 Abs. 1 VwVfG i.V.m. § 134 BGB nichtig sein, was nach § 59 Abs. 3 VwVfG zur Unwirksamkeit des gesamten Vertrages und damit auch der hier in Rede stehenden Regelung in § 3 des Vertrages führen könnte. Nach § 1 Abs. 3 S. 2 BauGB besteht **auf Aufstellung von Bauleitplänen kein Anspruch**; ein Anspruch kann auch nicht durch Vertrag begründet werden. Das ist hier jedoch nicht der Fall, da G sich nicht bindend zur Aufstellung des Bebauungsplans verpflichtet, sondern diesen nur **in Aussicht gestellt** hat, soweit dies planerisch vertretbar ist.

bb) Die Nichtigkeit könnte sich aber aus § 59 Abs. 2 Nr. 4 VwVfG ergeben. Danach ist ein subordinationsrechtlicher Austauschvertrag nichtig, wenn sich die Behörde eine nach § 56 VwVfG **unzulässige Gegenleistung** versprechen lässt. Folgekostenverträge sind öffentlich-rechtliche Austauschverträge i.S.d. §§ 54 S. 2, 56 VwVfG. Insoweit konkretisiert § 11 Abs. 2 BauGB die Vorgaben des § 56 VwVfG. Danach müssen die vereinbarten Leistungen den gesamten Umständen nach **angemessen** sein.[890]

Die vertraglich vereinbarte Gegenleistung des B betrug das 5-fache der tatsächlich entstandenen Folgekosten. Da hierfür keine sachliche Rechtfertigung bestand, ist die Gegenleistung unangemessen hoch. Diese Unangemessenheit führt nach § 59 Abs. 2 Nr. 4 VwVfG zur Nichtigkeit der Regelung in § 3 des Vertrages, sodass die Zahlung des B **ohne Rechtsgrund** erfolgte.

643 III. **Rechtsfolge** des Erstattungsanspruchs ist, wie beim zivilrechtlichen Bereicherungsanspruch, die **Herausgabe des Erlangten** (Rechtsgedanke des § 818 BGB).

Nach dem Rechtsgedanken des § 818 Abs. 1 BGB erstreckt sich der Anspruch daher auch auf die gezogenen Nutzungen.[891] Ist die Herausgabe wegen der Beschaffenheit des Erlangten nicht möglich, ist der Anspruch auf Wertersatz gerichtet (vgl. § 818 Abs. 2 BGB). „Ein öffentlich-rechtlicher Erstattungsanspruch besteht nur in dem Umfang, in dem es per saldo zu einem (rechtsgrundlosen) Vermögenszuwachs gekommen ist."[892] Ob damit die im Zivilrecht entwickelte Saldotheorie generell auch im Rahmen des ör Erstattungsanspruchs anzuwenden ist, ist umstritten. Die Lit. verneint dies, da der Hoheitsträger im Hinblick auf Art. 20 Abs. 3 GG nicht schutzwürdig sei.[893]

644 1. Die Gemeinde G könnte sich auf **Wegfall der Bereicherung** (Rechtsgedanke des § 818 Abs. 3 BGB) berufen, da sie das Geld bereits für die Errichtung öffentlicher Einrichtungen verbraucht hat, die sie sonst nicht errichtet hätte. Aufgrund der **eigenständigen Rechtsnatur** des ör Erstattungsanspruchs ist all-

890 Vgl. BVerwG, Urt. v. 29.01.2009 – BVerwG 4 C 15.07, RÜ 2009, 530, 532; Decker JA 2012, 286, 292; zur Wirksamkeit eines Ablösungsvertrages BVerwG NVwZ 2015, 1463: keine absolute Missbilligungsgrenze.

891 BVerwG NJW 1999, 1201, 1203; anders BVerwG NJW 1973, 1854 bei Erstattungsansprüchen gegen den Staat.

892 BVerwG DVBl. 2005, 781, 782; vgl. auch BVerwG NVwZ 2011, 690, 695.

893 Schoch JK 7/04, VwVfG § 56 I/4 gegen VGH Mannheim VBlBW 2004, 52, 55.

gemein anerkannt, dass diese Frage nicht pauschal nach den §§ 818 Abs. 3 u. Abs. 4, 819 Abs. 1 BGB beurteilt werden kann. Vielmehr muss bei der Frage der Entreicherung im Öffentlichen Recht eine **Abwägung zwischen dem Vertrauensschutz** und dem **Grundsatz der Gesetzmäßigkeit der Verwaltung** (Art. 20 Abs. 3 GG) erfolgen.[894]

a) Der **Staat** kann sich danach generell nicht auf den Wegfall der Bereicherung berufen. Denn die öffentliche Hand ist an Recht und Gesetz gebunden (Art. 20 Abs. 3 GG), wodurch sie uneingeschränkt verpflichtet wird, rechtsgrundlose Vermögensverschiebungen zu beseitigen.[895] 645

b) Beim **Bürger** ist dagegen ein Wegfall der Bereicherung nicht generell ausgeschlossen. Denn der Bürger, der im Vertrauen auf die Rechtsbeständigkeit der Leistung einen ihm gewährten Vermögensvorteil verbraucht hat, ist grds. **schutzwürdig**. Der Erstattungsanspruch entfällt daher, wenn das Vertrauen auf die Rechtsbeständigkeit der eingetretenen Vermögenslage das öffentliche Interesse an der Wiederherstellung einer dem Gesetz entsprechenden Vermögenslage überwiegt. Deshalb schadet, anders als im Rahmen von § 819 Abs. 1 BGB, nicht nur die Kenntnis von der Rechtsgrundlosigkeit, sondern das Vertrauen des Bürgers ist schon bei **grober Fahrlässigkeit** nicht schutzwürdig (Rechtsgedanke des § 49 a Abs. 2 S. 2 VwVfG, § 12 Abs. 2 S. 2 BBesG, § 52 Abs. 2 S. 2 BeamtVG).[896] 646

Hat der Bürger die Leistung infolge eines Bewilligungsbescheides erhalten, wird sein Vertrauen regelmäßig schon bei der vorherigen Aufhebung dieses Bescheides im Rahmen der §§ 48, 49 VwVfG berücksichtigt werden, sodass bei zulässiger Aufhebung ein Entreicherungseinwand i.d.R. entfallen dürfte.[897] Bei EU-rechtswidrigen Subventionen ist der Entreicherungseinwand i.d.R. ausgeschlossen, wenn die Beihilfe unter Verstoß gegen Art. 107, 108 AEUV gewährt worden ist.[898]

2. Im vorliegenden Fall handelt es sich um einen Anspruch des Bürgers **gegen den Staat**, der sich grundsätzlich nicht auf einen Wegfall der Bereicherung berufen kann. 647

Wegen der Gesetzesbindung der Verwaltung (Art. 20 Abs. 3 GG) sind auch die §§ 814 ff. BGB bzw. deren Rechtsgedanke auf den ör Erstattungsanspruch grds. nicht anwendbar. Die Gesetzesbindung der Verwaltung steht der Festschreibung rechtswidriger Zustände entgegen. Deshalb ist der Anspruch des Bürgers – abweichend von § 814 BGB – auch dann nicht ausgeschlossen, wenn die Leistung in Kenntnis der Nichtschuld erbracht wurde.[899] Ebenso ist der Anspruch auch bei sittenwidrigem Verstoß nicht ausgeschlossen (anders § 817 S. 2 BGB).[900] Demgegenüber dürfte die Anwendung des Rechtsgedankens des § 814 BGB **zulasten der Verwaltung** zu bejahen sein. Denn der Bürger darf darauf vertrauen, dass die Verwaltung nur solche Leistungen erbringt, die sie auch erbringen darf.[901] 648

---

894 BVerwGE 71, 85, 88 ff.; Detterbeck/Windthorst/Sproll § 25 Rn. 10.

895 BVerwG DVBl. 2005, 781, 782; Maurer/Waldhoff § 29 Rn. 34; Schoch Jura 1994, 82, 88; Janzen Jura 2010, 624, 627.

896 Vgl. dazu BVerwG NVwZ-RR 2017, 576, 577; NVwZ-RR 2012, 930, 931; Gurlit in: Ehlers/Pünder § 35 Rn. 27; Ossenbühl NVwZ 1991, 513, 516; Gellermann DVBl. 2003, 481, 486.

897 Maurer/Waldhoff § 29 Rn. 35; Schoch Jura 1994, 82, 89.

898 EuGH NJW 1998, 45, 47; BVerwG NJW 1998, 3728, 2731; Sydow JuS 2005, 97, 102 m.w.N., vgl. oben Rn. 159.

899 VGH Mannheim NVwZ 1991, 583, 587; Schoch Jura 1994, 82, 89; offengelassen von BVerwG NdsVBl. 2003, 236, 237; OVG Lüneburg NordÖR 2002, 307, 309; allgemein Janzen Jura 2010, 624, 626.

900 BVerwG NVwZ 2003, 993, 994; VGH Mannheim VBlBW 2004, 52, 55.

901 Gurlit in: Ehlers/Pünder § 35 Rn. 28.

Bei den spezialgesetzlichen Erstattungsvorschriften (§§ 49a Abs. 1 VwVfG, § 12 Abs. 2 BBesG, § 52 Abs. 2 BeamtVG) gelten die §§ 814, 817 BGB dagegen unstreitig nicht. Denn die Spezialvorschriften verweisen nur für den „Umfang der Erstattung" auf die §§ 812 ff. BGB (so ausdrücklich § 49 a Abs. 2 S. 1 VwVfG). Die §§ 814, 817 BGB regeln aber nicht den Umfang der Erstattung, sondern schließen den Bereicherungsanspruch bereits dem Grunde nach aus.[902]

649 3. Dem Rückforderungsbegehren des B könnte aber der **Grundsatz von Treu und Glauben** (§ 242 BGB analog) entgegenstehen, da die Leistung der Gemeinde (Erlass des Bebauungsplans) **nicht mehr rückgängig** gemacht werden kann.[903]

a) Anerkannt ist, dass der Grundsatz von Treu und Glauben, der im Öffentlichen Recht entsprechende Anwendung findet, ausnahmsweise zu einem teilweisen oder vollständigen **Ausschluss** des öffentlich-rechtlichen Erstattungsanspruchs führen kann.[904]

b) Bei Vermögensverschiebungen aufgrund eines nichtigen öffentlich-rechtlichen Vertrages wird ein treuwidriges Verhalten allerdings nur bejaht, wenn **besondere Umstände** in der Person oder im Verhalten des Erstattungsberechtigten vorliegen.[905] Erforderlich ist, dass es sich um Umstände handelt, die über das hinausgehen, was ohnehin schon zur Nichtigkeit des Vertrages geführt hat.

Das hat die Rspr. z.B. bei Folgekostenverträgen angenommen, wenn der Leistende durch die Übernahme der Kosten keinen Nachteil erlitten hat, weil er diese Kosten vertraglich auf einen Dritten (z.B. den Grundstückserwerber) abgewälzt hat.[906]

Anhaltspunkte hierfür sind vorliegend nicht ersichtlich. Somit ist der Erstattungsanspruch des B gegen die Gemeinde G begründet.

C. Der Anspruch könnte auch als **Folgenbeseitigungsanspruch** geltend gemacht werden.

650 I. Zum Teil wird der **öffentlich-rechtliche Erstattungsanspruch** lediglich als **Unterfall des FBA** angesehen. Der Erstattungsanspruch sei nichts anderes als ein auf die Rückzahlung von Geld gerichteter spezieller FBA, der den allgemeinen FBA verdränge.[907] Nach h.M. können FBA und Erstattungsanspruch dagegen nebeneinander bestehen, denn beide Ansprüche unterscheiden sich in den Voraussetzungen und der Rechtsfolge, auch wenn sie vielfach auf dasselbe Ziel hinauslaufen. Der FBA ist auf die Beseitigung eines **rechtswidrigen Zustandes** gerichtet, der Erstattungsanspruch dagegen auf die Rückgängigmachung einer **rechtsgrundlosen, nicht notwendigerweise rechtswidrigen** Vermögensverschiebung. Im Übrigen scheidet der FBA aus, wenn eine Wiederherstellung nicht möglich ist (s.o. Rn. 435), wohingegen der Erstattungsanspruch bei Unmöglichkeit der Herausgabe auf Wertersatz gerichtet ist (Rechtsgedanke des § 818 Abs. 2 BGB).

---

902 BVerwG, Urt. v. 22.03.2017 – BVerwG 5 C 5.16, Rn. 20.

903 BVerwG RÜ 2009, 530, 533; NJW 1998, 3135; OVG Lüneburg BauR 2008, 57, 65; VGH Mannheim NVwZ 1991, 583, 587; OVG NRW NJW 1992, 2245, 2246; Gurlit in: Ehlers/Pünder § 35 Rn. 28.

904 BVerwG RÜ 2009, 530, 533; NJW 1998, 3135; OVG Lüneburg BauR 2008, 57, 65; VGH Mannheim NVwZ 1991, 583, 587; OVG NRW NJW 1992, 2245, 2246; Gurlit in: Ehlers/Pünder § 35 Rn. 28.

905 BVerwG DVBl. 2009, 782, 783; DVBl. 2000, 1853, 1857; NVwZ 2003, 993, 994; OVG Hamurg DVBl. 2008, 1202; OVG Lüneburg BauR 2008, 57, 64; VGH Mannheim VBlBW 2004, 52, 54 f.; Ruffert Jura 2003, 633, 635; Ogorek JA 2003, 436, 439.

906 Vgl. BVerwG RÜ 2009, 530, 533; OVG Lüneburg BauR 2008, 57, 65 und oben Rn. 392.

907 BVerwG DÖV 1964, 712; OVG NRW DÖV 1964, 714; Morlok DV 25 (1992), S. 386 ff.

Der FBA ist daher **neben dem ör Erstattungsanspruch** anwendbar.[908]

II. Hinsichtlich der **Voraussetzungen** des FBA[909] ist hier lediglich fraglich, ob ein **hoheitlicher Eingriff** vorliegt. Bei Vermögensverschiebungen ist das nur der Fall, wenn die Behörde die Zahlung veranlasst hat bzw. ihr diese zuzurechnen ist. 651

Beispiel: B fordert nach Aufhebung des Abgabenbescheides Rückzahlung des festgesetzten Geldbetrages. Der Annahme eines FBA („hoheitliches Handeln") steht in diesen Fällen nicht entgegen, dass der Bürger „freiwillig" gezahlt hat. Denn der FBA greift nicht nur bei zwangsweiser Vollziehung ein, sondern auch, wenn der Betroffene dem an ihn durch VA gerichteten Gebot „freiwillig" nachgekommen ist.[910] Kein FBA besteht dagegen bei bloßen Überzahlungen durch den Bürger.[911] **Beispiel:** B überweist versehentlich einen höheren Betrag als nach dem Abgabenbescheid festgesetzt.

Hier erfolgte die Zahlung **nicht auf hoheitliche Veranlassung** der Behörde, sondern allein aufgrund der unwirksamen vertraglichen Regelung. Ein FBA scheidet mangels hoheitlichen Eingriffs damit aus. B kann seinen Rückzahlungsanspruch nur auf den *öffentlich-rechtlichen Erstattungsanspruch* stützen.

III. Die Durchsetzung des ör Erstattungsanspruchs

- Da der **Erstattungsanspruch des Bürgers** gegen den Staat öffentlich-rechtlicher Natur ist, ist er durch verwaltungsgerichtliche Leistungsklage durchzusetzen (§ 40 Abs. 1 S. 1 VwGO, ggf. § 126 Abs. 1 BBG bzw. § 54 Abs. 1 BeamtStG). 652

- Ist der Erstattungsanspruch **Folge eines VA** (z.B. eines Leistungsgebotes, das der Bürger zunächst erfüllt hat) und bedarf es daher der vorherigen Aufhebung des VA, so kann der Erstattungsanspruch (auch) auf den FBA gestützt und über § 113 Abs. 1 S. 2 VwGO als **Annex zum Anfechtungsantrag** geltend gemacht werden. 653

- Der **Staat** hat neben der **Leistungsklage** grds. auch die Möglichkeit, den Erstattungsanspruch durch VA **(Leistungsbescheid)** durchzusetzen. Das gilt jedenfalls dann, wenn die VA-Befugnis gesetzlich ausdrücklich geregelt ist (vgl. z.B. § 49 a Abs. 1 S. 2 VwVfG, § 50 Abs. 3 SGB X). Im Übrigen kann die Rückforderung nach h.Rspr. immer dann durch VA erfolgen, wenn die Leistung selbst durch VA gewährt worden ist (sog. **Kehrseitentheorie**).[912] Außerdem soll nach h.M. der Anspruch durch VA durchgesetzt werden können, wenn er aus einem **Über-/Unterordnungsverhältnis** resultiert.[913] Anders sieht dies ein Teil der Literatur. Wegen der Titel- und Vollstreckungsfunktion des VA sei für die VA-Befugnis im Hinblick auf das Prinzip vom Vorbehalt des Gesetzes eine besondere Ermächtigung erforderlich.[914] 654

---

908 Ossenbühl/Cornils, S. 396 f.; Broß VerwArch 1985, 217, 224; Windthorst JuS 1996, 894, 896; im Ergebnis auch OVG NRW DAR 1980, 223; a.A. Werner JA 2000, 902, 911.

909 Vgl. dazu oben Rn. 416 ff.

910 Vgl. Kopp/Schenke VwGO § 113 Rn. 92 m.w.N.

911 Detterbeck/Windthorst/Sproll § 26 Rn. 7.

912 BVerwGE 40, 85, 89; 89, 345, 350; Maurer/Waldhoff § 29 Rn. 37; Kopp/Ramsauer VwVfG § 49 a Rn. 27; Manssen/Greim JuS 2010, 429, 433.

913 BVerwG NJW 2009, 2905, 2906; BVerwG, Urt. v. 12.04.2017 – BVerwG 2 C 16.16; OVG NRW, Beschl. v. 23.05.2017 – 1 A 867/17; Maurer/Waldhoff § 10 Rn. 34.

914 Gurlit in: Ehlers/Pünder § 35 Rn. 31; im Einzelnen AS-Skript Verwaltungsrecht AT 1 (2017), Rn. 354 ff.

5. Abschnitt: Öffentliche Ersatzleistungen

A. Das System der öffentlichen Ersatzleistungen

655 Von den im 4. Abschnitt behandelten verwaltungsrechtlichen Abwehr-, Beseitigungs- und Unterlassungsansprüchen sind die **öffentlichen Ersatzleistungen** zu unterscheiden, die auf **Ausgleich eines Vermögensnachteils in Geld** gerichtet sind.

Die im 4. und 5. Abschnitt behandelten Ansprüche werden üblicherweise unter dem Begriff **„Staatshaftungsrecht"** zusammengefasst, wobei allerdings die Reichweite des Begriffs unterschiedlich verstanden wird. Nach früherem Verständnis fiel darunter nur die Haftung für hoheitliches Unrecht, während heute überwiegend von einem weiten Begriff der Staatshaftung ausgegangen wird (s.o. Rn. 402).

656 Das **Recht der öffentlichen Ersatzleistungen** bildet kein in sich geschlossenes Rechtsgebiet, sondern hat sich **historisch aus verschiedenen Grundgedanken** entwickelt:

- Haftung des Staates wegen **Pflichtverletzungen** (sog. Unrechtshaftung),
- Ersatzansprüche bei Eingriffen in das Eigentum (Art. 14 GG), insbes. **Enteignung**,
- Ersatzansprüche bei Eingriffen in nichtvermögenswerte Rechte i.S.d. Art. 2 Abs. 2 GG, sog. **Aufopferung**.

657 Um eine einheitliche Kodifizierung des unübersichtlichen und zum Teil auf Gewohnheitsrecht beruhenden Haftungssystem zu ermöglichen, hat der Bund seit 1994 die **konkurrierende Gesetzgebungskompetenz** für die Staatshaftung (Art. 74 Abs. 1 Nr. 25 GG). Bislang hat der Bund allerdings von dieser Gesetzgebungskompetenz noch keinen Gebrauch gemacht.

Bereits 1982 hatte der Bund auf der Grundlage von Art. 74 Nr. 1 GG a.F. (jetzt Art. 74 Abs. 1 Nr. 1 GG) ein Staatshaftungsgesetz erlassen, das das BVerfG jedoch wegen seinerzeit fehlender Gesetzgebungskompetenz des Bundes für verfassungswidrig und nichtig erklärt hatte: „Nach heutiger Auffassung gehört die Frage der Haftung des Staates, seiner Verantwortlichkeit für die Folgen pflichtwidriger Ausübung hoheitlicher Gewalt zum öffentlichen Recht. ... Die Einführung einer originären Staatshaftung und die Regelung der Folgenbeseitigung ist aufgrund des Art. 74 Nr. 1 GG nicht möglich."[915]

Nach Einführung der Gesetzgebungskompetenz in Art. 74 Abs. 1 Nr. 25 GG sah der Bund zunächst keinen Bedarf für die Schaffung eines einheitlichen Staatshaftungsgesetzes.[916] In der Koalitionsvereinbarung 2009 war ausdrücklich vorgesehen, dass das Staatshaftungsrecht kodifiziert und gerecht ausgestaltet werden sollte.[917] Umgesetzt wurde dieser Plan jedoch nicht.

I. Haftung wegen Pflichtverletzung (sog. Unrechtshaftung)

Schadensersatzansprüche
■ **Amtshaftung** (§ 839 BGB, Art. 34 S. 1 GG)
■ **ordnungsrechtliche Unrechtshaftung**
■ **vertragliche und vertragsähnliche Ersatzansprüche**
■ **Gefährdungshaftung**

915 BVerfGE 61, 149.

916 BT-Drs. 15/3952.

917 Koalitionsvertrag Wachstum, Bildung, Zusammenhalt (2009), S. 112, Zeile 5173 ff.

1. Historische Entwicklung der Amtshaftung

Die Grundlagen der Haftung des Staates für **Pflichtverletzungen**, also für **rechtswidriges Verhalten** (sog. Unrechtshaftung) finden sich bereits in den §§ 88, 89 des 10. Titels im Zweiten Teil des Preußischen Allgemeinen Landrechts (ALR) aus dem Jahre 1794. 658

§ 88: Wer ein Amt übernimmt, muß auf die pflichtgemäße Führung desselben die genaueste Aufmerksamkeit wenden.

§ 89: Jedes dabey begangene Versehen, welches bey gehöriger Aufmerksamkeit, und nach den Kenntnissen, die bey der Verwaltung des Amtes erfordert werden, hätte vermieden werden können und sollen, muß er vertreten.

Der **Beamte** haftete nach damaligem Verständnis für schuldhafte Pflichtverletzungen **persönlich**. Einer Haftung des Staates stand die Überlegung entgegen, dass der Staat auf rechtmäßiges Handeln beschränkt war und Pflichtverletzungen des Beamten dem Staat nicht zugerechnet werden konnten.

Der Landesherr (Staat) verstand sich als „Mandant" des Beamten. Unrechtmäßiges Handeln wurde als Mandatsüberschreitung angesehen, die dem Staat nicht zugerechnet wurde und vom Beamten persönlich zu verantworten war.[918] Parallelen hierzu bilden die aus anderen Rechtskreisen bekannten Rechtsfiguren der ultra-vires-Lehre oder der Unverantwortlichkeit der Krone („The King can do no wrong").

Diese **persönliche Haftung** ist Anfang des 20. Jahrhunderts in § 839 BGB übernommen worden und bildet auch heute noch die Grundlage der **Amtshaftung**. 659

§ 839 BGB: (1) Verletzt ein Beamter vorsätzlich oder fahrlässig die ihm einem Dritten gegenüber obliegende Amtspflicht, so hat er dem Dritten den daraus entstehenden Schaden zu ersetzen. …

In der Folgezeit setzte sich allerdings die Auffassung durch, dass der **Staat selbst** für Pflichtverletzungen seiner Organe haften müsse (Staatshaftung i.e.S.). Dieser Gedanke wurde z.B. im Gesetz über die Haftung des Reiches für seine Beamten von 1910 sowie in einer Reihe von Landesgesetzen übernommen. Verfassungsrechtlich wurde die Haftung des Staates erstmals durch Art. 131 Weimarer Reichsverfassung (WRV) abgesichert.

Art. 131 WRV: Verletzt ein Beamter in Ausübung der ihm anvertrauten öffentlichen Gewalt die ihm einem Dritten gegenüber obliegende Amtspflicht, so trifft die Verantwortlichkeit grundsätzlich den Staat oder die Körperschaft, in deren Dienste der Beamte steht.

Heute ist die entsprechende Regelung in **Art. 34 GG** enthalten. Konstruktiv wird dabei nach wie vor von der persönlichen Haftung des Beamten nach § 839 BGB ausgegangen. Diese Haftung wird nach Art. 34 S. 1 GG **auf den Staat übergeleitet**, der unter bestimmten Voraussetzungen beim Beamten Rückgriff nehmen kann (Art. 34 S. 2 GG). 660

Art. 34 GG: Verletzt jemand in Ausübung eines ihm anvertrauten öffentlichen Amtes die ihm einem Dritten gegenüber obliegende Amtspflicht, so trifft die Verantwortlichkeit grundsätzlich den Staat oder die Körperschaft, in deren Dienst er steht. …

Anders als in der Bundesrepublik hatte die **DDR** durch ihr Staatshaftungsgesetz 1969 die Staatshaftung von der persönlichen Verantwortung des Amtswalters gelöst und als originäre verschuldensunabhängige **Haftung des Staates** für eigenes Unrecht geregelt. Nach Art. 9 Abs. 1 EVertr galt das StHG-DDR zunächst in den neuen Ländern als Landesrecht fort, heute in modifizierter Form nur noch in Brandenburg und Thüringen. Für die Haftung nach § 1 StHG gelten dieselben Grundsätze wie für die verschuldensunabhängige ordnungsrechtliche Haftung[919] (dazu unten Rn. 742 ff.).

918 Sandkühler JA 2001, 149.

919 Vgl. BGH DVBl. 2006, 764 mit Anm. Grzeszick JZ 2006, 795 ff.; ausführlich Ossenbühl/Cornils, S. 554 ff.

2. Ordnungsrechtliche Unrechtshaftung

661 Neben der Amtshaftung aus § 839 BGB i.V.m. Art. 34 S. 1 GG besteht in den meisten Ländern ein Anspruch auf Entschädigung, wenn jemand durch eine rechtswidrige Maßnahme der Polizei- oder Ordnungsbehörden einen Schaden erleidet. Anders als die Amtshaftung ist die ordnungsrechtliche Haftung **verschuldensunabhängig** (s.u. Rn. 742 ff.).

Beispiele: Dem Bauherrn B wird die beantragte Baugenehmigung rechtswidrig versagt. G ist von der Polizei rechtswidrig in Gewahrsam genommen worden.

3. Vertragliche Haftung

662 Außerdem können im Öffentlichen Recht neben den deliktischen Ansprüchen auch **vertragliche** bzw. **vertragsähnliche Schadensersatzansprüche** bestehen, insb. kommen Schadensersatzansprüche analog §§ 280 ff. BGB in Betracht (s.u. Rn. 756 ff.).

Beispiele: Das Land L kommt mit der Leistung aus einem öffentlich-rechtlichen Vertrag in Verzug (vgl. § 62 S. 2 VwVfG). Die Bewerbung des Beamten B um einen Beförderungsposten ist aufgrund fehlerhafter Auswahlentscheidung abgelehnt worden.

4. Gefährdungshaftung

663 Schließlich gelten die Fälle der **Gefährdungshaftung** (z.B. § 7 StVG, § 33 LuftVG) auch für Hoheitsträger, und zwar unabhängig davon, ob das Verhalten hoheitlich oder privatrechtlich zu qualifizieren ist.

Beispiel: Der Polizeibeamte P verursacht bei einer Einsatzfahrt schuldhaft einen Verkehrsunfall. Neben Ansprüchen aus Amtshaftung (§ 839 BGB, Art. 34 S. 1 GG) besteht die Haftung nach § 7 StVG.

664 Ein besonderer Fall der Gefährdungshaftung findet sich in Art. 5 Abs. 5 EMRK (Europäische Menschenrechtskonvention) für rechtswidrige Freiheitsentziehungen. Die EMRK gilt innerstaatlich mit Gesetzeskraft und gewährt in Art. 5 Abs. 5 dem Betroffenen einen **unmittelbaren verschuldensunabhängigen Schadensersatzanspruch**, wenn seine Freiheit unter Verstoß gegen Art. 5 Abs. 1 EMRK beschränkt wird („Jede Person, die unter Verletzung dieses Artikels von Festnahme oder Freiheitsentziehung betroffen ist, hat Anspruch auf Schadensersatz.").

Beispiel: Schadensersatz bei konventionsrechtswidriger Sicherungsverwahrung.[920]

II. Ersatzansprüche bei Eingriffen in das Eigentum

1. Historische Entwicklung

665 Während es bei der Unrechtshaftung um die Haftung des Staates für rechtswidriges Verhalten geht, geht es bei Enteignung und Aufopferung um Fälle, in denen der Staat im öffentlichen Interesse gezwungen ist, **rechtmäßig** in die Rechte des Einzelnen einzugreifen. Für diese Eingriffe soll der Betroffene einen Ausgleich in Form einer **Entschädigung** erhalten, da er ein **Sonderopfer** erbringt.

920 BGH NJW 2014, 67; OLG Hamm NVwZ-RR 2015, 32; KG NJW-RR 2016, 346 in Folge von EGMR, Urt. v. 17.12.2009 – 19359/04, RÜ 2010, 97 und EGMR, Urt. v. 13.01.2011 – 6587/04, RÜ 2011, 165.

Die erste bedeutsame Normierung dieses Rechtsgedankens findet sich ebenfalls bereits in der **Einleitung zum Preußischen Allgemeinen Landrecht** von 1794 (EALR): 666

§ 74: Einzelne Rechte und Vortheile der Mitglieder des Staates muessen den Rechten und Pflichten zur Befoerderung des gemeinschaftlichen Wohls, wenn zwischen beyden ein wirklicher Widerspruch (Collision) eintritt, nachstehn.

§ 75: Dagegen ist der Staat demjenigen, welcher seine besondern Rechte und Vortheile dem Wohle des gemeinen Wesens aufzuopfern genoethigt wird, zu entschaedigen gehalten.

Diese Regelung wurde entsprechend dem Wortlaut des § 75 als **Aufopferung** bezeichnet. Da es für die Abwehr des Eingriffs damals meist keinen Rechtsschutz gab, pflegte man die dadurch herbeigeführte Rechtslage durch das Schlagwort **„dulde und liquidiere"** zu kennzeichnen.

2. Enteignung, Art. 14 Abs. 3 GG

Der Bau von Eisenbahnen und Straßen in der zweiten Hälfte des 19. Jahrhunderts führte dazu, dass der Staat in großem Umfang **Grundeigentum** des Bürgers benötigte und deshalb die rechtlichen Möglichkeiten schaffen musste, sich dieses notfalls auch zwangsweise zu beschaffen. Hierzu entwickelte sich als wichtigster Anwendungsfall der Aufopferung das Rechtsinstitut der **Enteignung**, das später durch **Art. 153 WRV** (Weimarer Reichsverfassung) verfassungsrechtlich abgesichert wurde. Im Grundgesetz findet sich die grundlegende Regelung des Eigentumsschutzes und der Enteignung in **Art. 14 GG**. Aufgrund der **Junktimklausel** in Art. 14 Abs. 3 S. 2 GG ist eine Enteignung nur zulässig, wenn das Gesetz zugleich Art und Ausmaß der Entschädigung regelt (s.u. Rn. 771 ff.). 667

3. Inhalts- und Schrankenbestimmungen, Art. 14 Abs. 1 S. 2 GG

Inhalts- und Schrankenbestimmungen i.S.d. Art. 14 Abs. 1 S. 2 GG sind grds. **entschädigungslos** hinzunehmen. Erweist sich eine Eigentumsbeschränkung jedoch im Einzelfall als unzumutbar, kann es erforderlich werden, die mit dem Eingriff verbundene Belastung durch eine Geldentschädigung abzumildern, um so die Verhältnismäßigkeit der Maßnahme sicherzustellen (s.u. Rn. 779 ff.). 668

Beispiele hierfür sind die sog. **ausgleichspflichtigen Inhaltsbestimmungen** bei Nutzungsbeschränkungen im Natur-, Landschafts- und Denkmalschutzrecht. **Beispiel:** Durch naturschutzrechtliche Anordnungen wird die landwirtschaftliche Nutzung eines Grundstücks untersagt, was zu einer erheblichen Beschränkung des Eigentums führt.

4. Enteignender und enteignungsgleicher Eingriff

Gewohnheitsrechtlich hat die Rspr. außerdem die Institute des **enteignungsgleichen Eingriffs** und des **enteignenden Eingriffs** entwickelt. Ihre Grundlage finden diese Ansprüche in dem allgemeinen Aufopferungsgedanken der §§ 74, 75 EALR. Sie dienen dazu, einen Ausgleich für nicht abwehrbare rechtswidrige Maßnahmen oder unvorhergesehene Nebenfolgen einer rechtmäßigen Maßnahme zu gewähren (s.u. Rn. 785 ff.). 669

Beispiele: Faktische Bausperre durch rechtswidrige Verzögerung einer Baugenehmigung, Verursachung einer Überschwemmung durch hoheitliche Planung.

Ansprüche bei Eingriffen in das Eigentum
■ **Enteignungsentschädigung (Art. 14 Abs. 3 S. 2–4 GG)**
■ **ausgleichspflichtige Inhaltsbestimmungen (Art. 14 Abs. 1 S. 2 GG)**
■ **Entschädigung wegen enteignungsgleichen Eingriffs**
■ **Entschädigung wegen enteignenden Eingriffs**

III. Ersatzansprüche bei Eingriffen in nichtvermögenswerte Rechte

670 Während es bei den eigentumsrechtlichen Ansprüchen um Eingriffe in vermögenswerte Rechte geht, soll der **allgemeine Aufopferungsanspruch** Eingriffe in **nichtvermögenswerte Rechte** i.S.d. Art. 2 Abs. 2 GG ausgleichen, wie Leben, Gesundheit und Freiheit. Er findet seine Grundlage ebenfalls in einem auf §§ 74, 75 EALR zurückgehenden Grundsatz des Gewohnheitsrechts. Wenn schon bei Eingriffen in das Eigentum (Art. 14 Abs. 1 GG) Entschädigung zu leisten ist, muss dies erst recht für Eingriffe in die hochrangigen Rechte des Art. 2 Abs. 2 GG gelten.

Beispiel: Wird ein Demonstrationsteilnehmer wegen des Fehlverhaltens eines anderen Demonstrationsteilnehmers von einem Polizeihund gebissen, so kommt eine Entschädigung nach allgemeinen Aufopferungsgrundsätzen in Betracht.[921]

671 Dieser Bereich ist heute allerdings zumeist **spezialgesetzlich** geregelt, sodass die **Bedeutung** des gewohnheitsrechtlichen Aufopferungsanspruchs **gering** ist (s.u. Rn. 823 ff.).

Spezialgesetzliche Regelungen gibt es z.B. für Impfschäden und für Gesundheitsschäden durch andere Maßnahmen der medizinischen Prophylaxe (vgl. §§ 60 ff. InfSG), Ausgleich bei rechtswidrigen Freiheitsentziehungen nach §§ 1 ff. StrEG (Strafverfolgungsentschädigungsgesetz) sowie die Entschädigung für Opfer von Gewalttaten nach §§ 1 ff. OEG (Opferentschädigungsgesetz).

Staatshaftungsrecht

Beseitigung/ Unterlassung	Haftung wegen Pflichtverletzung	Enteignung/ Aufopferung
■ ör Abwehr- und Unterlassungsanspruch ■ (Folgen-)Beseitigungsanspruch ■ ör GoA ■ ör Erstattungsanspruch	■ Amtshaftung (§ 839 BGB, Art. 34 GG) ■ Spezialregelungen, insbes. im POR ■ vertragliche/vertragsähnliche Haftung (§ 280 BGB analog) ■ Gefährdungshaftung (z.B. § 7 StVG)	■ Enteignungsentschädigung nach SpezialG ■ ausgleichspflichtige Inhaltsbestimmung nach SpezialG ■ enteignungsgleicher/ enteignender Eingriff ■ Aufopferung i.e.S. (§§ 74, 75 EALR)

921 OLG Frankfurt/Main NVwZ-RR 2014, 142; zur Amtshaftung bei gezieltem Einsatz eines Polizeihundes vgl. OLG Karlsruhe NVwZ-RR 2016, 45.

B. Schadensersatzansprüche, insbes. die Amtshaftung

I. Haftungsgrundlagen

1. Amtshaftung gemäß § 839 Abs. 1 BGB i.V.m. Art. 34 S. 1 GG

Die Haftung des Staates für **rechtswidriges, schuldhaftes Verhalten** seiner Amtswalter richtet sich im **hoheitlichen Bereich** in erster Linie nach **§ 839 Abs. 1 S. 1 BGB i.V.m. Art. 34 S. 1 GG**. Ausgangspunkt ist hierbei die auf Schadensersatz gerichtete Norm des § 839 BGB, die eine persönliche Haftung des Beamten begründet. **672**

§ 839 BGB: (1) Verletzt ein Beamter vorsätzlich oder fahrlässig die ihm einem Dritten gegenüber obliegende Amtspflicht, so hat er dem Dritten den daraus entstehenden Schaden zu ersetzen. …

Art. 34 S. 1 GG nimmt hierauf Bezug und ändert die sich aus § 839 BGB ergebende Rechtslage in zweierlei Hinsicht ab: **673**

Art. 34 GG: Verletzt jemand in Ausübung eines ihm anvertrauten öffentlichen Amtes die ihm einem Dritten gegenüber obliegende Amtspflicht, so trifft die Verantwortlichkeit grundsätzlich den Staat oder die Körperschaft, in deren Dienst er steht. …

- Die Haftung besteht nicht nur für Beamte im statusrechtlichen Sinne, sondern für **jeden Amtswalter** („jemand"), der „in Ausübung eines ihm anvertrauten öffentlichen Amtes", d.h. **hoheitlich** handelt (haftungsrechtlicher Beamtenbegriff).

- Die Eigenhaftung des Beamten wird im Wege der befreienden Schuldübernahme **auf den Staat übergeleitet** („mittelbare Staatshaftung"). Schuldner ist also nicht mehr der Beamte persönlich, sondern der hinter ihm stehende **Verwaltungsträger** (Bund, Land, Gemeinde etc.). Der Staat haftet **anstelle** des Amtswalters.

  Bei Vorsatz oder grober Fahrlässigkeit kann der Staat jedoch beim Beamten **Rückgriff** nehmen (Art. 34 S. 2 GG und § 75 Abs. 1 BBG, § 48 S. 1 BeamtStG).

Amtshaftung

§ 839 BGB	**Art. 34 S. 1 GG**
■ ~~Beamter~~	■ jemand ■ in Ausübung eines ihm anvertrauten öffentlichen Amtes (= **hoheitlich**)

- Verletzung einer einem Dritten gegenüber obliegenden Amtspflicht
- Verschulden (Vorsatz oder Fahrlässigkeit)
- kausaler Schaden
- Ausschlusstatbestände (§ 839 I 2, § 839 III BGB)

→ ~~Eigenhaftung des Beamten~~	→ Haftung des **Staates**

674 Wegen dieses Verhältnisses der beiden Vorschriften

- § 839 BGB als **haftungsbegründende Norm** und
- Art. 34 S. 1 GG als verfassungsrechtliche **Zurechnungsnorm**

ist es üblich, § 839 BGB und Art. 34 GG als **einheitliche Anspruchsgrundlage** zu behandeln[922] (deshalb im Folgenden: 839/34).

Eine im Vordringen befindliche Auffassung versteht Art. 34 S. 1 GG nicht nur als Zurechnungsnorm, sondern als eigentliche Anspruchsgrundlage, die durch § 839 BGB konkretisiert wird.[923] Die Zitierweise ist deshalb unterschiedlich. Die Rspr. spricht üblicherweise von einem Anspruch gemäß „§ 839 Abs. 1 S. 1 BGB i.V.m. Art. 34 S. 1 GG",[924] die Lit. teilweise von „Art. 34 S. 1 GG i.V.m. § 839 Abs. 1 S. 1 BGB".[925] Sachliche Unterschiede ergeben sich daraus nicht.

2. Verhältnis zu anderen Haftungsregeln

Haftung für rechtswidrige hoheitliche Maßnahmen
■ **Spezialregelungen**, z.B. § 19 BNotO
■ **§ 839 BGB, Art. 34 S. 1 GG**
– §§ 823, 826, 831 BGB nicht anwendbar bei hoheitlicher Tätigkeit
– § 280 BGB analog, § 7 StVG, Enteignung, Aufopferung bleiben anwendbar
■ **Haftung nach POR** für rechtswidrige Maßnahmen (neben 839/34 anwendbar)

675 Ausnahmsweise wird die Amtshaftung durch **Spezialregelungen** verdrängt. Denn durch Art. 34 S. 1 GG wird die Eigenhaftung des Beamten im hoheitlichen Bereich nur **„grundsätzlich"** auf den Staat übergeleitet, was Ausnahmen zulässt.

Beispiele: § 19 BNotO begründet eine Eigenhaftung des Notars. Eine Haftung des Staates besteht nicht (§ 19 Abs. 1 S. 4 BNotO). Gerichtliche Sachverständige haften persönlich nach § 839 a BGB.[926]

676 Die Amtshaftung **verdrängt** ihrerseits im hoheitlichen Bereich sämtliche **verschuldensabhängige Deliktstatbestände**. Nicht anwendbar bei hoheitlicher Tätigkeit sind daher insbes. die §§ 823, 826, 831 BGB.[927] Bei schuldhafter Amtspflichtverletzung durch hoheitliche Maßnahmen haftet daher weder der Beamte nach § 839 BGB noch der Staat nach § 831 BGB, sondern der **Staat nach 839/34**. Die §§ 823 ff. BGB sind daher nur anwendbar, wenn der Staat privatrechtlich handelt.

Bei rechtswidriger Versagung einer Baugenehmigung (hoheitliche Tätigkeit) haftet der Staat daher nach 839/34 (unten Fall 17), bei Verstoß gegen die privatrechtliche Verkehrssicherungspflicht kommen Ansprüche nach §§ 823, 831 BGB in Betracht (s.u. Rn. 688 f.).

677 Alle anderen Ansprüche auf **Schadensersatz** oder **Entschädigung** können dagegen **neben** 839/34 geltend gemacht werden. Nicht ausgeschlossen sind z.B. **vertragliche** Schadensersatzansprüche analog § 280 BGB, Ansprüche aus **Gefährdungshaftung** (z.B. nach § 7 StVG)[928] und Ansprüche wegen **Enteignung** oder **Aufopferung**.

922 Vgl. Voßkuhle/Krause JuS 2015, 1076; Papier/Schirvani in: MünchKomm BGB § 839 Rn. 119 ff.

923 Vgl. Jarass/Pieroth GG Art. 34 Rn. 1; Maurer/Waldhoff § 26 Rn. 8; zum Streit vgl. Hartmann/Tieben JA 2014, 401.

924 So z.B. BVerfG NVwZ 2017, 1198, 1199; BGH NVwZ 2017, 251, 252; NVwZ-RR 2017, 579, 580.

925 Maurer/Waldhoff § 26 Rn. 9; Voßkuhle/Kaiser JuS 2015, 1076; Papier in: Maunz/Dürig, GG, Art. 34 Rn. 17 ff.

926 Zur Abgrenzung von § 839 BGB und § 839 a BGB vgl. Klement Jura 2010, 867, 867 f.

927 Maurer/Waldhoff § 26 Rn. 48; Schlick NJW 2015, 2703, 2708.

Beispiel: Der Beamte B verursacht bei einer Dienstfahrt mit einem **Dienstwagen** einen Verkehrsunfall. Der Staat haftet nach § 7 StVG und – wenn der Unfall von B schuldhaft verursacht wurde – auch nach 839/34. B haftet wegen der Haftungsüberleitung gemäß Art. 34 S. 1 GG nicht persönlich, weder nach § 823 BGB noch nach § 18 StVG. Denn die Fahrerhaftung beruht auf vermutetem Verschulden. Daher wird § 18 StVG, anders als § 7 StVG, durch 839/34 verdrängt.[929] Verursacht B den Unfall bei einer Dienstfahrt mit dem **eigenen Pkw**, so haftet der Dienstherr gemäß 839/34 und B als Halter gemäß § 7 StVG.[930]

Ebenfalls neben dem Amtshaftungsanspruch anwendbar ist die verschuldensunabhängige Haftung des Staates für **überlange Gerichtsverfahren** nach § 198 Abs. 1 S. 1 GVG und überlange strafrechtliche Ermittlungsverfahren nach § 199 Abs. 1 GVG.[931] Danach muss der Staat den Bürger, der infolge unangemessener Dauer eines Verfahrens einen Nachteil erleidet, angemessen entschädigen. Voraussetzung ist, dass der Betroffene die Verzögerung zuvor gerügt hat (**Verzögerungsrüge**, § 198 Abs. 3 GVG).[932] Anders als der Amtshaftungsanspruch gewährt § 198 Abs. 1 S. 1 GVG **keinen vollen Schadensersatz** nach §§ 249 ff. BGB, sondern nur eine **angemessene Entschädigung**.[933] **678**

Die Regelung wurde 2011 eingeführt, nachdem der EGMR Deutschland aufgrund überlanger Verfahren mehrmals wegen einer Verletzung von Art 6 Abs. 1 EMRK und später auch wegen einer Verletzung von Art. 13 EMRK verurteilt hatte.[934] Der früher allein in Betracht kommende Amtshaftungsanspruch genügte nicht, weil der betroffene Bürger ein Verschulden des jeweiligen Richters oder ein Organisationsverschulden der Justizverwaltung nachweisen musste.[935] Außerdem gewährte die Amtshaftung keinen Anspruch wegen der Nichtvermögensschäden, die durch lange Verfahren entstanden.[936] Nach § 198 Abs. 2 GVG wird nunmehr grds. auch der immaterielle Schaden ersetzt, wobei die Entschädigung i.d.R. 1.200 EUR für jedes Jahr der Verzögerung beträgt. Für verwaltungsgerichtliche Verfahren gilt § 198 ZPO aufgrund des Verweises in § 173 S. 2 VwGO, für das BVerfG gelten die §§ 97a ff. BVerfGG.[937]

II. Die Voraussetzungen der Amtshaftung

Aufbauschema: Amtshaftung (§ 839 Abs. 1 S. 1 BGB i.V.m. Art. 34 S. 1 GG)

I. Anwendbarkeit: kein Ausschluss durch Spezialgesetz

II. Voraussetzungen

1. **Handeln in Ausübung eines öffentlichen Amtes** (= hoheitlich), Art. 34 S. 1 GG
2. **Verletzung einer einem Dritten gegenüber obliegenden Amtspflicht**, § 839 Abs. 1 S. 1 BGB
3. **Verschulden** (Vorsatz, Fahrlässigkeit), § 839 Abs. 1 S. 1 BGB
4. **kein Haftungsausschluss** (§ 839 Abs. 1 S. 2, § 839 Abs. 3 BGB)

III. Rechtsfolge: Ersatz des zurechenbar verursachten Schadens

---

928 BGHZ 121, 161, 168; BGH NVwZ 2008, 238, 239; Maurer/Waldhoff § 26 Rn. 49.

929 Vgl. BGHZ 121, 161, 167; Maurer/Waldhoff § 26 Rn. 48; Ossenbühl/Cornils, S. 117.

930 BGH NJW 2002, 3172, 3173.

931 Vgl. z.B. BVerwG NVwZ-RR 2017, 635; NJW 2016, 3464; NVwZ-RR 2015, 641; Schlick NJW 2014, 2686, 2687.

932 Vgl. dazu BVerfG, Beschl. v. 30.05.2012 – 1 BvR 2292/11.

933 Vgl. Ossenbühl DVBl. 2012, 857 ff.; Steinbeiß-Winkelmann NJW 2014, 1276 ff.; Schmidt NVwZ 2015, 1710; Reiter NJW 2015, 2254 ff.; allgemein zum Rechtsschutz bei überlanger Verfahrensdauer Schenke NVwZ 2012, 257 ff.

934 Vgl. EGMR NJW 2010, 3355, 3357; zur Haftung bei Verstoß gegen Art. 47 EUGRCh Berrisch EuZW 2017, 254.

935 Vgl. z.B. BGH, Urt. v. 03.11.2010 – III ZR 32/10, RÜ 2011, 195, 196 f.; dazu Hebeler JA 2011, 719 f.

936 Althammer JZ 2011, 446, 448 f.; vgl. auch EGMR NJW 2006, 2389, 2392.

937 Vgl. dazu BVerfG DVBl. 2016, 244; NJW 2015, 3361; NVwZ 2013, 1479; Zuck NVwZ 2013, 779 ff.

1. Handeln in Ausübung eines öffentlichen Amtes

a) Wahrnehmung einer öffentlichen Aufgabe

679 Die Amtshaftung setzt nach Art. 34 S. 1 GG voraus, dass **jemand in Ausübung eines ihm anvertrauten öffentlichen Amtes** gehandelt hat. Sie erfasst daher nur die öffentlich-rechtliche, d.h. **hoheitliche Tätigkeit** der Verwaltung. Bei privatrechtlichem Handeln greift nicht die Amtshaftung ein, sondern es gelten die §§ 823 ff. BGB. Entscheidend für die Abgrenzung ist nicht die Person des Handelnden, sondern seine **Funktion**, d.h. die Aufgabe, die er konkret wahrgenommen hat. Erfasst wird **jeder Amtswalter, der hoheitlich handelt (haftungsrechtlicher Beamtenbegriff)**, d.h. Beamte und Angestellte im öffentlichen Dienst, ebenso Minister, Richter, Soldaten, Beliehene etc.[938]

Beispiele:

- Amtshaftung nach 839/34 für Fehler eines **Notarztes**, wenn der Rettungsdienst öffentlich-rechtlich organisiert ist.[939]
- Der TÜV-Sachverständige handelt nach § 29 StVZO als **Beliehener** und damit hoheitlich.[940] Die Haftung bei Erteilung/Versagung der Prüfplakette richtet sich daher nach 839/34, verantwortlich ist der beleihende Verwaltungsträger.[941]
- Nicht vom Amtshaftungsanspruch erfasst werden **Kriegshandlungen** während des 2. Weltkrieges[942] und **bewaffnete Einsätze der Bundeswehr** im Ausland.[943] Eine solche Haftung wird weder vom Völkerrecht verlangt noch ging der Gesetzgeber bei Schaffung des § 839 BGB davon aus, dass hiervon auch Schäden durch militärische Kampfhandlungen erfasst würden. Eine generelle Haftung würde überdies den außen- und verteidigungspolitischen Handlungsspielraum der Bundesrepublik unangemessen beschränken und bedarf deshalb der Entscheidung des parlamentarischen Gesetzgebers. Nach der Gegenansicht spricht die Werteordnung des Grundgesetzes (insbes. Art. 1 Abs. 1 u. 3, Art. 20 Abs. 3 und Art. 19 Abs. 4 GG) für die Anwendbarkeit des Amtshaftungsrechts auch auf Kriegsschäden. Allerdings müssten an die Amtspflichtverletzung eines im Kampfeinsatz befindlichen Soldaten höhere Maßstäbe angelegt werden als bei einem verwaltungsmäßig handelnden Beamten.[944]

680 ***Beachte:*** *Handelt der Beamte nicht hoheitlich, sondern **privatrechtlich**, so greift die Haftungsübernahme des Art. 34 S. 1 GG nicht ein. Eine Haftung des Staates scheidet damit aus, vielmehr haftet der **Beamte** bei privatrechtlicher Tätigkeit **persönlich**.*[945]

681 Problematisch ist die Haftung, wenn der Staat Private als **Verwaltungshelfer** einschaltet (z.B. Straßenbauunternehmer, Abschleppunternehmer). Für die Einordnung kommt es hierbei nicht auf das Innenverhältnis zwischen Staat und Drittem an, sondern auf die Funktion, d.h. auf die Aufgabe im **Außenverhältnis** zum Bürger. Insbesondere im Bereich der **Eingriffsverwaltung** muss sich der Staat das Verhalten von ihm eingeschalteter privater Dritter als hoheitliches Handeln zurechnen lassen.[946]

---

938 Vgl. BGH NJW 2002, 3172, 3173; BGHZ 118, 304, 305; Schlick NJW 2016, 2715, 2717.

939 BGH NJW 2005, 429; NVwZ-RR 2010, 502; NVwZ-RR 2017, 378, 379.

940 BGH NJW 2004, 3484; DVBl. 1993, 732; BGHZ 147, 169.

941 Vgl. OLG Koblenz NJW-RR 2016, 729 und AS-Skript Verwaltungsrecht AT 1 (2017), Rn. 36; allgemein BGH NVwZ 2012, 381; OLG HammNVwZ-RR 2014, 914 (Haftung der Post für Folgen einer unrichtigen Zustellungsurkunde).

942 BVerfG NJW 2006, 2542; BGH NJW 2003, 3488, 3491 (keine Ansprüche wegen der Ermordung von Geiseln durch SS-Einheiten); BVerfG NJW 2004, 3257; EGMR NJW 2009, 492 (kein Anspruch italienischer Kriegsgefangener für Zwangsarbeit); allgemein Frenzel/Wiedemann NVwZ 2008, 1088 ff.; vgl. auch BVerfG EuGRZ 2013, 563.

943 BGH, Urt. v. 06.10.2016 – III ZR 140/15, RÜ 2017, 128 (zum sog. Kundus-Angriff in Afghanistan); zustimmend Hebeler JA 2017, 319; Waldhoff JuS 2017, 572; Schlick NJW 2017, 2509, 2514; kritisch Schmahl NJW 2017, 128 ff.

944 OLG Köln NJW 2015, 392, 394; NJW 2005, 2860, 2862: 839/34 anwendbar, aber keine schuldhafte Amtspflichtverletzung; ebenso Ackermann NVwZ 2017, 95 f.

945 BGH NVwZ 2004, 1526, 1527 m.w.N.

946 BGH NJW 1993, 1258, 1259; NJW 1997, 2431, 2432; DVBl. 2005, 247, 248; Voßkuhle/Kaiser JuS 2015, 1076, 1078.

Beispiel: Für Fehlverhalten des Abschleppunternehmers haftet der Staat nach 839/34.[947] Für Beliehene und Verwaltungshelfer gilt aber nicht die Rückgriffsbeschränkung des Art. 34 S. 2 GG. Denn es fehlt an einem rechtfertigenden Grund, Private abweichend von den zivilrechtlichen Regeln teilweise freizustellen.[948] Ein Rückgriff ist daher auch bei leichter Fahrlässigkeit möglich.

Im Übrigen bejaht die h.Rspr. eine Haftung des Staates nur dann, wenn der Private weisungsabhängig ist und keinen oder nur einen begrenzten Entscheidungsspielraum hat (sog. **Werkzeugtheorie**).[949] **682**

„Je stärker der hoheitliche Charakter der Aufgabe in den Vordergrund tritt, je enger die Verbindung zwischen den übertragenen Tätigkeiten und der von der Behörde zu erfüllenden hoheitlichen Aufgaben und je begrenzter der Entscheidungsspielraum des Unternehmers ist, desto näher liegt es, ihn als Beamten im haftungsrechtlichen Sinne anzusehen."[950]

Beispiele: Bejaht hat die Rspr. eine Haftung des Staates z.B. für den Winterdienst durch einen privaten Unternehmer[951] und den Bauunternehmer bei fehlerhafter Reparatur der Kanalisation,[952] verneint dagegen beim privaten Straßenbauunternehmer, es sei denn, der Hoheitsträger hat weitgehende Weisungsbefugnisse,[953] ebenso keine Haftung des Jugendamts für Verschulden der Pflegeltern.[954]

Die Lit. hält diese Einschränkung nicht für sachgerecht. Auch das Fehlverhalten selbstständiger Dritter müsse dem Staat grds. nach Art. 34 S. 1 GG zugerechnet werden, sofern jene mit Wissen und Wollen des Staates dem Betroffenen gegenüber zur Erfüllung öffentlich- rechtlicher Pflichten tätig werden. Für den Bürger mache es keinen Unterschied, ob er durch eigene Mitarbeiter des Staates oder durch Mitarbeiter eines vom Staat eingeschalteten privaten Unternehmers geschädigt werde.[955] Gegen eine solche ausschließlich **funktionsbezogene Betrachtung** spricht jedoch, dass der Staat dann bei Erfüllung öffentlich-rechtlicher Pflichten schlechter stünde als z.B. ein privater Bauherr, der für das Fehlverhalten des selbstständigen Bauunternehmers grds. nicht einzustehen hat.[956] **683**

Beachte: *Die Abgrenzung hat vor allem Bedeutung für die Eigenhaftung des Unternehmers. Handelt er als öffentlich-rechtlicher Verwaltungshelfer hoheitlich, so scheidet eine persönliche Haftung aus. Es haftet nur der Staat (Art. 34 S. 1 GG).*

b) Abgrenzung zum privatrechtlichen Handeln

Für die **Abgrenzung** des hoheitlichen Bereichs (§ 839 BGB, Art. 34 GG) zum Privatrecht (§§ 823 ff. BGB) gelten die allgemeinen Regeln:

- Hoheitliche Tätigkeit liegt unproblematisch vor, wenn die schädigende Handlung **eindeutig** auf **öffentlich-rechtlicher Rechtsgrundlage** erfolgt (insbes. bei der klassischen Eingriffsverwaltung, wie z.B. im Polizeirecht). **684**

---

947 BGH, Urt. v. 18.02.2014 – VI ZR 383/12, RÜ 2014, 332, 333; ebenso OLG Koblenz DVBl. 2011, 60 für den Abbruchunternehmer bei der Ersatzvornahme im Baurecht; ebenso Schlick NJW 2014, 2915; Waldhoff JuS 2015, 92.

948 BVerwG, Urt. v. 26.08.2010 – BVerwG 3 C 35.09, RÜ 2010, 738, 740; BGH DVBl. 2005, 247, 249; dazu Waldhoff JuS 2011, 191 f.; Weschpfennig DVBl. 2011, 1137, 1139; Kiefer NVwZ 2011, 1300, 1301.

949 BGH NJW 2014, 3580, 3581; NJW 2014, 2577; NJW 2006, 1121, 1123.

950 BGH, Urt. v. 18.02.2014 – VI ZR 383/12, RÜ 2014, 332, 333.

951 BGH NJW 2014, 3580; Schlick NJW 2015, 2703, 2706.

952 OLG Köln, Urt. v. 21.01.2015 – 16 U 99/14.

953 Vgl. einerseits OLG Hamm NVwZ-RR 1999, 223, 224; andererseits OLG Nürnberg NVwZ-RR 2010, 955, 956.

954 BGH NJW 2006, 1121, 1123; Schlick NJW 2008, 127, 128.

955 Papier/Schirvani in: MünchKomm BGB § 839 Rn. 138; Stelkens JZ 2004, 656, 658; Petersen Jura 2006, 411, 413; im Ergebnis auch OLG Celle NVwZ-RR 2009, 863, 864; vgl. näher AS-Skript Verwaltungsrecht AT 1 (2017), Fall 1.

956 Vgl. Stelkens JZ 2004, 656, 658 f.

685 ■ Im Bereich der **Leistungsverwaltung** hat die öffentliche Hand ein Wahlrecht; sie kann privatrechtlich oder öffentlich-rechtlich handeln.[957] Wenn es hier zu Schädigungen kommt, ist maßgeblich, wie der Hoheitsträger das Rechtsverhältnis konkret ausgestaltet hat.

So haftet die Stadt S für eine Pflichtverletzung des Bademeisters nach 839/34, wenn sie die Benutzung des Hallenbades öffentlich-rechtlich durch Satzung geregelt hat. Erfolgt die Benutzung aufgrund privatrechtlicher Regelungen, so haftet sie nach den allgemeinen privatrechtlichen Grundsätzen (§§ 823, 89, 31 BGB bzw. § 831 BGB).

686 ■ Kommt es zu Schäden durch Handlungen, die ihrer äußeren Erscheinungsform nach von jedermann vorgenommen werden können (sog. **neutrale Handlungen**), so ist auf den Zweck der Tätigkeit abzustellen. Die Handlung muss im **Funktionszusammenhang** mit der Wahrnehmung öffentlich-rechtlicher Aufgaben stehen.[958]

687 – Besondere Bedeutung hat hierbei die **Teilnahme am Straßenverkehr**. Diese ist jedenfalls dann hoheitlich zu qualifizieren, wenn der Amtsträger **Sonderrechte** gemäß § 35 StVO in Anspruch nimmt.[959]

Beispiele: Eine Polizeistreife verfolgt einen flüchtigen Straftäter unter Einsatz von Blaulicht und Martinshorn; ein Fahrzeug der Straßenbauverwaltung mäht den Rasen am Straßenrand (vgl. § 35 Abs. 6 StVO).[960] Kommt es zu einem Verkehrsunfall, richtet sich die Haftung des Staates nach 839/34 und nach § 7 StVG (s.o. Rn. 677).

Im Übrigen liegt hoheitliches Handeln vor, wenn es sich um eine **Dienstfahrt** handelt, d.h. wenn zwischen dem öffentlichen Zweck der Fahrt und der schädigenden Handlung ein **innerer Zusammenhang** besteht.

So sind z.B. Streifenfahrten der Polizei auch ohne Inanspruchnahme von Sonderrechten öffentlich-rechtlich zu qualifizieren. **Gegenbeispiel:** Die Fahrt mit einem Dienstwagen aus fiskalischen Gründen (z.B. zum Einkauf von Büromaterial) ist privatrechtlich.

688 – Die Wahrnehmung von **Verkehrssicherungspflichten** durch einen Hoheitsträger ist nach der Rspr. grds. **privatrechtlich** zu beurteilen. Denn sie folgt aus dem allgemeinen, aus §§ 823 und 836 BGB abzuleitenden Rechtsgrundsatz, dass jeder, der in seinem Verantwortungsbereich eine Gefahrenquelle schafft, diejenigen zumutbaren Maßnahmen und Vorkehrungen treffen muss, die zur Abwehr der Dritten drohenden Gefahren notwendig sind. Schadensersatzansprüche wegen Verletzung der Verkehrssicherungspflicht richten sich deshalb grds. **nicht nach 839/34**, sondern nach den allgemeinen Deliktsvorschriften (§§ 823 ff. BGB).[961]

Beispiel: Die Stadt haftet für den ordnungsgemäßen Zustand eines Kinderspielplatzes nach §§ 823 ff. BGB.[962]

689 Allerdings kann **durch Gesetz** bestimmt werden, dass die Verkehrssicherungspflicht öffentlich-rechtlicher Natur ist. Derartige Vorschriften sind in fast allen Ländern für die **Straßenverkehrssicherungspflicht** erlassen worden, sodass bei deren Verletzung der Träger der Straßenbaulast nach **839/34** haftet.[963]

---

957 Vgl. AS-Skript Verwaltungsrecht AT 1 (2017), Rn. 52.

958 BGH NJW 1992, 1227, 1228; Papier/Schirvani in: MünchKomm BGB § 839 Rn. 148; Rinne/Schlick NJW 2004, 1918.

959 BGH NJW 1991, 1171; OLG Nürnberg NVwZ 2001, 1324.

960 BGH NJW-RR 2013, 1490.

961 BGH NVwZ 2005, 1456, 1457; NVwZ 2006, 1084, 1085; Papier/Schirvani in: MünchKomm BGB § 839 Rn. 177 ff.

962 OLG Brandenburg NVwZ 2002, 1145; OLG München NJW-RR 2007, 746; OLG Jena NJW-RR 2011, 961 f.

963 BGH NVwZ 2000, 1209; OLG Nürnberg NVwZ-RR 2010, 955; Papier/Schirvani in: MünchKomm BGB § 839 Rn. 182.

Beispiele: Haftung nach 839/34 für Straßenschäden[964] oder für den Zustand von Straßenbäumen.[965] Einen Unterfall der ör Straßenverkehrssicherungspflicht bildet die öffentlich-rechtliche Reinigungs- und Streupflicht.[966]

c) Handeln „in Ausübung des Amtes"

Liegt hoheitliches Handeln vor, muss der Handelnde nach Art. 34 S. 1 GG **„in Ausübung seines Amtes"** gehandelt haben, d.h. es muss ein **enger äußerer und innerer Zusammenhang** zwischen dem übertragenen Amt und der schädigenden Handlung bestehen. Die Schädigung darf **nicht bloß bei Gelegenheit** oder in Vorbereitung der Amtsausübung erfolgt sein (Parallele zu § 831 BGB).[967] **690**

Beispiele: Polizist P verwahrt seine Dienstwaffe in der Privatwohnung nicht sorgfältig, wodurch sein Sohn Gelegenheit erhält, die geladene Waffe an sich zu nehmen und einen Dritten durch einen Schuss zu verletzen. Die dienstlichen Obhutspflichten beziehen sich auch auf die dienstfreie Zeit. Das Land haftet daher wegen der (Amts-)Pflichtverletzung des P nach 839/34.[968]

Gegenbeispiel: Ein Beamter, der unbefugt ein Dienstfahrzeug benutzt, wird in der Regel nicht in Ausübung eines öffentlichen Amtes tätig, sondern bei Gelegenheit. Für Verkehrsunfälle bei „Schwarzfahrten" haftet nicht der Staat, sondern der Beamte grds. persönlich nach §§ 823 ff. BGB.

2. Amtspflichtverletzung

Wesentliche Voraussetzung der Amtshaftung ist, dass der Amtswalter **die ihm einem Dritten gegenüber obliegende Amtspflicht verletzt.** **691**

Amtspflichtverletzung
■ **Bestehen einer Amtspflicht**
■ **Drittbezogenheit der Amtspflicht** – Drittwirkung i.S.d. Schutznormtheorie – persönlicher Schutzbereich – sachlicher Schutzbereich
■ **Verletzung der Amtspflicht**

a) Begründung von Amtspflichten

Nach herrschendem Verständnis entstehen Amtspflichten im **Innenverhältnis** zwischen dem Amtswalter und dem Dienstherrn. Deshalb können sich Amtspflichten nicht nur aus Gesetzen ergeben, sondern **auch aus Verwaltungsvorschriften** und verwaltungsinternen **Weisungen.**[969] Amtspflicht ist daher **jede persönliche Verhaltenspflicht** des Amtsträgers in Bezug auf seine Amtsführung. **692**

964 BGH NVwZ-RR 2011, 993; OLG Saarbrücken NJW-RR 2010, 602; OLG Oldenburg NVwZ-RR 2011, 993.
965 BGH, Urt. v. 06.03.2014 – III ZR 352/13, NJW 2014, 1588.
966 Vgl. z.B. BGH NZV 2015, 72; NVwZ-RR 2013, 909; OLG Hamm NZV 2016, 527; OLG Hamm, Urt. v. 18.11.2016 – 11 U 17/16.
967 BGH NJW 2000, 467; Maurer/Waldhoff § 26 Rn. 15; Papier/Shirvani in: MünchKomm BGB § 839 Rn. 188 ff.
968 BGH NJW 2000, 467; vgl. auch BGH NJW 2009, 3509.
969 BGH NJW 2001, 3054; NVwZ-RR 2000, 746; Maurer/Waldhoff § 26 Rn. 16 f.; Sandkühler JA 2001, 414.

693 Nach der Gegenansicht reicht ein Verstoß gegen interne Weisungen und Verwaltungsvorschriften nicht aus.[970] Dagegen spricht jedoch der Wortlaut des Art. 34 GG und des § 839 BGB, die ausdrücklich von einer „Amtspflicht" und nicht von einer „Rechtspflicht" sprechen. Konstruktiv geht die Amtshaftung von einem Verstoß des Amtsträgers gegen seine aus dem Innenverhältnis resultierenden Amtspflichten aus. Eine Gleichsetzung von Amtspflichten und Rechtspflichten würde die Amtshaftung in eine unmittelbare Staatshaftung für rechtswidrige Maßnahmen uminterpretieren.

694 ***Deshalb verbietet sich beim Amtshaftungsanspruch auch eine selbstständige Prüfung der Rechtswidrigkeit (wie sie z.B. im Rahmen der §§ 823 ff. BGB erfolgt). Entscheidend ist nicht die Rechtswidrigkeit im Außenverhältnis, sondern der Verstoß gegen die interne Amtspflicht!***

Wichtige Amtspflichten

- **Pflicht zu rechtmäßigem Verwaltungshandeln**
- **Pflicht zur Vermeidung unerlaubter Handlungen**
- **Pflicht zu zügigem und konsequentem Verwaltungshandeln**
- **Pflicht zur Erteilung richtiger und vollständige Auskünfte**

695 - Die wichtigste Amtspflicht ist die **Pflicht zu rechtmäßigem Verwaltungshandeln** (vgl. Art. 20 Abs. 3 GG, § 63 Abs. 1 BBG, § 36 Abs. 1 BeamtStG). Rechtswidriges Verwaltungshandeln ist damit **im Regelfall** gleichzeitig amtspflichtwidrig.[971]

Beispiele: Die Unterbringung eines Strafgefangenen in einer Gemeinschaftszelle stellt eine Amtspflichtverletzung dar, wenn dies menschenunwürdig ist (z.B. bei zu geringer Fläche oder ungenügender sanitärer Ausstattung des Haftraums).[972] – Die Androhung von Folter stellt einen Verstoß gegen Art. 3 EMRK und gegen die Menschenwürde (Art. 1 Abs. 1 GG) dar und kann daher einen Amtshaftungsanspruch begründen.[973]

696 Kollidiert die **Außenrechtspflicht** mit einer internen Weisung im Einzelfall, so geht nach herrschendem Verständnis die interne Weisung vor. Der Beamte muss die Anordnungen seiner Vorgesetzten grds. auch dann befolgen, wenn sie rechtswidrig sind (§ 36 Abs. 2 BeamtStG, § 63 Abs. 2 BBG). Die Maßnahme ist dann zwar rechtswidrig, aber nicht amtspflichtwidrig i.S.d. § 839 BGB. **Konsequenz:** Wegen der Gesetzwidrigkeit der Weisung haftet dann die Körperschaft, deren Amtswalter die rechtswidrige Weisung erteilt hat.[974]

Beispiel: Weist das zuständige Ministerium die Gemeinde an, im **konkreten** Einzelfall eine Baugenehmigung nicht zu erteilen, obwohl das Vorhaben genehmigungsfähig ist, haftet nicht die Gemeinde für die rechtswidrige Ablehnung der Baugenehmigung, sondern das Land für die rechtswidrige Weisung. Dagegen können **allgemeine** Erlasse für unbestimmt viele Fälle eine Haftungsverlagerung nicht bewirken.[975]

---

970 Papier/Shirvani in: MünchKomm BGB § 839 Rn. 192; Kellner DVBl. 2010, 799, 799 f.

971 Vgl. OLG München NJW 2007, 1005 (Amtshaftung wegen fehlerhafter Bewertung einer Examensklausur).

972 Vgl. BVerfG NStZ 2017, 111; NJW 2016, 389 u. 3228; BGH NJW 2013, 3176; KG NVwZ-RR 2015, 727; OLG Hamm Urt. v. 18.03.2009 – 11 U 88/08, RÜ 2009, 398, 399.

973 OLG Frankfurt NJW 2013, 75, 79 (Fall Gäfgen); dazu auch EGMR NJW 2010, 3145.

974 BGH, Urt. v. 16.04.2015 – III ZR 204/13 u. III ZR 333/13, RÜ 2015, 462, 465; Maurer/Waldhoff § 26 Rn. 17.

975 BGH NJW 2015, 1309, 1311; OLG Düsseldorf NVwZ-RR 2017, 537, 538.

- Besondere Ausprägung der Pflicht zu rechtmäßigem Handeln ist die Pflicht, **keine unerlaubte Handlung** zu begehen: Was jedermann durch die §§ 823 ff. BGB verboten ist, ist auch Amtsträgern bei hoheitlicher Tätigkeit untersagt. 697

  Beispiele: Rechtswidrige Eingriffe in das Eigentum, die Gesundheit, die Freiheit oder das allgemeine Persönlichkeitsrecht stellen stets eine Amtspflichtverletzung dar,[976] ebenso jede sittenwidrige Schädigung i.S.d. § 826 BGB.[977]

- Jeder Amtsträger muss seine Amtsgeschäfte **zügig** abwickeln (vgl. § 10 S. 2 VwVfG). Ist der Vorgang entscheidungsreif, darf die Entscheidung nicht verzögert werden.[978] 698

  Beispiel: Die Erteilung einer Baugenehmigung darf bei Entscheidungsreife ohne förmliche Zurückstellung (§ 15 BauGB) nicht hinausgezögert werden, nur um der Gemeinde den Beschluss über eine Veränderungssperre zu ermöglichen.[979] Ebenso ist eine Verzögerung unter Hinweis auf eine komplizierte privatrechtliche Lage nicht zulässig, da die Baugenehmigung unbeschadet privater Rechte Dritter ergeht.[980]

- Aus dem Bereich der ungeschriebenen Amtspflichten ist vor allem die Pflicht zu nennen, **Auskünfte sachgerecht**, d.h. richtig, vollständig und unmissverständlich zu erteilen.[981] Außerdem können sich für den Amtsträger im Einzelfall **Aufklärungs- und Beratungspflichten** ergeben (vgl. z.B. § 25 VwVfG).[982] 699

b) Drittbezogenheit der Amtspflicht

Die Amtspflicht muss **einem Dritten gegenüber** bestehen. Es reicht nicht aus, dass jemand infolge eines Amtspflichtverstoßes nachteilig betroffen wird. Vielmehr muss eine **besondere Beziehung** zwischen der verletzten Amtspflicht und dem geschädigten Dritten existieren.[983] Eine solche besteht nur, wenn bei der Amtshandlung **„in qualifizierter und individualisierbarer Weise auf die schutzwürdigen Interessen eines abgegrenzten Kreises Dritter Rücksicht zu nehmen"** ist (sog. neue Formel des BGH).[984] 700

„Alle Amtspflichten bestehen zunächst im Interesse des Staates und der Allgemeinheit. Dient eine Pflicht nur dem allgemeinen öffentlichen Wohl oder dem Schutz der öffentlichen Ordnung, scheidet … eine Haftung aus."[985]

aa) Drittwirkung

Die die Amtspflicht begründende Vorschrift darf nicht nur den Interessen der Allgemeinheit dienen, sondern muss **zumindest auch dem Schutz der Interessen des Geschädigten** zu dienen bestimmt sein. Die Vorschrift muss also – wie im Rahmen des § 42 Abs. 2 VwGO – **individualschützend** i.S.d. der sog. Schutznormtheorie sein.[986] 701

976 BGH NJW 2009, 3509.
977 BGH NJW 1992, 1227, 1229.
978 BGH NJW 2007, 830, 831; OLG Hamm, Urt. v. 28.12.2012 – I-11 U 15/11Ossenbühl/Cornils, S. 51 f.
979 OLG Koblenz NVwZ-RR 2017, 19.
980 OLG Koblenz NVwZ-RR 2017, 19.
981 BGHZ 117, 83, 85; 121, 65, 69; 155, 354, 357; BGH NVwZ 2016, 708, 710; Schlick NJW 2015, 2703, 2706.
982 BGH NVwZ-RR 2004, 474; Rinne/Schlick NJW 2005, 3541, 3543; Ossenbühl/Cornils, S. 49 f.
983 BGH NVwZ 2017, 251,252; NJW 2017, 397, 398; Detterbeck JuS 2002, 127, 130; Kemper DVBl. 2013, 1022 ff.
984 Vgl. BGHZ 108, 224, 227; BGH NVwZ 2017, 251, 253; Schlick NJW 2016, 2715, 2718.
985 BGH NVwZ 2017, 251, 252.
986 Allgemein zur Schutznormtheorie vgl. AS-Skript VwGO (2017), Rn. 440 ff.

702 Grundsätzlich **nicht drittschützend** sind die beim **Erlass von Rechtsnormen** (Gesetzen, RechtsVOen) bestehenden Amtspflichten, da bei der Normsetzung Aufgaben nur gegenüber der Allgemeinheit, nicht aber gegenüber bestimmten Personen oder Personengruppen wahrgenommen werden.[987] Es gibt daher nach 839/34 grds. **keine Haftung für legislatives Unrecht**.

Nach h.Lit. können sich dagegen auch bei Gesetzen drittschützende Amtspflichten insbesondere aus den Grundrechten ergeben.[988] Der BGH verweist demgegenüber zutreffend darauf, dass nicht jeder Verstoß eines Gesetzes gegen Grundrechte einen Amtshaftungsanspruch begründen kann: „Wollte man in diesen Fällen stets wegen des Grundrechtsverstoßes auch die Drittbezogenheit der verletzten Amtspflicht bejahen, so würde das einschränkende Tatbestandserfordernis des „Dritten" weitgehend leer laufen. Das wäre umso weniger tragbar, als der Verstoß gegen die allgemeine Handlungsfreiheit des Art. 2 Abs. 1 GG sich gerade aus der Verletzung von Vorschriften ergeben kann, die ausschließlich im Allgemeininteresse erlassen worden sind." [989]

703 Anders verhält es sich bei der Aufstellung eines **Bebauungsplans**, der sich auf einen räumlich und individuell abgrenzbaren Kreis von Personen bezieht, deren private Belange bei der Bauleitplanung zu berücksichtigen sind (§ 1 Abs. 6 u. 7 BauGB). Dessen Festsetzungen können daher im Einzelfall drittschützend sein.

Beispiel: Bei der Aufstellung eines Bebauungsplans dürfen keine Altlasten überplant werden, um Gesundheitsgefahren für die Wohnbevölkerung zu verhindern (vgl. § 1 Abs. 6 Nr. 1 BauGB).[990]

bb) Persönlicher Schutzbereich

704 Hat die Amtspflicht drittschützende Wirkung, muss der Geschädigte zum **geschützten Personenkreis** gehören, dessen Belange nach dem Zweck der Amtspflicht geschützt werden sollen.

705 **Beispiele:** Die Amtspflicht zu rechtmäßigem Verwaltungshandeln besteht bei Verwaltungsakten in jedem Fall gegenüber dem Adressaten (arg. e. Art. 2 Abs. 1 GG), ggf. auch gegenüber Dritten (z.B. gegenüber dem Nachbarn bei der Baugenehmigung in Bezug auf nachbarschützende Vorschriften). – Die Pflicht des Staates nach § 24 Abs. 2 SGB VIII, Kinderbetreuungsplätze zur Verfügung zu stellen, besteht nicht nur gegenüber den betroffenen Kindern, sondern auch gegenüber den Eltern.[991] Denn der Anspruch aus § 24 Abs. 2 SGB VIII steht nicht unter einem Kapazitätsvorbehalt, sondern führt zu einer Gewährleistungspflicht, die den Träger der öffentlichen Jugendhilfe unabhängig von der jeweiligen finanziellen Situation der Kommunen zur Bereitstellung von Betreuungsplätzen zwingt.[992]

cc) Sachlicher Schutzbereich

706 Außerdem muss die Amtspflicht den Zweck verfolgen, **gerade die geltend gemachten Nachteile** zu verhindern **(sachlicher Schutzbereich)**. Der Dritte ist nicht absolut, sondern nur relativ geschützt, d.h. **nur soweit die Schutzwirkung der Amtspflicht reicht**.[993]

---

987 BGH NJW 2013, 168, 172; BGHZ 134, 30, 32; Voßkuhle/Kaiser JuS 2015, 1076, 1077; Schmitt/Werner NVwZ 2017, 21, 24; im Ergebnis auch Maurer/Waldhoff § 26 Rn. 54.

988 Papier/Schirvani in: MünchKomm BGB § 839 Rn. 261; Hartmann/Jansen DVBl. 2015, 752, 756 ff.; für drittgerichtete Amtspflichten aus Grundrechten auch Maurer/Waldhoff § 26 Rn. 53.

989 BGH NJW 1989, 101, 102; zustimmend Ossenbühl NJW 2000, 2945, 2950.

990 Voßkuhle/Kaiser JuS 2015, 1076, 1077; Ossenbühl/Cornils, S. 68 mw.N.

991 BGH NJW 2017, 397, 398 f. mit Anm. Rixen; a.A. OLG Dresden KommJur 2015, 396, 398 f.; Kümper NVwZ 2015, 1739 ff.; allgemein Schübel-Pfister NVwZ 2013, 385 ff.

992 BVerfG NJW 2015, 2399, 2401 Rn. 43; BayVGH FamRZ 2016, 1891; VGH Mannheim NZFam 2017, 138; SächsOVG, Beschl. v. 07.06.2017 – 4 B 112/17.

993 Grundlgegend BGHZ 60, 112, 116; Ossenbühl/Cornils, S. 71.

Denn eine Person, der gegenüber eine Amtspflicht zu erfüllen ist, ist **nicht in allen ihren Belangen** als Dritter anzusehen. Vielmehr ist jeweils zu prüfen, ob gerade das im Einzelfall berührte Interesse nach dem Zweck und der rechtlichen Bestimmung der Norm geschützt werden soll.[994]

Beispiele: Die Amtspflicht, nach § 24 Abs. 2 SGB VIII einen Kinderbetreuungsplatz zur Verfügung zu stellen, bezweckt auch den Schutz des Vermögensinteresses der Eltern. Der Verdienstausfallschaden, den ein Elternteil infolge der Nichtbereitstellung eines Betreuungsplatzes erleidet, wird deshalb grundsätzlich vom sachlichen Schutzbereich der verletzten Amtspflicht mitumfasst.[995]– Die nach § 29 StVZO durchzuführende Kfz-Hauptuntersuchung dient dagegen ausschließlich der Sicherheit im Straßenverkehr. Ein späterer Käufer des geprüften Fahrzeugs ist nicht in seinen Vermögensinteressen geschützt.[996]

*Beachte: Die Rspr. versteht die Frage des sachlichen Schutzbereichs beim Amtshaftungsanspruch als **Aspekt der Drittbezogenheit** der Amtspflicht und damit des haftungsbegründenden Tatbestandes. Es ist allerdings auch vertretbar, diesen Punkt erst im Zusammenhang mit dem zurechenbaren Schaden (haftungsausfüllende Kausalität) zu prüfen, wie es im Rahmen des allgemeinen Deliktsrechts üblich ist.[997] In jedem Fall ist nur der Schaden auszugleichen, der vom sachlichen Schutzbereich der Amtspflicht erfasst wird.* 707

c) Verletzung der Amtspflicht

Die **Amtspflicht** muss **verletzt** sein. In diesem Punkt erfolgt eine **Prüfung** der Handlung auf ihre **Rechtmäßigkeit** nach allgemeinen verwaltungsrechtlichen Regeln, sodass die Zivilgerichte z.B. einen etwaigen Ermessens- oder Beurteilungsspielraum der Behörde zu beachten haben. 708

Beispiele: Die (unions-)rechtswidrige Untersagung der Sportwettenvermittlung durch die Ordnungsbehörde stellte eine Verletzung der Amtspflicht zur rechtmäßigem Verwaltungshandeln dar, war aber aufgrund der seinerzeit unklaren Rechtslage nicht schuldhaft.[998] Dagegen keine Amtspflichtverletzung bei rechtmäßiger, insbes. verhältnismäßiger Durchsetzung eines polizeilichen Platzverweises.[999]

Das Zivilgericht ist hierbei nach h.M. **nicht an die Bestandskraft** eines die Amtspflichtverletzung begründenden VA gebunden. Aus § 839 Abs. 3 BGB folgt, dass die Unanfechtbarkeit den Amtshaftungsanspruch nicht per se, sondern nur dann ausschließt, wenn Rechtsmittel schuldhaft nicht erhoben wurden. Die Zivilgerichte müssen daher die Rechtmäßigkeit des VA ohne Rücksicht auf seine Bestandskraft überprüfen.[1000] 709

Die Gegenansicht meint, dass nach Eintritt der Bestandskraft die Frage der Rechtmäßigkeit des VA nicht mehr aufgeworfen werden dürfe. Der bestandskräftige VA binde daher auch die Zivilgerichte im Amtshaftungsprozess.[1001] Dagegen spricht jedoch die Regelung des § 839 Abs. 3 BGB.

Etwas anderes gilt nur, wenn der VA durch ein **rechtskräftiges verwaltungsgerichtliches Urteil** bestätigt oder aufgehoben wurde. Denn aufgrund der Rechtskraftwirkung (§ 121 VwGO) ist die Frage der Rechtmäßigkeit/Rechtswidrigkeit durch das Urteil des VG zwischen den Beteiligten endgültig geklärt.[1002] 710

---

994 St. Rspr. vgl. BGH NVwZ 2017, 251, 253; Schlick NJW 2016, 2715, 2718; ders NJW 2017, 2509, 2513.

995 BGH NJW 2017, 397, 400; KommJur 2016, 475, 379; a.A. OLG Dresden KommJur 2015, 396, 400.

996 BGH NJW 2004, 3484; OLG Koblenz NJW-RR 2016, 729, 730.

997 Coester-Waltjen Jura 1995, 368, 370.

998 BGH, Urt. v. 16.04.2015 – III ZR 204/13, RÜ 2015, 462, 465; BGH, Urt. v. 18.10.2012 – III ZR 196/11, RÜ 2013, 52, 56 (kein Verschulden); dazu Pagenkopf NVwZ 2015, 1264 ff.

999 OLG Hamm, Urt. v. 22.01.2016 – 11 U 67/15, RÜ 2016, 395.

1000 BGH NVwZ 2003, 1409; Maurer/Waldhoff § 26 Rn. 51 Klement Jura 2010, 867, 872 f.; Niedzwicki JuS 2015, 134, 135.

1001 Stuttmann NJW 2003, 1432 ff.; zusammenfassend Beaucamp DVBl. 2004, 352 ff.

3. Verschulden

711 Die Amtspflichtverletzung muss vorsätzlich oder fahrlässig i.S.d. § 276 BGB erfolgt sein, also schuldhaft. **Vorsätzlich** handelt der Amtswalter, wenn er zumindest billigend in Kauf nimmt, gegen eine Amtspflicht zu verstoßen.[1003] **Fahrlässig** handelt, wer bei Anwendung eines **objektiven Sorgfaltsmaßstabs** sein Verhalten als amtspflichtwidrig hätte erkennen können. Dabei muss jeder Beamte grds. die für sein Amt erforderlichen Rechts- und Verwaltungskenntnisse haben oder sich verschaffen.[1004]

Beispiel: Der Amtswalter muss seine Entscheidung sorgfältig vorbereiten und, soweit ihm die Sachkunde fehlt, die Empfehlungen von Fachbehörden einholen bzw. notfalls außerhalb der Verwaltung stehende Sachverständige hinzuziehen.[1005] Eine falsche Rechtsanwendung ist nicht schuldhaft, wenn der Amtswalter nach sorgfältiger Prüfung zu einem vertretbaren Ergebnis gelangt ist.[1006]

Beachte: *Im Rahmen von 839/34 findet eine Verschuldenszurechnung gemäß § 278 BGB nicht statt und auch eine Haftung für Verrichtungsgehilfen nach § 831 BGB ist im Rahmen des Amtshaftungsanspruchs nicht gegeben. Werden private Dritte eingeschaltet, so hängt die Haftung der öffentlichen Hand aus 839/34 davon ab, ob diese als öffentlich-rechtliche* ***Verwaltungshelfer*** *eingeordnet werden können (s.o. Rn. 681).*

712 Die Unterscheidung zwischen Vorsatz und Fahrlässigkeit ist nur im Hinblick auf die **Subsidiaritätsklausel** des § 839 Abs. 1 S. 2 BGB von Bedeutung, denn nur bei fahrlässiger Amtspflichtverletzung muss sich der Geschädigte eine anderweitige Ersatzmöglichkeit entgegenhalten lassen. Dabei ist die Unterscheidung aber nur im Hinblick auf die **Amtspflichtverletzung** relevant. Das Verschulden braucht sich dagegen nicht auf den schädigenden Erfolg beziehen.[1007]

Beispiel: Entgegen den ihm bekannten Dienstvorschriften reinigte der Polizeibeamte P seine Pistole im Aufenthaltsraum. Ohne Verschulden des P löste sich ein Schuss und verletzte A. Die Amtspflichtverletzung liegt darin, dass P den Dienstvorschriften zuwidergehandelt hat. Da er die Dienstvorschriften kannte, hat er eine vorsätzliche Amtspflichtverletzung begangen. Unerheblich ist, dass P weder den Schuss noch die Verletzung des A, für sich betrachtet, verschuldet hat.[1008]

713 Ein Beamter handelt in der Regel dann nicht schuldhaft, wenn ein **Kollegialgericht** sein Verhalten später als rechtmäßig beurteilt. Denn von einem einzelnen Beamten können grds. keine besseren Rechtskenntnisse verlangt werden als von einem mit mehreren Richtern besetzten Gericht.[1009] Hierbei handelt es sich jedoch nur um eine **Regel**, von der die Rspr. in neuerer Zeit vermehrt **Ausnahmen** macht.

So ist das Verschulden trotz Billigung durch ein Kollegialgericht nicht ausgeschlossen, wenn das Gericht von einem unrichtigen oder unvollständigen Sachverhalt ausgegangen ist oder wesentliche Gesichtspunkte nicht berücksichtigt hat,[1010] wenn das Gericht sein Ergebnis auf gänzlich andere, vom Amtswalter gar nicht in Betracht gezogene Gründe stellt[1011] oder wenn die Prüfungskompetenz des Gerichts eingeschränkt war (z.B. bei Eilentscheidungen).[1012]

1002 BGH NVwZ 2009, 132; NJW 2005, 58, 59; Schlick NJW 2011, 3341, 3347.

1003 BGH DVBl. 1996, 1129; NJW 1993, 1529, 1530; NVwZ 1992, 911, 912.

1004 BGH NJW 1998, 1307, 1308; Papier/Schirvani in: MünchKomm BGB § 839 Rn. 288; Rinne/Schlick NJW 2005, 3541, 3547.

1005 BGH NVwZ 2006, 117, 118.

1006 Vgl. BVerwG NVwZ 2009, 787, 788; BVerwG, Urt. v. 25.02.2010 – BVerwG 2 C 22.09, RÜ 2010, 605, 608.

1007 Papier/Shirvani in: MünchKomm BGB § 839 Rn. 284; Schoch Jura 1988, 585, 593 m.w.N.

1008 Vgl. OVG Koblenz, Beschl. v. 08.06.2004 – 2 A 11972/03.

1009 BGH DVBl. 2001, 1619, 1621; BVerwG NVwZ 2004, 104, 105; Hoppe JA 2011, 167, 172 f.; Schlick NJW 2014, 2915, 2918.

1010 BGH DVBl. 2005, 312, 313; DVBl. 2001, 1619, 1621; Rinne/Schlick NJW 2005, 3541, 3547; Schlick NJW 2008, 127, 132.

1011 BGH NJW 1989, 96, 98 f.

4. Haftungsausschlüsse

Haftungsausschlüsse
■ **Subsidiaritätsklausel, § 839 Abs. 1 S. 2 BGB** (Verweisungsprivileg)
■ **Richterprivileg, § 839 Abs. 2 BGB**
■ **Vorrang des Primärrechtsschutzes, § 839 Abs. 3 BGB** (kein Dulde und Liquidiere)

a) Subsidiaritätsklausel, § 839 Abs. 1 S. 2 BGB

aa) Ist die Amtspflichtverletzung **fahrlässig** begangen, so besteht ein Ersatzanspruch nur dann, wenn der Verletzte nicht auf andere Weise Ersatz zu erlangen vermag (§ 839 Abs. 1 S. 2 BGB; **Subsidiaritätsklausel**, Verweisungsprivileg). 714

Beispiel: Aufgrund einer (rechtswidrigen) Baugenehmigung hat Bauherr B mit den Bauarbeiten begonnen. Während der Bauarbeiten nimmt die Baubehörde die Baugenehmigung nach § 48 VwVfG zurück. Der Amtshaftungsanspruch des B nach 839/34 ist gemäß § 839 Abs. 1 S. 2 VwVfG ausgeschlossen, soweit der Bauherr auch seinen Architekten wegen eines Planungsfehlers haftbar machen kann (s.u. Fall 17).

Beachte: *In der Fallbearbeitung muss an dieser Stelle inzident geprüft werden, ob* ***Ansprüche des Geschädigten gegen Dritte*** *bestehen (z.B. Ansprüche gegen einen Mitschädiger oder dessen Versicherung).*

bb) Sinn und **Zweck** des § 839 Abs. 1 S. 2 BGB war es ursprünglich, als allein die Norm des § 839 BGB mit der Eigenhaftung des Beamten existierte, die Entscheidungsfreudigkeit des Beamten zu fördern und ihn vor einer übermäßigen Haftung zu schützen. Zwar gilt die Haftungsbeschränkung auch heute noch im Rahmen der Haftung des Staates nach Art. 34 S. 1 GG,[1013] das Verweisungsprivileg ist aber im Wege der **teleologischen Reduktion** nur anwendbar, wenn nach Sinn und Zweck der anderweitigen Ersatzmöglichkeit **auch der Staat** von der Haftung freigestellt werden soll. 715

- § 839 Abs. 1 S. 2 BGB ist deshalb nicht anwendbar bei der **allgemeinen Teilnahme am Straßenverkehr**, da alle Verkehrsteilnehmer haftungsrechtlich gleichbehandelt werden sollen. 716

  Beispiel: Auf einer Streifenfahrt verursacht der Polizist P fahrlässig einen Verkehrsunfall, an dem auch die Fahrzeughalter A und B beteiligt sind. A hat gegen B (bzw. B gegen A) zwar einen Anspruch aus § 7 StVG. Dieser Anspruch schließt jedoch Amtshaftungsansprüche gegen das Land nicht aus.[1014]

  Gegenbeispiel: Der Unfall mit A und B ereignete sich, als P einen flüchtigen Straftäter mit Blaulicht und Martinshorn verfolgte. Hier gelangt § 839 Abs. 1 S. 2 BGB zur Anwendung, da der Amtsträger Sonderrechte nach § 35 StVO in Anspruch nimmt, die dem normalen Verkehrsteilnehmer gerade nicht zustehen. Daher rechtfertigt sich die Subsidiarität gerade aus der hoheitlichen Tätigkeit.[1015]

- § 839 Abs. 1 S. 2 BGB gilt auch nicht bei der Verletzung der **Straßenverkehrssicherungspflicht** (s.o. Rn. 689). Da die Verkehrssicherungspflicht im öffentlichen Recht und im Privatrecht inhaltlich übereinstimmt, bei § 823 BGB aber kein Verweisungsprivileg besteht, gilt auch hier der Gedanke der haftungsrechtlichen Gleichbehandlung.[1016] 717

1012 BGH NJW 2000, 2672, 2674; NVwZ 2000, 1206; NJW 2002, 1793.

1013 BGH NJW 1993, 1647, 1647; Schlick NJW 2008, 127, 132.

1014 Vgl. BGH NJW 1991, 1171, 1172; Papier/Schirvani in: MünchKomm BGB § 839 Rn. 313; Maurer/Waldhoff § 26 Rn. 31.

1015 Vgl. BGH NJW 1997, 2109, 2110; Ossenbühl/Cornils, S. 83.

Beispiel: Verursachen die Kfz-Halter A und B einen Unfall, weil die Gemeinde G ihrer Streupflicht nicht nachgekommen ist, haftet G sowohl A als auch B aus 839/34, obwohl A und B jeweils Ansprüche aus § 7 StVG gegen den anderen Unfallbeteiligten zustehen. § 839 Abs. 1 S. 2 BGB ist hier nur anwendbar, wenn im Rahmen der Verkehrssicherungspflicht ör Sonderrechte wahrgenommen werden (z.B. § 35 Abs. 6 StVO bei Reinigungs- und Unterhaltungsarbeiten an der Straße).[1017]

718 ■ Ferner fallen **Versicherungsleistungen** nicht unter § 839 Abs. 1 S. 2 BGB, die der Geschädigte durch **eigene Leistung** verdient hat und bei denen es unbillig wäre, wenn diese Eigenleistungen zu einer Haftungsbefreiung des Staates führen würden.

Keine anderweitige Ersatzmöglichkeit sind daher Leistungen mit sozialer Schutzfunktion, wie z.B. Ansprüche nach dem EntgeltfortzahlungsG. Das Gleiche gilt für Ansprüche aus Lebens-, Kranken- und Unfallversicherungen sowie für die Kaskoversicherung für Kfz-Schäden.[1018]

719 ■ Keine anderweitige Ersatzmöglichkeit sind außerdem **Ansprüche gegen einen anderen Hoheitsträger** (wirtschaftliche Einheit der öffentlichen Hand).[1019]

b) Richterprivileg § 839 Abs. 2 BGB

720 Da Art. 34 S. 1 GG jede Ausübung eines öffentlichen Amtes erfasst, kann auch richterliches Handeln einen Amtshaftungsanspruch auslösen (s.o. Rn. 679). Für **Judikativunrecht** besteht nach § 839 Abs. 2 BGB eine Haftung aber nur, wenn die Pflichtverletzung in einer Straftat besteht (z.B. Richterbestechlichkeit gemäß § 332 Abs. 2 StGB oder Rechtsbeugung gemäß § 339 StGB). Dadurch soll die Rechtskraft von Urteilen gewährleistet werden, deren Richtigkeit soll im Amtshaftungsprozess grds. nicht infrage gestellt werden.

c) Vorrang des Primärrechtsschutzes, § 839 Abs. 3 BGB

721 Die Amtshaftung ist ausgeschlossen, wenn es der Verletzte **schuldhaft unterlassen** hat, den Schaden durch Gebrauch eines **Rechtsmittels** abzuwenden (§ 839 Abs. 3 BGB). Die Vorschrift ist eine spezielle Ausprägung des § 254 BGB und bringt die **Subsidiarität** der Schadensersatzpflicht im Verhältnis zu den primären Abwehransprüchen zum Ausdruck. Anders als § 254 BGB führt § 839 Abs. 3 BGB zum „Alles-oder-Nichts". Der Bürger soll abwehrbare Nachteile nicht klaglos dulden, um später Ersatz verlangen zu können (kein „Dulde und liquidiere"). Es besteht vorrangig eine **Pflicht zur Abwehr**.[1020]

Der Begriff **„Rechtsmittel"** ist dabei weit zu fassen. Erfasst werden alle Rechtsbehelfe, die das Ziel haben, die schädigende Amtshandlung zu beseitigen oder zu korrigieren und damit den Schaden abzuwenden.[1021] Dazu zählen z.B. Widerspruch, Klage, Eilanträge, aber auch Aufsichtsbeschwerden.

722 Die Nichteinlegung des Rechtsmittels muss **schuldhaft** gewesen sein.

Vom Verschulden ist i.d.R auszugehen. Bei fehlender Rechtskenntnis muss ggf. rechtskundiger Rat eingeholt werden. Ein Verschulden ist nur dann ausgeschlossen, wenn die Einlegung des Rechtsmittels unzumutbar ist. Dafür reicht allein die vermeintliche Aussichtslosigkeit eines Rechtsmittels nicht aus. Etwas anderes gilt nur dann, wenn keinerlei Anhaltspunkte für die Rechtswidrigkeit der Amtshandlung bestanden. Eine Verpflichtung, Rechtsmittel auf Verdacht einzulegen, besteht nicht.[1022]

1016 BGH NJW 2014, 3580, 3581; NVwZ 2000, 1209, 1210; a.A. Papier/Schirvani in: MünchKomm BGB § 839 Rn. 315.

1017 BGH NJW 1991, 1171, 1172; Maurer/Waldhoff § 26 Rn. 31.

1018 BGHZ 85, 225, 230; anders dagegen für Ansprüche gegen die Haftpflichtversicherung, vgl. BGHZ 91, 48, 54.

1019 BGH, Urt. v. 12.07.2012 – III ZR 104/11, NJW-RR 2013, 217, 221; Schlick NJW 2013, 3349, 3353.

1020 Papier/Shirvani in: MünchKomm BGB § 839 Rn. 329 ff.; Hoppe JA 2011, 167, 169 f.

1021 Vgl. BGH NVwZ-RR 2016, 917; NJW 2003, 502, 503; Durner JuS 2005, 793, 797; a.A. Hoppe JA 2011, 167, 170, der nur Rechtsmittel im engeren Sinne unter § 839 Abs. 3 BGB fasst und für den Rest auf den flexibleren § 254 BGB verweist.

Zum Ausschluss des Amtshaftungsanspruchs führt der schuldhafte Nichtgebrauch des Rechtsmittels nur, wenn das Rechtsmittel den Schaden zumindest teilweise abgewendet hätte **(Kausalzusammenhang)**. 723

Beispiel: Hat ein Strafgefangener es unterlassen, gegen menschenunwürdige Haftbedingungen Antrag auf gerichtliche Entscheidung nach § 109 StVollzG zu stellen, ist der Amtshaftungsanspruch nach § 839 Abs. 3 BGB ausgeschlossen, wenn davon auszugehen ist, dass eine gerichtliche Entscheidung die tatsächliche Situation des Gefangenen geändert hätte.[1023]

5. Schaden

a) Haftungsausfüllende Kausalität

Durch die Amtspflichtverletzung muss ein **Schaden** verursacht worden sein. Ersetzt werden alle Nachteile, die **kausal** auf der Amtspflichtverletzung beruhen, also auch mittelbare Schäden, sofern sie im **Zurechnungszusammenhang** mit der Amtspflichtverletzung stehen **(haftungsausfüllende Kausalität)**. Maßgeblich ist, wie sich die Vermögenslage bei pflichtgemäßem Handeln des Amtsträgers entwickelt hätte.[1024] 724

So ist die rechtswidrige Ablehnung einer Baugenehmigung nicht ursächlich für den Schaden, wenn die Baugenehmigungsbehörde die Genehmigung aus anderen Gründen hätte ablehnen müssen.[1025]

Bei **Ermessensentscheidungen**, bei denen die Behörde dieselbe Entscheidung mit anderer Begründung ermessensfehlerfrei hätte treffen können, ist die Kausalität zwischen Fehlentscheidung und Schaden nur zu bejahen, wenn davon auszugehen ist, dass die Behörde bei gesetzmäßiger Ermessensausübung **mit an Sicherheit grenzender Wahrscheinlichkeit** anders entschieden hätte.[1026] 725

Beispiel: Beim beamtenrechtlichen Konkurrentenstreit hat der unterlegene Bewerber einen Amtshaftungsanspruch auf die Gehaltsdifferenz nur, wenn er nachweist, dass er bei ordnungsgemäßer Auswahl hätte ernannt werden müssen oder tatsächlich ernannt worden wäre.

Die **Zurechenbarkeit** kann ausgeschlossen sein, wenn der Schaden auch bei pflichtgemäßem Verhalten eingetreten wäre **(Einwand rechtmäßigen Alternativverhaltens)**.[1027] 726

Beispiel: Ist der Behörde ein formeller Mangel unterlaufen, fehlt es an der Zurechenbarkeit des Schadens, wenn der Fehler bei pflichtgemäßem Handeln rückwirkend geheilt worden wäre.[1028]

b) Ersatzfähiger Schaden

Für die Feststellung des Schadens gelten die allgemeinen Grundsätze der **§§ 249 ff. BGB**. 727
Der Anspruch umfasst auch den entgangenen Gewinn (§ 252 BGB) und unter den Voraussetzungen des § 253 Abs. 2 BGB auch Schmerzensgeld.[1029] Der Betroffene ist so zu stellen, wie er stünde, wenn die **Amtspflichtverletzung unterblieben** wäre.[1030]

1022 BGH NJW 1991, 1168, 1170; Axer DVBl. 2001, 1322, 1331; Schlick NJW 2009, 3487, 3492; ders. NJW 2017, 2509, 2514.

1023 Vgl. BGH NJW-RR 2010, 1465; OLG Hamm Urt. v. 23.02.2011 – I-11 U 254/09; Schlick NJW 2009, 3487, 3493.

1024 BGH DVBl. 2001, 371, 372; Schlick NJW 2009, 3487, 3491 f.

1025 Vgl. BGH NVwZ 2004, 1143, 1144.

1026 BGH NJW 1995, 2344, 2345; Papier/Shirvani in: MünchKomm BGB § 839 Rn. 278 m.w.N.

1027 Zur dogmatischen Einordnung BGHZ 96, 157, 172; Ossenbühl/Cornils, S. 71.

1028 BGH NVwZ 2008, 815 f.

1029 Vgl. z.B. BVerfG NVwZ 2017, 1198, 1199.

Beispiel: Die Baubehörde erteilt dem B eine rechtswidrige Baugenehmigung für ein Mehrfamilienhaus. Nachdem B das zu bebauende Grundstück gekauft hat, wird die Baugenehmigung auf Widerspruch des Nachbarn N aufgehoben. – B hat einen Anspruch darauf, so gestellt zu werden, als sei die Genehmigung nicht erteilt worden. Er kann also Ersatz des Schadens verlangen, der ihm durch den Erwerb des Grundstücks entstanden ist. Der Anspruch umfasst dagegen nicht die entgangenen Mieteinkünfte, die B nur bei Rechtmäßigkeit der Baugenehmigung erzielt hätte.[1031]

728 Der Ersatzanspruch aus 839/34 geht **stets auf Geld** (§ 251 BGB). **Naturalrestitution** gemäß § 249 Abs. 1 BGB ist ausgeschlossen. Begründet wird dies mit der dogmatischen Konstruktion der Amtshaftung: Der an sich verantwortliche Beamte kann persönlich nur auf Geld, nicht auf Vornahme einer Amtshandlung in Anspruch genommen werden. Die Überleitung auf den Staat durch Art. 34 S. 1 GG ändert diesen Haftungsinhalt nicht.[1032]

Beispiel: Kein Anspruch aus 839/34 auf Widerruf ehrenrühriger Äußerungen. Hier kommt nur ein Folgenbeseitigungsanspruch in Betracht (s.o. Rn. 572 f.).[1033]

729 Hat bei der Entstehung des Schadens ein Verschulden des Geschädigten mitgewirkt **(Mitverschulden)**, kann der Amtshaftungsanspruch gemäß § 254 BGB beschränkt sein (soweit nicht ohnehin die Spezialregelung des § 839 Abs. 3 BGB eingreift).[1034]

Beispiel: Mitverschulden des Bauherrn für nutzlose Bauarbeiten, wenn er trotz Nachbarwiderspruchs weiterbaut und nicht die Entscheidung nach §§ 80 a Abs. 3, 80 Abs. 5 VwGO abwartet, obwohl ernsthafte Anfechtungsgründe gegen die Baugenehmigung vorgebracht werden.[1035]

6. Anspruchsgegner

730 Nach Art. 34 S. 1 GG trifft die Amtshaftung grds. diejenige **Körperschaft**, in deren Diensten der pflichtwidrig handelnde Amtsträger steht. Anspruchsgegner ist damit grds. die **Anstellungskörperschaft.**[1036]

Deshalb haftet die Gemeinde nicht nur bei Selbstverwaltungsangelegenheiten, sondern auch für Verstöße im übertragenen Wirkungskreis. Etwas anderes gilt, wenn gesetzlich ausdrücklich vorgesehen ist, dass für die Haftung auf die wahrgenommene Aufgabe abzustellen ist (vgl. z.B. §§ 53 Abs. 2, 56 Abs. 2 LKrO, BW, Art. 35 Abs. 3, 37 Abs. 5 Bay LKrO, § 55 Abs. 6 S. 2 LKO RP, § 111 Abs. 4 S. 4 ThürKO).[1037]

731 Etwas anderes gilt dann, wenn der Amtsträger keinen Dienstherrn hat (z.B. bei Beliehenen) oder aber mehrere Dienstherren vorhanden sind (bei Beamten mit Doppelstatus). Dann ist darauf abzustellen, wer dem Amtsträger die wahrgenommene Aufgabe anvertraut hat (sog. **Anvertrauenstheorie**).[1038]

Beispiel: Bei Beliehenen haftet der beleihende Rechtsträger, also z.B. beim TÜV-Sachverständigen das Land, das die Anerkennung als Sachverständiger erteilt hat.[1039]

1030 BGH NVwZ 2017, 251, 254: sog. Differenzhypothese.

1031 Sandkühler JA 2001, 414, 422.

1032 BGH NVwZ-RR 2017, 579, 582; Maurer/Waldhoff § 26 Rn. 47; Sauer JuS 2012, 695, 696; Voßkuhle/Kaiser JuS 2015, 1076, 1078; Schlick NJW 2017, 2509, 2514; a.A. Hartmann/Tieben JA 2014, 401, 406 mit widersprüchlicher Begründung zum dogmatischen Ansatz.

1033 Detterbeck JuS 2000, 574, 577 m.w.N.

1034 BGHZ 108, 224, 230; BGH NVwZ-RR 2016, 258, 261; Maurer/Waldhoff § 26 Rn. 44; Schlick NJW 2016, 2715, 2719.

1035 Vgl. BGH RÜ 2008, 738, 740 f.; Schlick DVBl. 2007, 457, 464.

1036 BGH NVwZ-RR 2017, 378, 379; Schlick NJW 2013, 3349.

1037 Vgl. BGH NVwZ-RR 2009, 363; Schlick NJW 2008, 127, 128.

1038 BGH NVwZ-RR 2017, 378, 379; Schlick NJW 2017, 2509, 2512; Maurer/Waldhoff § 26 Rn. 45; Ossenbühl/Cornils, S. 113.

1039 BGH NVwZ-RR 2003, 453; Maurer/Waldhoff § 26 Rn. 46; zur Haftung bei der Organleihe vgl. BGH NVwZ 2006, 1084.

7. Verjährung

Für den Amtshaftungsanspruch gilt die regelmäßige Verjährungsfrist von **drei Jahren** (§ 195 BGB). Der Beginn der Verjährung richtet sich nach § 199 Abs. 1 BGB.[1040] Nach § 203 BGB ist die Verjährung bei Verhandlungen über den Anspruch oder die den Anspruch begründenden Umstände gehemmt.[1041] **732**

Da der Geschädigte vielfach im Hinblick auf § 839 Abs. 3 BGB gehalten ist, zunächst Primärrechtsschutz in Anspruch zu nehmen, ist anerkannt, dass die Verjährung analog §§ 204 Abs. 1 Nr. 1, 209 BGB auch schon durch Widerspruch und verwaltungsgerichtliche Klage gehemmt wird.[1042]

8. Rechtsweg

Bei dem Amtshaftungsanspruch handelt es sich zwar um eine **öffentlich-rechtliche Streitigkeit**. Gleichwohl ist hierfür historisch bedingt gemäß Art. 34 S. 3 GG der **Zivilrechtsweg** eröffnet. Sachlich zuständig ist das **Landgericht**, und zwar unabhängig von der Höhe des Streitwertes (§§ 71 Abs. 2 Nr. 2, 23 GVG). **733**

Fall 17: Baugenehmigung mit Hindernissen

E, Eigentümer eines unbebauten Grundstücks in der kreisfreien Stadt S, will sein Grundstück als Bauland an K verkaufen. Vor Abschluss des Kaufvertrages beantragte K eine Baugenehmigung für ein Geschäftshaus. Die hierfür erforderlichen Bauvorlagen hatte Architekt A gefertigt. Nachdem das städtische Bauamt die Baugenehmigung erteilt hat, wird der Kaufvertrag notariell beurkundet. Der von K beauftragte Bauunternehmer beginnt sofort mit den Bauarbeiten. Nachbar N legt Widerspruch gegen die Baugenehmigung ein, daraufhin stellt K die Bauarbeiten ein. Der Widerspruch hat Erfolg, da das Bauvorhaben den Festsetzungen des Bebauungsplanes widerspricht und auch ein Dispens nicht möglich ist. K macht geltend, das Grundstück im Vertrauen auf die Rechtmäßigkeit der Baugenehmigung erworben und mit den Bauarbeiten begonnen zu haben. In Höhe der ihm dadurch entstandenen Nachteile (Vertragskosten und Baukosten) verlangt K nunmehr Ersatz von der Stadt S.

I. K könnte gegen die Stadt S einen Anspruch aus **Amtshaftung** gemäß § 839 Abs. 1 S. 1 BGB i.V.m. Art. 34 S. 1 GG haben. **734**

1. **Spezialgesetzliche Regelungen**, die die Amtshaftung ausschließen, sind vorliegend nicht einschlägig. § 839 BGB, Art. 34 GG sind daher anwendbar.

2. Nach Art. 34 S. 1 GG muss jemand in Ausübung eines öffentlichen Amtes, also **hoheitlich** gehandelt haben. Die Erteilung der Baugenehmigung richtet sich nach den öffentlich-rechtlichen Normen der LBauO und erfolgt damit hoheitlich.

3. Der Bedienstete der Stadt S müsste eine **ihm gegenüber K obliegende Amtspflicht** verletzt haben (§ 839 Abs. 1 S. 1 BGB).

   a) Wichtigste Amtspflicht ist die Pflicht zu **rechtmäßigem Verwaltungshandeln**. **735**
   Insoweit bestand hier die sich aus der LBauO ergebende Pflicht zu prüfen, ob das Bauvorhaben in bauordnungs- und bauplanungsrechtlicher Hinsicht den öffent-

---

1040 Dazu BGH NVwZ 2016, 708, 709; Schlick NJW 2015, 2703, 2707 f.

1041 Dazu BVerwG, Urt. v. 15.03.2017 – BVerwG 10 C 3.16, RÜ 2017, 450, 455.

1042 Vgl. BGH NJW 2011, 2586, 2589 f.; Schlick NJW 2011, 3341, 3346; Ossenbühl/Cornils, S. 110.

lich-rechtlichen (Bau-)Vorschriften entsprach. Da das Bauvorhaben planungsrechtlich unzulässig war, hätte die Baugenehmigung abgelehnt werden müssen. Die Erteilung der Baugenehmigung verstieß daher gegen die Amtspflicht zu rechtmäßigem Verwaltungshandeln.

Beispiele für Amtspflichtverletzungen im Baurecht: Erteilung einer rechtswidrigen Baugenehmigung oder eines rechtswidrigen Bauvorbescheids,[1043] Versagung einer Baugenehmigung, auf die der Bauwillige einen Anspruch hat,[1044] unrichtige Auskünfte über die Bebaubarkeit eines Grundstücks,[1045] pflichtwidrige Verzögerung eines Bauantrags,[1046] Erlass einer rechtswidrigen Veränderungssperre,[1047] rechtswidrige Aufhebung einer rechtmäßigen Baugenehmigung.[1048]

Gegenbeispiel: Das Einvernehmen der Gemeinde (§ 36 BauGB) ist ein bloßes Internum ohne Drittwirkung, wenn es nach § 36 Abs. 2 S. 3 BauGB i.V.m. Landesrecht ersetzt werden kann. Ersatzansprüche bei rechtswidriger Versagung des Einvernehmens bestehen daher nicht gegen die Gemeinde, sondern wegen Ablehnung der Baugenehmigung gegen den Träger der Baugenehmigungsbehörde.[1049]

b) Diese Amtspflicht muss **gegenüber K** bestanden haben. Das ist der Fall, wenn die die Amtspflicht begründenden Vorschriften nicht nur im öffentlichen Interesse bestehen, sondern **zumindest auch individualschützend** sind, also nach dem persönlichen und sachlichen Schutzbereich den geltend gemachten Schaden erfassen.

736 aa) Mit der Baugenehmigung wird für den Bauherrn ein **Vertrauenstatbestand** dahin geschaffen, dass er davon ausgehen darf, dass der Durchführung seines Vorhabens öffentlich-rechtliche Hindernisse nicht entgegenstehen, und er dementsprechend wirtschaftlich disponieren kann.[1050] Damit fällt K als Bauherr in den **persönlichen Schutzbereich** der Amtspflicht.

- Auch gegenüber dem **Grundstückseigentümer** besteht die Amtspflicht zur rechtmäßigen Erteilung der Baugenehmigung, auch wenn er nicht selbst den Bauantrag stellt. Denn die Genehmigung dient als öffentlich-rechtlicher Nachweis für die Baulandqualität und ist damit ein preisbildender Faktor.[1051]
- Der **Grundstücksnachbar** fällt nur insoweit in den Schutzbereich der Amtspflicht, als die verletzte Norm des Baurechts nachbarschützenden Charakter hat.[1052]
- Die rechtswidrige **Versagung der Baugenehmigung** hat dagegen keine rechtlichen Wirkungen gegenüber Dritten, sodass Amtshaftungsansprüche nur dem Antragsteller, nicht aber dem Grundstückseigentümer oder dem Käufer zustehen können.[1053]
- Der **Bauunternehmer** fällt generell nicht in den persönlichen Schutzbereich der Amtspflicht. Seine Rechtsstellung wird durch die Erteilung der Genehmigung nicht berührt, ihm gegenüber wird insbes. kein Vertrauenstatbestand geschaffen.[1054] Ebenso fällt der **Architekt** nicht in den Schutzbereich der vorgenannten Amtspflicht.[1055]

1043 BGH NVwZ-RR 2016, 258; NVwZ-RR 2017, 579, 581; Schlick NJW 2017, 2509, 2513.
1044 BGH NVwZ 2011, 251, 252; Greim/Michl Jura 2012, 373, 373.
1045 BGH NJW 1994, 2087; Schlick DVBl. 2007, 457, 465.
1046 BGH NVwZ-RR 2009, 363; NVwZ 2008, 815; OLG Hamburg NordÖR 2005, 256; OLG Koblenz NVwZ-RR 2017, 19.
1047 BGH NVwZ 2007, 485, 486; Schlick DVBl. 2007, 457, 461.
1048 BGH NJW 2009, 1207, 1208.
1049 BGH NVwZ 2013, 167, 168; BGH, Urt. v. 6.09.2010 – III ZR 29/10, RÜ 2010, 810, 811; Schlick NJW 2011, 3341, 3344; Schoch NVwZ 2012, 777, 784; Singbartl/Wehowsky NVwZ 2013, 1525; anders noch BGH NVwZ 2006, 117, 118; vgl. auch OLG Schleswig NVwZ 2016, 1351 zur Amtshaftung wegen nicht rechtzeitiger Ersetzung des versagten Einvernehmens.
1050 BGH NJW 2009, 1207, 1208; BGH, Urt. v. 24.04.2008 – III ZR 252/06, RÜ 2008, 738, 739; Schlick DVBl. 2007, 457, 463.
1051 BGH DVBl. 1994, 281, 282; NJW 1993, 2303, 2304; Papier/Shirvani in: MünchKomm BGB § 839 Rn. 247.
1052 OLG Karlsruhe VersR 1990, 1010; Müller NVwZ 1990, 1028, 1031.
1053 BGH NVwZ 2004, 1143, 1144; OLG Hamm NVwZ-RR 2006, 227, 228; OLG Brandenburg NJW-Spezial 2011, 461.
1054 BGH NJW 1980, 2578; Papier/Schirvani in: MünchKomm BGB § 839 Rn. 246 m.w.N.
1055 BGH DVBl. 1994, 695, 697.

bb) Der **sachliche Schutzbereich** ist danach zu bestimmen, dass der Bauherr durch eine Baugenehmigung nicht Gefahr laufen soll, einen vorschriftswidrigen Bau auszuführen, der keinen Bestand haben kann. Damit sollen alle Nachteile verhindert werden, die der Betroffene durch das Vertrauen in die Rechtsbeständigkeit der Genehmigung erleidet **(Vertrauensgrundlage)**.[1056] 737

Die Rspr. hat eine solche Vertrauensgrundlage (auch Verlässlichkeitsgrundlage) z.B. verneint, wenn die Gründe für die Rechtswidrigkeit der Baugenehmigung aus dem **Risikobereich** des Eigentümers oder Bauherrn resultieren. Das ist insbes. der Fall, wenn die Baugenehmigung mit Mängeln behaftet ist, die nach § 48 Abs. 3 i.V.m. § 48 Abs. 2 S. 3 Nr. 1–3 VwVfG eine entschädigungslose Rücknahme rechtfertigen, z.B. bei grober Fahrlässigkeit.[1057]

Unklar ist die dogmatische Verortung der „Vertrauensgrundlage". Der BGH zählt sie ausdrücklich zum haftungsbegründenden Tatbestand, ohne sich bzgl. des Prüfungsstandorts festzulegen. Naheliegend ist die Einordnung innerhalb der sachlichen Drittbezogenheit.[1058]

K hat vorliegend den Kaufvertrag erst nach Erteilung der Baugenehmigung und damit **im Vertrauen auf deren Rechtmäßigkeit** geschlossen. Die Rechtswidrigkeit der Genehmigung musste sich ihm nicht aufdrängen, sodass die Genehmigung die erforderliche Vertrauensgrundlage bildete. Damit fallen nicht nur die nutzlosen Bauaufwendungen, sondern auch die durch Abschluss des Kaufvertrages eingetretenen Vermögenseinbußen (insbes. die Vertragskosten) in den sachlichen Schutzbereich der verletzten Amtspflicht. 738

Nicht vom Schutzzweck umfasst sind z.B. solche Nachteile, die sich daraus ergeben, dass das Bauvorhaben private Rechte der Nachbarn beeinträchtigt und deshalb nicht verwirklicht werden kann. Denn die Baugenehmigung ergeht unbeschadet der privaten Rechte Dritter.[1059]

c) Der Sachbearbeiter der Baubehörde hat bei der Prüfung der bauplanungsrechtlichen Zulässigkeit des Vorhabens die einschlägigen Vorschriften **fahrlässig** nicht beachtet und damit **schuldhaft** gehandelt. Jeder Beamte muss grds. die für seine Aufgaben erforderlichen Rechtskenntnisse haben oder sich verschaffen. 739

d) Bei fahrlässigem Handeln besteht nach § 839 Abs. 1 S. 2 BGB kein Anspruch gegen die Stadt, wenn K eine **anderweitige Ersatzmöglichkeit** hat.

aa) K könnte gegen den **Verkäufer E** nach §§ 437 Nr. 3, 280 Abs. 1 u. 3, 281 BGB einen Anspruch auf Schadensersatz bzw. gemäß § 284 BGB auf Ersatz der nutzlosen Bauaufwendungen haben. Dann müsste die Kaufsache mangelhaft sein. Hier ist das Grundstück zwar als „Bauland" verkauft worden, dies bezieht sich aber i.d.R. nur darauf, dass das Grundstück überhaupt bebaut werden darf. Die konkret beabsichtigte Bebauung ist grds. nicht Beschaffenheitsmerkmal, es sei denn, hierauf bezieht sich die vertragliche Vereinbarung. Im Übrigen trägt der Käufer das Verwendungsrisiko. Gewährleistungsansprüche des K gegen E bestehen daher nicht. 740

bb) Es bestehen jedoch Ansprüche des K gegen den **Architekten A** gemäß §§ 634 Nr. 4, 280, 281, 284 BGB wegen **fehlerhafter Planung**.[1060] Denn auch der Architekt muss grds. die nötigen Kenntnisse des Baurechts besitzen, ins- 741

1056 BGH NVwZ-RR 2016, 258, 259; NJW 2008, 2502, 2503; NVwZ 2004, 638, 638 f.; Schlick NJW 2016, 2715, 2718.

1057 BGH NVwZ 2004, 638, 639; Rinne/Schlick NJW 2005, 3541, 3545; Schlick DVBl. 2007, 457, 464.

1058 BGH NVwZ-RR 2016, 258, 259: objektive Reichweite des dem Betroffenen gewährten Vermögensschutzes.

1059 BGH NJW 2000, 2996; zum ersatzfähigen Schaden vgl. auch BGH NJW 2009, 1207, 1208 f.

1060 Zu der am 01.01.2018 in Kraft tretenden Neuregelung in §§ 650 p ff. BGB n.F. vgl. Pechstein RÜ 2017, 360, 366.

bes. die Frage der planungsrechtlichen Zulässigkeit prüfen. Allerdings muss der Architekt keine schwierigen Rechtsfragen lösen.[1061] Hier hätte A erkennen können, dass das Bauvorhaben den Festsetzungen des Bebauungsplanes widersprach. K hat im Vertrauen auf die Planung des A den Kaufvertrag geschlossen und mit den Bauarbeiten begonnen, sodass ihm bzgl. der daraus entstandenen Vermögensnachteile Ansprüche gegen A auf Schadensersatz (§ 280 Abs. 1 BGB) bzw. Ersatz vergeblicher Aufwendungen (§ 284 BGB) zusteht. Der Amtshaftungsanspruch gegen die Stadt ist deshalb wegen anderweitiger Ersatzmöglichkeit nach § 839 Abs. 1 S. 2 BGB ausgeschlossen.[1062]

K hat **keinen Anspruch aus Amtshaftung** nach 839/34.

II. Ordnungsrechtliche Unrechtshaftung

742 1. In den meisten Ländern besteht neben 839/34 ein Anspruch auf Entschädigung, wenn jemand durch eine **rechtswidrige Maßnahme** der Polizei- oder Ordnungsbehörden einen Schaden erleidet. Anders als die Amtshaftung ist die ordnungsrechtliche Haftung **verschuldensunabhängig**. Hierbei handelt es sich um eine Konkretisierung der allgemeinen Grundsätze über den sog. **enteignungsgleichen Eingriff** (s.u. Rn. 785). Fehlt eine Regelung im Landesrecht folgt daher ein gleichgelagerter Anspruch aus dem **Aufopferungsgewohnheitsrecht**.[1063]

–	–	59 II ASOG	38 I b OBG	56 I 2 PolG	–	64 I 2 SOG	–	80 I 2 SOG	39 I b OBG	68 I 2 POG	68 I 2 PolG	–	69 I 2 SOG	–	68 I 2 PAG

2. Wesentliche Voraussetzung der ordnungsrechtlichen Haftung ist das Vorliegen einer **rechtswidrigen Maßnahme**.

743 a) Der Begriff der **Maßnahme** ist weit zu fassen. Darunter fallen nicht nur Verwaltungsakte, sondern jedes Verhalten mit Außenwirkung, auch ungewollte, nicht finale Handlungen.

Beispiele: Erteilung von Auskünften, wenn der Bürger auf ihre Richtigkeit vertrauen durfte.[1064] Keine Maßnahme ist dagegen die bloße Anhörung[1065] oder eine unverbindliche „Bitte".[1066] Ebenso wie im Rahmen der Amtshaftung (s.o. Rn. 702) gibt es auch nach dem POR **keine Haftung für legislatives Unrecht**.[1067] Das gilt auch für rechtswidrige Verwaltungsmaßnahmen, soweit der Schwerpunkt auf dem legislativen Unrecht liegt.[1068]

Die Erteilung der Baugenehmigung ist als Verwaltungsakt unproblematisch eine Maßnahme im ordnungsrechtlichen Sinne.[1069]

1061 BGH NVwZ 2004, 638, 639; NVwZ 1992, 911, 912 m.w.N.

1062 Vgl. BGH NJW 2001, 3054; LG Bonn NWVBl. 2007, 197 f.; Lansnicker/Schwirtzek NVwZ 1996, 745, 747; Voßkuhle/Kaiser JuS 2015, 1076, 1077.

1063 Vgl. BGH NJW 1994, 1647, 1648; Ossenbühl/Cornils, S. 488 m.w.N.

1064 BGH NJW 1992, 1230; NJW 1994, 2087.

1065 OLG Köln NVwZ 1993, 1020.

1066 BGH DVBl. 1998, 328.

1067 BGH, Urt. v. 16.04.2015– III ZR 204/13, RÜ 2015, 462, 466; OLG Düsseldorf NVwZ-RR 2017, 537, 539; Schlick NJW 2015, 2703, 2704; Pagenkopf NVwZ 2015, 1264; 1267; a.A. Hartmann/Jansen DVBl. 2015, 752, 756 ff..

1068 BGH, Urt. v. 16.04.2015– III ZR 204/13, RÜ 2015, 462, 466 (keine Haftung für unionsrechtswidrige Untersagung der Sportwettenvermittlung); ebenso OLG Düsseldorf NVwZ-RR 2017, 537, 539; zur weiterhin rechtswidrigen Untersagung der Vermittlung von Sportwetten vgl. BVerwG NVwZ 2017, 326; OVG NRW DÖV 2017, 473; NVwZ-RR 2016, 744; VGH Mannheim NVwZ 2017, 815; HessVGH, Beschl. v. 29.05.2017 – 8 B 2744/16, GRUR-Prax 2017, 387.

b) Die Baugenehmigung war **rechtswidrig**. Wie beim Amtshaftungsanspruch reicht auch hier die objektive Rechtswidrigkeit allein nicht aus. Es gelten vielmehr dieselben Einschränkungen wie zur **Drittbezogenheit** der Amtspflicht.[1070] Hier bestand die Pflicht zur ordnungsgemäßen Prüfung der bauplanungsrechtlichen Zulässigkeit des Bauvorhabens insbes. im Vermögensinteresse des Bauherrn K. **744**

c) Voraussetzung der ordnungsrechtlichen Haftung ist im Übrigen, dass die behördliche Maßnahme den Schaden **unmittelbar** (d.h. ohne wesentliche Zwischenursache) hervorgerufen hat.[1071] Zwar sind die Schäden hier nicht unmittelbar durch Erteilung der Baugenehmigung, sondern erst durch Abschluss des Kaufvertrages bzw. durch Aufnahme der Bauarbeiten eingetreten. Jedoch ist die Unmittelbarkeit schon dann zu bejahen, wenn sich im Schadenseintritt eine für die konkrete hoheitliche Betätigung **typische Gefährdungslage** konkretisiert hat.[1072] **745**

Beispiel: Die Einweisung eines bisherigen Mieters wegen drohender Obdachlosigkeit begründet die zurechenbare Gefahr eines unsachgemäßen Gebrauchs der Wohnung.[1073]

Die Erteilung einer – rechtswidrigen – Baugenehmigung ruft typischerweise die Gefahr hervor, dass der Bauherr vermögensrechtliche Dispositionen trifft, insbes. mit der Errichtung des Baus beginnt. Die geltend gemachten Schäden beruhen daher unmittelbar auf der rechtswidrigen Erteilung der Genehmigung.

3. Ein **Verschulden** ist für die ordnungsrechtliche Haftung **nicht erforderlich**. **746**

4. Anders als beim Amtshaftungsanspruch schließt eine **anderweitige Ersatzmöglichkeit** den ordnungsrechtlichen Anspruch **nicht aus**. Daher besteht die ordnungsrechtliche Haftung gegenüber K, unabhängig davon, ob K Ansprüche gegen E oder A hat. **747**

   Der Anspruch ist allerdings ausgeschlossen, wenn der Geschädigte bereits anderweitig tatsächlich Ersatz erlangt hat (vgl. z.B. ausdrücklich § 38 Abs. 2 a) OBG Bbg, § 39 Abs. 2 a) OBG NRW).

5. Im Gegensatz zu 839/34 handelt es sich bei der ordnungsrechtlichen Haftung nicht um einen Schadensersatzanspruch, sondern um einen **Entschädigungsanspruch**. Ersetzt wird i.d.R. nur der **unmittelbare Vermögensschaden**, nicht dagegen mittelbare Vermögensnachteile, es sei denn, der Ausgleich ist zur Abwendung unbilliger Härten geboten. Hier stehen die geltend gemachten Schäden im unmittelbaren Zusammenhang mit der rechtswidrigen Erteilung der Baugenehmigung. **748**

6. Ein den Anspruch einschränkendes **Mitverschulden** kann insbes. dann vorliegen, wenn der Bauherr trotz Nachbarwiderspruchs weiterbaut. Zwar entfällt damit die Vertrauensgrundlage nicht automatisch, da die Genehmigung grds. sofort vollziehbar ist (vgl. § 212 a Abs. 1 BauGB). Ab dem Vorliegen von Drittanfechtungen trifft den Bauherrn jedoch eine größere Eigenverantwortung.[1074] **749**

   Die von K geltend gemachten Nachteile sind bereits vor Einlegung des Nachbarwiderspruchs entstanden. Diesbezüglich ist ihm ein Mitverschulden nicht anzulasten. Der **ordnungsrechtliche Haftungsanspruch** ist daher uneingeschränkt **begründet**.

1069 BGH DVBl. 2002, 265, 266; OLG Köln ZfBR 2013, 183, 184.
1070 BGH NJW 1994, 2087, 2088; DVBl. 1993, 1091, 1092; Lansnicker/Schwirtzek NVwZ 1996, 745, 746.
1071 BGH NJW 1996, 315, 316.
1072 Siehe näher unten Rn. 793 und Rn. 812.
1073 BGH NJW 1996, 315, 316; einschränkend BGH NVwZ 2006, 963, 964; vgl. oben Rn. 490.
1074 BGH VersR 2002, 1024, 1025; BauR 2002, 292, 293.

Amtshaftung gemäß § 839 Abs. 1 S. 1 BGB i.V.m. Art. 34 S. 1 GG

I. Voraussetzungen der Amtshaftung (haftungsbegründender Tatbestand)

1. Handeln in Ausübung eines öffentlichen Amtes

a) jeder Amtswalter, der hoheitlich handelt **(haftungsrechtlicher Beamtenbegriff)**

Beamte, Richter (§ 839 Abs. 2 BGB!), Angestellte, Arbeiter, Soldaten, Minister, Ratsmitglieder, Beliehene, Verwaltungshelfer (Werkzeugtheorie?)

b) öffentlich-rechtliche Tätigkeit, nicht bei privatrechtlicher Tätigkeit

- eindeutig ör bei Eingriffsverwaltung (insbes. POR)
- Leistungsverwaltung: abhängig von der Ausgestaltung des Rechtsverhältnisses
- bei neutralen Handlungen: Funktionszusammenhang und Zielsetzung
  – Teilnahme am Straßenverkehr: ör, wenn Sonderrechte oder Dienstfahrt
  – Verkehrssicherungspflicht: grds. pr; Ausn. Straßenverkehrssicherungspflicht ör

c) in Ausübung = nicht nur bei Gelegenheit

2. Verletzung der einem Dritten gegenüber obliegenden Amtspflicht

a) Amtspflicht aus Gesetz, RechtsVO, Satzung, VV, Weisungen u.a.

- Pflicht zu rechtmäßigem Verwaltungshandeln
- Pflicht zur Vermeidung unerlaubter Handlungen
- Pflicht zur Erteilung richtiger und vollständiger Auskünfte
- Pflicht zu zügigem und konsequentem Verwaltungshandeln u.a.

b) gegenüber dem Geschädigten

- persönlicher Schutzbereich: zumindest auch Individualschutz bezweckt
- sachlicher Schutzbereich: Schutz gerade des betroffenen Interesses

c) Verletzung = Rechtswidrigkeit der Maßnahme

- keine Bindung an bestandskräftigen VA (arg. e § 839 Abs. 3 BGB)
- Bindung an verwaltungsgerichtliches Urteil wegen § 121 VwGO

3. Verschulden, § 276 BGB

Vorsatz, Fahrlässigkeit (objektivierter Fahrlässigkeitsmaßstab)

4. kein Haftungsausschluss

a) § 839 Abs. 1 S. 2 BGB (**Subsidiaritätsklausel**, Verweisungsprivileg)

- bei fahrlässiger Amtspflichtverletzung, wenn anderweitige Ersatzmöglichkeit besteht
- nicht anwendbar bei allg. Teilnahme am Straßenverkehr, ör VSP, selbst verdienten Versicherungsleistungen (Sozialversicherung, Kaskoversicherung etc.)
- Realisierung muss möglich und zumutbar sein

b) § 839 Abs. 2 BGB (Richterprivileg)

c) § 839 Abs. 3 BGB (schuldhaft unterlassene Rechtsbehelfseinlegung)

II. Rechtsfolge (haftungsausfüllender Tatbestand)

- Ersatz des durch die Amtspflichtverletzung zurechenbar verursachten Schadens (§§ 249 ff. BGB) in **Geld**, keine Naturalrestitution
- ggf. Anspruchsminderung bei **Mitverschulden**, § 254 BGB

III. Haftung bei Verstößen gegen das Europarecht

Bei Schäden, die dem Einzelnen durch Verstöße der Mitgliedstaaten gegen das primäre oder sekundäre Unionsrecht entstehen, hat der EuGH das Rechtsinstitut der **unionsrechtlichen Staatshaftung** entwickelt. Sie folgt „unmittelbar aus dem Wesen der europäischen Rechtsordnung"[1075] und hat **drei Voraussetzungen**:[1076] **750**

Unionsrechtliche Staatshaftung

- Verletzung von **individualschützendem Unionsrecht**
- Vorliegen eines **hinreichend qualifizierten Verstoßes**
- **unmittelbarer Kausalzusammenhang** zwischen Pflichtverletzung und Schaden

Ein **Verschulden**, wie es der nationale Amtshaftungsanspruch voraussetzt, ist für die unionsrechtliche Haftung **nicht Voraussetzung**, aber ggf. im Rahmen der Qualifizierung des Rechtsverstoßes zu berücksichtigen.[1077]

Beispiele: Haftung des Mitgliedstaates bei Verstößen gegen individualschützende EU- Richtlinien[1078] oder bei unzulässigen Beschränkungen der Grundfreiheiten (z.B. Art. 34 AEUV).[1079]

Beachte: *Von der **Haftung der Mitgliedstaaten** für unionsrechtswidriges Verhalten zu unterscheiden ist die **Amtshaftung der EU** für Organe und Bedienstete der Union. Diese Haftung ist in Art. 340 Abs. 2 AEUV (für die EZB in Art. 340 Abs. 3 AEUV) geregelt und wird im Wege der sog. **Amtshaftungsklage** (Art. 268 AEUV) durchgesetzt.*[1080] **751**

Während teilweise angenommen wird, dass durch die unionsrechtliche Staatshaftung lediglich die nationalen Haftungsansprüche modifiziert werden,[1081] geht die heute h.M. davon aus, dass es sich um ein **eigenständiges Haftungsinstitut des EU-Rechts** handelt, das ggf. neben den Anspruch aus Amtshaftung tritt.[1082] Dafür spricht, dass es sich bei der unionsrechtlichen Haftung anders als bei der Amtshaftung **nicht um eine übergeleitete Haftung** für das Verhalten des Amtswalters handelt, sondern um eine **originäre Haftung des Mitgliedstaates**. **752**

Besondere Bedeutung hat der unionsrechtliche Staatshaftungsanspruch bei **normativem Unrecht**, wenn nationales Recht dem Unionsrecht widerspricht. Während es nach § 839 BGB, Art. 34 GG grundsätzlich keine Haftung für Fehlverhalten des Gesetzgebers gibt (s.o. Rn. 702), kommt die unionsrechtliche Haftung auch in diesen Fällen zum Tragen. **753**

Voraussetzung für die unionsrechtliche Staatshaftung ist stets ein **hinreichend qualifizierter Verstoß**, d.h. der Mitgliedstaat muss seine Befugnisse offenkundig und erheblich überschritten haben. Hierbei handelt es sich i.d.R. um eine **Wertungsfrage**, bei der alle Gesichtspunkte des Einzelfalls zu berücksichtigen sind.[1083]

1075 Vgl. grundlegend EuGH NJW 1992, 165, 166 f. (Francovich); EuGH NJW 1996, 1267, 1268 (Brasserie du Pecheur).

1076 Schlick NJW 2017, 2509, 2510; vgl. ausführlich AS-Skript Europarecht (2017), Rn. 697 ff.

1077 Vgl. Ossenbühl/Cornils, S. 610; Graulich ZAP 2005, 185, 196; Kling Jura 2005, 298, 303.

1078 EuGH NJW 1992, 165; EuGH NJW 1996, 3141 (Pauschalreiserichtlinie); BVerwG NVwZ 2015, 812; BVerwG, Urt. v. 06.04. 2017 – BVerwG 2 C 11.16; OVG NRW, Urt. v. 24.05.2017 – 1 A 2493/15 (Haftung des Gesetzgebers bei unionsrechtswidriger altersdiskriminierender Besoldung); vgl. dazu auch EuGH NVwZ 2014, 1294.

1079 EuGH NJW 1996, 1267, 1268; BGH NVwZ 2007, 362, 363; NJW 2009, 2534, 2536; Dörr DVBl. 2006, 598, 599 f.

1080 Vgl. z.B. EuGH, Urt. v. 20.09.2016 – C-8/15, RÜ 2016, 722 und ausführlich AS-Skript Europarecht (2017), Rn. 689 ff.

1081 Papier/Shirvani in: MünchKomm BGB § 839 Rn. 103; Kluth DVBl. 2004, 393, 402.

1082 BGH NJW 2008, 3558, 3559; Maurer/Waldhoff § 31 Rn. 10; im Ergebnis auch BVerfG NJW 2012, 598, 599.

Beispiel: Aufgrund des erheblichen Gestaltungsspielraums, den das Unionsrecht den Mitgliedstaaten bei der Ausgestaltung des nationalen Glücksspielrechts beließ, durften die Behörden und Gerichte der Länder davon ausgehen, dass das staatliche Wettmonopol bis zu der vom BVerfG geforderten Neuregelung mit dem Unionsrecht in Einklang stand.[1084] Auch soweit das staatliche Wettmonopol unionsrechtswidrig war,[1085] lässt sich ein hinreichend qualifizierter Verstoß nicht feststellen.[1086]

IV. Ansprüche aus verwaltungsrechtlichen Schuldverhältnissen

1. Vertragliche Schadensersatzansprüche

754 Wie im Privatrecht können im Öffentlichen Recht neben deliktischen Ansprüchen auch **vertragliche Schadensersatzansprüche** bestehen. Dies gilt vor allem beim **öffentlich-rechtlichen Vertrag**, bei dem über § 62 S. 2 VwVfG die allgemeinen Regeln des BGB anzuwenden sind, insbes. können Schadensersatzansprüche bestehen bei Pflichtverletzungen (§§ 280 ff. BGB), auch im vorvertraglichen Bereich (§ 311 a Abs. 2 BGB).

Beispiel: Der grundlose Abbruch von Vertragsverhandlungen kann auch beim öffentlich-rechtlichen Vertrag zu einer Haftung auf den dadurch verursachten Vertrauensschaden führen.[1087]

755 Aus § 40 Abs. 2 S. 1 VwGO ergibt sich, dass es außer öffentlich-rechtlichen Verträgen auch noch andere **öffentlich-rechtliche Schuldverhältnisse** gibt, bei denen eine vertragliche Haftung in Betracht kommt („Schadensersatzansprüche aus der Verletzung öffentlich-rechtlicher Pflichten, die **nicht** auf einem öffentlich-rechtlichen Vertrag beruhen"). In der Rspr. ist daher anerkannt, dass die Regeln des vertraglichen Schuldrechts im hoheitlichen Bereich sinngemäß heranzuziehen sind, wenn

- zwischen Staat und Bürger ein enges, **besondere Rechte und Pflichten begründendes Rechtsverhältnis** besteht und
- ein **sachlicher Grund** vorliegt, neben deliktischen Ansprüchen (insbes. aus Amtshaftung) auch Schadensersatzansprüche **analog § 280 BGB** zu gewähren.[1088]

Aufbauschema: Schadensersatz analog § 280 BGB

- **Anwendbarkeit: ör Schuldverhältnis**
  - ör Vertrag
  - vertragsähnliche Sonderbeziehung
- **Pflichtverletzung**
- **Verschulden**
- **Rechtsfolge:** Schadensersatz

1083 EuGH, Urt. v. 24.03.2009 – C-445/06, RÜ 2009, 649, 650; BGH, Urt. v. 18.10.2012 – III ZR 196/11, RÜ 2013, 52, 54; NJW 2013, 168, 169; OVG NRW, Urt. v. 08.02.2017 – 3 A 1972/15.

1084 Zur Verfassungswidrigkeit des früheren Glücksspielstaatsvertrages BVerfGE 115, 276; dazu Sachs JuS 2006, 745 ff.

1085 EuGH, Urt. v. 08.09.2010 – C-316/07, RÜ 2010, 719, 722; EuZW 2011, 841, 844; Streinz JuS 2011, 85 f.

1086 BGH, Urt. v. 16.04.2015– III ZR 333/13 u. III ZR 204/13, RÜ 2015, 462, 463 f.; BGH, Urt. v. 18.10.2012 – III ZR 196/11, RÜ 2013, 52, 55 f.; OLG Düsseldorf NVwZ-RR 2017, 537, 538; Unterreitmeier NJW 2013, 127, 129; Schlick NJW 2015, 2703, 2705.

1087 BGH NVwZ 2006, 1207; NJW 1990, 1042; OVG NRW OVGE 26, 41.

1088 BVerwG NVwZ 2011, 1388, 1390; BGH NJW 2006, 1121, 1123; VGH Mannheim NJW 2003, 1066; Dötsch NWVBl. 2001, 385, 388; Geis NVwZ 2002, 385, 390; Schlick NJW 2017, 2509, 2510.

2. Fallgruppen

a) Öffentlich-rechtliche Verwahrung

Anerkannt ist eine vertragsähnliche Haftung insbes. bei der **öffentlich-rechtlichen Verwahrung**, die durch Vertrag, aber auch einseitig durch Hoheitsakt begründet werden kann (letzteres insbes. bei der Sicherstellung im Polizeirecht). Aufgrund der in diesen Fällen bestehenden **Obhutspflicht** des Staates gelten die Vorschriften des BGB über die Verwahrung (§§ 688 ff., außer § 690 BGB) sowie über Leistungsstörungen (§§ 275 ff. BGB) entsprechend. **Schadensersatzansprüche** können sich **analog § 280 BGB** vor allem bei Unmöglichkeit der Herausgabe oder bei Beschädigung der Sache ergeben.[1089] 756

Beispiel: Der Staat haftet analog § 280 BGB für Beschädigungen des abgeschleppten Fahrzeuges durch den Abschleppunternehmer.[1090] Analog § 285 BGB kann bei Unmöglichkeit der Herausgabe ein Anspruch auf das sog. stellvertretende commodum bestehen.[1091]

b) Öffentlich-rechtliche Leistungs- und Benutzungsverhältnisse

Entsprechendes gilt für öffentlich-rechtliche **Leistungs- und Benutzungsverhältnisse**, die durch Leistung und Gegenleistung geprägt sind. Die Beteiligten sind hier ebenso schutzbedürftig wie bei einem privatrechtlichen Austauschverhältnis. Deshalb können sich bei Pflichtverletzungen **Schadensersatzansprüche analog § 280 BGB** ergeben. 757

Beispiel: Schädigung bei der Benutzung gemeindlicher Einrichtungen, z.B. im Rahmen der Wasserversorgung, der Abwasserkanalisation oder eines kommunalen Schlachthofs.[1092] Aufgrund des Gegenseitigkeitsverhältnisses können sich hierbei nicht nur Ansprüche des Bürgers gegen den Staat, sondern auch Ansprüche des Staates gegen den Bürger ergeben, wenn dieser seine Pflichten verletzt.[1093]

c) Beamtenverhältnis

Das **Beamtenverhältnis** wird durch eine besondere Fürsorgepflicht des Dienstherrn geprägt (§ 78 BBG, § 45 BeamtStG). Deshalb ist allgemein anerkannt, dass der Beamte bei schuldhafter Pflichtverletzung des Dienstherrn einen vertragsähnlichen, öffentlich-rechtlichen Schadensersatzanspruch hat.[1094] Allerdings ist ein Rückgriff auf die Verletzung der Fürsorgepflicht nicht erforderlich. Primär- und Sekundäransprüche ergeben sich vielmehr **unmittelbar aus dem Beamtenverhältnis.**[1095] 758

Der wichtigste Fall sind Ansprüche bei Verletzung des sog. Bewerbungsverfahrensanspruchs (z.B. im Rahmen eines Besetzungs- oder Beförderungsverfahrens).[1096] Hier ergibt sich der Schadensersatzanspruch unmittelbar aus Art. 33 Abs. 2 GG.[1097] Ein Anspruch ist jedoch ausgeschlossen, wenn der Dienstherr das Auswahlverfahren aus sachlichen Gründen abbricht.[1098]

1089 BVerwG NVwZ 2011, 1388, 1390; DVBl. 2004, 1369, 1370; OLG Hamm NJW 2001, 375, 376; OLG Schleswig NVwZ 2000, 234; Ossenbühl NJW 2000, 2945, 2952; Graulich ZAP 2005, 185, 191 f.

1090 BGH, Urt. v. 18.02.2014 – VI ZR 383/12, RÜ 2014, 332, 335; dazu Schlick NJW 2014, 2686; WaldhoffJuS 2015, 92, 94.

1091 BGH NJW 2015, 1238,

1092 BGHZ 59, 303, 305 (Wasserversorgung); BGH NVwZ 2007, 1221 (Kanalisation); OLG Hamm VersR 1987, 789 (Schlachthof).

1093 VG Düsseldorf, Urt. v. 07.05.2014 – 23 K 8388/12.

1094 Vgl. z.B. BVerfG NVwZ 2015, 523; BVerwG NVwZ 2014, 676; OVG NRW NVwZ-RR 2017, 739, 740.

1095 BVerwGE 80, 123, 125; OVG NRW NVwZ-RR 2017, 157, 158; Graulich ZAP 2005,185, 192.

1096 BVerwG, Urt. v. 20.10.2016 – BVerwG 2 C 30.15; BVerwG NVwZ 2015, 1686; NVwZ-RR 2017, 736, 737.

1097 BVerwG, Urt.v. 25.02.2010 – BVerwG 2 C 22.09, RÜ 2010, 605, 606; NJW 2010, 3592, 3593.

1098 Vgl. BVerwG NVwZ 2015, 1066, 1067; NVwZ 2016, 1650, 1651.

d) Sonstige vertragsähnliche Sonderbeziehungen

759 Die vorstehenden Fallgruppen sind **nicht abschließend**. Eine vertragsähnliche Haftung kommt vor allem bei einer engen Rechtsbeziehung mit Obhuts- und Fürsorgepflichten in Betracht.[1099] Die Rspr. ist bei der Anerkennung solcher Sonderverhältnisse indes sehr zurückhaltend.

Nicht als schuldrechtsähnliches Verhältnis hat der BGH z.B. das Schulverhältnis angesehen. Zwar bestehe dem Schüler gegenüber eine Obhutspflicht der Schule, die jedoch hinter die Amtspflichten zur Erteilung des Unterrichts zurücktrete.[1100] Entsprechendes gilt für das Strafgefangenenverhältnis. Auch hier besteht zwar eine Fürsorgepflicht, die aber das Verhältnis nicht entscheidend prägt.[1101]

3. Unterschiede zur deliktischen Haftung

760 Die Zubilligung von Ansprüchen analog § 280 BGB neben der deliktischen Haftung nach 839/34 hat folgende **Vorteile:**

- Während beim Amtshaftungsanspruch der Kläger die volle Beweislast für die Voraussetzungen des § 839 Abs. 1 BGB, insbes. hinsichtlich des **Verschuldens** trägt, muss im vertraglichen Bereich der Staat analog §§ 280 Abs. 1 S. 2, 286 Abs. 4 BGB beweisen, dass er eine Pflichtverletzung nicht zu vertreten hat.[1102]
- Bei vertraglichen Ansprüchen wird das Verschulden von **Hilfspersonen** (Erfüllungsgehilfen) nach § 278 BGB zugerechnet, während dies im deliktischen Bereich nur für ör Verwaltungshelfer gilt (s.o. Rn. 681).
- Bei vertraglichen Ansprüchen greift das **Verweisungsprivileg** des § 839 Abs. 1 S. 2 BGB **nicht**. Der **Rechtsgedanke des § 839 Abs. 3 BGB** bei schuldhaftem Nichtgebrauch eines Rechtsmittels gilt jedoch auch für die vertragsähnliche Haftung.[1103]
- Während der Anspruch aus 839/34 nur auf Geldersatz geht (s.o. Rn. 728), ist beim vertraglichen Anspruch auch eine **Naturalrestitution** möglich.[1104]

4. Rechtsweg

761 Für vertragsähnliche **Ansprüche des Bürgers** ist – ebenso wie für Amtshaftungsansprüche (Art. 34 S. 3 GG) – grds. der Rechtsweg zu den **ordentlichen Gerichten** gegeben (§ 40 Abs. 2 S. 1 Hs. 1 VwGO).[1105] Etwas anderes gilt für Ansprüche aus öffentlich- rechtlichem Vertrag und für beamtenrechtliche Ansprüche (§ 40 Abs. 2 S. 2 VwGO, § 126 Abs. 1 BBG, § 54 Abs. 1 BeamtStG), für die der Verwaltungsrechtsweg eröffnet ist.[1106]

762 Für **Ansprüche des Staates gegen den Bürger** ist dagegen stets der **Verwaltungsrechtsweg** nach § 40 Abs. 1 S. 1 VwGO eröffnet, da § 40 Abs. 2 S. 1 VwGO nur Ansprüche des Bürgers gegen den Staat erfasst.[1107]

1099 BGH, Urt. v. 18.02.2014 – VI ZR 383/12, RÜ 2014, 332, 335; BVerwG NVwZ 2011, 1388, 1390; Graulich ZAP 2005, 185, 192.
1100 BGH NJW 1963, 1828.
1101 BGHZ 21, 214, 218.
1102 Zur Beweislast beim Amtshaftungsanspruch BGH NVwZ 2017, 251, 255; NJW 2017, 397, 401.
1103 BVerwG NJW 2010, 3592, 3593; BVerwG, Beschl. v. 06.06.2014 – BVerwG 2 B 75.13.
1104 Maurer/Waldhoff § 29 Rn. 10; Ossenbühl/Cornils, S. 405.
1105 Vgl. BVerwG NJW 2002, 2894; Ehlers/Schneider in: Schoch VwGO § 40 Rn. 543; Graulich ZAP 2005, 849, 854.
1106 BVerwG NJW 2010, 3592, 3593.
1107 BVerwG NVwZ 2017, 242, 244; Kopp/Schenke VwGO § 40 Rn. 73.

C. Entschädigung bei Eingriffen in das Eigentum (Art. 14 GG)

Ersatzansprüche bei Eingriffen in das Eigentum können sich aus vier Gesichtspunkten ergeben: **763**

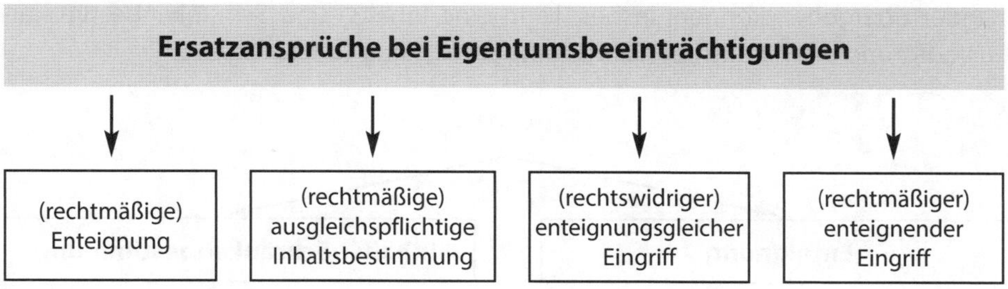

- **Enteignungsentschädigung** nach Art. 14 Abs. 3 GG als Ausgleich für den Entzug einer Eigentumsposition,
- **ausgleichspflichtige Inhaltsbestimmungen** als Kompensation für besonders schwerwiegende Belastungen im Rahmen der gesetzlichen Bestimmung von Inhalt und Schranken des Eigentums nach Art. 14 Abs. 1 S. 2 GG,
- **enteignungsgleicher Eingriff** bei rechtswidrigen Eingriffen in das Eigentum und
- **enteignender Eingriff** bei unzumutbaren Nebenfolgen einer an sich rechtmäßigen Verwaltungsmaßnahme.

I. Ersatzansprüche wegen Enteignung (Art. 14 Abs. 3 GG)

Art. 14 Abs. 1 S. 1 GG gewährleistet **Eigentum** und Erbrecht. Eingriffe in das Grundrecht können verfassungsrechtlich gerechtfertigt sein als **764**

- **Inhalts- und Schrankenbestimmung** im Rahmen der Sozialbindung (Art. 14 Abs. 1 S. 2, Abs. 2 GG) oder
- **Enteignung** (Art. 14 Abs. 3 GG).

Für die **Abgrenzung** gilt nach der heute herrschenden Trennungstheorie ein **formeller Enteignungsbegriff:**[1108] **765**

- **Enteignung** i.S.d. Art. 14 Abs. 3 GG ist (nur) der **zielgerichtete** staatliche Zugriff auf das Eigentum des Einzelnen, der auf eine vollständige oder teilweise Entziehung einer konkreten Rechtsposition i.S.d. Art. 14 Abs. 1 GG zur Erfüllung öffentlicher Aufgaben gerichtet ist **(Eigentumsentzug)**.
- **Inhalts- und Schrankenbestimmung** i.S.d. Art. 14 Abs. 1 S. 2 GG ist demgegenüber die generelle und abstrakte Festlegung von Rechten und Pflichten des Eigentümers **(Eigentumsbeschränkung)**.

Demgegenüber hatten der BGH (Sonderopfertheorie) und das BVerwG (Schweretheorie) früher einen **materiellen Enteignungsbegriff** zugrunde gelegt. Danach war die Enteignung durch die Kriterien der Schwere, der Zumutbarkeit oder des Überschreitens der Sozialbindung gekennzeichnet. Jede Maßnah- **766**

1108 Grundlegend BVerfGE 58, 300, 331 (Nassauskiesungsbeschluss); vgl. auch BVerfG DVBl. 2000, 1275, 1276; NJW 2001, 2960, 2961; NJW 2003, 196, 197; BVerwG NVwZ 2007, 707; DVBl. 2003, 531, 532; BGHZ 90, 17, 29 ff.; 99, 24, 28 f.; Papier DVBl. 2000, 1398, 1399; Lege JZ 2011, 1084, 1085; ders. Jura 2011, 507, 511; Froese NJW 2017, 444, 446.

me, die nicht mehr als (rechtmäßige) Inhalts- und Schrankenbestimmung gerechtfertigt war, schlug automatisch in eine entschädigungspflichtige Enteignung um.[1109]

767 Nach der **Trennungstheorie** sind Inhalts- und Schrankenbestimmungen einerseits und Enteignung andererseits dagegen **zwei selbstständige Rechtsinstitute**, die nicht ineinander übergehen können, insbes. kann eine Inhalts- und Schrankenbestimmung allein aufgrund ihrer Intensität nicht in eine Enteignung „umschlagen".

Eigentum

Enteignung	**Inhalts-/Schrankenbestimmung**
■ Eigentumsentzug ■ stets Entschädigung gem. Art. 14 III GG i.V.m. SpezG	■ Eigentumsbeschränkung ■ grds. entschädigungslos (Art. 14 I 2 GG) ■ Ausn.: „ausgleichspflichtige Inhaltsbestimmung" gem. SpezG

← **Abgrenzung** →

- frühere Rspr. des BGH/BVerwG: materiell nach Intensität und Qualität
- BVerfG und heute ganz h.M.: formell nach Form und Intention

768 ■ Die **Enteignung** setzt zwingend voraus, dass der Entzug des Eigentums der **Güterbeschaffung** zugunsten der öffentlichen Hand oder eines sonst Enteignungsbegünstigten dient.[1110] In der Sache bedeutet sie **Entzug** des Eigentums und Übertragung auf einen Begünstigten („Zwangsverkauf").[1111] Die Enteignung beseitigt das Eigentum des bisherigen Eigentümers und lässt originär **neues Eigentum** beim Begünstigten entstehen.

Beispiele: Entzug eines Grundstücks für den Straßenbau (§ 19 FStrG) oder aus städtebaulichen Gründen (§ 86 Abs. 1 Nr. 1 Alt. 1 BauGB), Belastung eines Grundstücks mit einer Grunddienstbarkeit, z.B. um die Benutzung durch die Allgemeinheit sicherzustellen (§ 86 Abs. 1 Nr. 1 Alt. 2 BauGB).

769 ■ **Inhalts- und Schrankenbestimmungen** sind dagegen alle **Eigentumsbeschränkungen**, mögen sie sich auch noch so schwerwiegend auswirken.

Beispiele: Nutzungsbeschränkungen im Natur-, Landschafts- oder Denkmalschutzrecht,[1112] baurechtliche Beschränkungen,[1113] Flug- und Verkehrslärm aufgrund einer Planfeststellung,[1114] ebenso die Vorschriften über die Zustandshaftung im Polizeirecht[1115] und (mangels Güterbeschaffung) die Regelungen über die Einziehung (§§ 73 ff. StGB) und sonstigen Verfall.[1116]

1109 Grundlegend BGHZ 6, 270, 280; BVerwGE 5, 143, 145 f.; für eine materielle Abgrenzung auch Schwabe Jura 1994, 529, 532; Axer DVBl. 1999, 1533, 1540 f.; Schönfeld NVwZ 1999, 380, 381; Wilhelm JZ 2000, 905, 909 f.

1110 BVerfG, Urt. v. 06.12.2016 – 1 BVR 1821/11, RÜ 2017, 114, 118; ebenso schon BVerfGE 104, 1, 10; 126, 331, 359; Lege Jura 2011, 507, 513; Kloepfer DVBl 2011, 1437, 1439; Kahl/Bews Jura 2014, 1004, 1016; Ludwigs NVwZ 2016, 1, 2; ders. NVwZ-Beil. 2017, 3, 4; Froese NJW 2017, 444, 445; kritisch de Witt UPR 2012, 281, 285; Schwarz DVBl. 2013, 133, 138.

1111 Lege Jura 2011, 507, 513; Kloepfer DVBl. 2011, 1437, 1439.

1112 BVerfG NVwZ 2010, 957.

1113 BVerfG NVwZ 2012, 429, 430; Muckel JA 2012, 314, 314 f.

1114 BVerfG NVwZ 2010, 512, 514; vgl. dazu auch BVerwG NVwZ 2012, 1314 (Ausbau des Flughafens Frankfurt/Main).

1115 Lege Jura 2011, 507, 514..

1116 OVG NRW, Urt. v. 17.02.201– 4 A 1661/14, RÜ 2017, 319, 323; Ludwigs NVwZ-Beil. 2017, 3, 4 f.

Umstritten war die Einordnung der mit dem **Ausstieg aus der Atomenergie** verbundenen Verkürzung der Restlaufzeiten der Atomkraftwerke, die bis Ende 2022 schrittweise stillgelegt werden (vgl. § 7 Abs. 1a AtomG). Da nach Fristablauf ein Totalentzug der Nutzungsbefugnis vorliegt, wurde teilweise eine Enteignung angenommen.[1117] Nach h.M. handelt es sich dagegen um eine Inhalts- und Schrankenbestimmung, da den Kraftwerksbetreibern das Eigentum an den AKW nicht entzogen, sondern nur der Betrieb für die Zukunft neu geregelt wurde.[1118] Jedenfalls fehlt es an dem für die Enteignung unverzichtbaren Güterbeschaffungsvorgang.[1119] Allerdings kann eine solche rechtsentziehende Inhalts- und Schrankenbestimmung (Eigentumsentziehung ohne Güterbeschaffung) i.d.R. nur dann Bestand haben, wenn angemessene Ausgleichsregelungen vorgesehen sind. Deshalb ist der Gesetzgeber verpflichtet, unzumutbare Belastungen zu kompensieren (ausgleichspflichtige Inhaltsbestimmung, s.u. Rn. 779). **770**

1. Anspruchsgrundlage für die Enteignungsentschädigung

Aufgrund der **Junktimklausel** in Art. 14 Abs. 3 S. 2 GG ist eine Enteignung nur zulässig, wenn das Gesetz zugleich Art und Ausmaß der **Entschädigung** regelt. Ohne Entschädigungsregelung ist die Enteignung rechtswidrig. Der Bürger kann und muss sich gegen die Maßnahme wehren. Es gibt **kein „Dulde und Liquidiere"**.[1120] **771**

Für die Entschädigung gelten vorrangig **spezialgesetzliche Entschädigungsvorschriften**, subsidiär kommen die allgemeinen Enteignungsgesetze der Länder zur Anwendung (vgl. z.B. § 19 Abs. 5 FStrG). **Anspruchsgrundlage** für die Enteignungsentschädigung ist stets die **spezielle Entschädigungsvorschrift** (vgl. z.B. §§ 93 ff. BauGB). **772**

Beachte: *Art. 14 Abs. 3 GG selbst ist keine Anspruchsnorm, sondern nur verfassungsrechtlicher Maßstab für das Enteignungsgesetz.*

2. Anspruchsvoraussetzungen für die Enteignungsentschädigung

Aufbauschema: Anspruch auf Enteignungsentschädigung

I. **Anspruchsgrundlage:** Spezialgesetz, nicht Art. 14 Abs. 3 GG

II. **Voraussetzungen**

  1. **Vorliegen einer Enteignung**, nicht Inhalts- und Schrankenbestimmung

  2. **Rechtmäßigkeit der Enteignung**

    a) **Ermächtigungsgrundlage für Enteignung**

    b) **zum Wohle der Allgemeinheit**

    c) **Verhältnismäßigkeit**

III. **Rechtsfolge:** angemessene Entschädigung

1117 Schwarz DVBl. 2013, 133, 140; ebenso schon Schmidt-Preuß NJW 2000, 1524, 1525; Sachs/Wendt GG Art. 14 Rn. 157 b.

1118 BVerfG, Urt. v. 06.12.2016 – 1 BVR 1821/11, RÜ 2017, 114, 118; Kloepfer DVBl. 2011, 1437, 1439; Degenhart DVBl. 2013, 207, 208; Schmitt/Werner NVwZ 2017, 21, 23; kritisch Berkemann DVBl. 2017, 793, 799; Sachs JuS 2017, 569, 571.

1119 BVerfG, Urt. v. 06.12.2016 – 1 BVR 1821/11, RÜ 2017, 114, 118; Sachs JuS 2017, 569, 571; ebenso schon Ludwigs NVwZ 2016, 1, 2.

1120 Grundlegend BVerfGE 58, 300, 339 (Nassauskiesungsbeschluss).

a) Vorliegen einer Enteignung

773 Nach dem formellen Enteignungsbegriff setzt die Enteignung einen **finalen** (gewollten, beabsichtigten) **Entzug** einer Eigentumsposition voraus, der der **Güterbeschaffung** für einen öffentlichen Zweck dient. Die Enteignung erfolgt durch **VA** (sog. Administrativenteignung) oder (ausnahmsweise) unmittelbar durch **Gesetz** (sog. Legalenteignung). **Realakte** und ungewollte Nebenfolgen können mangels Finalität keine Enteignung i.S.d. Art. 14 Abs. 3 GG darstellen, sondern entschädigungsrechtlich nur als „enteignende" oder „enteignungsgleiche" Eingriffe von Bedeutung sein (s.u. Rn. 785 ff.).

b) Rechtmäßigkeit der Enteignung

774 Der Anspruch auf Entschädigung setzt grds. voraus, dass die **Enteignung rechtmäßig** ist.

- Als belastende Maßnahme bedarf die Enteignung stets einer (wirksamen) gesetzlichen **Ermächtigungsgrundlage**, die zugleich Art und Ausmaß der Entschädigung regelt (Art. 14 Abs. 3 S. 2 GG).
- Die Enteignung ist nur rechtmäßig, wenn sie zum **Wohle der Allgemeinheit** erfolgt (Art. 14 Abs. 3 S. 1 GG).[1121]
- Schließlich muss jede Enteignung **verhältnismäßig** sein.

775 Ist das zur Enteignung ermächtigende Gesetz wirksam, die Enteignung im konkreten Fall aber rechtswidrig (weil z.B. unverhältnismäßig), ist umstritten, ob ein Entschädigungsanspruch besteht. Nach h.Rspr. soll in diesem Fall die **gesetzliche Entschädigungsvorschrift analog** gelten.[1122] Wenn schon für einen rechtmäßigen Eingriff Entschädigung geleistet werde, müsse dies erst recht für rechtswidrige Eingriffe gelten. Nach der Gegenansicht gilt dagegen der Vorrang des verwaltungsgerichtlichen Rechtsschutzes, da rechtswidrige Maßnahmen stets abgewehrt werden müssen. Eine analoge Anwendung der gesetzlichen Entschädigungsregel sei deshalb unzulässig.[1123]

3. Rechtsfolge

776 Die **Enteignungsentschädigung** ist unter gerechter Abwägung der Interessen der Allgemeinheit und der Beteiligten zu bestimmen (Art. 14 Abs. 3 S. 3 GG). Während Schadensersatz nach §§ 249 ff. BGB den Ausgleich sämtlicher Vermögenseinbußen in Gegenwart und Zukunft erfasst, führt die Entschädigung lediglich zu einem **„angemessenen" Ausgleich** (vgl. z.B. §§ 93 ff. BauGB).[1124]

777 Geht es um die **Rechtmäßigkeit der Enteignung**, so handelt es sich um öffentlich-rechtliche Streitigkeit i.S.d. § 40 Abs. 1 S. 1 VwGO, sodass der Enteignungsbeschluss im **Verwaltungsrechtsweg** durch Anfechtungsklage (§ 42 Abs. 1 Fall 1 VwGO) anzugreifen ist.

Für Enteignungen nach dem BauGB besteht eine abdrängende Sonderzuweisung an die Kammer für Baulandsachen beim Landgericht (§ 217 BauGB).

778 Der **Entschädigungsanspruch** ist dagegen nach Art. 14 Abs. 3 S. 4 GG zwingend im **ordentlichen Rechtsweg** geltend zu machen.[1125]

1121 Zur Enteignung zugunsten Privater, die nur mittelbar dem gemeinen Wohl dienen vgl. BVerfG NVwZ 2017, 399; NVwZ 2014, 211; dazu Durner/Karrenstein DVBl. 2014, 175 ff.; Sachs JuS 2014, 468 ff.

1122 BGH DVBl. 1987, 568, 569; Lege Jura 2011, 826, 834.

1123 Böhmer NJW 1988, 2561, 2564; Schoch Jura 1989, 529, 535; Scherzberg DVBl. 1991, 84, 91.

1124 Vgl. allgemein Ossenbühl NJW 2000, 2945, 2951.

1125 Vgl. Graulich ZAP 2005, 849, 851; Lege Jura 2011, 826, 834.

II. Die ausgleichspflichtige Inhaltsbestimmung

Eigentumsbeschränkungen nach Art. 14 Abs. 1 S. 2 GG sind **grds. entschädigungslos** 779 hinzunehmen. Belastet die Inhalts-/Schrankenbestimmung den Betroffenen aber so sehr, dass sie auch unter Berücksichtigung der Sozialgebundenheit des Eigentums (Art. 14 Abs. 2 GG) nicht mehr zumutbar ist, ist die Regelung **unverhältnismäßig** und verfassungswidrig. Der Gesetzgeber kann dem Betroffenen aber zum **Ausgleich** der Belastung eine **Entschädigung** gewähren und so die Belastung abmildern. Dadurch wird die an sich unverhältnismäßige Maßnahme (wieder) verhältnismäßig **(ausgleichspflichtige Inhaltsbestimmung)**.[1126]

Beispiele: Die jedem Verleger auferlegte Pflicht, eine bestimmte Anzahl neu erschienener Bücher an eine öffentliche Bibliothek abzuliefern, stellt eine Eigentumsbeschränkung i.S.d. Art. 14 Abs. 1 S. 2 GG dar. Dies ist unproblematisch bei Büchern mit hoher Auflage und normalem Preis. Soweit die Ablieferungspflicht auch bei bibliophilen Kostbarkeiten besteht, ist sie für sich gesehen unzumutbar. Deshalb wurde die Ablieferungspflicht vom BVerfG nur als verhältnismäßig erachtet, wenn als Ausgleich eine Entschädigung gewährt wird.[1127]

Die mit dem Atomausstieg verbundene Verkürzung der Restlaufzeiten ist grds. ohne Entschädigung zumutbar, weil diese so bemessen sind, dass sich die Investitionen amortisieren. Soweit der Betreiber die ihm kraft Gesetzes zugeteilte Reststrommenge bis zum festen Abschalttermin indes nicht verbrauchen kann, wird der kompensatorische Charakter der ursprünglichen Übergangsregelung entwertet. Der Gesetzgeber muss entweder längere Laufzeiten vorsehen, eine finanzielle Entschädigung gewähren oder andere Ausgleichsmaßnahmen treffen, um eine unverhältnismäßige Belastung zu vermeiden.[1128]

Entschädigung wegen ausgleichspflichtiger Inhaltsbestimmung kann aber – wie die 780 Enteignungsentschädigung – nur gewährt werden, wenn eine **gesetzliche Anspruchsgrundlage** vorhanden ist. Inhalt und Schranken des Eigentums zu bestimmen, ist Sache des Gesetzgebers (Art. 14 Abs. 1 S. 2 GG). Fehlt die Entschädigungsregelung bei einer Inhalts- oder Schrankenbestimmung, die den Einzelnen unverhältnismäßig belastet, ist das Gesetz verfassungswidrig. Der Betroffene kann und muss den Eingriff abwehren. Er erhält aber **keine Entschädigung**.[1129]

Bedeutung hatten hierbei in der Vergangenheit vor allem die sog. **salvatorischen Entschädigungs-** 781 **klauseln**, insbes. bei Eigentumsbeschränkungen im Denkmal-, Natur- und Landschaftsschutzrecht. („Hat eine Maßnahme nach diesem Gesetz enteignende Wirkung, so kann der hiervon Betroffene eine angemessene Entschädigung verlangen."). Sie beruhten auf dem früher in der Rspr. vertretenen weiten (materiellen) Enteignungsbegriff (s.o. Rn. 766), sind jedoch nach heutigem Verständnis zu unbestimmt. Deshalb haben die Länder ihre Entschädigungsregelungen zwischenzeitlich konkretisiert und die Tatbestände für die Gewährung einer Entschädigung detailliert geregelt (vgl. auch § 68 BNatSchG).[1130]

Für Ansprüche im Rahmen des Art. 14 Abs. 1 S. 2 GG ist gemäß § 40 Abs. 2 S. 1 Hs. 2 782 VwGO der **Verwaltungsrechtsweg** eröffnet.[1131]

1126 Vgl. BVerfG NJW 2017, 217, 225 f.; NJW 2012, 429, 430; BVerwGE 80, 184, 191; 84, 184, 191; BGHZ 121, 328, 332; 123, 242, 245; ausführlich Lege Jura 2011, 507, 515; vgl. auch BVerwG NVwZ 2014, 243: keine unverhältnismäßige Inanspruchnahme des Eigentums ohne Entschädigungsregelung.

1127 BVerfGE 58, 137, 144 (Pflichtexemplarentscheidung).

1128 BVerfG, Urt. v. 06.12.2016 – 1 BVR 1821/11, RÜ 2017, 114, 118 (Atomausstieg); dazu Ludwigs NVwZ-Beil. 2017, 3; Froese NJW 2017, 444, 446; Schmitt/Werner NVwZ 2017, 21, 23; Berkemann DVBl. 2017, 793, 802 f.; Muckel JA 2017, 234 f.; a.A. Schwarz DVBl. 2013, 133, 140: mangels Entschädigungsregelung verfassungswidrige Enteignung (s.o. Rn. 770).

1129 BVerfG NJW 2017, 217, 226; NVwZ 2012, 429, 430 f.; Brüning JuS 2003, 1, 5; Kemmler JA 2005, 156, 157; Graulich ZAP 2005, 185, 188; Muckel JA 2012, 314, 315.

1130 Vgl. dazu Glaser JuS 2010, 209, 213.

1131 Früher streitig: Für Zivilrechtsweg BGH NJW 1995, 964, für Verwaltungsrechtsweg BVerwG NJW 1994, 2949.

III. Der enteignungsgleiche Eingriff

Fall 18: Späte Reaktion

E ist Eigentümer eines großen überwiegend bewaldeten Grundstücks. Im Jahre 2015 beantragte er eine befristete Waldumwandlungsgenehmigung, um Ackerbau zu betreiben. Die zuständige Behörde lehnte dies aus sachwidrigen Gründen ab. E unternahm trotz ordnungsgemäßer Rechtsbehelfsbelehrung zunächst nichts. Erst Anfang 2017 wurde er von einem Bekannten auf die Rechtswidrigkeit der Ablehnung hingewiesen. E wendet sich daraufhin an die Behörde und verlangt Schadensersatz bzw. Entschädigung, was diese ablehnt. Das einschlägige Landesforstgesetz enthalte keine Entschädigungsregelung, im Übrigen habe es E versäumt, gegen die Ablehnung vorzugehen. Wie ist zu entscheiden, wenn E einen Anspruch auf Erteilung der Umwandlungsgenehmigung gehabt hat?

783 A. **Anspruch aus § 839 Abs. 1 S. 1 BGB i.V.m. Art. 34 S. 1 GG**

I. Die **Tatbestandsvoraussetzungen** des Amtshaftungsanspruchs sind erfüllt, da die Behörde ihre dem E gegenüber obliegende Amtspflicht zu rechtmäßigem Verwaltungshandeln zumindest fahrlässig verletzt hat.

II. Der Anspruch scheitert jedoch an § 839 Abs. 3 BGB. E hat gegen die Versagung der Genehmigung trotz ordnungsgemäßer Belehrung **keinen Rechtsbehelf** eingelegt. Aufgrund der Rechtswidrigkeit der Ablehnung hätten Rechtsbehelfe die Erteilung der Genehmigung bewirkt und dadurch den Schaden abgewendet.

784 B. **Entschädigung wegen Enteignung** setzt einen **finalen Entzug** einer Eigentumsposition voraus. Dem E ist kein Recht entzogen worden. Außerdem fehlt es an der nach Art. 14 Abs. 3 S. 2 GG erforderlichen **Entschädigungsregelung** im LForstG.

C. Ein Entschädigungsanspruch könnte sich aus dem Gesichtspunkt eines **enteignungsgleichen Eingriffs** ergeben.

I. **Rechtsgrundlage**

785 1. Das Rechtsinstitut des enteignungsgleichen Eingriffs beruht auf einer **Rechtsfortbildung** durch die Rspr. Ausgangspunkt war folgende Überlegung: Wenn nach Art. 14 Abs. 3 S. 2 GG rechtmäßige Eingriffe in das Eigentum eine Entschädigung auslösen, müsse dies **analog Art. 14 Abs. 3 GG** erst recht für rechtswidrige Maßnahmen gelten. Vor allem sollte dadurch die **Haftungslücke für rechtswidrig schuldlose Eingriffe** (kein Anspruch aus 839/34) geschlossen werden.[1132]

786 2. Diesen Ausgangspunkt hat das BVerfG im sog. **Nassauskiesungsbeschluss**[1133] aus grundrechtsdogmatischen Gründen verworfen. Danach ist begrifflich streng zu trennen zwischen der Eigentumsbeschränkung nach Art. 14 Abs. 1 S. 2 GG und der Enteignung gemäß Art. 14 Abs. 3 GG (Trennungstheorie). Enteignung ist nur der **finale Entzug** des Eigentums zur Güterbeschaffung (formeller Enteignungsbegriff). Ist der Eingriff rechtswidrig, kann und muss der Betroffene den Eingriff abwehren.

1132 Grundlegend BGHZ 6, 270, 290; 13, 88, 92; 32, 208, 211; 60, 126, 137.

1133 BVerfGE 58, 300 ff.; dazu Lege JZ 2011, 1084 ff.

Auch kann eine verfassungswidrige Inhaltsbestimmung nicht in eine Enteignung umschlagen. Sie bleibt ein rechtswidriger Eingriff, der durch Zubilligung einer Entschädigung nicht geheilt werden kann (s.o. Rn. 765 f.).

3. Die Aussagen des BVerfG beziehen sich allerdings nur auf **finale Eingriffe** in das Eigentum. Damit bleibt eine Lücke vor allem bei **faktischen Beeinträchtigungen**, die oftmals nicht abgewehrt werden können. Die Rspr. hält deshalb in diesem Bereich am enteignungsgleichen Eingriff fest. Geändert hat sich allerdings der dogmatische Ausgangspunkt. Der Anspruch kann aufgrund der Rspr. des BVerfG aber nicht aus Art. 14 Abs. 3 GG abgeleitet werden. **Rechtsgrundlage** ist vielmehr der schon in den §§ 74, 75 der Einleitung zum Preußischen Allgemeinen Landrecht enthaltene **gewohnheitsrechtliche Aufopferungsgedanke**.[1134] 787

Auch das BVerfG hat zwischenzeitlich den „enteignungsgleichen Eingriff" ohne nähere Begründung als einfach-gesetzliches Haftungsinstitut anerkannt.[1135] Einen **Spezialfall** des enteignungsgleichen Eingriffs bildet die Haftung wegen rechtswidriger Maßnahmen der Polizei- und Ordnungsbehörden (s.o. Rn. 742 ff.).

II. **Anwendbar** ist das Rechtsinstitut des enteignungsgleichen Eingriffs bei 788

- **rechtswidrigem Vollzug verfassungsgemäßer Gesetze** und
- **rechtswidrigen faktischen Eigentumsbeeinträchtigungen.**

Beispiele: rechtswidrige Ablehnung einer Genehmigung;[1136] faktische Bausperre durch Verzögerung einer Baugenehmigung;[1137] rechtswidriges Verbot des Vertriebs bestimmter Waren.[1138]

Da es sich im vorliegenden Fall **nicht um eine zielgerichtete Enteignung** handelt, sondern um eine rechtswidrige Beschränkung des Eigentums durch Einzelakt, ist der Rückgriff auf die gewohnheitsrechtlichen Grundsätze des enteignungsgleichen Eingriffs auch im vorliegenden Fall zulässig.

Nicht anwendbar ist der enteignungsgleiche Eingriff bei **finalem Eigentumsentzug** und **legislativem Unrecht**. Ist ein formelles Gesetz verfassungswidrig, so muss sich der Betroffene gegen die darauf gestützte rechtswidrige Maßnahme wehren. Der Verfassungsverstoß kann nicht durch Zubilligung einer gesetzlich nicht vorgesehenen Entschädigung „geheilt" werden.[1139] 789

III. **Anspruchsvoraussetzungen**

Ein Entschädigungsanspruch aus enteignungsgleichem Eingriff setzt voraus, dass rechtswidrig in eine durch Art. 14 Abs. 1 GG geschützte Rechtsposition unmittelbar durch eine hoheitliche Maßnahme eingegriffen wird und dem Betroffenen dadurch ein besonderes Opfer (Sonderopfer) auferlegt wird.[1140] 790

1. Es muss **Eigentum** i.S.d. Art. 14 Abs. 1 GG betroffen sein.[1141] Das ist hier das aus dem Grundeigentum folgende Nutzungsrecht des E. 791

1134 BGHZ 90, 17, 41; 117, 240, 252; BGH NJW 2007, 830, 833; DVBl. 2005, 373, 375; Papier DVBl. 2000, 1398, 1400; Ossenbühl NJW 2000, 2945, 2950; Kemmler JA 2005, 156, 159; Graulich ZAP 2005, 185, 190; Schlick NJW 2008, 31, 32.

1135 BVerfG NJW 2006, 2542, 2544 (keine Anwendung auf Kriegsschäden); DVBl. 2000, 350, 351; NJW 1992, 36, 37; dagegen Lege JZ 2011, 1084, 1089 f.; ders. Jura 2011, 826, 833.

1136 BGH NVwZ 2007, 830, 833; NVwZ 1992, 1119, 1121.

1137 BGH VersR 2002, 714, 715.

1138 BGH NVwZ-RR 2000, 744.

1139 BVerfGE 58, 300, 320; BGH NJW 1987, 1875, 1877; Schmitt/Werner NVwZ 2017, 21, 24; anders noch BGHZ 56, 40, 42.

1140 Vgl. z.B. BGH NJW 2017, 1322, 1324; NJW 2007, 830, 833; Durner JuS 2005, 900, 901.

1141 BGH DVBl. 2005, 373, 375; Fehling/Faust/Rönnau JuS 2006, 18, 20 m.w.N.

Erfasst werden alle vermögenswerten privaten Rechte (Sacheigentum, Forderungen, Urheberrechte etc.) sowie öffentlich-rechtliche Rechtspositionen, die durch nicht unerhebliche Eigenleistungen erworben wurden und nicht überwiegend auf staatlicher Gewährung beruhen. Nicht geschützt werden bloße Erwerbschancen und das Vermögen als solches.[1142]

In der Lit. wird die Haftung wegen enteignungsgleichen Eingriffs auch auf andere Grundrechte (insbes. Art 12 GG) erweitert.[1143] Von der Rspr. wird dies ausdrücklich abgelehnt: Die Entschädigungssituation erstrecke sich nur auf das „Erworbene, nicht auf den Erwerb."[1144]

2. Die Eigentumsbeeinträchtigung muss auf einem **unmittelbaren hoheitlichen Eingriff** beruhen.

792 a) Als (enteignungsgleicher) **Eingriff** kommen alle hoheitlichen Maßnahmen (mit Ausnahme formeller Gesetze, s.o.) in Betracht, insbes. Rechtsakte (Verwaltungsakt, RechtsVO, Satzung), aber auch Realakte.

793 b) Bei der Frage, ob ein Eingriff **unmittelbar** zu einer Eigentumsbeeinträchtigung geführt hat, handelt es sich um eine **wertende Zurechnung** der Folgen nach Verantwortungsbereichen und Risikosphären. Für die Unmittelbarkeit reicht es aus, wenn sich eine **typische Gefahr** verwirklicht, die bereits in der hoheitlichen Maßnahme selbst angelegt ist.[1145]

794 aa) Hier hat es die Behörde lediglich **unterlassen**, die Genehmigung zu erteilen. Ein Unterlassen stellt nach h.M. grds. **keinen Eingriff** dar. Denn dem Bürger wird nichts genommen, sondern nur etwas vorenthalten. Da Art. 14 Abs. 1 GG nur vorhandene Vermögenspositionen schützt, kommt als Eingriffsobjekt nur eine bestehende, nicht aber eine bloß begehrte Rechtsposition in Betracht.

795 bb) Ein Eingriff liegt aber vor, wenn das Unterlassen sich ausnahmsweise als in den Rechtskreis des Betroffenen eingreifendes Handeln darstellt **(qualifiziertes Unterlassen)**.[1146] Dies ist insbes. anzunehmen, wenn die Behörde – wie hier – eine beantragte Genehmigung förmlich verweigert, da die Eigentumsbeschränkung dann unmittelbar auf der Versagung beruht.

796 3. Die Maßnahme hat **enteignungsgleiche Wirkung**, wenn der herbeigeführte **Erfolg rechtswidrig** ist.[1147] Das Sonderopfer wird durch die Rechtswidrigkeit der staatlichen Maßnahme indiziert.[1148] Die rechtswidrige Ablehnung der Waldumwandlungsgenehmigung stellt mithin einen enteignungsgleichen Eingriff dar.

797 4. Der Anspruch wegen enteignungsgleichen Eingriffs ist vom **Verschulden unabhängig**, gilt also bei rechtswidrig schuldlosen Eingriffen ebenso wie bei rechtswidrig schuldhaften. Im letzteren Fall kann der Anspruch wegen enteignungsgleichen Eingriffs neben dem Amtshaftungsanspruch geltend gemacht werden.[1149]

1142 Lege Jura 2011, 507, 509.

1143 Maurer/Waldhoff § 27 Rn. 106; Schenke NJW 1991, 1777, 1780; Maurer JZ 1996, 1124, 1125; Kühne DVBl. 2005, 978. 979.

1144 BVerfG NVwZ 1992, 36, 37; BGH DVBl. 2005, 373, 375; NJW 1990, 3260, 3261; Schlick NJW 2013, 3142.

1145 Grundlegend BGHZ 92, 34, 41; Maurer/Waldhoff § 27 Rn. 94; Detterbeck JuS 2000, 574, 589; Sachs GG Art. 14 Rn. 176.

1146 BGH NJW 2007, 830, 834; OLG Köln OLGR 2008, 173, 175; Lege Jura 2011, 826, 837; Maurer/Waldhoff § 27 Rn. 93.

1147 Maurer/Waldhoff § 27 Rn. 95; Schlick NJW 2017, 2509, 2509.

1148 BGH NJW 2017, 1322, 1324; Kemmler JA 2005, 156, 159; dagegen Lege Jura 2011, 826, 837.

1149 BGHZ 7, 296, 298; 13, 88, 94; 45, 58, 82; BGH NJW 2007, 830, 833.

Die Vorschriften über die polizei- und ordnungsrechtliche Unrechtshaftung (s.o. Rn. 742 ff.) verdrängen dagegen als lex specialis den allgemeinen Aufopferungsanspruch wegen enteignungsgleichem Eingriff.[1150] Auch ausgleichspflichtige Inhaltsbestimmungen stellen eine vorrangige, abschließende Spezialregelung dar.[1151]

5. Aufgrund des **Vorrangs des Primärrechtsschutzes** ist der Anspruch analog § 254 BGB ausgeschlossen, wenn der Betroffene es schuldhaft unterlassen hat, den Schaden durch Rechtsmittel abzuwehren (kein „Dulde und Liquidiere").[1152] **798**

Dem E ist vorzuwerfen, dass er die Ablehnung der Umwandlungsgenehmigung nicht näher geprüft hat, ggf. hätte er anwaltlichen Rat einholen müssen. Da die Erhebung von Widerspruch und Verpflichtungsklage den eingetretenen Schaden verhindert hätten, ist der Anspruch insoweit ausgeschlossen. E kann nur die Nachteile ersetzt verlangen, die sich auch durch die Rechtsbehelfe nicht hätten vermeiden lassen (z.B. die während des Verpflichtungsprozesses ohnehin eintretenden **Verzögerungsnachteile**).

Gegenbeispiel: Kein Ausschluss analog § 254 BGB, wenn der Eingriff vor dem VG überhaupt nicht abwehrbar ist, insbes. weil es sich um einen faktisch abgeschlossenen Eingriff handelt, oder wenn die Wahrnehmung des Abwehrrechts unzumutbar ist.[1153]

IV. **Rechtsfolge:** Im Unterschied zum Amtshaftungsanspruch (Art. 34 GG, § 839 BGB), der dem Geschädigten vollen Schadensersatz gewährt, ist der Anspruch aus enteignungsgleichem Eingriff lediglich auf eine **„angemessene Entschädigung"** gerichtet.[1154] Hierfür gelten dieselben Grundsätze wie bei der Enteignung (s.o. Rn. 776 f.) **799**

V. **Anspruchsgegner** ist der **begünstigte Hoheitsträger**, also der, dessen Aufgaben wahrgenommen wurden oder dem die Vorteile des Eingriffs zugeflossen sind.[1155] **800**

VI. Der Anspruch unterliegt der regelmäßigen (dreijährigen) **Verjährung** nach § 195 BGB.[1156] **801**

VII. Ansprüche wegen enteignungsgleichen Eingriffs sind nach h.M. gemäß § 40 Abs. 2 S. 1 Hs. 1 Fall 1 VwGO im **Zivilrechtsweg** geltend zu machen, da es sich um einen Anspruch aus Aufopferung handelt.[1157] **802**

Nach der Gegenansicht gilt § 40 Abs. 2 S. 1 Hs.1 Fall 1 VwGO nur für die Aufopferung im engeren Sinne (unten Rn. 822). Für den enteignungsgleichen Eingriff als eigentumsrechtlich gebotenen Ausgleichsanspruch seien nach § 40 Abs. 2 S. 1 Hs. 2 VwGO die Verwaltungsgerichte zuständig.[1158] Dagegen spricht jedoch, dass sich die Vorschrift nur auf ausgleichspflichtige Inhaltsbestimmungen nach Art. 14 Abs. 1 S. 2 GG bezieht. Im Übrigen greift für rechtswidrige Eingriffe und damit auch für den enteignungsgleichen Eingriff jedenfalls die Zuständigkeit der Zivilgerichte nach § 40 Abs. 2 S. 1 Hs. 1 Fall 3 VwGO („Verletzung öffentlich-rechtlicher Pflichten") ein.[1159]

1150 Maurer/Waldhoff § 27 Rn. 103; vgl. auch BGH, Urt. v. 03.03.2011 – III ZR 174/10, RÜ 2011, 400, 403.

1151 OLG Frankfurt NVwZ-RR 2007, 242, 243.

1152 Vgl. BGHZ 90, 17, 31; 91, 20, 24; 140, 285, 297; OLG Hamm NVwZ 2004, 1148; Kemmler JA 2005, 156, 159.

1153 BGH NVwZ-RR 2000, 744.

1154 Vgl. BGH NJW 2007, 830, 834 m.w.N.

1155 BGHZ 102, 350, 359; 134, 316, 321; abweichend Maurer/Waldhoff § 27 Rn. 101 der Hoheitsträger, dessen Organ den Eingriff vorgenommen hat und daher verantwortlich sei.

1156 BGH NVwZ 2007, 362, 364; NJW 2007, 830, 834; Graulich ZAP 2005, 571, 580; Schlick NJW 2008, 31, 32; allgemein zur Verjährung öffentlich-rechtlicher Ansprüche BVerwG NVwZ 2017, 56, 59.

1157 BGHZ 90, 17, 31; Kopp/Schenke VwGO § 40 Rn. 61; Maurer/Waldhoff § 27 Rn. 116; Kemmler JA 2005, 1560, 160; Graulich ZAP 2005, 849, 852.

1158 Hufen § 11 Rn. 69; Hüttenbrink DVBl. 2002, 85.

1159 Kopp/Schenke VwGO § 40 Rn. 61; Schoch VwGO § 40 Rn. 527; Sodan/Ziekow VwGO § 40 Rn. 545.

Aufbauschema: Anspruch wegen enteignungsgleichen Eingriffs

I. Rechtsgrundlage

- frühere Rspr.: Art. 14 Abs. 3 GG analog (Erst-Recht-Schluss)
- heute h.M.: Gewohnheitsrecht, allgemeiner Aufopferungsgedanke, §§ 74, 75 EALR

II. Anwendbarkeit

(–) bei zielgerichteter Enteignung und legislativem Unrecht

(+) bei rechtswidrigen faktischen Eigentumsbeeinträchtigungen oder rechtswidriger Konkretisierung von Inhalt und Schranken durch Einzelakt

III. Voraussetzungen

1. Eigentum i.S.v. Art. 14 Abs. 1 GG betroffen
2. unmittelbarer hoheitlicher Eingriff
3. Eingriff rechtswidrig („enteignungsgleiche" Wirkung) = Sonderopfer
4. Ausschluss analog § 254 BGB, soweit Primärrechtsschutz schuldhaft versäumt

IV. Rechtsfolge: angemessene Entschädigung (kein Schadensersatz!)

IV. Der enteignende Eingriff

803 Während es beim enteignungsgleichen Eingriff um rechtswidrige Eingriffe in das Eigentum geht, spricht man von einem **enteignenden Eingriff**, wenn die Eigentumsbeeinträchtigung eine faktische, zumeist atypische und unvorhergesehene Nebenfolge eines **rechtmäßigen Verwaltungshandelns** ist. Eine Entschädigung wird gewährt, wenn die Folgen besonders schwerwiegend und deshalb unzumutbar sind.

Beispiele: Umsatzeinbußen durch Bauarbeiten an der Straße,[1160] Beeinträchtigungen durch Verkehrslärm oder Fluglärm,[1161] Überflutungsschäden durch gemeindliche Abwasseranlagen bei Starkregen.[1162]

Fall 19: Abfallkrähen

K ist Eigentümer eines ca. 60 ha großen Hofes in der Nähe einer von der Stadt S hoheitlich betriebenen und nach § 35 Abs. 1 KrwG, § 4 Abs. 1 BImSchG genehmigten Anlage zur Zwischenlagerung und Behandlung von Abfällen. Trotz des Bemühens der S um möglichst rasche Abdeckung bildet die Anlage einen ständigen Anziehungspunkt für Scharen von Krähen und Möwen. Die Vögel lassen sich auch auf den nahegelegenen Feldern des K nieder und richten dort an der jungen Saat Schäden an, die aber normalerweise nicht zum vollständigen Ausfall der Ernte führen. Im Herbst 2016 hatte K Winterweizen ausgesät. Als die Pflanzen einige Zentimeter hoch waren, fielen Schwärme von Vögeln ein und pickten die Keimlinge auf. Da der Boden nicht gefroren und auch nicht von einer schützenden Schneedecke bedeckt war, konnten die Vögel die Pflanzen in großer Zahl aus der Erde reißen, sodass sie vertrockneten. K begehrt von S Entschädigung für den dadurch entstandenen Ernteausfall. Mit Erfolg?

1160 BGHZ 57, 359; OLG Hamm NVwZ 2004, 1148.

1161 BGHZ 97, 361, 362; VGH Mannheim NVwZ-RR 2017, 224 (Verkehrslärm); BGHZ 122, 76, 76 f. (Fluglärm).

1162 BGH NVwZ 2006, 1086; DVBl. 2004, 945 u. 948; Ewer NJW 2002, 3497, 3501 m.w.N.

I. Ein Anspruch aus **Amtshaftung** (Art. 34 GG, § 839 BGB) kommt nicht in Betracht, da keinerlei Anhaltspunkte für eine Amtspflichtverletzung vorliegen. Insbesondere trifft den Staat keine allgemeine Pflicht, seine Bürger vor Nachteilen durch (wilde) Tiere zu schützen.[1163] **804**

II. Ein Entschädigungsanspruch wegen einer (rechtmäßigen) **Enteignung** besteht nicht, weil die Stadt S das Eigentum des K nicht zielgerichtet entzogen hat.

III. Ein Anspruch wegen **enteignungsgleichen Eingriffs** scheidet aus, weil der Betrieb der Abfallbehandlungsanlage nicht rechtswidrig, sondern aufgrund der erteilten Genehmigung rechtmäßig erfolgt.

IV. Deshalb kommt nur ein Anspruch wegen **enteignenden Eingriffs** in Betracht.

1. **Rechtsgrundlage**

a) Ursprünglich hat die Rspr. auch diesen Anspruch mit einer analogen Anwendung des Art. 14 Abs. 3 GG begründet. Da sich der Nassauskiesungsbeschluss des BVerfG nur auf gezielte Rechtsakte bezog, stellte er den enteignenden Eingriff, der faktische Beeinträchtigungen erfasst, nicht infrage. Da das BVerfG jedoch eine Entschädigung analog Art. 14 Abs. 3 GG abgelehnt hat, ist Rechtsgrundlage nunmehr auch für den enteignenden Eingriff der **gewohnheitsrechtliche Aufopferungsanspruch** nach §§ 74, 75 EALR.[1164] **805**

b) In der Lit. wird das Haftungsinstitut des enteignenden Eingriffs teilweise als **Unterfall der ausgleichspflichtigen Inhaltsbestimmungen** verstanden und von Art. 14 Abs. 1 S. 2 GG erfasst. Ausgleichspflichtige Inhaltsbestimmung und enteignender Eingriff seien nach Tatbestand und Rechtsfolge deckungsgleich. Der Sache nach handele es sich beim „enteignenden Eingriff" um eine ausgleichspflichtige Inhaltsbestimmung ohne gesetzliche Regelung. Dies sei nach der Rspr. des BVerfG indes unzulässig. Ohne gesetzliche Grundlage dürfe keine Entschädigung gewährt werden.[1165] **806**

Dagegen spricht jedoch, dass es sich bei ausgleichspflichtigen Inhaltsbestimmungen um gezielte Beeinträchtigungen des Eigentums handelt, während es beim enteignenden Eingriff um **faktische Beeinträchtigungen** geht. Bei atypischen Folgen fehlt es gerade an gesetzlichen Anspruchsgrundlagen, da der Gesetzgeber diese Folgen nicht vorhersehen konnte.[1166] Der Betroffene hat hier auch nicht die Möglichkeit, die (an sich rechtmäßige) Maßnahme vor dem Verwaltungsgericht abzuwehren. **807**

Das BVerfG hat die Berechtigung des Haftungsinstituts des enteignenden Eingriffs angezweifelt, aber im Ergebnis offengelassen.[1167] Auch insoweit hat das BVerfG die Existenz eines **einfach-gesetzlichen Anspruchs** jedenfalls akzeptiert.

1163 OLG Karlsruhe VersR 2010, 1501.

1164 BGH, Urt. v. 14.03.2013 – III ZR 253/12, RÜ 2013, 399, 400; grundlegend BGHZ 91, 20, 27; 97, 361, 363; Ossenbühl NJW 2000, 2945, 2952; Kemmler JA 2005, 156, 158; Graulich ZAP 2005, 185, 190; Schmitt/Werner NVwZ 2017, 21, 24.

1165 Maurer/Waldhoff § 27 Rn. 108 f.; Schmidt NJW 1999, 2847, 2848; v.Arnauld VerwArch 2002, 394 m.w.N.

1166 Sauer JuS 2012, 800, 803; Lege Jura 2011, 826, 838; Maurer/Waldhoff § 27 Rn. 111 erwägen, bei Zufallsschäden aufgrund des Erfolgsunrechts auf den enteignungsgleichen Eingriff zurückzugreifen, sodass der enteignende Eingriff als Haftungsinstitut auch in diesen Fällen entbehrlich sei.

1167 BVerfG NJW 1998, 3264.

2. **Spezialvorschriften**, die den enteignenden Eingriff ausschließen, bestehen insbesondere bei Anlagen, die aufgrund von **Planfeststellungsbeschlüssen** betrieben werden.

808 a) Nach § 74 Abs. 2 S. 2 VwVfG sind im Planfeststellungsbeschluss Vorkehrungen zu treffen, die zur Vermeidung nachteiliger Wirkungen auf Rechte anderer erforderlich sind. Sind solche Vorkehrungen untunlich oder mit dem Vorhaben unvereinbar, hat der Betroffene Anspruch auf **angemessene Entschädigung** nach § 74 Abs. 2 S. 3 VwVfG. Die Planbehörde hat daher zu prüfen, ob den Betroffenen Einwirkungen ohne Ausgleich zumutbar sind. Sie trifft insoweit eine abschließende Regelung.[1168] Sieht der Planfeststellungsbeschluss keine Schutzvorkehrungen vor und wird er mit diesem Inhalt **bestandskräftig**, so sind Ansprüche auf Unterlassung des Vorhabens, auf Beseitigung oder Änderung der Anlagen oder auf Unterlassung ihrer Benutzung ausgeschlossen (§ 75 Abs. 2 S. 1 VwVfG). Diese Ausschluss- und Duldungswirkung erstreckt sich auch auf etwaige Ausgleichsansprüche nach § 74 Abs. 2 S. 3 VwVfG und ebenso auf Ansprüche wegen enteignenden Eingriffs, wenn im Planfeststellungsbeschluss kein Ausgleichsanspruch vorgesehen ist.[1169]

Die Ausschlusswirkung gilt auch für bestandskräftige **Plangenehmigungen**, die nach § 74 Abs. 6 VwVfG die Rechtswirkungen einer Planfeststellung haben und erfasst öffentlich-rechtliche wie privatrechtliche Ansprüche.[1170] Etwas anderes gilt allerdings für Schäden, die durch Schutzvorkehrungen nicht verhindert werden können. Hier bleibt der enteignende Eingriff anwendbar.[1171]

809 b) Nach § 35 Abs. 2 KrWG bedarf aber lediglich die Errichtung und der Betrieb von **Deponien** (= Anlagen zur Ablagerung von Abfällen, § 3 Abs. 27 KrWG) einer Planfeststellung. Die Errichtung und der Betrieb von sonstigen Anlagen zur Entsorgung von Abfällen (hier Zwischenlagerung und Behandlung) bedürfen dagegen lediglich der Genehmigung nach dem BImSchG (§ 35 Abs. 1 KrWG). Da die Beeinträchtigungen nicht auf einem planfestgestellten Vorhaben beruhen, sind die §§ 74, 75 VwVfG nicht vorrangig. Der Aufopferungsanspruch wegen enteignenden Eingriffs ist damit im vorliegenden Fall **anwendbar**.

810 Bei hoheitlichen Immissionen hat das BVerwG, auch wenn sie ohne Planfeststellungsverfahren erfolgen, aus § 74 Abs. 2 S. 3 VwVfG in Rechtsanalogie mit § 42 Abs. 2 BImSchG, § 906 Abs. 2 S. 2 BGB einen **allgemeinen öffentlich-rechtlichen Nachbarausgleichsanspruch** entwickelt. Der Ausgleich erfolge primär durch Schutzvorkehrungen (vgl. § 74 Abs. 2 S. 2 VwVfG). Sind solche Vorkehrungen nicht oder nur mit unverhältnismäßigem Aufwand möglich, so habe der Betroffene zum Ausgleich der ihm auferlegten Duldungspflicht Anspruch auf angemessene Entschädigung. Der Anspruch, für den nach § 40 Abs. 1 S. 1 VwGO der Verwaltungsrechtsweg gegeben sei, habe Vorrang gegenüber einem Anspruch aus enteignendem Eingriff.[1172]

1168 VGH Mannheim, Urt. v. 20.04.2017 – 5 S 905/15.

1169 BVerfG NVwZ 2010, 512, 516; BVerwG NVwZ 2008, 1113, 1114; BGH NVwZ 2015, 1317, 1318; anders die frühere Rspr. des BGH, der bei „schweren und unerträglichen" Verkehrsimmissionen auf Ansprüche wegen enteignenden Eingriffs zurückgriff (vgl. z.B. BGH NJW 1993, 1700; NVwZ 1992, 915).

1170 OLG Köln NVwZ 2017, 733, 734; OLG Schleswig NVwZ-RR 2016, 772; Kopp/Ramsauer VwVfG § 74 Rn. 223; a.A. Stelkens/Bonk/Sachs VwVfG § 74 Rn. 251.

1171 BGH NVwZ 2015, 1317, 1319; Schlick NJW 2015, 2703, 2704.

1172 BVerwGE 79, 254, 262; 80, 184, 190; 108, 248, 260; BayVGH NVwZ-RR 2007, 161, 165; Graulich ZAP 2005, 571, 579.

Der BGH hält dagegen bei hoheitlichen Immissionen, die nicht auf planfestgestellten Vorhaben beruhen, an seiner herkömmlichen Auffassung fest, dass bei „schweren und unerträglichen" Einwirkungen im öffentlich-rechtlichen Nachbarrechtsverhältnis ein Aufopferungsanspruch wegen enteignenden Eingriffs besteht, für den nach § 40 Abs. 2 S. 1 Hs. 1 Fall 1 VwGO die Zivilgerichte zuständig seien.[1173]

3. Die **Voraussetzungen** des Anspruchs wegen enteignenden Eingriffs entsprechen denen des enteignungsgleichen Eingriffs (unmittelbarer Eingriff in das Eigentum, das zu einem Sonderopfer führt), allerdings mit der Besonderheit, dass es nicht um einen rechtswidrigen Eingriff, sondern um eine **zumeist atypische und unbeabsichtigte Nebenfolge einer an sich rechtmäßigen Maßnahme** geht.[1174] 811

a) Das **Eigentum** des K ist betroffen.

b) Die Eigentumsbeeinträchtigung muss **unmittelbar** auf einen **hoheitlichen Eingriff** zurückzuführen sein. Unmittelbar wurde die Eigentumsbeeinträchtigung hier nicht durch den Betrieb der Anlage, sondern erst durch die Vögel bewirkt. Der Betrieb stellt lediglich eine **mittelbare Ursache** für den Schaden dar.

aa) Während der BGH den Eingriff zunächst auf **gezielte** (finale) Eigentumsbeeinträchtigungen beschränkt hat, lässt er es heute genügen, dass von einer hoheitlichen Maßnahme **unmittelbare Auswirkungen** auf das Eigentum ausgehen. Die Unmittelbarkeit ist dabei aber nicht eng zu verstehen. Die Maßnahme muss insbesondere nicht die zeitlich letzte Ursache darstellen. Es reicht vielmehr aus, wenn das hoheitliche Handeln eine Gefahr begründet und sich im Schadenseintritt diese für die konkrete hoheitliche Betätigung **typische Gefährdungslage** konkretisiert.[1175] 812

bb) Hier beruhte die Schädigung gerade darauf, dass die Vögel durch die Abfälle **angelockt** wurden. Es hat sich also eine für die hoheitliche Maßnahme typische Gefährdungslage konkretisiert, sodass ein unmittelbarer Eingriff vorliegt. 813

Die Unmittelbarkeit wurde auch bejaht bei Vernichtung der Ernte durch Graugänse, bei denen ein Abschussverbot zu einer Überpopulation geführt hatte.[1176] Dagegen wurde die Unmittelbarkeit abgelehnt bei Beschädigung einer sichergestellten Sache durch Dritte, da die Sicherstellung nicht typischerweise eine Gefahr für die Sache begründet.[1177]

c) Der Eingriff muss **enteignende Wirkung** haben. Das ist dann der Fall, wenn dem Betroffenen ein **Sonderopfer** abverlangt wird.

aa) Im Gegensatz zum enteignungsgleichen Eingriff fehlt beim enteignenden Eingriff das Kriterium der Rechtswidrigkeit, welches das Sonderopfer indiziert. Ob die Beeinträchtigung ein **Sonderopfer** bewirkt, muss daher besonders festgestellt werden. 814

1173 BGH NJW 1993, 1700; NVwZ 1992, 915; zustimmend Sproll JuS 1996, 313, 318; ebenso BGH NVwZ 2015, 1317 für nach Unanfechtbarkeit eines Planfeststellungsbeschlusses eingetretene Eigentumsschäden und VGH Mannheim NVwZ-RR 2017, 224 für Verkehrslärmimmissionen bei Altstraßen.

1174 Wobei die Atypik und Unvorhersehbarkeit aber keine Anspruchsvoraussetzung ist, BGH, Urt. v. 14.03.2013 – III ZR 253/12, RÜ 2013, 399, 401.

1175 Vgl. BGH, Urt. v. 14.03.2013 – III ZR 253/12, RÜ 2013, 399, 401; Kemmler JA 2005, 156, 158.

1176 BGH NVwZ 1988, 1066, 1068; anders OLG Schleswig NordÖR 2000, 128, 129 f.; OLG Karlsruhe VersR 2010, 1501, 1502, das im Fall von Rabenkrähen von „Folgen der natürlichen Umgebungsbedingungen" spricht.

1177 BGH NJW 1987, 2573, 2574.

Ein Sonderopfer liegt vor, wenn die Beeinträchtigung eine **gewisse Schwere** aufweist und die „Opfergrenze" überschritten wird. Entscheidend ist dabei die Frage nach der **Zumutbarkeit** der Beeinträchtigung.[1178]

815 bb) Beruht die Beeinträchtigung auf tatsächlichen Einwirkungen auf das Eigentum, so ist vor allem auf den **Rechtsgedanken des § 906 BGB** abzustellen.

Ein enteignend wirkender Tatbestand liegt insbesondere vor, wenn der Betroffene bei privatrechtlichen Beeinträchtigungen einen Ausgleichsanspruch nach § 906 Abs. 2 S. 2 BGB gehabt hätte, weil die ortsübliche Nutzung des gestörten Grundstücks eingeschränkt wird.[1179] Dasselbe gilt, wenn rechtswidrige Störungen ausnahmsweise aus übergeordneten Gründen hingenommen werden müssen (§ 906 Abs. 2 S. 2 BGB analog, sog. privatrechtliche Aufopferung).[1180]

816 cc) An einer enteignenden Wirkung fehlt es dagegen i.d.R. dann, wenn die Beeinträchtigung ihren Grund **in der Sache selbst**, insbesondere Lage, Zustand o.Ä. hat oder wenn die für jedermann geltende Grenze der Sozialbindung des Eigentums (Art. 14 Abs. 2 GG) konkretisiert wird.

Beispiele: Beeinträchtigungen durch rechtmäßige Straßenbauarbeiten sind grds. entschädigungslos hinzunehmen („Schicksalsgemeinschaft" des Anliegers mit der Straße). Etwas anderes gilt nur dann, wenn die Folgen des Eingriffs für den Anlieger nach Art, Dauer und Intensität so erheblich sind, dass eine entschädigungslose Hinnahme nicht mehr zuzumuten ist.[1181]

Enteignende Wirkung haben z.B. Überflutungsschäden durch die gemeindliche Kanalisation aufgrund starker Regenfälle. „Diese Umstände liegen nicht außerhalb der von hoher Hand geschaffenen und in dem Bauwerk selbst angelegten Gefahrenlage, vielmehr realisiert sich bei einem Überstau allein die ständige Gefährdung der Anliegergrundstücke."[1182] Etwas anderes gilt bei einem sog. Jahrhundertregen, auf den die Gemeinde ihr Kanalisationssystem nicht auslegen muss.[1183]

Die Schwelle zur Unzumutbarkeit und damit zum Sonderopfer wird nicht überschritten, wenn die Polizei rechtmäßig einen gestohlenen Wagen rammt. Hier verwirklicht sich gegenüber dem Eigentümer nur das Risiko, das bereits im Diebstahl angelegt ist.[1184]

Bei rechtmäßigen Strafverfolgungsmaßnahmen ist das Sonderopfer regelmäßig zu verneinen, wenn das Eingreifen der Strafverfolgungsbehörden durch ein bewusst riskantes Verhalten des Betroffenen veranlasst worden ist.[1185]

817 dd) Bei der Frage nach der Zumutbarkeit ist im vorliegenden Fall vor allem zu berücksichtigen, dass Vögel sich üblicherweise am Saatgut vergreifen. Allerdings geht die Beeinträchtigung hier über das normale Maß weit hinaus. Aufgrund der **vollständigen Zerstörung** ist ausnahmsweise davon auszugehen, dass die Grenze des Zumutbaren überschritten ist. Der Betrieb der Anlage hat daher **enteignende Wirkung**.

1178 BGH NJW 2017, 1322, 1324; BGH, Urt. v. 14.03.2013 – III ZR 253/12, RÜ 2013, 399, 401; BGH, Urt. v. 03.03.2011 – III ZR 174/11, RÜ 2011, 400, 404; Ossenbühl NJW 2000, 2945, 2952; Durner JuS 2005, 900, 902; Schlick NJW 2017, 2509, 2509; Berwanger NVwZ 2017, 1348, 1351.

1179 BGH DVBl. 2004, 945, 946; BGH NJW 2005, 660, 662 f.

1180 Vgl. BGH, Urt. v. 18.09.2009 – V ZR 75/08, RÜ 2009, 759; Wolf JA 2010, 65, 66.

1181 BGHZ 57, 359, 365: enteignender Eingriff bei U-Bahn-Bau; Maurer DVBl. 1991, 781, 782; vgl. aber OLG Hamm NVwZ 2004, 1148, 1150: Vorrang der §§ 74, 75 VwVfG.

1182 BGH DVBl. 2004, 945, 946; vgl. auch Ewer NJW 2002, 3497, 3501.

1183 BGH NVwZ 2006, 1086.

1184 BGH, Urt. v. 03.03.2011 – III ZR 174/10, RÜ 2011, 400, 404; Schlick NJW 2011, 3137, 3138.

1185 BGH NJW 2017, 1322, 1325 für die Beschlagnahme von Presseerzeugnissen; dazu Ziehm NJW 2017, 1276 ff.

4. Da die nachteiligen Folgen des an sich rechtmäßigen Betriebs der Anlage nicht vorhersehbar waren, konnten sie auch nicht durch Rechtsbehelfe abgewendet werden, sodass den K **kein Mitverschulden** analog § 254 BGB trifft.[1186] **818**

5. Für die **Entschädigung** wegen enteignenden Eingriffs gelten dieselben Grundsätze wie bei der Enteignung (s.o. Rn. 776 ff).[1187] **819**

6. **Anspruchsgegner** ist grds. der „begünstigte" Hoheitsträger. Das ist derjenige, dem die Vorteile des Eingriffs zugeflossen sind, oder derjenige, dessen Aufgaben wahrgenommen wurden (also nicht unbedingt derjenige, der den Eingriff vorgenommen hat).[1188] Für die **Verjährung** gilt § 195 BGB (s.o. Rn. 801). **820**

7. Da es sich beim enteignenden Eingriff um einen Aufopferungsanspruch handelt, wird überwiegend gemäß § 40 Abs. 2 S. 1 Hs. 1 Fall 1 VwGO der **Zivilrechtsweg** bejaht.[1189] Die Gegenansicht ordnet den enteignenden Eingriff dem Art. 14 Abs. 1 S. 2 GG zu (s.o. Rn. 806) und beschränkt den Zivilrechtsweg auf Ansprüche wegen klassischer Aufopferung. Danach ist gemäß § 40 Abs. 2 S. 1 Hs. 2 VwGO der **Verwaltungsrechtsweg** eröffnet.[1190] **821**

Aufbauschema: Anspruch wegen enteignenden Eingriffs

I. Rechtsgrundlage

- frühere Rspr.: Art. 14 Abs. 3 GG analog (Erst-Recht-Schluss)
- heute h.M.: Gewohnheitsrecht, allgemeiner Aufopferungsgedanke, §§ 74, 75 EALR

II. Anwendbarkeit

(–) bei Spezialregelungen (z.B. §§ 74 Abs. 2 S. 3, 75 Abs. 2 S. 4 VwVfG)

(+) bei faktischen, zumeist atypischen und unvorhergesehenen Nebenfolgen einer rechtmäßigen Maßnahme

III. Voraussetzungen

1. Eigentum i.S.v. Art. 14 Abs. 1 GG betroffen

2. unmittelbarer hoheitlicher Eingriff
- ohne wesentliche Zwischenursache
- Konkretisierung einer typischen Gefährdungssituation reicht

3. Sonderopfer
- Eingriff nach Art, Intensität, Ausmaß unzumutbar („Opfergrenze" überschritten)
- Rechtsgedanke des § 906 BGB
- erweiterte Duldungspflicht bei überwiegendem öffentlichen Interesse
- kein Sonderopfer bei in der Sache selbst liegenden Gründen

4. Ausschluss analog § 254 BGB i.d.R. (–), da nicht abwehrbar

IV. Rechtsfolge: angemessene Entschädigung (kein Schadensersatz!)

1186 Zum Mitverschulden beim enteignenden Eingriff VGH Mannheim NVwZ-RR 2017, 224, 226.

1187 Vgl. BVerfG NVwZ 2010, 512, 515 zum Anspruch aus § 74 Abs. 2 S. 3 VwVfG.

1188 OLG Hamm NVwZ 2004, 1148, 1149; Lege Jura 2011, 826, 838; a.A. Maurer/Waldhoff § 27 Rn. 101.

1189 BGH DVBl. 2006, 766; BauR 2006, 1880; VGH Mannheim NJW 2005, 2636; OLG Bamberg NVwZ-RR 2006, 226; Schoch VwGO § 40 Rn. 528; Sodan/Ziekow VwGO § 40 Rn. 539; Kemmler JA 2005, 156, 160; Graulich ZAP 2005, 849, 852.

1190 Kopp/Schenke VwGO § 40 Rn. 61; Maurer/Waldhoff § 27 Rn. 117; vgl. auch VGH Mannheim NVwZ-RR 2017, 224, 225.

D. Der allgemeine Aufopferungsanspruch

I. Rechtsgrundlage

822 Während es bei den Ansprüchen wegen Enteignung, enteignungsgleichen und enteignenden Eingriffs um Eingriffe in das Eigentum geht, soll der **allgemeine Aufopferungsanspruch** Eingriffe in **nichtvermögenswerte Rechtsgüter** wie Leben, Gesundheit und Freiheit ausgleichen.

Nachdem der BGH auch den enteignenden und den enteignungsgleichen Eingriff auf den Aufopferungsgedanken stützt, spricht man beim Eingriff in nichtvermögenswerte Rechte vom **allgemeinen Aufopferungsanspruch** (auch Aufopferung im engeren Sinne).

823 In diesem Bereich besteht allerdings eine Vielzahl von Spezialregelungen, die den allgemeinen Aufopferungsanspruch **verdrängen**. Dessen **Anwendungsbereich** ist daher in der Praxis und im Examen **gering**.[1191]

Spezialregelungen finden sich z.B. für Impfschäden in §§ 60 ff. InfSG (Infektionsschutzgesetz), bei Unfällen in der Schule (§ 2 Abs. 1 Nr. 8 SGB VII), für Opfer von Gewalttaten nach §§ 1 ff. OEG (Opferentschädigungsgesetz), für rechtwidrige Strafverfolgungsmaßnahmen in §§ 1 ff. StrEG (Strafverfolgungsentschädigungsgesetz) und für rechtswidrige Freiheitsentziehungen in Art. 5 Abs. 5 EMRK (s.o. Rn. 664).

Fehlen solche Spezialvorschriften, so ist **Rechtsgrundlage** der auf §§ 74, 75 EALR beruhende gewohnheitsrechtliche (allgemeine) Aufopferungsanspruch.

Beispiel: Wird ein Demonstrationsteilnehmer wegen des Fehlverhaltens eines anderen Demonstrationsteilnehmers und einer unglücklichen Verkettung von Umständen von einem Polizeihund gebissen, so kommt eine Entschädigung nach allgemeinen Aufopferungsgrundsätzen in Betracht.[1192] Ebenso kommt ein Aufopferungsanspruch bei einer Körperverletzung im Folge von rechtmäßigen, repressiven polizeilichen Maßnahmen in Betracht (z.B. bei zwangsweiser Durchsetzung einer Identitätsfeststellung gemäß § 163 b Abs. 1 StPO).[1193]

II. Voraussetzungen

1. Eingriff in ein nichtvermögenswertes Recht

824 Eingriffsobjekt ist beim allgemeinen Aufopferungsanspruch ein **nichtvermögenswertes Recht** oder Rechtsgut. Nach h.M. werden vom Aufopferungsanspruch nicht alle immateriellen Rechtsgüter, sondern nur die Schutzgüter des Art. 2 Abs. 2 GG erfasst, also Leben, körperliche Unversehrtheit, Gesundheit und Freiheit, nicht dagegen der Persönlichkeitsschutz.[1194]

Die Gegenansicht plädiert dafür, den Bereich der durch die Aufopferung zu schützenden Rechtsgüter um die Geheimsphäre, die Ehre und den Namensschutz zu erweitern.[1195] Dagegen spricht jedoch der historisch beschränkte Anwendungsbereich der Aufopferung im engeren Sinne.

1191 Ossenbühl/Cornils, S. 133 f.: „Rarität" mit „exotischem Charakter".

1192 OLG Frankfurt/Main, Urt. v. 20.08.2013 – 1 U 69/13, NVwZ-RR 2014, 142; zur Amtshaftung bei gezieltem Einsatz eines Polizeihundes OLG Karlsruhe NVwZ-RR 2016, 45; OLG Hamm NVwZ-RR 1997, 460.

1193 BGH, Urt. v. 07.09.2017 – III ZR 71/17, Pressemitteilung Nr. 139 vom 11.09.2017.

1194 BGH WM 1996, 1109; NJW 1994, 2229.

1195 Schenke NJW 1991, 1777, 1780; Kemmler JA 2005, 659, 659; dagegen ausführlich Rinne DVBl. 1993, 869 ff.

2. Unmittelbarer hoheitlicher Eingriff

In dieses Recht muss **unmittelbar** aufgrund einer **hoheitlichen Maßnahme** eingegriffen worden sein. Ausreichend ist auch hier – wie bei Ansprüchen wegen enteignenden und enteignungsgleichen Eingriffs –, dass durch die hoheitliche Maßnahme eine **besondere Gefahrenlage** geschaffen wurde und diese sich konkretisiert hat. **825**

Beispiel: Der Strafgefangene S ist in der JVA von einem Mithäftling verletzt worden. Der BGH hat einen Aufopferungsanspruch verneint, da sich S durch sein eigenes strafbares Verhalten in zurechenbarer Weise der Freiheitsentziehung ausgesetzt habe. Die staatliche Freiheitsentziehung schaffe keine typische Gefahrenlage für die körperliche Integrität.[1196] Die Lit. verweist zu Recht darauf, dass der Betroffene zwar für die Haftsituation als solche verantwortlich sei, nicht aber für Körperverletzungen durch Personen, denen er aufgrund des Strafvollzugs durch den Staat „ausgeliefert" sei. Insoweit treffe den Staat eine grundrechtliche Schutzpflicht und damit die Verantwortung für die Sicherheit der in seiner Obhut befindlichen Personen.[1197] Heute gewährt das Gesetz über die Entschädigung von Gewalttaten (OEG) in diesen Fällen zumeist ohnehin einen Ausgleich.

3. Sonderopfer

Das für die Aufopferung entscheidende Merkmal ist das **Sonderopfer**. Der Betroffene muss im Vergleich zu anderen besonders belastet worden sein. Zu **verneinen** ist das Sonderopfer vor allem in den Fällen, in denen lediglich eine allen auferlegte Pflichtigkeit konkretisiert wird oder die Beeinträchtigung sich nur als **Realisierung des allgemeinen Lebensrisikos** darstellt.[1198] **826**

Beispiele: Ein Sonderopfer wurde z.B. bejaht, wenn durch den abirrenden Schuss eines Polizeibeamten ein unbeteiligter Dritter verletzt wurde oder wenn die Mutter sich bei Betreuung ihres pockengeimpften Kindes ansteckte. Dagegen sind Verletzungen durch einen Stromschlag aufgrund einer durch Vandalismus beschädigten Fußgängerampel dem allgemeinen Lebensrisiko zuzuordnen.[1199]

Der allgemeine Aufopferungsanspruch ist zwar für rechtmäßige Eingriffe entwickelt worden, erfasst aber erst recht auch rechtswidrige Eingriffe, da sich die Rechtswidrigkeit staatlichen Handelns nicht zum Nachteil des Geschädigten auswirken darf. In diesem Fall spricht man teilweise auch vom **aufopferungsgleichen Eingriff**.[1200] Es ist daher unerheblich, ob das Sonderopfer **rechtmäßig oder rechtswidrig** auferlegt wurde und ob der Eingriff **schuldlos oder schuldhaft** erfolgte. **827**

Bei schuldhaft rechtswidriger Maßnahme kann der allgemeine Aufopferungsanspruch daher neben dem Amtshaftungsanspruch (§ 839 BGB, Art. 34 GG) bestehen.[1201]

III. Rechtsfolge

Zwar ist Voraussetzung für die Aufopferung, dass in ein nichtvermögenswertes Recht oder Rechtsgut eingegriffen wird. **Rechtsfolge** war aber nach bisheriger Rspr. des BGH nur ein Ausgleich der eingetretenen **Vermögensnachteile**, nicht dagegen des immateriellen Schadens (kein Schmerzensgeld). Immateriell sei nur das **verletzte Recht**, nicht der zu **828**

1196 Vgl. BGHZ 17, 172; 60, 302.

1197 Ossenbühl/Cornils, S. 139; kritisch auch Maurer/Waldhoff § 28 Rn. 10.

1198 OLG Frankfurt/Main NVwZ-RR 2014, 142.

1199 Vgl. Staudinger/Wöstmann BGB § 839 Rn. 505.

1200 Maurer/Waldhoff § 28 Rn. 3; Staudinger/Wöstmann § 839 Rn. 498 ff.

1201 Maurer/Waldhoff § 28 Rn.6.

ersetzende Schaden.[1202] Diese Argumentation ist jedoch durch **§ 253 Abs. 2 BGB** überholt.[1203] Deshalb hat der BGH seine Rspr. nunmehr ausdrücklich aufgegeben und gewährt Schmerzensgeld auch beim allgemeinen Aufopferungsanspruch, und zwar auch bei rechtmäßigen Maßnahmen.[1204]

Mit der Ausweitung des Schmerzensgeldanspruchs gemäß § 253 Abs. 2 BGB habe der Gesetzgeber den Grundsatz, auf den der BGH seine frühere Rspr. gestützt habe, verlassen. Dies folge auch aus § 7 Abs. 3 StrEG (Strafverfolgungsentschädigungsgesetz), der eine Entschädigung auch für Nichtvermögensschäden gewährt. Zudem hätten mittlerweile eine Vielzahl von Ländern Bestimmungen eingeführt, nach denen Ersatz des immateriellen Schadens bei Verletzung des Körpers, der Gesundheit oder der Freiheit infolge präventiv-polizeilicher Maßnahmen geschuldet werde (vgl. die dem § 52 Abs. 2 BPolG entsprechenden landesrechtlichen Vorschriften, s.o. Rn. 742). Bei rechtswidrigen, schuldhaften Maßnahmen besteht ohnehin ein Anspruch auf Schmerzensgeld gemäß § 839 BGB, Art. 34 GG i.V.m. § 253 Abs. 2 BGB (s.o. Rn. 727).

829 Im Übrigen gelten die Ausführungen zur Enteignung entsprechend (s.o. Rn. 776 ff.). Der Anspruch geht auf **angemessenen Ausgleich**, nicht auf Schadensersatz. Entschädigungspflichtig ist der Begünstigte bzw. der Verwaltungsträger, dessen Aufgaben wahrgenommen wurden, also nicht unbedingt derjenige, der den Eingriff vorgenommen hat.[1205]

830 Nach § 40 Abs. 2 S. 1 Hs. 1 Fall 1 VwGO ist für Ansprüche aus Aufopferung im engeren Sinne (unstreitig) der **ordentliche Rechtsweg** eröffnet.[1206]

Aufbauschema: allgemeiner Aufopferungsanspruch

I. Rechtsgrundlage: Gewohnheitsrecht, §§ 74, 75 EALR

II. Anwendbarkeit: subsidiär ggü spezialgesetzlichen Regelungen

III. Voraussetzungen

1. nichtvermögenswertes Recht/Rechtsgut betroffen (Leben, Körper, Gesundheit, Freiheit, nicht Ehre, str.)
2. unmittelbarer hoheitlicher Eingriff
3. Sonderopfer
   a) nicht nur Realisierung des allgemeinen Lebensrisikos
   b) unabhängig von Rechtmäßigkeit/Rechtswidrigkeit

IV. Rechtsfolge: angemessene Entschädigung (kein Schadensersatz!), nach neuer Rspr. auch Schmerzensgeld

---

1202 BGHZ 20, 61, 68 ff.; BGH NJW 1996, 1021, 1026; ebenso noch OLG Frankfurt, Urt. v. 26.01.2017 – 1 U 31/15; Staudinger/Wöstmann BGB § 839 Rn. 512

1203 OLG Frankfurt NVwZ-RR 2014, 142, 143; Ossenbühl/Cornils, S. 148; Maurer/Waldhoff § 28 Rn. 14.

1204 BGH, Urt. v. 07.09.2017 – III ZR 71/17, Pressemitteilung Nr. 139 vom 11.09.2017.

1205 BGH NVwZ 2006, 960, 961; Maurer/Waldhoff § 28 Rn. 15 und oben Rn. 820.

1206 Str. aber bei Ansprüchen wegen enteignungsgleichem oder enteignendem Eingriff, s.o. Rn. 802 u. Rn. 821.

Stichwortverzeichnis

Die Zahlen verweisen auf die Randnummern.

Abwehr hoheitlicher Emissionen ... 574
Amtshaftung ... 657
Aufbauschema ... 672 ff.
Ausschluss ... 714 ff.
Rechtsweg ... 733 ff.
Schadensersatz ... 724 ff.
spezialgesetzliche Anspruchsgrundlagen ... 675 ff.
Subsidiarität ... 714 ff.
Verjährung ... 732
Verschulden ... 711 ff.
Amtspflicht
Drittbezogenheit ... 700, 744
Kollision zur Rechtspflicht ... 691 ff.
Verletzung ... 708 f.
Amtswalter ... 673
Anderweitige Ersatzmöglichkeit ... 740
Androhung ... 218
Anhörung ... 97, 233
Anspruchsgegner ... 730 f.
Antezipierte Selbstbindung ... 62
Anwendung des Zwangsmittels ... 274 ff.
Aufhebung von Verwaltungsakten ... 6 ff.
durch verwaltungsgerichtliches Urteil ... 6
im behördlichen Verfahren ... 6
im Widerspruchsverfahren ... 6
Rechtsgrundlagen ... 9
Rücknahme ... 16, 78 ff.
Struktur ... 14 ff.
Widerruf ... 16 ff.
Auflage ... 57
Aufopferungsanspruch, allgemeiner im engeren Sinne ... 822 ff.
Aufopferungsgewohnheitsrecht ... 742
Austauschvertrag ... 335, 372

Beamter ... 673
im haftungsrechtlichen Sinne ... 673
im statusrechtlichen Sinne ... 673
Bearbeitungsfrist ... 118
Begründung des Unterlassungsanspruchs ... 502
Beitreibung ... 201
Beliehene ... 679
Bestandskraft des VA ... 179, 191
Überwindung ... 180

Deponien ... 809
Dienstfahrt ... 677
Dienstwagen ... 677, 687
Drittbezogenheit ... 691 ff.
Duldungspflicht ... 422, 444, 810
Durchführungsverbot ... 135
Durchsetzung einer HDU-Verfügung ... 216
Durchsetzung von Verwaltungsakten ... 198 ff.

Ehrschutz gegen Hoheitsträger ... 505, 554 ff.
Rechtsfolgen ... 572
Tatsachenbehauptungen ... 566 f.
Werturteile ... 568
Eigenhaftung des Beamten ... 673
Eigentumsbeeinträchtigung
mittelbare ... 811 f.
unmittelbare ... 793
Eigentumsbeschränkung ... 795
Eingriff in Eigentum
durch Enteignung ... 763 ff.
Inhalts- und Schrankenbestimmung ... 763 ff.
unmittelbar hoheitlich ... 792, 811
Eingriffsverwaltung ... 681
Enteignender Eingriff ... 821
Mitverschulden ... 818
Enteignung ... 403, 677
Junktimklausel ... 771
Rechtsweg ... 777
Voraussetzungen ... 773 ff.
Enteignungsgleicher Eingriff ... 742
Ausschluss ... 798
verschuldensunabhängig ... 797
Entschädigung ... 665
Entschädigungsanspruch ... 166
Entscheidungsfrist ... 119
Ermessen ... 123, 708, 725
Ermessensnichtgebrauch ... 61, 130
Ermessensreduzierung auf Null ... 185, 193
Ersatzvornahme ... 253
Erstattung ... 126
Erstattungsanspruch ... 76
Europarecht ... 132

Faktische Beeinträchtigung ... 807
Festsetzung ... 271
Feststellungsklage ... 322
Folgenbeseitigungsanspruch ... 407 ff.
Ausschluss ... 435, 473 ff.
Rechtsfolge ... 428 ff., 445
Rechtsinstitut ... 407
Voraussetzungen ... 416, 462 ff.
Folgenbeseitigungslast ... 480
Folgenentschädigungsanspruch ... 450
Folgenersatzanspruch ... 450
Fürsorgepflicht des Dienstherrn ... 758

Gefahrenlage, typische ... 816
Geldleistung ... 55, 100

Geschäftsführung ohne Auftrag
  Abgrenzung ... 594
  privatrechtliche ... 608
  Rechtsfolge ... 622
  Voraussetzungen ... 611
Gesetzesbindung ... 355
Gesetzmäßigkeit der Verwaltung ... 355
Gestrecktes Vollstreckungsverfahren ... 262
  Androhung ... 262
  Anwendung ... 274
  Festsetzung ... 271, 296
Gewohnheitsrechtlicher Aufopferungsgedanke ... 787

Haftung ... 683
Handlungsformverbote ... 340
Haushaltsrechtliche Grundsätze ... 64
Hoheitliche Auskünfte ... 505
Hoheitliches Handeln ... 673 f., 679 ff.

Immissionen ... 803 ff.
Immissionsabwehranspruch ... 574 ff.
Inhalts- und Schrankenbestimmungen ... 764
Intendiertes Ermessen ... 64
Irrtum in der Willensbildung ... 95

Junktimklausel ... 771

Kausalität
  haftungsausfüllende ... 724
Kehrseitentheorie ... 127, 630, 636, 654
Koordinationsrechtlicher Vertrag ... 333
Koppelungsverbot ... 376
Kostenerstattung ... 288

Lebensrisiko, allgemeines ... 826
Leistungsbescheid ... 654, 282 ff.
Leistungsverwaltung ... 685

Mitverschulden ... 818

Nassauskiesungsbeschluss ... 785, 805
Naturalrestitution ... 431, 728, 760
Notifizierungsverfahren ... 134
Notstandspflicht ... 479, 486

Öffentl.-rechtl. Benutzungs- und Leistungsverhältnis ... 757
Öffentl.-rechtl. Sonderbeziehungen ... 755
Öffentl.-rechtl. Verwahrungsverhältnis ... 756
Öffentlich-rechtliche Geschäftsführung ohne Auftrag ... 406
Öffentlich-rechtlicher Erstattungsanspruch ... 392, 405, 625
  Durchsetzung ... 652 ff.
  Rechtsfolge ... 643
  Voraussetzungen ... 630, 638
Öffentlich-rechtlicher Unterlassungsanspruch ... 502 ff.
  Begründung ... 502
  dogmatische Herleitung ... 506
  Voraussetzungen ... 515
  vorbeugender Unterlassungsanspruch ... 509
Öffentlich-rechtlicher Vertrag ... 327, 422
  Arten ... 333 ff.
  Begriffsmerkmale ... 327
  Durchsetzung von Ansprüchen ... 396
  Handlungsformverbote ... 340
  Leistungsstörungen ... 396
  Mitwirkungserfordernisse ... 342
  Rechtswidrigkeit ... 338
  Schriftform ... 342
  Zustandekommen ... 337
Ordnungsrechtliche Haftungstatbestände ... 741
  Unrechtshaftung ... 742

Persönliche Haftung ... 659
Persönlicher Schutzbereich ... 736
Platzverweis ... 231
Positive Vertragsverletzung ... 754
Preußisches Allgemeines Landrecht ... 669, 787, 805
Primärebene ... 401
Primärrechtsschutz ... 721, 732

Qualifiziertes Unterlassen ... 795

Realakte ... 792
Rechenfehler ... 95
Recht der öffentlichen Ersatzleistungen ... 403
Rechtmäßiges Verwaltungshandeln ... 782
Rechtsfehler ... 95
Rechtsirrtümer ... 114
Rückforderung eines Zuschusses ... 44
Rückforderungsbescheid ... 66
Rücknahme von Verwaltungsakten ... 78
  eines Geld- und Sachleistungs-VA ... 90
  eines rechtswidrigen begünstigenden VA ... 82
  rechtswidriger belastender VA ... 78
  Rücknahmefrist ... 109
  sonstiger begünstigender VA ... 161
  Verhältnis zum Europarecht ... 132
Rückzahlungsaufforderung ... 126

Schaden ... 724
Schutzbereich
  persönlicher ... 736
  sachlicher ... 737 f.

Schweretheorie 766
Sekundärebene 401
Selbsttitulierung 199
Selbstvollstreckung 199
Sofortige Vollstreckung 399
Sofortvollzug 225
Sonderopfertheorie 766, 826
Sozialrechtlicher Herstellungsanspruch 493
  dogmatische Grundlage 495
  Rechtsfolge 498
Staatshaftungsrecht 401
Standardmaßnahme 231
Straßenverkehr 687
Straßenverkehrssicherungspflicht 717
Subordinationsrechtlicher Vertrag 334, 371
Subsidiaritätsklausel 712
Subventionsbescheid 44, 66
Subventionsrichtlinien 46

Tatbestandswirkung 224
Typische Gefahrenlage 812

Über-/Unterordnungsverhältnis 359
Unerlaubte Handlung 704, 718
Unmittelbare Ausführung 226
Unmittelbarer Zwang 260
Unvertretbare Handlungen 259
Unvorhergesehene Nebenfolge 803

VA 424
  auf Unterwerfung 65
  begünstigender 34
  Bestandskraft 179
Verbrauch 105
Verfügungsvertrag 336
Vergleichsvertrag 335
Verjährung 732
Verkehrslärm 803
Verkehrssicherungspflichten 688, 717
Verlorener Zuschuss 45
Vermögensnachteile 174
Vermögensschaden 748
Verpflichtungsklage 321
Verpflichtungsvertrag 336
Vertragsverbindlichkeit 355
Vertrauensschutz 169
Vertretbare Handlung 255
Verwaltungshandeln 783
Verwaltungsrechtliche Ansprüche 401
  auf Beseitigung und Unterlassung 402
  auf Geldersatz 402
Verwaltungsträger 673, 829
Verwaltungsvollstreckung 200
  Beitreibung 201
  Rechtsgrundlagen .... 200 f.
  Rechtsschutz 325
  Verwaltungszwang 203
Verwaltungsvorschriften 46
Verwaltungszwang .... 203 ff.
  Gestrecktes Verfahren 215
  Gestrecktes Vollstreckungsverfahren 262
  Vollstreckungshindernisse 286
  Vollstreckungsverfahren 253
  Vollzugsbehörde 233
Verzinsung 77
Vollstreckung wegen einer Geldforderung 201
Vollstreckungsabwehrklage 320
Vollstreckungshindernisse
  materielle Einwände 310
  rechtliche Unmöglichkeit 309
Vollzugsbehörde 208
Vollzugsfolgenbeseitigungsanspruch 409
Vorbehalt des Gesetzes 50

Wegfall der Bereicherung 129
Wegfall der Geschäftsgrundlage 394
Weimarer Reichsverfassung 659
Widerruf von Verwaltungsakten .... 17 ff.
  begünstigender VA 20, 43
  eines rechtmäßigen belastenden VA 17
  Widerrufsfrist 59, 109
  Widerrufsgründe 35
  Wirkung für die Vergangenheit 43, 57
  Wirkung für die Zukunft 20
Widerrufsfrist 59
Widerrufsgründe 35
  Änderung der Rechtslage 25
  Änderung der Sachlage 24, 35
  Auflage nicht erfüllt 23
  schwere Nachteile für das Gemeinwohl... 26, 41
  Widerrufsvorbehalt 22
Wiederaufgreifen des Verwaltungs-
  verfahrens 178, 323
  Anspruch 181
  im weiteren Sinne 188
  Wiederaufgreifensgrund 183

Zivilrechtsweg 733, 802, 821
Zumutbarkeit der Beeinträchtigung 766, 814
Zurechnungszusammenhang mit
  Amtspflichtverletzung 724
Zwangsmittel 253, 294
  Ersatzvornahme 255
  Unmittelbarer Zwang 260
  Zwangsgeld 257
Zwei-Stufen-Theorie 73